KB179894

# MySQL 5.7 완벽 분석

詳解 MySQL 5.7
(Shoukai MySQL 5.7 : 4740-6)

Copyright ⓒ 2016 by Mikiya Okuno.
Original Japanese edition published by SHOEISHA Co., Ltd.
Korean translation rights arranged with SHOEISHA Co., Ltd. through Botong Agency.
Korean translation copyright ⓒ 2019 by Insight Press.

# MySQL 5.7 완벽 분석: DB 관리자가 알아야 할 주요 개념과 175가지 신기능

초판 1쇄 발행 2019년 5월 8일 지은이 오쿠노 미키야 옮긴이 강남이 펴낸이 한기성 펴낸곳 인사이트 편집 정수진 제작·
관리 박미경 용지 월드페이퍼 출력 소다미디어 인쇄 현문인쇄 후가공 이지앤비 제본 자현제책 등록번호 제2002-
000049호 등록일자 2002년 2월 19일 주소 서울시 마포구 연남로5길 19-5 전화 02-322-5143 팩스 02-3143-5579
블로그 http://blog.insightbook.co.kr 이메일 insight@insightbook.co.kr ISBN 978-89-6626-240-3 책값은 뒤표지에
있습니다. 잘못 만들어진 책은 바꾸어 드립니다. 이 책의 정오표는 http://blog.insightbook.co.kr에서 확인하실 수 있습니
다. 이 도서의 국립중앙도서관 출판예정도서목록(CIP)은 서지정보유통지원시스템 홈페이지(http://seoji.nl.go.kr)와 국
가자료공동목록시스템(http://www.nl.go.kr/kolisnet)에서 이용하실 수 있습니다.(CIP제어번호: CIP2019002465)

프로그래밍인사이트

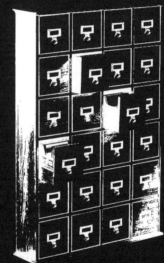

# MySQL 5.7 완벽 분석

## DB 관리자가 알아야 할 주요 개념과 175가지 신기능

오쿠노 미키야 지음 | 강남이 옮김

인사이트
insight

# 차례

# 옮긴이의 글

한동안 MySQL 홈페이지의 로고 옆에는 이런 문구가 쓰어 있었다.

"세계에서 가장 인기 있는 오픈소스 RDBMS"

오픈소스 부흥기가 지난 지금도 MySQL은 상용 RDBMS의 대안으로 많은 곳에서 사용되고 있다. 방대한 데이터를 소화해야 하는 SNS는 물론이고, 오픈소스 도입을 금기시했던 금융계까지 MySQL은 다양한 분야에서 그 역할을 톡톡히 해내고 있다.

사실 이 책을 번역하기로 한 이유도 그러한 MySQL이 안정기를 이루었다고 할 수 있는 5.7 버전의 모든 것을 알고 싶어서였다. 국내에 많지 않은 MySQL 교재들과 온라인상에서 떠도는 많은 자료들을 통해 MySQL을 공부하고, 다양한 시스템들의 MySQL 서버를 진단하다 보니 MySQL의 발전 과정을 자연스럽게 느낄 수 있었고, 이제 정말 쓸 만하고 안정적인 DBMS가 되었다고 생각하게 한 버전이 바로 5.7 버전이었다. 그만큼 사용자로서 도전해볼 만한 기능이 많아진 것은 물론이고, 편의성 또한 그 어떤 버전보다 눈에 띄게 좋아졌다. 그래서 그 장점들을 하나하나 정리하던 차에 일본 서점에서 우연히 찾은 책이 이 책이었다.

이 책은 원서 표지의 "도대체 얼마나 자세한 것인가?"라는 카피 문구에 걸맞게 MySQL 5.7이 가진 모든 기능을 총망라한 책이었다. MySQL 5.7을 사용하고 있는 개발자나 운영자가 이 책을 읽는다면 조금 더 업그레이드된 개발자, 운영자로 거듭날 것을 확신한다.

마지막으로, 내용 중 예제의 일본어 데이터들은 최대한 유사한 한국어 데이터로 대체하고자 노력했으나 일본어 데이터 고유의 특성 때문에 한국어로 대체가 불가능한 것들은 그대로 일본어 데이터를 사용했으니 이 점은 독자들의 양해를 구한다.

강남이

# 지은이의 글

먼저 이 책을 구입해주셔서 고맙습니다.

이 책은 2015년에 배포된 MySQL 5.7의 해설서입니다. MySQL 5.7에는 170 개가 넘는 기능이 추가 또는 변경되었습니다. 엄청난, 그야말로 몬스터급 버전 이라 할 수 있습니다. 이 많은 변경을 모두 파악하는 것은 아주 고된 일입니다. 하지만 변경된 내용을 파악하지 못하면 오래된 버전에서 이 최신 버전으로 갈아 타야 할지, 혹은 새로운 프로젝트에서 채용할 것인지 등을 판단할 수 없을 것입 니다.

새로우니까, 성능이 좋아졌다고 하니까, 기능이 늘었으니까 등과 같은 막연한 이유로 MySQL 5.7을 사용하거나 또는 사용하지 않겠다고 판단하는 것 또한 좋 지 않은 생각입니다. 엔지니어라면 사실에 근거한 합리적인 판단을 내려야 하기 때문입니다. 그렇게 하려면 객관적인 사실을 알 필요가 있습니다. 다시 말해서 MySQL 5.7이란 어떠한 제품인가를 먼저 잘 알고 있어야 합니다. 이 책을 읽은 후 MySQL 5.7로 바꿀 것인지, 아니면 그 자리에 머물게 될 것인지는 알 수 없습 니다. 어디까지나 여러분에게 판단의 근거를 제공할 뿐입니다.

MySQL이 변화하는 큰 요인은 새로운 하드웨어에 대응해야 한다는 요구 때문 입니다. 이전과 비교해 CPU의 코어 개수가 크게 늘어났고, 메모리 용량은 거대 해졌고, 방대한 IOPS를 감당할 수 있는 스토리지를 어렵지 않게 사용하고, 네트 워크 속도도 비약적으로 향상하고 있습니다. 최신 RDBMS는 이렇게 풍부한 하 드웨어 자원을 빈틈없이 사용하도록 요구받고 있습니다. 또 다른 동기로는 데이 터베이스의 성능이나 기능성, 안정성, 안전성에 대한 요구의 수준을 들 수 있습 니다. 풍부한 자원을 극한까지 활용한다고 해도 애플리케이션으로부터의 방대 한 요구는 멈추지 않고 계속 들어오기 마련입니다. 이런 요구는 영원히 끝나지 않을 것입니다.

이 책은 MySQL 5.7의 신기능 전체에서 필요한 것들을 해설하는 것에 주안 을 두고 있습니다. 그 기능으로 어떠한 과제를 해결할 수 있는가, 어떤 상황에서 사용할 것인가, 그리고 어떻게 사용할 것인가 등의 문제를 이 책을 읽으면서 이 해할 수 있을 것입니다. 또한 MySQL 5.7이 해결한 과제의 배경을 제대로 파악 하기 위해 MySQL의 아키텍처에 대해서도 필요할 때마다 설명하고 있습니다.

RDBMS의 최전선에서 어떠한 일이 일어나고 있는지를 알 수 있게 읽을거리로도 즐길 수 있도록 집필했습니다. 반드시 이 책과 함께 몬스터급 MySQL 5.7을 제대로 사용할 수 있게 되기를 기원합니다.

오쿠노 미키야

# 1장

# MySQL 개요

MySQL이란 어떤 데이터베이스일까? MySQL 기능을 하나부터 열까지 설명하면 이 질문의 가장 명확한 답이 될 것이다. 하지만 지면도 부족하고 기능 전부를 설명하기란 불가능하기 때문에 몇 가지 측면에 집중해서 MySQL의 특징과 구성요소를 설명하고자 한다. 이 책은 독자가 MySQL에 대해 어느 정도 배경 지식이 있다고 가정하고 쓴 책이므로 기본적인 사용법은 다른 서적 등을 참고하자.

## 1.1 MySQL이란

이 책은 MySQL 5.7의 기능 설명에 집중한다. 독자 대부분이 MySQL을 사용하고 있다고 전제하여 MySQL 기본 설명에는 많은 페이지를 할애하지 않고, MySQL이 어떠한 소프트웨어인지만 간단히 설명할 것이다. 개념 중심으로 설명할 것이고 상세 설명이나 기본 조작에 대해서는 설명하지 않겠다. MySQL의 기초를 공부하고 싶다면 다른 책을 참고하기 바란다.

### 1.1.1 세계에서 가장 유명한 오픈소스 RDBMS

MySQL은 말하지 않아도 다 아는 오픈소스 RDBMS이다. 라이선스는 GPLv2[1]와 상용 라이선스 두 종류가 있으며, GPLv2는 누구라도 무상으로 이용할 수 있다. MySQL은 다른 RDBMS와 비교했을 때 동시 실행 성능이 높고, 무엇보다 손쉽게 사용할 수 있는 레플리케이션 기능이 큰 매력이다. 레플리케이션은 다양한 형태

---

[1] GNU General Public License Version 2. 라이선스의 조문은 다음의 URL을 참고할 것. *http://www.gnu.org*

의 구성이 가능한데, 특히 하나의 마스터에 다수의 슬레이브를 접속하여 검색용 DB의 부하를 분산시킬 수 있는 스케일 아웃(수평 확장) 기능이 대규모 사이트에서 큰 인기를 누리고 있다.

GPLv2의 커뮤니티판은 무료로 사용이 가능하고 소스 코드가 공개되어 있어, RDBMS 구조를 알고 싶다면 학습 용도로 유용하게 쓸 수 있다. 하지만 오픈소스 정신을 전 세계에 알린 에릭 레이먼드의 『성당과 시장』[2]에 기술한 시장 모델로 개발되지는 않았다. 대신 개발은 오라클이 주체가 되어 수행했으며, 외부로부터 소스 코드를 공헌 받는 방식을 취했다.[3] 시장 모델이 아니라고 해서 MySQL의 개발 속도가 늦다는 뜻은 결코 아니다. 이 책을 읽으면 오히려 매우 급진적으로 개발이 이루어졌음을 알게 될 것이다. 또한 GPLv2(자유 소프트웨어 라이선스) 이므로 자유롭게 사용할 수 있다.

MySQL에서 파생된 프로젝트들도 각각 호평을 받고 있다. MySQL은 GPLv2 이므로, MySQL을 개선한 경우라도 그 프로그램을 배포하지 않으면 카피레프트를 적용할 필요는 없다. 그 때문에 최근에는 MySQL을 독자적으로 개조해 MySQL과 호환되는 클라우드 서비스도 제공되고 있다. MySQL도 이와 같은 변화에 뒤쳐지지 않기 위해 개발에 전념했고, 그 결과 다양하고 새로운 기능이 추가되었다.

### 1.1.2 MySQL의 특징

MySQL은 무엇인지, 또 어떤 것이 가능한지 알아보자. MySQL의 대표적인 기능적 특징은 다음과 같다.

- ANSI SQL 표준 문법 사용(일부 문법 제외)
- 다양한 플랫폼 지원(윈도우, 리눅스, Mac, 각종 유닉스 계열 OS)
- 스토리지 엔진에 따라 데이터를 저장하는 레이어 가상화
- 비용 기반 옵티마이저
- ACID 표준의 트랜잭션
- XA 트랜잭션
- 비동기 또는 준동기의 레플리케이션

---

2 (옮긴이) 『성당과 시장』(한빛미디어, 2015)은 현재 전자책으로만 판매 중이다.
3 '시장 모델이 아니면 오픈소스가 아니다'라고 주장하는 사람도 있지만, 오픈소스 이니셔티브(Open Source Initiative)에 게재되어 있는 오픈소스의 정의에 의하면 MySQL은 틀림없이 오픈소스 소프트웨어이다.

- 수평 파티셔닝
- 스토어드 프로시저 / 스토어드 함수 / 트리거
- 플러그인을 통한 기능 확장
- 이벤트 스케줄러
- SSL 통신
- Unicode를 비롯한 각종 문자 코드 지원
- 기본적인 데이터 타입에 추가적으로 JSON형 지원
- NoSQL 액세스
- 한국어 전문검색
- TIMEZONE 지원
- 정보 스키마(`INFORMATION_SCHEMA`)
- 성능 스키마(PERFORMANCE_SCHEMA)와 sys 스키마
- 다양한 드라이버(C, C++, Java, Perl, PHP, Python, Ruby, ODBC 등)

MySQL의 기능을 한마디로 표현한다면 '고성능의 견고한 범용 RDBMS'라고 말할 수 있을 것이다. 다른 RDBMS와 비교했을 때 특별히 부족한 부분은 없고, 어떤 부분에서는 다른 RDBMS에 없는 앞선 기능도 구축되어 있다. 그러나 MySQL에 설치되어 있지 않아 자주 지적받는 기능도 있다. 대표적으로 윈도우 함수나 CHECK 제약조건 등을 들 수 있다. 이것들은 애플리케이션을 개발할 때 편리한 기능이기 때문에 이후 버전에 추가되기를 기대해본다.

### 1.1.3 MySQL 서버의 종류

여기서는 MySQL의 배포 형식을 소개하고자 한다. MySQL 서버 또는 부속 툴이 포함된 패키지에는 몇 가지 변종이 존재한다. 패키지의 종류에 따라 라이선스나 기능이 약간 다를 수 있으니 주의하자.

#### 커뮤니티판 MySQL 서버

무료로 사용할 수 있는 오픈소스 MySQL을 말한다. 라이선스는 GPLv2로, 카피레프트[4] 포함의 무료[5] 소프트웨어 라이선스다. MySQL 서버를 개조하여 배포하는 경우에는 원래의 라이선스인 GPLv2를 계승해야 하지만, 프로그램을 실행하

---

4 리차드 스톨만이 만든 조어로 카피라이트(copyright)를 비꼬는 말이다. 현행 저작권법에 따라 누군가 대상 소프트웨어를 독점적으로 소유하는 일 없이, 저작권을 실질적으로 포기하는 듯한 라이선스 형태를 가리킨다.
5 자유라는 의미

는 데는 어떠한 제한도 없다. 각종 리눅스 배포판이 리파지터리로 배포하고 있는 것은, 이런 커뮤니티판 MySQL 서버를 독자적으로 패키징한 것이다. 커뮤니티판 MySQL 서버는 다음에 기술할 MySQL 서버들과 약간의 기능적 차이가 있으나 기본적으로 구조는 같고 기능도 대부분 동일하다. 따라서 대부분 무리 없이 사용할 수 있다.

커뮤니티판 MySQL 서버는 다음과 같은 용도로 사용하기에 적합하다.

- 동작을 확인하거나 소스 코드를 보며 RDBMS를 학습하고자 하는 경우
- 라이선스 비용을 신경 쓰지 않고 무료로 이용하고 싶은 경우
- 돌발적인 부하가 발생했을 때 무료로 인스턴스 수를 늘려 스케일 아웃하고 싶은 경우
- 공식적인 지원 없이 문제를 해결할 수 있는 경우
- MySQL을 평가해보고 싶은 경우

## 상용 MySQL 서버

상용 MySQL 서버는 오라클이 서브스크립션 및 라이선스를 판매하는 상용 MySQL을 뜻한다. eDelivery에서 평가판[6]을 무료로 다운로드 받을 수 있지만, 데몬스트레이션 또는 프로토타입의 작성 등에만 사용할 수 있다. 따라서 운영 환경에서 사용하려면 상용 라이선스를 구입해야 한다.[7] 상용 MySQL 서버에는 커뮤니티판 MySQL 서버에는 없는 상용판만의 플러그인이 구비되어 있다. 또한 서브스크립션을 구입하면 MySQL Enterprise Monitor와 MySQL Enterprise Backup 등의 추가 툴도 이용이 가능하다.

상용판 MySQL 서버는 다음과 같은 용도로 사용할 수 있다.

- 추가 플러그인을 사용하고 싶은 경우
- 모니터링과 백업 툴을 사용하고 싶은 경우
- 공식적인 지원을 받고 싶은 경우
- GPLv2에 없는 라이선스로 MySQL을 포함시키고 싶은 경우

상용판 MySQL 서버의 부속 플러그인으로는 다음과 같은 것들이 있다.

---

6 라이선스는 OTN 개발자 라이선스다. *http://www.oracle.com/technetwork/jp/licenses/standard-license-192230-ja.html*
7 MySQL 설치 시 라이선스 입력을 필요로 하거나 라이선스가 없다고 해서 기능이 비활성화되는 것은 아니다. 다만 라이선스에 제한이 있을 경우 특정 용도로만 사용할 수 있다.

- MySQL Enterprise Security
  - MySQL Enterprise Authentication(외부 인증)
  - MySQL Enterprise TDE(Transparent Data Encryption)[8]
  - MySQL Enterprise Encryption(비대칭 암호화)
  - MySQL Enterprise Firewall(SQL Injection 대책)
  - MySQL Enterprise Audit(감사 로그 수집)
- MySQL Enterprise Scalability
  - 스레드 풀

더 많은 플러그인을 이용하고 싶다면 MySQL Enterprise Edition 이상의 서브스크립션이 필요하다. 서브스크립션에 대해서는 MySQL 홈페이지에 상세하게 나와 있다.

*https://www.mysql.com/products/*

### MySQL Cluster

MySQL Cluster는 병렬 분산형 RDBMS다. 고가용성 기능을 탑재하여 만에 하나 장애가 생겨도 자동으로 failover하여 서비스를 지속할 수 있다. MySQL Cluster 는 복수의 노드를 합쳐 하나의 거대한 데이터베이스 서비스를 제공하는 것으로, MySQL 서버 외에 데이터 노드와 관리 노드 프로세스가 제휴하는 형태다. 한 클러스터에 각 유형의 노드를 여러 개씩 넣을 수 있으며 최대 255 노드까지 확장할 수 있다.[9] 데이터는 모두 데이터 노드에 저장하고 MySQL 서버는 쿼리를 실행할 때마다 데이터 노드에 문의하기 때문에 어떤 MySQL 서버에서도 같은 데이터 처리가 가능하다.

데이터 노드에는 MySQL 서버를 거치지 않고 직접 접근할 수도 있다. 직접 접근하는 편이 비용이 적고 빠르며, 집필 시점에 최신판인 MySQL Cluster 7.4에서는 초당 2억 쿼리라는 벤치마크 결과가 보고되어 있다. 이렇듯 SQL의 한계를 뛰어넘는 초고속 접근이 가능한 것도 MySQL Cluster의 특징이라 하겠다. SQL 부분에서도 장점이 있는데, 쿼리를 여러 데이터 노드가 병렬 처리하기 때문에 범위 검색과 JOIN 같은 조작을 빠르게 실행할 수 있다.

---

8  키링(keyring) 플러그인은 상용판에만 탑재되어 있다.
9  그 중 데이터 노드는 48 노드가 최대이다.

이처럼 MySQL Cluster는 통상의 MySQL 서버와는 완전히 다른 데이터베이스 소프트웨어다. MySQL 서버라는 공통의 컴포넌트가 있지만, 데이터 노드와 관리 노드로 구성되어 있으며, MySQL 서버에는 없는 컴포넌트가 있어 구축하고 운용하는 노하우가 전혀 다르다. 또한 MySQL Cluster의 데이터에 접근할 때 ndbcluster라는 스토리지 엔진을 사용하지만, ndbcluster와 InnoDB는 성능적인 특성과 기능이 다르기 때문에 개발 노하우도 때때로 달라진다. 따라서 MySQL 서버 이용 경험이 있다고 MySQL Cluster도 간단히 다룰 수 있는 것은 아니다.

MySQL Cluster는 다음과 같은 용도에 맞춰 개발되었다.

- 높은 확장성을 갖고 있는 데이터베이스 서비스를 하고 싶다.
- 고가용성을 실현하고 싶다.
- 기존의 MySQL 서버와 같은 프로토콜과 SQL 구문을 사용하고 싶다.
- 초고속 NoSQL 처리를 하고 싶다.
- SQL 실행을 병렬로 처리하고 싶다.

MySQL Cluster에도 커뮤니티판과 상용판이 있다. 커뮤니티판은 GPLv2로, 누구든지 무료로 사용이 가능하다. 상용판은 MySQL Cluster Carrier Grade Edition(통칭 CGE)이라 부르며, 이용하기 위해서는 서브스크립션을 구입해야 한다. CGE에서는 상용판 MySQL 서버와 동일한 상용 플러그인 외에 MySQL Cluster Manager(통칭 MCM)라는 관리 툴도 이용할 수 있다.

### 최신/실험실판 MySQL 서버

오라클은 개발 단계의 기능이나 실험적으로 개발해본 기능을 프리뷰판으로 만들어 사용자들에게 평가나 피드백을 받기 위해 실험실(Lab)판의 패키지를 배포한다. 이런 패키지는 어디까지나 프리뷰이므로, 운영 서비스에 사용하는 것은 좋지 않다. 충분히 테스트했다고 볼 수 없고, 버그도 수정하지 않았기 때문이다. 하지만 정식판에 포함될 지 모르는 기능이 광고용으로 실려 있으므로 마음에 드는 기능이 있다면 반드시 평가를 하는 것이 좋다. 실험실판은 아래의 페이지에서 다운 받을 수 있다.

*http://labs.mysql.com/*

**다중 라이선스는 어떻게 가능한가?**

GPLv2는 카피레프트인데 오라클은 어떻게 별도의 상용 라이선스를 판매할 수 있는지 의문이 생길 수도 있다. 여기에는 명확한 이유가 있다. MySQL의 저작권을 오라클이 갖고 있기 때문이다. 일반적으로 소프트웨어의 저작권 소유자는 제삼자에게 일정 조건을 전제로 저작물의 사용을 허락할 수 있다. 이때 사용 조건이 라이선스다. 소프트웨어 저작권 소유자가 부여할 수 있는 라이선스로만 제한하지 않고 임의의 라이선스를 부여하여 제삼자와 계약을 하는 것이 가능하다. 오픈소스 프로젝트에서도 여러 개의 오픈소스 라이선스를 부여 받는 경우가 있는데, 이와 비슷한 경우다.

한 가지 더 언급하면 GPLv2와 상용 라이선스를 모두 도입할 경우, 그 소프트웨어가 링크한 라이브러리는 양쪽 라이선스 모두에 호환이 되어야 한다. GPLv2 또는 상용 라이선스로의 라이선스 변환이 가능한가가 그 열쇠다. 변환을 허용하는 라이선스를 일반적으로 관대한 라이선스라고 부른다. 단, 라이선스를 변환했다고 해서 라이브러리의 저작권이 없어지는 것은 아니다. 원 저작권과 라이선스는 유지한 상태에서 새로운 라이선스를 부여하는 것이다. 제삼자의 소프트웨어를 이용하는 경우에는 그 소프트웨어가 오픈소스라고 하더라도 라이선스를 확실히 확인하고 준수할 것을 권장한다.

## 1.1.4 MySQL 서버 아키텍처 개요

MySQL이 어떻게 생겼는지 이해하려면 먼저 그 구조를 이해해야 한다. MySQL의 구조는 다음과 같다.

- 싱글 프로세스/멀티 스레드
- 하나의 커넥션에 하나의 스레드가 대응
- 각 세션들의 정보
- 비용 기반의 옵티마이저
- 스토리지 엔진에 따라 데이터를 저장하는 레이어를 가상화
- GNU Bison에 의한 Lexical Scanner
- 전체 변경 쿼리를 보존하는 바이너리 로그
- 마스터/슬레이브 형태의 레플리케이션
- 플러그인 API로 기능 확장
- 소스 코드는 C/C++

그림 1.1은 MySQL의 아키텍처다. 아키텍처의 이해는 매우 중요하다. 아키텍처를 모르면 새로운 기능에 의한 개선이 왜 개선인지 이해할 수 없기 때문이다. 여기서는 개요만 파악하면 된다. 상세한 내용은 이후에 각 기능을 설명하면서 언급할 것이다.

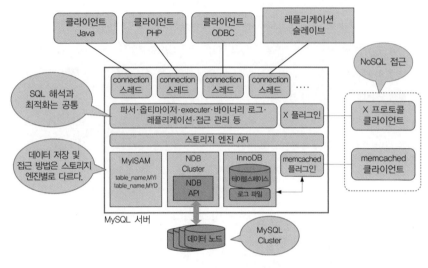

그림 1.1 MySQL 서버의 아키텍처 개요

## 1.2 MySQL 기능 추가의 역사

이 책은 MySQL 5.7의 새로운 기능을 설명하는 것이 목적이다. 그에 앞서 그동안 MySQL에 어떤 기능들이 추가되어왔는지 시간 순으로 살펴보려고 한다. 그 역사를 알고 나면 역동적으로 진화한 MySQL을 느낄 수 있을 것이다.

### 1.2.1 MySQL 3.23 이전

MySQL이 본격적으로 보급된 것은 3.23 버전 이후로, 이전에는 그렇게 유명하지 않았다. 당초 MySQL의 틀이 된 소프트웨어는 BASIC으로 작성된 리포팅 툴이었으며, 1980년 무렵부터 개발되었다. 현재의 MySQL이 C/C++로 개발된 것만 봐도 알 수 있듯이 이후 전면적인 변화를 겪게 된다. 이 리포팅 툴에 SQL 인터페이스를 요구하는 목소리가 생기자, 1995년 최초 버전인 MySQL 1.0이 공개되었다. MySQL 1.0의 특징은 다음과 같다.

- 일부 사용자만을 고려한 한정적 릴리스(오픈소스가 아님)

- SQL 서브셋 지원
- Solaris용

그 후 1996년에 MySQL 3.19가 릴리스되었다. 이 제품은 리눅스용으로 이식된 버전이며, 라이선스도 오픈소스 형식이었다. 단, 당시는 GPLv2가 아닌 MySQL Free Public License라는 독자적 라이선스를 채용했다. 이 라이선스는 오픈소스 이니셔티브[10]에서 오픈소스 라이선스로 확인되지 않으며, 엄밀히 말하면 오픈소스 라이선스라고 하기 어렵다. 또한 GNU의 사이트[11]에서도 언급하고 있지 않으므로 자유로운 소프트웨어라고 할 수도 없다. 하지만 이 라이선스는 과거의 것으로 이후 라이선스의 호환성 등이 문제될 가능성이 없으므로 크게 신경 쓸 필요는 없다.

### 1.2.2 MySQL 3.23(2001년 1월)

2001년에 MySQL 3.23이 배포되었다. MySQL로써는 GPLv2에 의한 첫 번째 배포였다.[12] 독자적 라이선스에서 GPLv2로 변경되면서 사용을 위한 문턱이 낮아져 MySQL이 널리 보급되었다. GPLv2는 카피레프트가 있는 것으로, 프로그램 실행에 어떠한 제한도 없다. 어떤 용도로 몇 번이고 실행해도 문제될 것이 없다.

MySQL 3.23은 기능면에서 큰 발전이 있었다. 라이선스의 변경과 더불어 기능면에서도 충실해졌다. 편리하지 않은 소프트웨어는 누구도 사용하지 않는다. MySQL 3.23에 추가된 기능은 다음과 같다.

- 수많은 플랫폼으로 이식 가능
- 싱글 스레드 레플리케이션
- 스토리지 엔진 아키텍처
  - MyISAM 스토리지 엔진의 탑재
  - 디스크 접근을 하지 않는 HEAP 스토리지 엔진
  - 다수의 테이블을 묶는 MERGE 스토리지 엔진
  - Berkeley DB로의 접속 시도
  - InnoDB와의 융합
- Fulltext 검색 지원

---

**10** *https://opensource.org*
**11** *http://www.gnu.org/licenses/license-list.html*
**12** 정확하게는 MySQL 3.23.19라는 베타 버전부터 적용되었다.

- 인덱스는 MyISAM만 지원

위 기능 가운데 특히 마스터상에서 실행한 것과 똑같은 SQL을 슬레이브에서도 실행하도록 하는 아주 단순한 개념의 레플리케이션은 많은 사용자를 끌어들인 요인이었다. 당시 주로 사용한 스토리지 엔진은 MyISAM이었으나, 이 엔진은 지금과 마찬가지로 당시에도 트랜잭션 처리가 불가능했다. MySQL 3.23에서는 트랜잭션을 지원하는 스토리지 엔진인 Berkeley DB와의 통합을 생각하고 있었다. 하지만 이 버전의 정식 배포 전부터 개발된 Berkeley DB 스토리지 엔진은 안정화되지 못하고 MySQL의 스토리지 엔진에서 모습을 감추었다.[13]

Berkeley DB 때문에 늦어진 것이 약 9개월, 3.23.34a 버전부터 (당시 MAX판이라는 버전에 함께 들어간) InnoDB가 배포되었다. 비록 Berkeley DB는 빛을 볼 수 없게 되었지만, 그때의 노력을 바탕으로 InnoDB의 통합은 순조롭게 이루어졌다. 당시 InnoDB는 MySQL을 개발하던 MySQL AB가 아닌 Innobase OY라는 별도의 회사에서 개발했다. 그래서 스토리지 엔진의 이름 또한 당초 사명인 Innobase로 정했다가 이후 InnoDB로 변경했다.

### 1.2.3 MySQL 4.0(2003년 3월)

MySQL 4.0은 MySQL이 GPL이 된 이후 두 번째 메이저 배포다. 배포 당시부터 InnoDB가 표준 바이너리로 포함되어 ACID에 준거한 트랜잭션의 이용이 가능해졌다. MySQL 4.0의 주요 신기능은 다음과 같다.

- 표준 바이너리에 InnoDB 탑재
- 레플리케이션 슬레이브 스레드 수가 2개로 확대
- UNION 기능 추가
- SSL 접속
- libmysqld(내장 서버 라이브러리)

레플리케이션의 슬레이브 스레드가 현재와 같이 두 종류로 나뉜 것이 바로 이때부터다. I/O 스레드와 SQL 스레드로 나뉜 결과, 슬레이브의 지연이 대폭 개선되었다. 그리고 레플리케이션에 의한 스케일 아웃이 본격적으로 사용되기 시작했다.

---

**13** MySQL 5.1에서 삭제되었다.

### 1.2.4 MySQL 4.1(2004년 10월)

순조롭게 버전업을 거듭해왔지만 이 버전에서는 꽤 큰 혼란을 겪게 된다. 혼란의 가장 큰 원인은 문자열 데이터 타입의 취급 방식이 달라진 것이었다. MySQL 4.0까지 문자열 데이터 타입은 컬럼에 저장할 수 있는 문자열의 크기를 바이트 수로 지정한 데 반해, MySQL 4.1부터는 문자 수로 지정했다. 이로 인해 MySQL 4.0에서 사용하던 테이블을 MySQL 4.1에서 그대로 사용할 수 있도록 변환하는 것이 불가능해지면서 마이그레이션이 아주 힘들어졌다.

MySQL 4.1에 추가된 새로운 기능은 다음과 같다.

- Unicode(UTF-8) 지원
- Prepared Statement
- 서브쿼리

혼란을 일으키던 Unicode 지원은 매우 중요한 변화이며, Prepared Statement 기능이 추가되어 웹 애플리케이션에서도 가볍게 이용할 수 있게 되었다. 특히 MySQL 4.0에서의 마이그레이션이 아닌 애플리케이션을 처음부터 구축하는 경우에는 문자열 데이터 타입 차이는 그렇게 큰 문제가 되지 않았다. 여전히 스토어드 프로그램과 같은 고급 기능이 없긴 하지만, 그 대신 아주 다양한 동작을 할 수 있는 버전이었다. 그 덕분에 4.0이나 4.1 버전의 골수 팬들이 많아졌다.

### 1.2.5 MySQL 5.0(2005년 10월)

MySQL 5.0은 기업 시장 진출을 목표로 엔터프라이즈용 기능을 일부 수용한 버전이다. 따라서 웹 애플리케이션에는 과한 느낌이지만 있으면 편리한 기능들을 많이 받아들였다.

이 버전은 사용자 저변을 넓혔다고 볼 수 있다. 하지만 첫 배포는 그다지 안정적이지 않았다. 엔터프라이즈용 기능이 다수 포함된 만큼 버그 또한 많았기 때문이다.

MySQL 5.0에 추가된 주요한 기능은 다음과 같다.

- 스토어드 프로시저
- 스토어드 함수
- 트리거
- 뷰

- XA 트랜잭션
- 정보 스키마

다음 버전인 MySQL 5.1의 릴리스까지 무려 3년 이상이 걸렸기 때문에 MySQL 5.0은 가장 오래 사용된 버전이 되었다. MySQL 5.0은 일본의 Tritonn[14]의 근간이 된 버전이기도 하다. Tritonn은 MySQL에서 전문 검색 엔진 Senna를 이용할 수 있도록 개조한 프로젝트이다. Tritonn은 MySQL 5.1로 마이그레이션하지 않았기 때문에 MySQL 5.0을 더욱 길게 사용했다.

5.0이 공개되었을 당시 MySQL에 매우 중요한 사건이 발생했다. InnoDB의 개발사인 Innobase OY가 오라클에 매각된 것이다. 당시 MySQL과 오라클 데이터베이스는 대상 사용자층이 달랐기 때문에 완벽한 경쟁 관계라고 보기는 힘들었다. 그러한 경향은 지금도 마찬가지이나 어쨌든 같은 RDBMS이니 경쟁 관계로 인식한다면 앞으로 InnoDB를 사용할 수 없을지 모른다는 관측도 있었다.

### 1.2.6 MySQL 5.1(2008년 11월)

MySQL 5.1은 어떤 의미에서는 기념할 만한 버전이다. MySQL을 오랫동안 개발해온 MySQL AB라는 기업은 2008년 초, 미국 컴퓨터 기업인 썬 마이크로시스템즈에 매각되었다. 따라서 MySQL 5.1은 매각 후 처음으로 배포된 메이저 버전이다.

회사 조직에 변화가 있긴 했지만 MySQL의 개발은 순조롭게 진행되었다. MySQL 5.0의 경험을 토대로 MySQL 5.1에서는 정식판 릴리스 전에 꼼꼼한 테스트를 수행했다. 그 결과, 릴리스 시기가 늦춰져 MySQL 5.0이 나온 지 3년이 지나서야 발표하게 된 것이다.

MySQL 5.1의 주요한 신기능은 다음과 같다. 이 버전에서는 엔터프라이즈용 기능을 더욱 강화했다.

- 파티셔닝
- 행 단위 레플리케이션
- XML 함수
- 이벤트 스케줄러
- 로그 테이블

---

**14** *http://qwik.jp/tritonn/*

- 업그레이드 프로그램 (mysql_upgrade)
- 플러그인 API

썬 마이크로시스템즈의 이름으로 배포한 MySQL 버전은 사실 MySQL 5.1뿐이다. MySQL 5.1을 배포하고 채 반 년도 지나지 않아 썬 마이크로시스템즈가 오라클에 매각되었기 때문이다. 이 매각으로 인해 MySQL 사용자들 사이에서는 오라클이 MySQL을 없애버리려는 것이 아니냐는 걱정이 많았다. 두 회사는 모두 RDBMS 제품을 만들고 있었기 때문이다. 그와 같은 걱정에 대해 오라클은 "MySQL에 관한 10가지 약속"[15]을 발표해 사용자들을 설득했다. 이 약속에서는 기한을 5년으로 언급했지만, 5년이 훨씬 지난 지금도 그 약속은 계속해서 지켜지고 있다. MySQL의 진화 속도를 볼 때 그와 같은 걱정은 기우에 지나지 않았다고 할 수 있을 것이다.

오라클에 매각된 덕분에(?) MySQL과 InnoDB의 개발팀이 같은 회사가 되었다. 이때까지 Innobase OY는 오라클의 자회사로서 고기능판의 InnoDB를 독자적으로 개발하고 있었지만, 썬 마이크로시스템즈의 매각과 동시에 Innobase OY를 없애면서 자연스럽게 오라클에 흡수되었다. 서로 다른 회사에 속해 개발팀 사이의 교류가 힘들었던 점이 개선되면서 소통이 쉬워졌다. 그뿐 아니라 Innobase OY가 독자적으로 개발하던 InnoDB 버전이 MySQL 5.1에 흡수되는 놀라운 결과를 가져왔다. 이 버전은 InnoDB 플러그인으로 불리며 빌트인 InnoDB보다 다양한 기능과 높은 성능을 자랑했다.

MySQL 입장에서는 회사가 두 차례나 빠르게 바뀌며 큰 변화를 겪은 격동의 시대였다고 할 수 있다.

### 1.2.7 MySQL 5.5(2010년 12월)

이 버전은 오라클이 썬 마이크로시스템즈를 매수한 이후 처음으로 발표한 메이저 버전이다.

MySQL 5.5의 주요한 신기능은 다음과 같다.

- InnoDB 플러그인이 빌트인 InnoDB 대체
  - CPU 확장성 개선
  - I/O 성능 개선

---

[15] *http://www.oracle.com/us/corporate/press/042364*

- 버퍼 풀 인스턴스의 분할
- 테이블 단위의 데이터 압축 포맷
- 고속 인덱스 작성
- TEXT/BLOB의 완전한 페이지 분리
- 그룹 커밋
- 적응 플러싱
- 플러시 리커버리의 고속화
- 준동기 레플리케이션
- 인증 플러그인
- 메타 데이터 lock
- 4바이트 UTF-8 대응
- FLUSH LOGS의 개선
- COLUMNS 파티셔닝 추가
- DTrace 지원
- IPv6 지원
- 성능 스키마

이 버전의 특징은 뭐니 뭐니 해도 빌트인 InnoDB를 InnoDB 플러그인으로 대체한 점을 들 수 있다. 이로 인해 기존 버전과 확연히 다른 CPU 확장성 및 I/O 성능이 발현되었다. 여기엔 아주 큰 의미가 있다.

MySQL이 오픈소스로 공개된 당시 MySQL 설치에 사용된 머신의 CPU 코어 수는 한 개, 많아도 몇 개 수준의 환경이 대부분이었다. MySQL에서는 1:N의 레플리케이션으로 참조 성능을 향상시킬 계획이었기 때문에 성능 향상에는 스케일 업보다 레플리케이션 쪽이 저렴하면서 용이한 선택지였다. 또한 예전에는 CPU의 고속화라고 하면 코어 수 늘리기보다는 클록 주파수 상승이 주된 방법이었다. 따라서 오래된 버전의 MySQL에서는 CPU 확장성이 그렇게 좋지 않아도 실질적으로는 곤란하지 않았다.

그렇지만 2006년 무렵부터 CPU의 진화는 클록 주파수가 아닌 코어 수를 늘리는 방향으로 진행되었다. CPU 클록 주파수의 상승이 발열이나 소비전력 등 효율면에서 한계가 있었기 때문이다. 결과적으로 x86계의 CPU에서는 멀티 코어화가 진행되었다.[16]

---

16 2016년에 발표된 Xeon 프로세서에는 최대 24 코어까지 있다.

CPU 확장성이 중요해진 데에는 디스크 장치의 변화도 큰 영향을 끼쳤다. 이전에는 데이터를 하드디스크에 저장할 수밖에 없었지만, SSD가 등장하면서 RDBMS에도 SSD를 사용하는 것이 당연시되었다. SATA 등의 인터페이스뿐 아니라 PCI Express에 직접 접속하는 방법, 플러시 스토리지의 접속에 특화된 NVMe라는 규격화 제품까지 등장했다. 이로 인해 디스크 I/O에 의한 병목이 대폭 완화되면서, CPU 처리 속도가 중요해졌다. RDBMS 또한 이런 하드웨어를 활용하는 방향으로 진화해야 한다는 요구에 따라 종래의 InnoDB 대신 InnoDB Plugin을 탑재하게 되었다.

그런데 MySQL 5.5의 신기능은 지금까지 추가된 기능들과는 성질이 조금 달랐다. MySQL 5.1까지는 RDBMS로써 근본적으로 부족했던 기능 위주로 새로운 버전에 추가하는 것이 일반적이었다. 주로 SQL 구문이나 SQL 표준에 정의된 기능 등이었다. 하지만 MySQL 5.5에는 MySQL만의 독자적 기능을 확장하고 개선하기 위한 기능이 다수 추가되었다. 이와 같은 변화는 MySQL이 그만큼 성숙했음을 방증하는 것으로 볼 수 있다. 그리고 이러한 경향은 지금도 계속되고 있다.

MySQL 5.5에서는 MySQL의 개발 체제에 큰 변화가 있었다. 새로운 개발 사이클[17]이 도입된 것이다. 이는 각각의 신기능을 개별 부문에서 개발한 후 테스트를 충분히 거쳐 통합하는 방식이었다.[18] 이와 같은 개발 체제가 가능했던 배경은 분산형 버전 관리 시스템 도입 때문이었다. MySQL 5.5 당시는 버전 관리 시스템으로 Bazaar가 사용되었지만 이후 Git으로 바뀌었다. 현재도 MySQL의 소스 코드를 GitHub에 보관하고 있다.

---

**사라진 버전**

MySQL이 격동의 시대를 맞이할 즈음, 개발팀도 어느 정도 영향을 받았다. MySQL 5.1 다음으로 배포된 버전은 MySQL 5.5였는데, 그럼 그 사이의 버전은 어떻게 된 것일까? MySQL 5.2와 5.3은 건너뛰고 차기 버전으로 MySQL 5.4의 개발을 진행했다. 하지만 썬 마이크로시스템즈의 매각으로 MySQL과 InnoDB 개발팀이 같은 팀이 되면서 InnoDB Plugin을 내장하는 작업이 추가되자 MySQL 5.4의 배포가 취소되었고 이어서 등장한 것이 MySQL 5.5다.

사실 MySQL 6.0도 계획 중이었다. Innobase OY가 인수되면서 InnoDB를 못 쓰게 될지도 모른다는 걱정이 생겨났고, 이를 불식시키기 위해 계획한 것이다. InnoDB의 도입을 노

---

17  *https://dev.mysql.com/doc/mysql-development-cycle/en/*
18  추가하는 기능이 통합된 버전을 DRM이라고 한다.

리고 Falcon이라는 스토리지 엔진을 탑재하기로 했다. 하지만 결국 개발할 필요가 없어지면서 MySQL 6.0도 없어지게 된 것이다. 또한 Falcon 스토리지 엔진도 결국 세상에 나올 수 없게 된 셈이다.

## 1.2.8 MySQL 5.6(2013년 2월)

새로운 개발 사이클에 의해 가속화된 개발은 멈출 줄을 몰랐다. MySQL 5.6의 주요한 신기능은 다음과 같다.

- InnoDB의 대폭 개선
  - 온라인 DDL
  - 전문(full text) 인덱스 지원
  - 인덱스 통계 정보 개선
  - CPU 확장성 개선
  - 테이블 단위로 각각의 서버로 마이그레이션
  - 4K/8K 페이지 크기 지원
  - 테이블/인덱스 통계 정보 영속화
  - 공유 테이블스페이스에서 UNDO 로그 분리 가능
  - InnoDB용 정보 스키마 추가
  - memcached API에 의한 처리
- 레플리케이션
  - 자동 failover를 위한 GTID
  - 바이너리 로그의 체크썸
  - 크러시로부터 보호
  - 멀티스레드 슬레이브
  - 행 단위 레플리케이션의 데이터 효율 개선
  - mysqlbinlog 원격 제어
  - 지연 레플리케이션
- 옵티마이저
  - 서브쿼리의 고속화(SEMIJOIN)
  - Index Condition Pushdown(ICP) 최적화
  - Multi Range Read(MRR) 최적화

- Batched Key Access(BKA) JOIN 최적화
- SELECT 이외의 쿼리에 대한 EXPLAIN
- 옵티마이저 트레이스 기능
- 보안 강화
  - 클라이언트를 위한 난독화 패스워드
  - SHA-256 인증
  - 패스워드 강도 정책
- 파티셔닝 개선
  - 파티션 수 증가
  - EXCHANGE PARTITION
  - DML에서 파티션의 명시적 지정
  - lock 개선
- SIGNAL / RESIGNAL
- 진단 영역
- 시간 데이터 초에 대한 소수점 지원

어떠한가? MySQL 5.5와 비교해 볼 때 눈에 띄게 신기능이 많아지지 않았는가? MySQL의 개발 속도가 무서울 정도로 빨라지고 있다. 특히 MySQL의 강점인 InnoDB와 레플리케이션 개선이 엄청난 속도로 진행되고 있다. MySQL 5.6 시점에서 이미 견고함과 빠른 성능 면에서는 비교 대상이 없는 RDBMS라고 해도 과언이 아니다.

## 1.2.9 그리고 MySQL 5.7로(2015년 10월)

지금까지 살펴본 MySQL의 개발 역사를 통해 우여곡절 많은 제품이 성숙해서 빠른 속도로 진화하고 있음을 알 수 있었다. 물론 최신 버전인 MySQL 5.7에서도 진화 열기는 식지 않았다. MySQL 5.7의 신기능은 MySQL 5.5 이후의 흐름과 마찬가지로 현존하는 기능을 확장 또는 개선하는 것에 주안을 두고 있다. MySQL 5.7 신기능의 수는 너무 방대해 블로그에 소개하는 대신 책으로 정리하도록 마음먹기에 충분했다.

MySQL 5.7을 사용할 때 주의할 점은 기능이 너무 많이 늘어났다는 것이다. 기본적인 사용법에는 큰 변화가 없지만 튜닝 등과 관련해서는 조금 달라진 부분도 있을 것이다. 전문가로서 MySQL을 최대한 잘 사용하기 위해 생각할 부분이

많은 것은 골치 아픈 일이다. 이미 MySQL을 능숙하게 다루는 사용자들도 반드시 이 책을 통해 지식을 갱신하기 바란다.

이 책에서는 관련 기능을 하나의 장에 묶으려 했고, 최종적으로는 175개의 신기능을 빠짐없이 설명했다. 당연한 이야기지만 그 전체를 여기에서 짧게라도 언급하기엔 그 양이 너무 방대하다. 다음 장부터 차분히 읽어나가면서 내용을 음미하도록 하자.

# 2장

# 레플리케이션

MySQL 5.7이 많은 기능을 새로 선보였지만 그 가운데서도 가장 먼저 레플리케이션을 언급하는 데에는 이유가 있다. 레플리케이션은 변경된 점도 많고, 영향도 가장 크기 때문이다. MySQL의 레플리케이션은 아주 인기가 많은 기능이다. MySQL을 얼마나 잘 활용하는가는 레플리케이션을 얼마나 탁월하게 사용하는가에 달려 있다고 해도 과언이 아니다. MySQL 5.7에서 처리가 간단해진 부분이 있지만 구조가 복잡해진 부분도 있다. 반드시 요구사항에 맞춰 어떻게 사용할지 고민해 보기 바란다.

## 2.1 레플리케이션의 기본 구조

레플리케이션의 각종 기능을 알아보기 전에 기본적인 구조와 사용법을 복습해보자. 이미 기본 구조를 충분히 이해하고 있다면 이번 절은 그냥 넘어가도 된다. 지금까지 MySQL의 레플리케이션을 사용해본 적이 없거나 구조에 대해서 학습하고 싶다면 이 부분을 천천히 읽어보자.

### 2.1.1 동작 원리

MySQL에 국한된 것은 아니겠지만, 레플리케이션의 저변에 깔린 사고방식은 아주 단순하다. "2개의 데이터베이스에 저장되는 데이터가 같고, 이 데이터에 가해진 변경도 같으면 결과도 같다"는 것이다. 마스터에 일어난 변경을 연속적으로 기록해서 같은 변경을 슬레이브에 전송한다. 슬레이브에서는 마스터에서 보내온 변경 이력을 연속적으로 재생한다. 이렇게 하면 슬레이브의 데이터는 마스터를 따라가게 된다.

　　MySQL에는 이러한 구조를 실현하기 위해서 다음과 같은 기능을 탑재하고 있다.

- 마스터의 변경을 기록하기 위한 바이너리 로그
- 슬레이브에 데이터를 전송하기 위한 마스터 스레드
- 슬레이브에서 데이터를 받아 릴레이 로그에 기록하기 위한 I/O 스레드
- 릴레이 로그에서 데이터를 읽어 재생하기 위한 SQL 스레드

MySQL 레플리케이션의 구조는 그림 2.1과 같다.

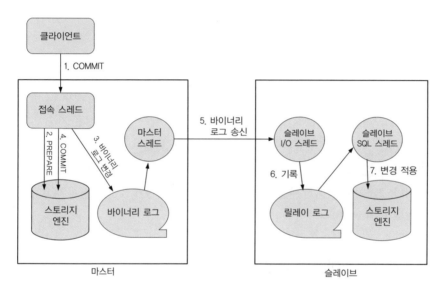

그림 2.1 레플리케이션의 구조 개요

MySQL은 이와 같은 구조를 사용해 비동기형 레플리케이션을 구현하고 있다. 비동기형은 마스터의 변경이 일어난 이후에 슬레이브에 변경 데이터를 전송해 마스터의 변경 시간과 상관없이 슬레이브에서 변경 내용을 적용하는 것을 말한다. 다시 말해 슬레이브의 데이터는 마스터와 완전하게 동기화되는 것이 아니라 약간의 시차를 두고 따라가게 되는 것이다.

### 2.1.2 바이너리 로그

바이너리 로그는 MySQL 서버에서 발생한 모든 변경을 직렬화하여 기록한 파일이다. 바이너리 로그는 MySQL의 데이터 디렉터리에 작성되며, `log_bin` 옵션

에 지정한 파일명을 접두어로 하여 6자리의 일련번호를 덧붙인 이름의 파일로 저장된다. 예를 들어 `log_bin` 옵션에 `mysql-bin`이라는 이름을 지정하면 최종 바이너리 로그 파일명은 `mysql-bin.000001`이 된다. 이후 데이터를 명시된 한계 크기만큼 기록한 후에 일련번호를 1 증가시킨 파일을 새로 만들어 사용한다. 예를 들면 `mysql-bin.000002`와 같은 식이다.[1] 내부적으로는 `unsigned long`이 사용되기 때문에, 예컨대 x86_64 아키텍처에서 리눅스의 gcc로 컴파일한 바이너리라면 8바이트(64bit)의 부호 없는 정수 값의 한계 값까지 커져서 실제 사용에 문제가 없다.

MySQL 서버가 생성해 보관 중인 바이너리 로그의 정보는 바이너리 로그 인덱스 파일에 저장한다. 바이너리 로그 인덱스 파일은 `log_bin` 옵션의 이름에 `.index` 확장자를 붙인 파일이다. 예를 들면 `mysql-bin.index`와 같은 식이다. 이 파일은 텍스트 파일로, 바이너리 로그 파일의 이름이 기록되어 있다. 이때 실제 존재하는 바이너리 로그 파일과 바이너리 로그 인덱스 파일의 내용은 반드시 같아야 한다. 예를 들어, 바이너리 로그 인덱스 파일을 편집해 엔트리를 마음대로 삭제하는 등의 조작을 해서는 안 된다. MySQL 서버가 바이너리 로그 파일을 찾을 수 없게 되기 때문이다. SHOW BINARY LOGS 명령어를 실행하면 바이너리 로그의 목록을 보여준다. 이 명령어는 바이너리 로그 인덱스 파일의 내용을 읽어 각각의 바이너리 로그 파일을 열고 파일 크기를 판독하여 출력한다. 바이너리 로그의 내용은 아에 참고하지 않는다. 바이너리 로그의 내용을 보려면 SHOW BINLOG EVENTS 명령어를 사용하거나 `mysqlbinlog` 프로그램을 이용하면 된다.

MySQL 5.0까지는 SQL이 바이너리 로그에 기록되었다. 바이너리 로그를 재생한다는 것은 그 SQL문을 순서대로 실행한다는 의미다. 이러한 방식을 statement 기반 포맷 또는 레플리케이션을 위해 바이너리 로그를 사용하는 경우에 한해 statement 기반 레플리케이션(Statement Based Replication, 이하 SBR)이라고 부른다. SBR의 문제점은 SQL의 종류에 따라 실행결과가 반드시 일치하지 않을 수 있다는 것이다.

UUID() 함수를 사용하는 경우가 대표적인 예다. UUID() 함수는 호출된 시점에 유일한 하나의 값을 만든다. 그렇기 때문에 마스터와 슬레이브의 결과가 달라질 수 있다. 마스터와 슬레이브의 결과가 달라지면 데이터도 달라져 레플리케이션

---

1 덧붙여서 바이너리 로그의 파일 수가 7자리, 즉 100만을 넘으면 파일명의 숫자 부분의 자릿수가 늘어나 자릿수 부족 현상은 일어나지 않으므로 안심하기 바란다.

의 전제 사항인 '마스터와 슬레이브의 데이터가 같아야 한다'는 조건이 성립하지 않게 된다. SQL에서 실행될 때마다 결과가 같음을 보증할 수 없을 때 이를 비결정성(non-deterministic)이라고 하며, 이는 SBR의 천적이나 다름없다. 비결정성 SQL에는 여러 가지가 있으므로 그 목록을 정리했다.[2] SBR을 사용할 때는 이와 같은 SQL 사용에 충분히 주의해야 한다.

- 비결정성의 UDF 또는 저장 프로그램을 포함한 SQL문
- ORDER BY 구문이 없는 LIMIT 구가 적용된 UPDATE 또는 DELETE
- 다음과 같은 함수를 포함한 SQL문
  - LOAD_FILE()
  - UUID() / UUID_SHORT()
  - USER()
  - FOUND_ROWS()
  - SYSDATE()
  - GET_LOCK()
  - IS_FREE_LOCK()
  - IS_USED_LOCK()
  - MASTER_POS_WAIT()
  - RAND()
  - RELEASE_LOCK()
  - SLEEP()
  - VERSION()

이와 같은 비결정성 SQL 문제를 극복하기 위해 MySQL 5.1에서 row 기반 포맷, 또는 row 기반 레플리케이션(Row Based Replication, 이하 RBR) 모드가 추가되었다. 이는 말 그대로 SQL을 실행한 결과, 변경이 일어난 행의 변경 전후 값을 기록하는 방식이다. 행 단위로 데이터를 기록하기 때문에 SBR에 비해 바이너리 로그의 크기가 큰 결점이지만, SQL이 비결정성인지 아닌지에 대해 걱정할 필요가 없다. MySQL 5.1 이후 버전에서는 RBR만이 아닌 SBR도 여전히 사용이 가능하므로 사용자의 필요에 따라 선택할 수 있다.

바이너리 로그에는 또 하나의 포맷이 존재한다. Mixed 기반 포맷, 또는 Mixed

---

2 비결정성의 판정 기준은 매년 다양해지고 있다.

기반 레플리케이션(Mixed Based Replication, MBR)이 바로 그것이다. 이는 SBR과 RBR을 필요에 따라 나누어 사용하는 방식으로, 처음에는 SBR로 기록하다가 비결정성 SQL을 만나면 RBR 방식으로 기록한다. 따라서 비결정성 SQL로 인해 데이터 부정합이 발생할 걱정이 없다. SBR은 로그의 크기가 작고 RBR은 견고하다. MBR은 이러한 두 방식의 장점을 모두 취한 것이다.

### 2.1.3 레플리케이션을 구성하는 스레드

MySQL 서버에서 어떻게 레플리케이션이 일어나는지 이해하려면 어떤 역할의 스레드가 있는지부터 알아야 한다. 이제부터 MySQL의 레플리케이션과 연관이 있는 스레드에 대해 설명하겠다.

### 마스터 스레드

MySQL의 레플리케이션은 마스터가 서버이고 슬레이브가 클라이언트인 관계다. 다시 말하면, 레플리케이션을 위해 슬레이브가 마스터로 접속하는 형태다. 따라서 마스터에는 슬레이브가 로그인하기 위한 계정이 필요하며, REPLICATION SLAVE라는 권한을 부여 받아야 한다. 마스터에서 봤을 때 슬레이브는 클라이언트 가운데 하나이므로 슬레이브가 여러 개 있는 경우 슬레이브 수에 대응하는 마스터 스레드가 생성된다.

마스터 스레드의 역할은 단 하나, 바이너리 로그를 읽어 슬레이브에 전송하는 것이다. 이 때문에 마스터 스레드는 Binlog Sender 또는 Binlog Dump라는 별명으로도 불린다. 의외일지 모르겠으나 접속 직후의 슬레이브는 단순한 클라이언트 가운데 하나로, 통상의 사용자 스레드와 어떠한 차이도 없으며 로그인한 것만으로는 슬레이브인지 아닌지 알 도리가 없다. 그럼 어떻게 바이너리 로그의 송신을 시작하는 것일까? 로그인 후 슬레이브가 바이너리 로그를 송신하도록 지시하고 나면 송신이 시작된다.

슬레이브가 마스터에 바이너리 로그의 송신을 의뢰하는 명령어는 COM_BINLOG_DUMP와 COM_BINLOG_DUMP_GTID 두 가지다. 전자는 바이너리 로그 파일 명과 포지션에 의해, 후자는 GTID에 의해 바이너리 로그의 포지션을 결정한다. GTID는 MySQL 5.6에서 추가된 기능으로, 이번 장 후반부에서 자세하게 설명하겠다. 이들 명령어를 입력한다고 해서 바이너리 로그의 송신이 바로 시작되는 것은 아니다. 이 명령어들은 프로토콜 레벨의 명령어로, SQL이 아니기 때문이다.[3]

---

3 프로토콜에서 SQL 실행을 의뢰하는 경우에는 COM_QUERY라는 명령어가 사용된다.

### 슬레이브 I/O 스레드

슬레이브 I/O 스레드는 두 가지의 슬레이브 스레드 가운데 하나다. 줄여서 I/O 스레드로 부르는 경우가 많으며 이 책에서도 이 이름으로 부를 것이다. I/O 스레드는 마스터에 접속해서 COM_BINLOG_DUMP 또는 COM_BINLOG_DUMP_GTID 명령어로 마스터에서 연속적으로 갱신된 내용을 받으며, 받은 데이터를 릴레이 로그라는 로그 파일에 보존한다. 릴레이 로그의 포맷은 바이너리 로그와 완벽하게 일치하며, 받은 데이터를 오른쪽에서 왼쪽으로 흐르듯이 적어 내려간다. 바이너리 로그와 마찬가지로 릴레이 로그에도 인덱스 파일이 존재한다. 릴레이 로그의 내용을 보기 위해서는 SHOW RELAYLOG EVENTS 명령어를 사용한다. 릴레이 로그는 자동적으로 순환되어 불필요해지면 삭제되지만 릴레이 로그를 보기 위한 명령어는 무슨 이유인지 존재하지 않는다.

릴레이 로그는 레플리케이션을 시작하면 자동으로 작성된다. 릴레이 로그도 바이너리 로그와 같이 6자리의 일련번호를 가진 파일명을 갖게 되지만, 기본값으로 접두어는 호스트명-relay-bin이 되므로 주의해야 한다. 호스트명이 파일 이름의 일부가 되기 때문에 슬레이브의 데이터를 다른 머신에 이식하는 경우 릴레이 로그를 발견할 수 없기 때문이다. 릴레이 로그의 접두사를 지정하려면 relay_log 옵션을 사용해야 하는데, 가급적 이 옵션을 사용할 것을 권장한다.

### 슬레이브 SQL 스레드

슬레이브 SQL 스레드는 릴레이 로그에 기록된 갱신 내용을 읽어들여서 슬레이브에서 재생할 때 사용하는 스레드다. I/O 스레드와 마찬가지로 줄여서 SQL 스레드라고 부른다. 두 스레드 중에서는 SQL 스레드 쪽이 처리량이 많아 처리 지연이 발생하기 쉽다. 악명 높은 Seconds Behind Master(이하 SBM)를 증가시키는 원인도 SQL 스레드의 성능이 부족해서이다. 이후에도 언급하겠지만 MySQL 5.7에서는 SQL 스레드의 효율을 향상시키는 기능이 추가되었다.

### 2.1.4 레플리케이션의 형태

MySQL 레플리케이션은 마스터-슬레이브형의 구성을 기본으로 한다. 레플리케이션을 구성하기 위해서는 마스터에서 슬레이브로 바이너리 로그를 보내서 슬레이브에서 재생하는 방식의 구조를 충족하면 된다. 그 범위 내에 실로 다양한 레플리케이션 형태가 존재한다. 그림 2.2는 MySQL 레플리케이션의 예를 보여준다.

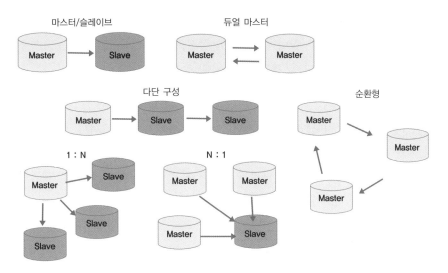

그림 2.2 다양한 레플리케이션 형태의 예

예를 들어, 하나의 마스터가 가질 수 있는 슬레이브의 수는 하나로 제한할 수 없다. 하나의 마스터에 여러 개의 슬레이브가 존재해도 문제가 없기 때문이다. 이런 1:N 구성은 참조의 부하를 분산하기 위해 자주 사용되는, 매우 인기 있는 형태이다.

슬레이브는 또 다른 MySQL 서버의 마스터가 될 수 있다. 마스터 → 슬레이브1 → 슬레이브2와 같은 순서로 데이터를 전송하는 구조로, 다단구성 또는 CASCADE 라고 부른다. 또한 두 개의 MySQL 서버가 서로의 마스터가 되기도 하고 슬레이브가 되기도 하는 구성도 가능하다. 비동기형 레플리케이션이기 때문에 갱신 시점에 따라 2개의 MySQL 서버 데이터에 부정합이 발생할 위험이 있으므로 애플리케이션 작성에 주의가 필요하지만, 이와 같은 듀얼 마스터 구성도 가능하다. MySQL 서버 3대 이상이 이처럼 서로의 슬레이브가 되는 경우는 순환형 구성이 된다.

이후에도 기술하겠지만 MySQL 5.7에서는 이와 같은 형태에 덧붙여 N:1의 구성, 이른바 멀티 소스 레플리케이션 기능이 추가되었다. 멀티 소스는 하나의 슬레이브에 마스터가 여러 개인 구성이다. 물론 멀티 소스와 다른 형태를 조합해서 구성하는 것도 가능하다.

## 2.2 레플리케이션 구축 개요

이 책의 독자라면 MySQL 레플리케이션 환경을 구축한 경험이 있을 가능성이 크지만 복습을 위해, 그리고 원활한 해설을 위해 가장 기본적인 구성의 레플리케이션을 구축하는 순서를 알아보자.

## 2.2.1 마스터 설정

마스터에 필요한 설정은 바이너리 로그를 활성화하고, 슬레이브의 접속 요청을 받을 준비를 하는 것이다. 구체적으로 다음과 같은 준비가 필요하다.

### server_id 설정

레플리케이션을 구성하는 MySQL 서버는 모두 고유의 ID가 필요하다. server_id 는 바이너리 로그에도 기록된다. 그래야 바이너리 로그를 받은 슬레이브가 어떤 MySQL 서버가 변경의 발신처인지를 확인할 수 있기 때문이다. MySQL 레플리케이션에는 순환형도 있으므로 발신처 확인은 꼭 필요하다.

순환형 레플리케이션에서는 자신이 실행한 갱신도 돌고 돌아서 자신이 받게 된다. 하지만 이미 실행한 변경을 재차 실행해서는 안 된다. 변경 내용이 INSERT 인 경우 중복 키 에러가 발생하게 되며, UPDATE에서는 데이터에 모순이 생길 수 도 있다.[4] 또한 같은 이벤트를 발신처의 MySQL 서버가 실행해 버리면 그 결과 가 바이너리 로그에 기록되어 무한 루프에 빠질 것이다. 이러한 상황을 막으려 면 자기가 실행한 이벤트를 인식할 수단이 필요하다. 그 수단 가운데 하나가 바 로 server_id이다.

server_id는 32비트의 부호 없는 정수다. 이는 서버를 식별하기 위한 ID이므 로 레플리케이션을 구성하는 MySQL 사이에 중복 값을 주면 안 된다. 자주 사용 되는 방법으로는 IP 주소의 서브넷 부분을 server_id로 이용하는 방법이 있다. 이렇게 하면 모든 MySQL 서버가 같은 서브넷에 있는 경우 server_id가 중복될 일이 없다. 단, 호스트 하나에서 여러 개의 MySQL 서버를 실행하는 경우 이러 한 방법은 사용할 수 없으므로 추가적인 방법을 모색해야 한다.

### 바이너리 로그 활성화

레플리케이션에는 바이너리 로그가 필수 항목이다. log_bin 옵션을 my.cnf에 기 록하여 재기동한다.

### 슬레이브 접속용 계정 생성

이 부분도 이미 설명한 내용 그대로다. REPLICATION SLAVE 권한을 가진 사용자 를 슬레이브에서 로그인이 가능한 상태로 둔다. MySQL 사용자 계정은 어떤 클 라이언트가 로그인하느냐에 따라 다른 사용자로 인식하는 구조다. 그렇기 때 문에 슬레이브가 여러 개 있다면 슬레이브 수만큼 계정을 만들어야 한다. 단,

---

4 SET col1 = col1 + 1 명령으로 컬럼의 값을 증가시키는 경우를 생각해 보자.

MySQL에서는 접속처의 호스트명을 와일드카드로 지정한다든지, IP 주소와 넷마스크의 조합으로 표현하는 방법이 있다. 이런 테크닉을 사용한다면 복수의 슬레이브에서 하나의 계정으로 로그인할 수도 있다. 계정 관리의 수고를 조금이나마 덜고자 할 때 편리하게 사용할 수 있다. 리스트 2.1은 레플리케이션용 계정을 생성하는 예이다.

리스트 2.1 슬레이브 접속용 계정의 생성

```
mysql> CREATE USER 'repl'@'192.0.2.0/255.255.255.0' IDENTIFIED BY 'secret';
mysql> GRANT REPLICATION SLAVE ON *.* TO 'repl'@'192.0.2.0/255.255.255.0';
```

## 2.2.2 슬레이브로 데이터 복사

신규로 MySQL 서버를 설치하고, 동시에 레플리케이션을 설정하는 경우에는 데이터를 따로 복사할 필요가 없다. 하지만 그렇지 않은 경우, 다시 말해서 현존하는 MySQL 서버를 마스터로 하고 새로운 슬레이브를 추가하고 싶은 경우는 마스터에서 슬레이브로 데이터를 복사해야 한다.

데이터를 복사하기 위해서는 먼저 마스터에서 백업을 하고 슬레이브에 복원을 한다. 백업을 하는 시점은 마스터에서 바이너리 로그를 활성화한 이후여야 한다. 그렇게 하지 않으면 백업 이후부터 바이너리 로그를 활성화하는 사이에 일어난 변경 내용이 모두 없어져 마스터와 슬레이브의 데이터를 동일하게 만들 수 없기 때문이다.

여러 가지 백업 도구가 있지만, 여기에서 사용할 것은 바이너리 로그의 파일명과 위치를 가져올 수 있는 것이어야만 한다. 예를 들어 MySQL 서버에 표준으로 첨부되어 있는 mysqldump에서는 --master-data=2를 지정하는 것이 좋다. 시스템을 셧다운한 상태에서 하게 되는 콜드 백업이라면 최신의 바이너리 로그 파일의 다음 번호를 갖는 바이너리 로그의 첫부분이 적절한 시작 위치다. 재기동할 때 바이너리 로그가 순환되어야 하기 때문이다. MySQL Enterprise Backup의 경우에는 apply-log 실행 시나 복원한 MySQL 서버를 기동한 시점에 바이너리 로그의 정보를 에러 로그로 출력한다.

백업을 하고 나면 적당한 방법으로 슬레이브에 복원한다. 이렇게 하면 슬레이브의 데이터는 바이너리 로그의 파일명과 포지션을 기록한 때의 마스터 데이터와 완벽하게 일치할 것이다.

### 2.2.3 슬레이브 설정

마스터가 준비되면 드디어 슬레이브에서 마스터로 접속할 수 있다. 슬레이브에 필요한 옵션을 설정한 후, MySQL 서버상에서 명령어를 사용해 레플리케이션을 설정하고 시작한다.

### server_id 설정

슬레이브 쪽의 옵션 설정은 특별히 어려울 것이 없다. 최소한으로 필요한 설정은 다른 MySQL 서버와 중복되지 않도록 고유한 server_id를 지정하는 것이다.

### 레플리케이션 설정

레플리케이션 설정은 CHANGE MASTER 명령어로 할 수 있다. 처음 실행하는데 CHANGE 명령을 사용하는 것이 부자연스럽다고 생각할지도 모르지만, 그냥 그런 가보다 하고 사용하도록 하자. 리스트 2.2는 CHANGE MASTER 명령어의 실행 예이다.

리스트 2.2 CHANGE MASTER 명령어의 실행 예

```
mysql> CHANGE MASTER TO
    -> MASTER_HOST='마스터의 호스트명 또는 IP 주소',
    -> MASTER_PORT=3306,
    -> MASTER_LOG_FILE='mysql-bin.000777',
    -> MASTER_LOG_POS=12345678,
    -> MASTER_HEARTBEAT_PERIOD=60;
```

리스트 2.2에는 MASTER_USER와 MASTER_PASSWORD가 포함되지 않은 점에 주목하자. 사실은 MySQL 5.6부터 CHANGE MASTER 명령어를 실행하면, 마스터에 접속할 때 사용할 패스워드를 입력하라는 경고가 나온다. 패스워드를 실행문으로 보존하는 것은 보안상 문제가 있기 때문이다. 만일 여기에서 패스워드를 지정하면, 슬레이브상의 master.info 파일이나 mysql.slave_master_info 테이블(리파지터리가 테이블에 지정되어 있을 때)에 실행문으로 보관된다. 실행문의 패스워드는 외부에서 읽혀질 위험이 있으므로 아래에 기술한 것처럼 START SLAVE로 로그인에 필요한 정보를 지정할 것을 권장한다. 또한 START SLAVE로 패스워드를 지정한 경우, 그 명령어를 실행한 세션이 SSL 접속이 아니면 별도의 경고가 발생한다. 패스워드가 네트워크상에서 암호화되지 않은 채로 돌아다니면 유출될 위험이 있기 때문이다. 파일이나 테이블에서 패스워드가 유출되든 네트워크 통신 시에 유출되든 피해는 같으므로 충분히 대책을 세우고 설정해야 한다.

## 레플리케이션 시작

마지막으로 START SLAVE 명령어로 레플리케이션을 시작한다. 실행 예는 리스트 2.3와 같다.

**리스트 2.3** START SLAVE의 실행 예

```
mysql> START SLAVE USER = 'repl' PASSWORD = 'secret';
```

명령어를 실행했으면 레플리케이션이 정상적으로 동작하는지 확인하자. 상태 확인에는 SHOW SLAVE STATUS 명령어를 사용하는 것이 기본이다. 특별한 옵션 없이 SHOW SLAVE STATUS 명령어를 입력하고 실행하기만 하면 된다. 실행 결과에서 Slave_IO_Running과 Slave_SQL_Running 항목의 값이 YES인지 확인하자. 그리고 마스터에서 어떤 변경(테스트 테이블을 작성하고 행을 INSERT하는 등)을 취해 슬레이브에도 그 변경이 반영되었는지 확인하면 된다.

이상으로 레플리케이션 환경이 정리되었다. 이제 MySQL 5.7에 추가된 신기능을 살펴보자.

## 2.3 성능 스키마에 의한 정보 습득 ▸▸▸ 신기능 1

MySQL 5.6까지는 슬레이브의 상태를 알아보는 방법이 SHOW SLAVE STATUS 뿐이었다. 이 방법은 비교적 불편하고, 필요한 정보만 추리거나 SQL로 정보 스키마와 조합하여 다양한 정보를 가져오기가 힘들었다. MySQL 5.7에서는 이 점을 개선하여 성능 스키마에서 정보를 가져오는 것이 가능해졌다. 비록 대단한 것은 아니지만 관리 툴이나 감시용 스크립트 등을 만드는 사람에게는 유용한 신기능이라고 할 수 있다(그렇지 않은 사람에게는 그저 그런 기능일지도 모르겠다). 성능 스키마에 대해서는 5장에서 다룰 것이다.

MySQL 5.7에 추가된 성능 스키마의 테이블을 표 2.1에 정리하였다. SHOW SLAVE STATUS에 포함되어 있던 정보[5]가 I/O 스레드와 SQL 스레드, 거기에 설정과 상태 정보로 나뉘어 있기 때문에 각각의 정보가 보기 쉽게 정리되어 있다. 코디네이터나 워커에 대해서는 이번 장의 후반부에서 설명하겠다.

| 테이블명 | 설명 |
| --- | --- |
| replication_applier_configuration | SQL 스레드의 설정을 표시 |

---

[5] Seconds_Behind_Master 등, 5.7 버전에서는 지원하지 않는 것도 있다.

| replication_applier_status_by_coordinator | 코디네이터 스레드의 상태를 표시 |
|---|---|
| replication_applier_status_by_worker | 워커 스레드의 상태를 표시 |
| replication_connection_configuration | I/O 스레드의 설정을 표시 |
| replication_connection_status | I/O 스레드의 상태를 표시 |
| replication_group_member_stats | 장래를 위해 예약된 테이블. 현재는 쓰지 않음 |
| replication_group_members | 장래를 위해 예약된 테이블. 현재는 쓰지 않음 |

표 2.1 새롭게 추가된 성능 스키마의 테이블

## 2.4 GTID의 진화

MySQL 5.6에서 GTID라는 기능이 추가되었지만 초기에는 문제도 많았고 사용법도 어려워서 충분히 활용할 수가 없었다. MySQL 5.7에서는 GTID 관련 기능도 확충되어 실전에 적용할 수 있을 정도로 진화했다. 이번 절에서는 GTID의 신기능을 설명하기 전에 GTID가 무엇인지부터 간단히 살펴보겠다.

### 2.4.1 GTID란

GTID(Global Transaction ID)란 바이너리 로그에 기록된 각각의 트랜잭션에 고유한 ID를 붙여주는 기능을 말한다. GTID는 다음과 같은 포맷으로 나타낸다.

**발신처 MySQL 서버의 ID: 트랜잭션 ID**

발신처 MySQL 서버의 ID는 UUID로 생성한다. UUID는 서버를 최초로 기동한 시점에 결정되며, 데이터 디렉터리 아래 auto.cnf라는 파일 이름으로 저장된다. 만일 MySQL 서버 기동 시에 auto.cnf가 존재한다면 그 파일에 있는 값을 이용한다.[6]

트랜잭션 ID는 1부터 시작해서 단순 증가하는 연속 번호이다. 트랜잭션이 커밋되면 그 값도 증가한다. 구체적으로 GTID는 다음과 같은 모양새를 하고 있다.

```
00018758-1111-1111-1111-111111111111:1
```

이는 어떤 서버에서 실행된 첫 번째 트랜잭션의 GTID이다. 최초의 트랜잭션이라는 것은 콜론 다음에 온 숫자가 1인 것으로 알 수 있다.

---

6 따라서 콜드 백업을 사용해 서버를 복제하는 경우에는, UUID 중복을 피하기 위해 auto.cnf는 복사하지 않도록 주의해야 한다.

트랜잭션 ID는 수의 범위로 표현하는 것도 가능하다. 예를 들어, 처음부터 999번째까지의 일련의 트랜잭션에는 **1-999**와 같은 표기가 사용될 수 있다. GTID는 어떤 트랜잭션을 실행했는가를 이와 같은 트랜잭션 ID의 범위로 표현한다. 범위로 표현된 일련의 GTID를 'GTID 세트'라고 부른다. 순환 레플리케이션이나 마스터로의 전환(슬레이브의 승격)으로 인해 전부 적용한 적이 있는 GTID를 받은 경우, 실행한 적이 있는 것이라면 생략한다.

GTID는 1:N형의 레플리케이션에서 슬레이브의 자동 승격에 이용된다. 어떤 문제로 인해 마스터를 더 이상 사용할 수 없게 된 경우, 문제 없이 운영 중인 슬레이브를 승격시켜 새로운 마스터로 사용하는 방법이다. 이와 관련하여 준 동기 레플리케이션을 이용하고 있다면, 아주 잘 돌아가고 있는 슬레이브는 마스터로부터 플러시한 시점의 데이터와 완벽하게 동일한 데이터를 갖고 있을 것이다. 따라서 그와 같은 슬레이브를 새로운 마스터로 만들면 데이터의 유실 없이 서비스를 지속할 수 있게 되는 것이다.

여기서 문제가 되는 것은 어떻게 슬레이브를 마스터로 승격시킬 것인가이다. 마스터로 승격시키려면 다음의 두 가지가 필요하다.

1. 애플리케이션에서 변경할 대상의 서버 주소를 변경한다.
2. 새로 승격된 마스터로부터 다른 슬레이브가 레플리케이션을 위해 변경 내용을 받는다.

1번은 슬레이브 승격 시, 접속할 대상을 변경하는 도구가 애플리케이션에 필요하다.

GTID가 없는 MySQL 5.5 이전 버전에서는 슬레이브의 승격이 굉장히 어려운 문제였다. 특히 MHA가 등장하기 전에는 수작업으로 슬레이브 간의 차이를 해결하는 방법밖에 없어서 슬레이브의 승격이 더없이 힘든 작업이었다. MHA는 원래 MySQL의 컨설턴트이자 ORACLE ACE 디렉터인 마츠 노부가 개발한 자동 승격 툴이다. MHA에 대해 자세히 알고 싶다면 다음 URL을 참고하기 바란다.

*https://code.google.com/p/mysql−master−ha/*

미래에 승격될 가능성이 있는 슬레이브는 `log-bin` 옵션과 `log_slave_updates` 옵션을 써서 바이너리 로그를 출력하도록 설정되어 있을 것이다. 정상 운영 중인 슬레이브의 바이너리 로그에는 마스터에서 일어난 변경이 아주 많이(또는 가장 최신의 것들까지) 포함되어 있을 것이다. 그러나 슬레이브의 바이너리 로그 내용을 봐도 각각의 이벤트가 마스터의 어떤 이벤트에 대응하기 위한 것인가는 알 수 없다. 슬레이브는 마스터와는 다른 타이밍에 바이너리 로그를 로테이션할 수 있고, 언뜻 보기에 같은 이벤트로 보인다고 해도 우연히 변경 내용이 같은 것인지도 모를 일이기 때문이다.

슬레이브가 여러 개 있다고 해도 슬레이브 사이에 어떤 연계가 있는 것은 아니다. 슬레이브는 각각의 마스터로부터 바이너리 로그를 받아 자기만의 페이스로 재생한다. 슬레이브의 부하에 따라 레플리케이션의 진행에도 차이가 발생한다. SQL 스레드의 진행 상태는 시간이 해결해주므로 그렇게 문제가 되지 않지만 혹시라도 I/O 스레드가 받은 바이너리 로그의 진행에 차이가 생기면 그 차이를 메우기 위한 작업이 매우 귀찮아진다. 왜냐하면 슬레이브 자신이 생성한 바이너리 로그와 마스터가 생성한 바이너리 로그 사이의 관계를 알려주는 정보가 없기 때문이다.

GTID가 있다면 바이너리 로그에 기록된 각각의 트랜잭션은 한번에 식별이 가능하므로 근본적으로 이와 같은 문제가 발생하지 않는다. 덧붙여서 MHA에서는 이와 같은 문제를 각 슬레이브의 릴레이 로그 차이를 만드는 방법으로 해결하고 있다. MHA가 등장하면서 슬레이브의 승격에 관련된 문제는 그 범위가 상당히 좁아졌다. MHA는 1:N 이외의 형태로는 사용할 수 없는 점 등 약간의 제한이 있지만 충분히 실용적이다. GTID는 등장이 약간 늦은 감이 있지만, 슬레이브 간의 차이를 극복한다는 과제를 근본적이고 범용적인 방식으로 해결하고 있다. 또한 공식적으로 지원된 기능이라는 점에서도 의미가 있다. GTID는 향후에도 버그 수정 및 개선이 지속될 것으로 보인다.

### 2.4.2 온라인 상태에서 GTID 활성화 ▶▶▶ 신기능 2

MySQL 5.6에서 GTID를 사용하는 데 최대 장벽은 GTID를 온라인 상태에서, 다시 말하면 MySQL 서버를 중지하지 않고는 활성화할 방법이 없었다는 것이다. GTID를 이용하기 위해서는 다음 순서로 작업해야 했다.

1. 마스터의 변경을 멈추고, 슬레이브가 따라잡기까지 기다린다.
2. 마스터와 슬레이브를 정지시킨다.
3. GTID 관련 옵션을 마스터와 슬레이브 모두에 활성화한다.
4. 마스터와 슬레이브를 기동한다. 단, 슬레이브는 --skip-slave-start 옵션을 붙인다.

5. 슬레이브 쪽에 `MASTER_AUTO_POSITION = 1` 매개변수를 덧붙여 CHANGE MASTER 명령어를 실행한다.

6. 레플리케이션을 시작한다.

상세한 순서는 생략하고 몇 가지 포인트만 짚고 넘어가보자. 먼저 3번에서 언급한 옵션을 살펴보자. 리스트 2.4의 옵션을 슬레이브와 마스터 양쪽에 설정해야 한다. 왜 슬레이브에 `log_bin` 옵션이 필요할까? 적용이 끝난 GTID 정보가 바이너리 로그에 저장되기 때문이다. `enforce_gtid_consistency`라는 것인데, 이것은 마스터에서 실행된 SQL문이 GTID와 호환됨을 보증하는 것이다. 예를 들면 테이블을 작성하는 동시에 행을 삽입하는 `CREATE TABLE ... SELECT`와 같은 SQL 문은 GTID와 함께 사용할 수 없다. `enforce_gtid_consistency`는 그러한 SQL문을 배제하기 위해 사용하는 옵션이다.

**리스트 2.4 GTID용 옵션**

```
[mysqld]
gtid_mode = ON
enforce_gtid_consistency
log_bin = mysql-bin
log_slave_updates
```

5번의 CHANGE MASTER는 리스트 2.5와 같이 쓴다. 리스트 2.2와 비교했을 때, `MASTER_AUTO_POSITION = 1`이 추가되어 바이너리 로그 정보가 필요하지 않게 됐다. GTID를 이용한 경우, 슬레이브가 마스터로 송신하는 명령어는 COM_BINLOG_DUMP가 아닌 COM_BINLOG_DUMP_GTID로 변한다. 그로 인해 마스터 쪽에서 GTID를 기반으로 한 적절한 바이너리 로그를 검색하게 되는 것이다.

**리스트 2.5 GTID 사용 시의 CHANGE MASTER 명령어**

```
mysql> CHANGE MASTER TO
    -> MASTER_HOST='마스터 호스트명 또는 IP 주소',
    -> MASTER_PORT=3306,
    -> MASTER_AUTO_POSITION = 1,
    -> MASTER_HEARTBEAT_PERIOD=60;
```

이처럼 편리한 GTID이지만, 마스터와 슬레이브 양쪽을 모두 정지해야 한다는 단점은 좀처럼 받아들이기 어렵다. 이 때문에 MySQL 5.7에서는 GTID 활성화를 온라인 상태에서도 할 수 있게 했다. 작업 순서는 다음과 같다.

1. 전체의 SQL문을 GTID 호환으로 설정한다.
2. 마스터와 슬레이브로 GTID가 생성되도록 한다.
3. 전체 백업을 받는다.
4. GTID 레플리케이션으로 변환한다.

또한 각각의 슬레이브에서 `log_bin`과 `log_slave_updates`를 사전에 설정한다. 이 두 가지의 옵션은 온라인 상태에서 변경할 수 없으므로, 사전에 설정해야 한다. 단, 슬레이브의 옵션이기 때문에 이런 옵션들이 활성화되어 있지 않아도 순차적으로 재부팅해서 서비스를 모두 정지시키지 않는 방법을 모색해볼 여지는 있다. 그러면 온라인 상태에서 GTID를 활성화하는 순서에 대해 상세하게 살펴보자.

## 순서 (1) 전체 SQL문을 GTID 호환으로 설정한다

이 작업은 MySQL의 과제가 아니라 애플리케이션의 과제에 해당한다. 하지만 MySQL에 그러한 작업을 보조하는 도구가 준비되어 있어야 한다. 이때 유용한 것이 바로 `enforce_gtid_consistency` 옵션이다. 이 옵션을 `ON`으로 설정하면, GTID와 호환되지 않는 SQL문에서 에러가 발생하기 때문에, GTID 비호환 SQL을 가려낼 수 있다. 단, 현재 사용 중인 SQL에서 갑자기 에러를 발생시키면 애플리케이션 실행에 영향을 주게 된다. 그래서 MySQL 5.7에서는 `enforce_gtid_consistency`에 `WARN`이라는 인수를 지정할 수 있도록 했다. 이 값은 리스트 2.6과 같이 `SET` 명령어를 사용하여 동적으로 변경할 수 있다.

**리스트 2.6 GTID 비호환 SQL문에 대해 경고를 발생시키는 설정**

```
SET GLOBAL enforce_gtid_consistency = WARN;
```

`enforce_gtid_consistency`를 `WARN`으로 설정하면, GTID 비호환 SQL문 실행 시 에러가 아니라 경고를 발생시킨다. 경고문은 에러 로그에 출력한다. 운영하면서 이 경고가 더 이상 나오지 않을 때까지 애플리케이션을 수정하면 된다. 경고가 더 이상 나오지 않는다는 것은 GTID와 호환되는 SQL만 실행되고 있음을 의미하기 때문이다.

GTID 비호환 SQL문으로는 다음과 같은 것들이 있다. 종류가 많지 않으니 애플리케이션에서 이런 SQL을 차근차근 걷어내기 바란다.

- `CREATE TABLE ... SELECT`
- 트랜잭션 도중에 `CREATE TEMPORARY TABLE` 또는 `DROP TEMPORARY TABLE`을 실행

- 하나의 트랜잭션 또는 SQL문에서 트랜잭션 대응 테이블과 비대응 테이블 양쪽을 모두 변경

SET GLOBAL로 설정을 변경했다면, 재기동을 하더라도 설정한 내용이 사라지지 않도록 my.cnf 파일에도 enforce_gtid_consistency = WARN을 설정해두자. 당분간 이렇게 운영하고 시간이 경과한 후 GTID를 적용해도 좋을지 여부를 판별하면 된다. 애플리케이션의 모든 기능을 사용해 애플리케이션이 실행할 가능성이 있는 SQL 패턴을 망라해도 더 이상 경고가 나오지 않으면 enforce_gtid_consistency = ON으로 설정한다. 그렇게 함으로써 GTID 비호환 SQL은 모두 에러를 출력하게 되며, 바이너리 로그에는 GTID 비호환 SQL이나 트랜잭션은 전혀 기록되지 않는다. ON으로 설정한 경우에도 앞에서 설명한 대로 SET GLOBAL로 설정한 후 my.cnf에도 기술하는 것을 잊지 말자.

### 순서 (2) 마스터와 슬레이브에서 GTID가 생성되도록 한다

이 단계는 전체 서버에서 바이너리 로그에 GTID를 기록하게 한다. 이때 사용하는 것이 gtid_mode 옵션이다. 변경 방법은 앞에서 말한 enforce_gtid_consistency와 동일하게, SET GLOBAL 명령어로 동적으로 변경한 후 my.cnf 파일에도 설정을 반영하는 방법을 쓴다. 그런데 여기서 문제는 gtid_mode에 어떤 값을 설정할 것인가를 결정하는 부분이다. 여기에서는 3단계의 설정이 필요한데 조금 번거로울 수 있다.

먼저, 전체 서버에서 gtid_mode의 값을 OFF에서 OFF_PERMISSIVE로 변경한다. 이 상태에서는 마스터와 슬레이브가 새로운 GTID를 생성하지는 않지만, 슬레이브는 마스터에서 GTID를 포함한 바이너리 로그를 받을 수 있고 GTID를 갖고 있지 않은 바이너리 로그도 받을 수 있게 된다.

전체 서버에서 OFF_PERMISSIVE로 변경하는 작업이 끝나면 ON_PERMISSIVE로 변경한다. 이 상태에서는 마스터와 슬레이브에서 새로운 GTID를 생성하게 된다. 슬레이브는 앞의 경우와 마찬가지로 마스터로부터 받은 바이너리 로그에 GTID가 포함되어 있는지 여부에 관계없이 받는 것이 가능하다. 여기서 전체 슬레이브가 GTID 모드로 변환되기를 기다린다. 기다리면서 Ongoing_anonymous_transaction_count라는 상태 변수를 활용해 그 값을 확인해 보자(리스트 2.7).

**리스트 2.7 GTID 모드가 되었는지 판정하는 방법**

```
SHOW GLOBAL STATUS LIKE 'Ongoing_anonymous_transaction_count';
```

이 상태 변수의 값이 0이 되면 전체 바이너리 로그가 GTID 모드로 변환된 것이다.

GTID 모드로 변환된 것을 확인했다면, 이미 PERMISSIVE한 설정은 필요 없으므로 전체 서버에서 gtid_mode를 ON으로 변경한다.

## 순서 (3) 전체 백업을 받는다

왜 이 단계에서 전체 백업을 받아야 할까? GTID 모드로 변환 시 바이너리 로그에 GTID 모드가 ON인 이벤트와 OFF인 이벤트가 혼재하기 때문이다. 이렇게 이벤트가 혼재할 경우 롤 포워드 리커버리로 바이너리 로그를 재생하면 문제가 발생한다. 엄밀히 말해 gtid_mode가 PERMISSIVE한 설정이라면 문제가 발생하지 않는다. 하지만 PERMISSIVE가 아니라 OFF나 ON인 경우에는 GTID 모드가 아닌 이벤트가 기록된 바이너리 로그를 그대로 재생할 수 없기 때문이다. 마이그레이션 기간 이외에는 PERMISSIVE가 아닌 설정이 편리하므로 GTID 모드의 ON/OFF 혼재는 복구할 때 문제의 원인이 된다.

전체 백업은 어떤 방법이든 상관 없다. 백업을 실행하기 전, 또는 백업 툴의 옵션으로 FLUSH LOGS를 사용해 바이너리 로그가 로테이션되도록 하면 편리할 것이다. 그러면 새로운 바이너리 로그에는 GTID 모드의 이벤트만 남게 된다. mysqldump를 사용할 경우에는 --flush-logs 옵션을 사용하면 된다. 오래된 바이너리 로그는 레플리케이션이 잘 진행되는 것을 확인한 다음 PURGE BINARY LOGS 명령어로 삭제한다.

## 순서 (4) GTID 레플리케이션으로 변환한다

마지막 단계는 GTID를 사용한 레플리케이션, 즉 MASTER_AUTO_POSITION = 1로 변환하는 것이다. 이 단계는 매우 간단하다. 구체적인 명령어는 리스트 2.8을 참고하자.

**리스트 2.8 GTID 레플리케이션으로 전환**

```
STOP SLAVE;
CHANGE MASTER TO MASTER_AUTO_POSITION = 1;
START SLAVE USER = 'repl' PASSWORD = 'secret' ;
```

CHANGE MASTER 명령어로 지정한 내용은 MASTER_AUTO_POSITION = 1로 끝이다. 호스트명이나 포트에 변경이 없다면 CHANGE MASTER 명령어는 마스터가 지금까지와 같은 서버라고 판단해 인수에 지정되어 있지 않은 설정을 그대로 둔다. 이 설정을 하면 이후 슬레이브가 마스터로 접속하려고 할 때 GTID를 기반으로 자동으로 포지션을 결정한다.

다소 수순이 길고 복잡하지만 이렇게 하면 전체 MySQL 서버를 정지하지 않고 레플리케이션을 GTID 모드로 전환할 수 있다. 덧붙여 이야기하면, 온라인 상태에서 GTID를 활성화하는 순서에는 장애를 견디는 내성이 있다. 특정 순서에서 MySQL 서버에 손상이 생겨도 계속 수행하거나 되돌아가는 등의 작업이 가능하다. 그렇게 하기 위해서는 각각의 변경이 어떤 의미를 지니고 있는지 정확하게 이해해야 한다.

### 2.4.3 GTID의 온라인 비활성화

되돌아가기, 즉 GTID를 비활성화할 때는 활성화의 순서를 거꾸로 하면 된다.

1. 바이너리 로그의 파일명과 포지션을 사용한 레플리케이션으로 전환한다.
2. 마스터와 슬레이브에서 GTID가 생성되지 않도록 한다.
3. 전체 백업을 받는다.
4. enforce_gtid_consistency를 OFF로 설정한다.

2번에서는 gtid_mode를 ON → ON_PERMISSIVE → OFF_PERMISSIVE → OFF 순으로 변경하게 된다. OFF로 설정하기 전에는 GTID가 사용되고 있지 않은지 반드시 확인해야 한다. 이것은 gtid_owner라는 시스템 변수를 확인하면 알 수 있다.

리스트 2.9 GTID 모드가 남아 있는지 확인하기

```
SELECT @@global.gtid_owned;
```

결과로 빈 문자가 출력되면 GTID가 남아있지 않다는 뜻이다. 따라서 전체 서버에서 빈 문자를 출력할 때까지 기다려야 한다. 그 이후 gtid_mode를 OFF로 설정한다.

 백업 시점이 활성화 때와 정반대라고는 할 수 없지만, 이는 GTID 모드를 활성화한 경우와 같은 이유로 새로운 바이너리 로그에 GTID 모드의 이벤트가 포함되지 않도록 하기 위함이다. 따라서 전체 백업을 받는 시기는 GTID 모드가 완전히 OFF로 전환된 이후가 되어야 한다.

### 2.4.4 승격하지 않은 슬레이브에서 GTID 관리 효율화 ▸▸▸ 신기능 3

GTID는 기본적으로 바이너리 로그에 저장된다. 하지만 GTID를 기록하기 위해 모든 슬레이브에서 바이너리 로그를 활성화하는 것은 디스크 낭비다. 애초에 슬레이브의 바이너리 로그는 승격할 때까지 나설 차례가 오지 않는다. 1:N 레플리케이션에서는 승격하지 않는 슬레이브의 수가 확률적으로 많을 것이다.

그래서 MySQL 5.7에는 바이너리 로그를 활성화하지 않아도 GTID를 기록할 수 있도록 mysql.gtid_executed라는 테이블이 추가되었다. 바이너리 로그가 활성화되지 않은 슬레이브에서는 GTID가 이 테이블에 기록된다. gtid_executed 테이블의 정의는 리스트 2.10에 정리했다.

**리스트 2.10 gtid_executed 테이블의 정의**

```
CREATE TABLE `gtid_executed` (
  `source_uuid` char(36) NOT NULL COMMENT '(생략)',
  `interval_start` bigint(20) NOT NULL COMMENT '(생략)',
  `interval_end` bigint(20) NOT NULL COMMENT '(생략)',
  PRIMARY KEY (`source_uuid`,`interval_start`)
) ENGINE=InnoDB DEFAULT CHARSET=utf8
```

이 테이블은 3개의 컬럼이 있다. 각각 발신처 서버의 UUID, 그리고 트랜잭션 ID의 범위를 표시하는 2개의 정수 값이다.

GTID 모드가 ON으로, 거기에 바이너리 로그가 설정되지 않은 슬레이브에서는 SQL 스레드가 트랜잭션을 실행할 때마다 GTID를 나타내는 행이 gtid_executed 테이블에 추가된다. 하나의 트랜잭션은 하나의 ID밖에 가질 수 없기 때문에 interval_start와 interval_end에는 같은 값이 지정된다. 이러한 처리는 리스트 2.11과 비슷한 형태가 된다.

**리스트 2.11 GTID 모드가 유효하면서 바이너리 로그가 사용되지 않는 경우**

```
INSERT INTO gtid_executed VALUES (SOURCE_UUID, TID, TID);
```

트랜잭션을 실행할 때마다 gtid_executed 테이블에 행이 추가되면 이 테이블은 아주 거대해질 것이다. 이를 막기 위해 gtid_executed 테이블을 정기적으로 스캔해 하나의 범위에서 표현 가능한 트랜잭션 ID는 통합된다. 이것을 정리한 것이 그림 2.3이다.

GTID는 기본적으로 빈 값이 없는 연속 번호이므로 이 같은 통합 작업이 가능하다. 이런 통합 작업을 하게 되는 시기는 gtid_executed_compression_period 값에 따라 결정된다. 단위는 트랜잭션 수이며, 기본 값은 1,000개다. 다시 말하면 트랜잭션 1,000개당 한 번씩 통합 작업을 하는 것이다.

| Source_uuid | interval_start | interval_end |
|---|---|---|
| 00018785…이하 생략 | 1 | 1000 |
| 00018785…이하 생략 | 1001 | 1001 |
| 00018785…이하 생략 | 1002 | 1002 |
| 00018785…이하 생략 | 1003 | 1003 |
| ⋮<br>중략<br>⋮ | | |
| 00018785…이하 생략 | 1998 | 1998 |
| 00018785…이하 생략 | 1999 | 1999 |
| 00018785…이하 생략 | 2000 | 2000 |

| Source_uuid | interval_start | interval_end |
|---|---|---|
| 00018785…이하 생략 | 1 | 2000 |

그림 2.3 gtid_executed 테이블의 압축

슬레이브에서 바이너리 로그가 사용되는 경우나 마스터에서도 사실은 gtid_executed 테이블이 갱신되는 시기가 있다. 다음과 같은 두 가지 경우다.

- 바이너리 로그가 덮어 쓰여진 경우
- 서버가 셧다운된 경우

이와 같은 경우에는 처음부터 그림 2.3의 압축된 그림처럼 트랜잭션 ID는 범위로 기록되기 때문에 공간 면에서 효율적이다.

### 2.4.5 OK 패킷에 GTID ▸▸▸ 신기능 4

MySQL의 레플리케이션은 비동기 레플리케이션이다. 준동기 레플리케이션 모드도 있지만 이때도 동기화하는 것은 I/O 스레드까지로, 그 후 SQL 스레드가 바이너리 로그를 재생해 트랜잭션이 완료하기까지 기다리지는 않는다. 그러므로 마스터에서 트랜잭션을 실행한 직후에 슬레이브에 질의하면 그 트랜잭션이 실행되기 전의 데이터만 참조하게 될 수도 있다. 읽기 전용 쿼리를 실행하더라도 마스터보다 슬레이브 쪽의 데이터가 오래 되어 결국 시간을 되돌린 것 같은 상태가 된다면 애플리케이션에서 문제가 될 수 있다. 그렇다면 마스터에서 커밋한 트랜잭션이 슬레이브에 전파되는 것을 기다렸다가 슬레이브에 질의하는 것은 불가능할까?

여기서 GTID를 사용해 트랜잭션이 전파되었는지를 판단하는 방법이 고안되었다. 그렇게 하기 위해서는 마스터에서 커밋한 트랜잭션의 GTID를 가져와야 한다.

GTID는 트랜잭션이 커밋한 시점에 할당된다. 현재까지 완료한 트랜잭션의 GTID는 @@global.gtid_executed 시스템 변수를 참조하면 알 수 있다. 그러나 GTID는 다른 세션에서 실행되고 있는 트랜잭션에 의해서도 증가하기 때문에, 커밋 직후에 @@global.gtid_executed 시스템 변수를 참조해도 그것이 지금 실행한 트랜잭션의 것인지는 알 수 없다. 어쩌면 최신의 트랜잭션이 몇 번인가 커밋된 이후의 값일지도 모를 일이다. 본래 기다려야 하는 GTID보다도 앞의 트랜잭션이 실행되기까지 기다리는 것은 낭비다. 이런 낭비를 없애고 GTID를 알기 위해, 또 일부러 다시 쿼리를 실행하는 수고를 줄이기 위해 MySQL 5.7에서는 프로토콜에도 개선이 추가되었다. OK 패킷에 GTID를 포함시킨 것이다.

OK 패킷이란 MySQL 프로토콜에서 쿼리 실행 후 송신되는 패킷을 말한다. 이름을 보면 알 수 있듯이 MySQL 서버에서 처리된 명령어가 성공하면 클라이언트에 보낸다. 혹시 어떤 문제가 생겨 명령어가 완료되지 않은 경우에는 ERR 패킷을 보낸다.

기본적으로 OK 패킷에 GTID가 포함되지는 않는다. GTID를 포함시키려면 gtid_mode가 ON으로 설정되어 있어야 하지만, 추가로 session_track_gtids 옵션을 설정할 필요가 있다. 이 옵션은 동적으로 변경이 가능하다. session_track_gtids가 취할 수 있는 인수를 표 2.2에 정리해 놓았다. OK 패킷에서 GTID를 확인하려면 OWN_GTID 또는 ALL_GTIDS를 지정해야 한다.

| 인수 | 의미 |
| --- | --- |
| OFF | GTID를 OK 패킷에 포함시키지 않음 |
| OWN_GTID | 자신이 보유한 RW 트랜잭션만 GTID를 전달 |
| ALL_GTIDS | 읽기 전용 트랜잭션이라도 최신의 GTID 세트를 전달 |

표 2.2 session_track_gtids의 인수

그렇다면 어떻게 OK 패킷에서 GTID를 추출할 것인가? 이때는 C API에 새롭게 추가된 mysql_session_track_get_first()와 mysql_session_track_get_next() 함

수를 사용한다. 트랜잭션을 커밋한 후에 리스트 2.12와 같은 코드를 실행하면 된다.

리스트 2.12 **GTID 가져오기**

```
enum enum_session_state_type type = SESSION_TRACK_GTIDS;
const char *data;
size_t length;
… 중략 (트랜잭션 실행) …
mysql_commit(mysql);

if (mysql_session_track_get_first(mysql, type, &data, &length) == 0) {
… 여기서 data와 length를 사용해 GTID를 복사 …
    while (mysql_session_track_get_next(mysql, type, &data, &length) == 0) {
        … 여기서 data와 length를 사용해 GTID를 복사 …
    }
}
```

이들 두 함수는 항상 함께 사용한다. 처음에 mysql_session_track_get_first()를 호출하고 이후에 mysql_session_track_get_next()를 0 이외의 값을 출력할 때까지 호출한다. GTID를 취득한 경우에는 SESSION_TRACK_GTIDS를 두 번째 인수로 지정한다. 커밋한 GTID는 취득할 수 있는 데이터가 하나밖에 없기 때문에 실제로 mysql_session_track_get_next()의 차례는 없고, 리스트 2.12의 코드는 쓸모가 없어진다. OK 패킷에 다른 정보도 첨부할 수 있는데, 그러한 정보를 가져올 때는 mysql_session_track_get_next()를 사용해야 한다. 이들 두 가지 C API 함수의 더 자세한 사용법은 매뉴얼을 참조하기 바란다.

원고 집필 시점에 다른 언어용 드라이버에는 동등한 기능을 구현해놓지 않았다. OK 패킷에서 GTID를 추출하려면 C API를 사용하면 된다.

### 2.4.6 WAIT_FOR_EXECUTED_GTID_SET ▸▸▸ 신기능 5
OK 패킷이나 gtid_executed 시스템 변수에서 GTID를 취득한 경우, GTID를 슬레이브가 실행할 때까지 기다리려면 어떻게 하는 것이 좋을까? MySQL 5.6에서는 WAIT_UNTIL_SQL_THREAD_AFTER_GTIDS라는 함수가 있다. 쓰는 방식은 다음과 같다.

```
SQL_THREAD_WAIT_AFTER_GTIDS(gtid_set[, timeout])
```

이 함수는 SQL 스레드가 이러한 GTID를 실행할 때까지 기다리면서 그 사이에 SQL 스레드가 실행한 트랜잭션 수를 반환한다. 타임아웃된 경우에는 −1을 반환하며, SQL 스레드가 동작하지 않거나 GTID 모드가 설정되지 않은 경우에는 NULL을 반환한다. GTID가 실행되기를 기다리기만 한다면 이 함수로도 전혀 문제가 없다. 하지만 SQL 스레드가 정지했을 때 NULL이 반환되는 것은 좋지 않다. 왜냐하면 레플리케이션이 재생될 것을 기대해 SQL_THREAD_WAIT_AFTER_GTIDS의 호출을 재시도하는 등의 처리가 필요해지기 때문이다.

이에 MySQL 5.7에는 SQL 스레드의 동작과는 관계가 없는 WAIT_FOR_EXECUTED_GTID_SET 함수가 추가되었다. 쓰는 방식은 다음과 같다.

```
WAIT_FOR_EXECUTED_GTID_SET(gtid_set[, timeout])
```

이 함수는 SQL_THREAD_WAIT_AFTER_GTIDS와는 반환하는 값이 다르므로 주의하자. 성공이면 0, 타임아웃이면 1을 반환한다. 슬레이브에서 이 함수를 실행하여 0이 반환되었다면 마스터의 변경이 반영된 이후라는 뜻이다.

### 2.4.7 보다 단순한 재기동 시의 GTID 재계산 방법 ▶▶▶ 신기능 6

실행을 마친 GTID에 관한 정보는 바이너리 로그에 저장되어 있다. MySQL 서버 기동 시에는 바이너리 로그의 내용을 읽고, 과거에 어떤 GTID가 실행되어 어떤 GTID를 포함한 바이너리 로그가 파기되었는지를 조사해야 한다. 현재 바이너리 로그에 어떤 GTID가 남아있는지를 파악해야 하기 때문이다. 이 두 가지의 정보는 각각 gtid_executed와 gtid_purged라는 시스템 변수에 저장되어 있다.

MySQL 5.6에서는 이 두 개의 시스템 변수를 계산하기 위해 많은(경우에 따라서는 전체의) 바이너리 로그를 조사해야 해서 기동 지연의 원인이 되기도 했다. GTID 모드가 활성화되어 있으면 작성된 바이너리 로그의 헤더에는 Previous_gtids_log_event라는 이름의 이벤트가 기록된다. 이 이벤트를 통해 바이너리 로그가 작성되기까지 서버에서 어떤 GTID가 실행되었는지 알 수 있다. 바이너리 로그를 새로운 부분부터 스캔해 Previous_gtids_log_event가 발견되면 그 바이너리 로그보다 이전에 실행된 모든 GTID를 알게 되는 구조다. Previous_gtids_log_event에 포함되어 있는 GTID에 덧붙여 그 바이너리 로그에 기록된 모든 GTID를 합치면 과거에 실행된 전체 GTID를 리스트업할 수 있게 된다. 이것이 gtid_executed이다.

GTID 모드가 OFF일 때 작성된 바이너리 로그에는 당연히 Previous_gtids_log_event 기록이 없다. gtid_executed의 산출에 가장 많은 시간이 소요되는 경우는 GTID 모드를 OFF로 한 상태에서 많은 양의 바이너리 로그가 생성된 후 MySQL 서버를 정지하고 GTID 모드를 ON으로 전환해 재기동한 경우다. 이 경우 모든 바이너리 로그가 스캔되지만 결국 GTID는 하나도 발견할 수 없다.

한편 gtid_purged는 gtid_executed과 반대로 오래된 쪽의 바이너리 로그부터 순차적으로 조사한다. 만일 바이너리 로그에 Previous_gtids_log_event, 또는 최소 하나의 GTID가 기록되어 있다면 그 바이너리 로그보다 오래된 바이너리 로그에 포함된 GTID라고 확정할 수 있다. 이와 관련하여 gtid_executed에서 gtid_purged(집합의 차이)를 가져오면 현재 바이너리 로그에 포함되어 있는 GTID 전체를 빠뜨리지 않고 산출할 수 있다. 만약 운영 도중에 GTID 모드로 바꾼 경우라면 오래된 바이너리 로그에는 GTID가 남아있지 않을 것이다. GTID 모드가 아닌 바이너리 로그가 대량으로 남아있으면 스캔 시간이 길어진다. 따라서 중간에 GTID 모드로 마이그레이션한 경우에는 PURGE BINARY LOGS 명령어를 사용해 조속히 오래된 바이너리 로그를 삭제하자.

이렇듯 GTID 계산에서 바이너리 로그를 스캔하면 엄청나게 오랜 시간이 걸린다. 그래서 MySQL 5.7에서는 보다 직관적이면서도 빠른 계산법을 도입했다. 최신의 바이너리 로그로부터 gtid_executed를, 그리고 가장 오래된 바이너리 로그로부터 gtid_purged를 계산하는 방식이다. 만일 가장 오래된 바이너리 로그에 GTID가 없는 경우는 운영 도중에 GTID 모드로 바뀐 것으로 판단하여 gtid_purged는 빈 값이 되므로 삭제된 GTID가 없는 것이 된다. GTID 모드가 ON에서 OFF로 바뀐 경우에는 정확하게 GTID를 리스트업할 수 없는 경우가 있지만, 그런 경우는 극히 드물기 때문에 사용하는 데 문제가 없다. MySQL 5.7에서는 이와 같이 단순한 GTID의 판독법을 도입했다.

MySQL 5.6과 같은 동작으로 돌리려면 binlog_gtid_simple_recovery = FALSE를 지정하면 된다. 이 옵션은 MySQL 5.7에서 추가된 것으로, 기본값은 TRUE이다.

## 2.5 준동기 레플리케이션의 개선점

준동기 레플리케이션은 MySQL 5.5에서 추가된 기능으로, 마스터에서 일어난 변경이 슬레이브에 확실하게 전달되었는지를 보증하는 것을 말한다. 준동기 레플리케이션도 버전이 올라가면서 계속 개선되어 MySQL 5.7에서는 사용이 꽤 편리해졌다.

### 2.5.1 준동기 레플리케이션이란

개선점에 대해 설명하기 전에 준동기 레플리케이션의 동작 방식과 사용법을 간단하게 살펴보자.

'준'이라는 용어에서 알 수 있듯이 준동기(Semi-Synchronous) 레플리케이션은 완전한 동기 레플리케이션은 아니다. 만일 완전한 동기 레플리케이션이 MySQL 서버에도 존재한다고 하면, 그것은 2단계 커밋을 의미하는 것이다. 2단계 커밋이란 커밋을 PREPARE와 COMMIT의 두 단계로 나눈 것을 말한다. 요컨대, 완전한 동기 레플리케이션은 마스터에서 트랜잭션을 PREPARE하면 슬레이브에서도 트랜잭션이 PREPARE되고, 마스터에서 COMMIT을 실행하면 슬레이브에서도 트랜잭션이 COMMIT되어 처음으로 클라이언트에 응답이 반환되어야 한다. MySQL 서버 본체는 아니지만 MySQL Cluster의 데이터 노드는 이와 같은 동작으로 레플리케이션 데이터를 동기화한다.

그럼 준동기 레플리케이션은 전체 과정 중 어느 부분을 동기화하는 것인가? 그것은 마스터에서 트랜잭션이 실행되면 COMMIT을 완료하기 전에 슬레이브로 바이너리 로그의 전송을 완료함을 의미한다. 그림 2.4는 준동기 레플리케이션의 동작을 표현한 것이다.

그림 2.1과 비교해 준동기 레플리케이션과 통상의 레플리케이션의 차이를 확인해보자.

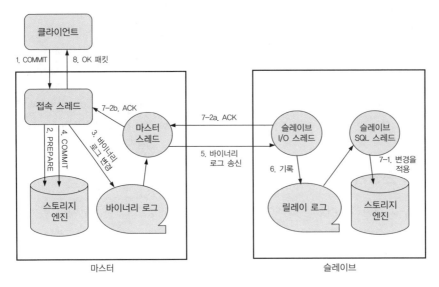

그림 2.4 준동기 레플리케이션의 개요

준동기 레플리케이션에서는 클라이언트에 COMMIT의 응답을 반환하기 전에 슬레이브에서 ACK가 반환되기를 기다린다. 그림 2.4의 스텝 7-1과 스텝 7-2a는 병렬로 실행되기 때문에 어느 쪽이 먼저 끝날지 모른다. 클라이언트에 응답한 시점에 이미 슬레이브의 변경이 완료될 수도 있다. 하지만 완벽하게 같은 시기는 아니므로 동기라고 보증할 수 없다. 이것이 준동기라 부르는 까닭이다.

이와 관련하여 sync_binlog = 1일 때, 보통 COMMIT을 하면 MySQL 내부에서는 바이너리 로그와 스토리지 엔진의 데이터 동기화를 위해 2단계 커밋을 사용한다. 먼저 스토리지 엔진 쪽에서 PREPARE를 하고 바이너리 로그를 갱신(write)한 후, 디스크를 동기(fsync)화하여 처음으로 스토리지 엔진 쪽에서 COMMIT이 일어난다. 만일 PREPARE가 완료한 시점에서 MySQL 서버가 손상된 경우, 재기동 후의 복구는 바이너리 로그에 트랜잭션이 남아있으면 처음으로 COMMIT이 실행되며, 그렇지 않으면 트랜잭션 롤백을 하게 된다. 다시 말해 바이너리 로그에의 fsync 여부에 따라 변경 내용을 영속화할 것인지 아닌지 결정하는 것이다.[7]

스텝 6에서는 슬레이브에 데이터가 확실하게 남아있음을 보증하기 위해 릴레이 로그의 디스크 동기화를 기다렸다가 ACK를 반송한다. 그 때문에 슬레이브의 디스크가 느리면 마스터의 커밋도 시간이 걸려 문제를 일으킨다. 원래 준동기 레플리케이션은 통상의 레플리케이션과 비교해 커밋의 오버헤드가 크긴 하지만, ACK 지연은 특히 문제로 이어지기 쉽기 때문에 주의해야 한다.

### 2.5.2 준동기 레플리케이션의 사용법

준동기 레플리케이션을 셋업하는 방법도 간단히 짚고 넘어가겠다. 셋업의 흐름은 다음과 같다.

1. 플러그인 설치
2. 옵션 설정
3. I/O 스레드 재시작

### 순서 (1) 플러그인 설치

준동기 레플리케이션은 레플리케이션의 플러그인으로 설치하는 방식이라 초기 상태에서는 MySQL 서버에 준동기 레플리케이션이 구성되어 있지 않다. 따라서 첫 번째 스텝은 그것을 구성하는 것이라고 보면 된다. 마스터와 슬레이브에서 사용할 플러그인이 서로 다르기 때문에 이 점을 주의해야 한다. 리스트 2.13과 같이 각각의 플러그인을 INSTALL PLUGIN 명령어로 설치하자.

---

[7] 애플리케이션이 COMMIT을 전송한 후 응답이 반환되기 전에 MySQL 서버가 손상된 경우, COMMIT이 성공했는지 아닌지를 애플리케이션이 확인할 필요가 있으므로 주의해야 한다.

**리스트 2.13 준 동기 레플리케이션용 플러그인 설치**

■ 마스터
```
mysql> INSTALL PLUGIN rpl_semi_sync_master SONAME 'semisync_master.so' ;
```
■ 슬레이브
```
mysql> INSTALL PLUGIN rpl_semi_sync_slave SONAME 'semisync_slave.so' ;
```

## 순서 (2) 옵션 설정

플러그인을 설치하고 나면 준동기 레플리케이션용의 시스템 변수가 추가된다. SET GLOBAL 명령어를 사용해 리스트 2.14처럼 설정을 변경하고 같은 설정을 my.cnf에도 적용한다. 시스템 변수에도 마스터와 슬레이브에서 각각 다르게 사용되는 것들이 있으므로 주의하기 바란다.

**리스트 2.14 준동기 레플리케이션의 설정**

■ 마스터
```
mysql> SET GLOBAL rpl_semi_sync_master_enabled = 1 ;
mysql> SET GLOBAL rpl_semi_sync_master_timeout = 10000 ;
```
■ 슬레이브
```
mysql> SET GLOBAL rpl_semi_sync_slave_enabled = 1 ;
```

rpl_semi_sync_master_timeout은 마스터가 ACK를 기다릴 수 있는 시간이다. 슬레이브에 어떤 문제가 발생하여 장시간 ACK를 반환할 수 없게 될지도 모른다. 마스터가 ACK를 장시간 받지 못하고 그 결과 클라이언트에 응답하지 못하면 애플리케이션도 정지해 버린다. 따라서 준동기 레플리케이션에서는 ACK가 반환되기까지의 타임아웃을 지정할 수 있게 했다. 일정 기간이 지나도 ACK가 반환되지 않으면 자동으로 비동기 모드로 변경한다. 결국 ACK를 기다리기를 중단하고, 클라이언트에게 응답을 반환하는 것이다.

일단 비동기 모드가 된 경우, 슬레이브로부터 어떠한 반응도 없으면 계속 비동기 모드인 채로 운영된다. 비동기 모드에서 준동기 모드로의 복귀는 다음에 슬레이브로부터 ACK를 받는 시점에 이루어진다. 만일 슬레이브에 문제가 생겨 비동기 모드로 바뀐 경우라면 한시라도 빨리 슬레이브를 정상 상태로 돌려야 한다. 그렇게 하면 자동으로 준동기 모드로 복귀하기 때문에 그 외의 유지보수가 필요 없다.

타임아웃의 기본 값은 10초이다. 빠른 응답을 중시하는 경우에는 더 작은 값을, 견고함을 중시한다면 더 큰 값을 지정하면 된다.

## 순서 (3) I/O 스레드 재시작

마지막으로 I/O 스레드를 다시 시작해야 한다.

**리스트 2.15 I/O 스레드 재시작**

```
mysql> STOP SLAVE IO_THREAD;
mysql> START SLAVE IO_THREAD USER = 'repl' PASSWORD = 'secret';
```

이렇게 MySQL 서버를 완전히 정지하지 않고 준동기 레플리케이션을 설정할 수 있게 되었다.

### 2.5.3 무손실 레플리케이션 ▸▸▸ 신기능 7

MySQL 5.6까지의 준동기 레플리케이션에서 슬레이브가 ACK를 기다리는 시점이 클라이언트에게 응답을 반환하기 직전이었다. 그런 구조도 그런대로 사용할 만했으나 아주 중대한 문제가 있었다. 만에 하나 마스터가 손상되어 슬레이브를 승격시켜야 하는 경우에 손상 전의 마스터에만 존재했던 데이터가 있을 수 있다는 점이다. 예를 들어 다음과 같은 시나리오다.

1. 마스터가 데이터 x를 쓴다.
2. 데이터 x가 바이너리 로그에 쓰여진다.
3. 데이터 x가 스토리지 엔진에 COMMIT된다.
4. 이 시점에 데이터 x에 대한 lock이 해제되어 다른 트랜잭션은 데이터 x를 참조할 수 있게 된다.
5. 클라이언트로의 응답이 정지되고 ACK를 기다리는 상태가 된다.
6. 데이터 x가 슬레이브로 전송되기 전에 마스터가 손상된다.

여기서 데이터 x라는 추상적인 표현을 사용하고 있으나, 어떤 변경이든 좋다. INSERT에 의해 추가된 행이든, UPDATE에 의해 변경된 값이든 또는 DELETE에 의해 행이 삭제되어도 상관없다. 좌우간 이러한 변경을 표현하고 있다고 생각하면 된다. 만일 애플리케이션이 다른 세션으로부터 데이터 x를 참조한 경우, 애플리케이션은 데이터 x가 데이터베이스에 영구적으로 반영되어 있으리라 기대한다. 하지만 슬레이브 중 하나를 승격하면 데이터 x는 존재하지 않는다. 다시 말해서 있을 것이라고 생각한 데이터 x가 분실되고 만 것이다. 정말 곤란한 상황이다.

　이 문제를 해결하는 방법은 아주 단순하다. 바로 ACK를 기다리는 시점을 변경하는 것이다. MySQL 5.7에서는 COMMIT을 실행한 다음이 아니라 COMMIT을 실행하기 전에 ACK를 기다리도록 변경했다. 이를 표현한 것이 그림 2.5다.

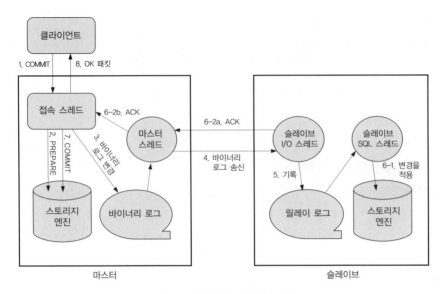

그림 2.5 무손실 레플리케이션의 개요

그림 2.5를 그림 2.4와 비교해서 보자. ACK를 기다리는 시점만 달라진 것을 알수 있다. 하지만 그 효과는 실로 방대하며, 이로 인해 마스터에서 COMMIT이 완료된 트랜잭션은 모두 슬레이브에 확실히 전달된다. 어떠한 슬레이브를 승격시킨다 해도 데이터를 분실할 일이 없다. 이것이 무손실 레플리케이션이다.

이와 같은 변경으로, 손상 전에는 InnoDB로의 COMMIT이 완료되지 않았기 때문에 반대로 슬레이브에만 데이터가 존재하는 상황이 있지 않을까 걱정할 수도 있다. 하지만 그런 걱정은 할 필요가 없다. sync_binlog = 1(또는 innodb_support_xa = 1)의 경우, 내부적인 2-Phase 커밋에 의해 슬레이브로 데이터를 송신하기 전에 스토리지 엔진으로 PREPARE를 완료하고, 바이너리 로그의 fsync까지 완료하기 때문이다. 이런 상태에서 마스터가 손상되어 그 이후 재기동을 하면 손상 복구의 후처리로 PREPARE된 트랜잭션이 COMMIT되기 때문에 마스터에서도 데이터를 분실하지 않는다. 따라서, 슬레이브에만 특정 트랜잭션이 전달되는 사태는 발생하지 않는다. 단, 이와 같이 2-Phase 커밋에 의해 바이너리 로그를 사용한 복구는 sync_binlog = 1의 경우에만 가능하다. MySQL 5.7은 이 설정이 기본이기 때문에 사용자가 명시적으로 설정할 필요는 없다. sync_binlog가 1 이외의 값인 경우에는 손상 시에 바이너리 로그가 결손될 가능성이 크다. 특별한 이유가 없는 이상 sync_binlog는 기본값으로 두자.

또한 어떤 시점에 ACK를 기다리도록 할지는 조정할 수 있으며, MySQL 5.6처럼 동작하게 할 수도 있다. 이 경우 rpl_semi_sync_master_wait_point 옵션을

AFTER_COMMIT으로 설정한다. 기본값은 바이너리 로그에 기록한(동기화한) 후에 ACK를 기다리는 AFTER_SYNC 모드로, 무손실 레플리케이션으로 설정되어 있다. 따라서 기본값을 건드리지 않는다면 MySQL 5.7로 업그레이드하는 것만으로 준 동기 레플리케이션은 무손실 레플리케이션이 되는 것이다.

### 2.5.4 성능 개선 ▸▸▸ 신기능 8

MySQL 5.6에서는 마스터 스레드가 슬레이브로의 바이너리 로그 전송과 ACK 수신을 담당한다. 따라서 어떤 이벤트를 송신하면 그에 대한 응답으로 ACK를 수신하기까지 다음 이벤트를 송신할 수가 없었다. 이 경우 네트워크의 처리량을 충분히 사용할 수 없기 때문에 형편없는 설계라고 할 수 있다.

MySQL 5.7에서는 새로운 스레드를 도입함으로써 이러한 문제를 해결했다. ACK를 수신하는 별도의 스레드를 두어 개선한 것이다. ACK를 수신하는 스레 드는 말 그대로 ACK 스레드라고 부른다. ACK 스레드의 도입으로 마스터의 갱 신 성능은 비약적으로 개선되었다. 준동기 레플리케이션은 마스터의 변경 오버 헤드가 단점이었는데 상당 부분이 해소되었다.

ACK 스레드는 슬레이브가 접속하면 준동기 레플리케이션 플러그인에 의해 자 동으로 작성되고, 슬레이브가 끊기면 자동으로 파기된다. 이러한 동작은 변경할 수 없으며, ACK 스레드는 SHOW PROCESSLIST의 결과에 나타나지 않는다. ACK 스레드의 존재 여부는 performance_schema.threads 테이블에서 확인할 수 있다.

### 2.5.5 ACK를 반환하는 슬레이브 수의 지정 ▸▸▸ 신기능 9

MySQL 5.6의 준동기 레플리케이션은 슬레이브 하나에서 ACK가 반환되어 돌 아오면 대기가 끝나고 클라이언트에게 응답을 반환하는 형식이다. 이는 고가용 성 관점에서 보면 최적의 선택지가 아니다. 여러 개의 머신이 동시에 망가질 가 능성도 있기 때문이다.

그래서 MySQL 5.7에서는 ACK를 반환하는 슬레이브 수를 조정할 수 있도록 했다. 1:N 형태라면 여러 슬레이브로부터 ACK 반환을 기다리는 상황을 예측 할 수 있다. 그렇게 여러 슬레이브로 변경 내용이 전달될 것을 보증받아 가용성 이 높아지기 때문이다. ACK를 반환하는 슬레이브 수는 rpl_semi_sync_master_ wait_for_slave_count 옵션으로 조정할 수 있다. 예를 들어 2로 설정하면 적어 도 2개의 슬레이브에서 ACK가 반환될 때까지 클라이언트에 COMMIT에 대한 응 답을 반환하지 않는다.

만일 현재 접속 중인 슬레이브의 수가 rpl_semi_sync_master_wait_for_slave_count에 지정한 수보다 적으면 어떻게 될 것인가? 당연히 그러한 경우도 감안하여 준 동기 마스터가 어떤 행동을 할지 rpl_semi_sync_master_wait_no_slave 옵션 설정으로 정할 수 있다. 이 옵션은 ON 또는 OFF 값 중 하나를 취할 수 있으며, 기본값은 ON이다. ON으로 설정하면 접속하고 있는 슬레이브의 수가 rpl_semi_sync_master_wait_for_slave_count보다 적더라도 필요한 수만큼 ACK가 반환될 때까지 고지식하게 기다린다. 다시 말하면 슬레이브가 부활할 때까지 기다리는 것이다. OFF의 경우, 접속하고 있는 슬레이브의 수가 rpl_semi_sync_master_wait_for_slave_count보다 적으면 비동기 모드로 전환한다. 따라서 견고함을 중시하는 경우는 ON, 속도를 중시하는 경우는 OFF를 선택하면 된다.

## 2.6 멀티 소스 레플리케이션 ▸▸▸ 신기능 10

MySQL 5.6까지의 레플리케이션에서는 각 슬레이브가 하나의 마스터만 둘 수 있었다. 이런 제한을 철폐하고 여러 마스터로부터 동시에 변경을 받아들이는 구조가 MySQL 5.7에서 추가되었는데, 이것이 바로 멀티 소스 레플리케이션이다. 슬레이브가 하나의 마스터만 갖는 경우에도 1:N이나 다단 구성, 듀얼 마스터 또는 순환형 등 아주 다양한 형태를 구성할 수 있었지만, 다시 또 한계를 타파한 것이다.

멀티 소스 레플리케이션은 다음과 같은 경우에 유용하다.

- 분석을 위해 여러 개의 애플리케이션에서 데이터를 집약할 때
- 여러 개의 애플리케이션으로 공통의 마스터 데이터를 배포할 때
- 샤딩(sharding)에 의해 분할된 데이터를 재통합할 때

아이디어에 따라 다양하게 활용할 수 있으니 반드시 여러 방면으로 시험해 보기 바란다.

### 2.6.1 멀티 소스 레플리케이션 셋업

우선은 멀티 소스 레플리케이션의 사용 방법에 대해 설명하겠다. 여러 개의 마스터를 지정하기 위해 MySQL 5.7의 레플리케이션에는 채널이라는 개념을 도입했다. 멀티 소스처럼 소스라는 용어를 쓸 수도 있지만, 정확하게는 마스터와 통신을 하는 것을 채널이라고 부른다. CHANGE MASTER 명령어로 채널을 구체적으로

지정하면, 여러 개의 채널을 동시에 사용할 수 있다. 여러 개의 채널을 사용하려면 슬레이브에서 옵션을 조정해야 한다. 레플리케이션 정보를 저장하는 리파지토리를 테이블로 만들면 되는데, 구체적인 옵션은 리스트 2.16을 참고하자.

**리스트 2.16 리파지토리를 테이블로 만든 옵션**

```
[mysqld]
master_info_repository = TABLE
relay_log_info_repository = TABLE
```

최소한의 요건은 이것뿐이다. GTID 이용이나 준동기 레플리케이션 이용, 또는 워커 스레드의 수 등에는 특별한 제한이 없다. 어떤 채널은 준동기로, 다른 채널은 비동기로 혼재하는 것도 가능하다. 채널을 지정해 레플리케이션을 개시하기 위해서는 리스트 2.17의 명령어를 실행한다. 리스트 2.17은 GTID를 사용한 예이지만, GTID의 설정은 물론 슬레이브로의 데이터 카피도 이미 완료한 것이다.

**리스트 2.17 채널을 지정한 레플리케이션의 설정과 시작**

```
mysql> CHANGE MASTER TO
    -> MASTER_HOST='마스터의 호스트명 또는 IP 주소',
    -> MASTER_PORT=3306,
    -> MASTER_AUTO_POSITION = 1,
    -> FOR CHANNEL 'ch1';
mysql> START SLAVE IO_THREAD USER = 'repl' PASSWORD = 'secret' FOR CHANNEL 'ch1';
```

같은 방법으로 다른 마스터를 추가하면 멀티 소스 레플리케이션이 완성된다. 덧붙여서 FOR CHANNEL을 지정하지 않았다면 채널은 암묵적으로 빈 문자열로 처리한다.

CHANGE MASTER와 마찬가지로 SHOW SLAVE STATUS나 STOP SLAVE에서도 맨 마지막에 FOR CHANNEL을 사용해 채널을 지정할 수 있다. SHOW SLAVE STATUS는 지정된 채널이 없으면 전체 채널의 상태 정보를 표시한다. 리스트 2.18은 SHOW SLAVE STATUS를 실행한 예를 발췌한 것이다.

**리스트 2.18 멀티 소스 레플리케이션의 SHOW SLAVE STATUS**

```
mysql> show slave status\G
*************************** 1. row ***************************
Slave_IO_State :
Master_Host : channel1-host
(중략)
Channel_Name : ch1
Master_TLS_Version :
*************************** 2. row ***************************
Slave_IO_State :
```

```
Master_Host : channel2-host
(중략)
Channel_Name : ch2
Master_TLS_Version :
2 rows in set (0.01 sec)
```

SHOW SLAVE STATUS는 굉장히 항목이 많기 때문에 많은 부분을 생략했지만, 이처럼 채널별로 행이 표시되는 사실을 이해하면 된다. 표 2.1에서 소개한 각종 성능 스키마 테이블도 각각 채널별로 행이 표시된다. SHOW SLAVE STATUS와 성능 스키마 중에서 어느 쪽을 사용할 지는 기호에 맡기겠으나, 채널 수가 많은 경우에는 성능 스키마를 사용해 표시할 정보를 축소해나가는 편이 나을 것이다.

## 2.6.2 멀티 소스 레플리케이션 주의 사항

당연한 것이지만 멀티 소스 레플리케이션에서는 여러 마스터의 갱신이 경합을 벌이지 않도록 조심해야 한다. 서로 다른 마스터에서 같은 테이블을 갱신하지 않는다면 문제가 없겠지만 샤딩에 의해 분할된 데이터를 재통합하는 경우처럼 같은 테이블을 변경하는 경우에는 주의가 필요하다. 각각의 마스터에 같은 데이터가 포함되지 않아야 하며, 바이너리 로그의 포맷도 RBR을 사용하도록 해야 한다. 멀티 소스 레플리케이션에서는 바이너리 로그의 포맷에도 제한이 없지만, 같은 테이블을 변경할 가능성이 있는 경우에 SBR을 사용하면 문제가 생긴다. 리스트 2.19와 같이 UPDATE가 실행된 경우를 생각해 보자.

**리스트 2.19 범위 검색에 의한 UPDATE의 예**

```
mysql> UPDATE table_name
    -> SET col1 = 'some val'
    -> WHERE non_unique_int_col BETWEEN 100 AND 200;
```

non_unique_int_col은 기본 키가 아니므로 반드시 하나의 샤드에 소속된 데이터를 변경하지 않을 수 있다. 슬레이브에서 이 UPDATE가 실행되면 이 UPDATE를 실행한 마스터, 다시 말해 하나의 샤드에 없던 행에도 WHERE 구의 조건이 맞아 마스터와 슬레이브의 데이터에 차이가 발생할 수 있다. 이 같은 문제 때문에 멀티 소스 레플리케이션에서는 SBR 사용을 삼가는 것이 좋다.

또한, 멀티 소스 레플리케이션에서는 채널 각각의 데이터가 반드시 동기화되었다고 볼 수 없다. 여러 채널로부터 테이블의 데이터를 통합한 경우, 각각의 채널은 비동기로 테이블을 갱신한다. 그렇기 때문에 그 테이블은 어떤 순간에 취한 데이터의 정합성이 반드시 맞는다고 보기 힘들다. 채널별로 레플리케이션의 진행 상태에 따라 어떤 행과 다른 행에서 시간 차가 발생할 수도 있다. 예를 들면 어떤 행은 수 초 전의 데이터이고, 다른 행은 10분 전의 데이터일 가능성도 있다. 행 그 자체를 본다고 해서 그 데이터가 최신인지 아닌지 알 수도 없고, SHOW SLAVE STATUS나 성능 스키마를 보아도 어떤 행이 어떤 채널에 의해 갱신되었는지 모르기 때문이다.

이처럼 멀티 소스 레플리케이션에서는 슬레이브의 데이터 정합성이 맞지 않을 가능성이 있으므로 트랜잭션이 많이 발생하는 OLTP 환경 등에서 사용하는 것은 위험하다. 반대로 세세한 차이가 그다지 큰 문제가 되지 않는 분석 용도라면 충분히 활용할 수 있다.

### CRUSH SAFE SLAVE

MySQL 5.6부터 도입된, CRUSH SAFE SLAVE라는 아주 편리한 기능이 있다. MySQL 5.5까지는 슬레이브가 손상되면 레플리케이션의 설정과 슬레이브 내에 저장된 데이터에 차이가 생길 수 있다는 가능성을 구조적으로 없애는 것이 불가능했다. 다시 말해서 슬레이브를 다시 셋업하지 않으면 안되었다. 왜 그런 제한이 있었는가 하면, 레플리케이션의 설정이나 상태가 파일에 저장되었기 때문이다.

MySQL 5.6에서는 레플리케이션의 설정 및 상태, 바꿔 말하면 리파지토리를 테이블에 저장할 수 있게 하였다. 리파지토리용 테이블에 대해서도 트랜잭션에 대응하는 InnoDB를 이용할 수 있도록 하여 SQL 스레드가 바이너리 로그를 재생하는 것과 동일한 트랜잭션 내에서 갱신과 COMMIT을 진행한다. 이로 인해 데이터와 레플리케이션의 상태를 완전히 동기화할 수 있게 되었다.

CRUSH SAFE SLAVE로 만들기 위해서는 리파지토리 외에 한 가지를 더 설정해야 한다. 릴레이 로그도 파일에 저장되기 때문에 쓰기 작업 도중에 서버가 손상되면 완전히 망가질 우려가 있다. 또한 리파지토리와 동기화되어 있지 않을 가능성도 있다. 릴레이 로그와 같은 데이터는 마스터의 바이너리 로그에 존재하기 때문에 MySQL 서버 재기동 시에 기존의 릴레이 로그를 일단 파기시켜도 상관없다. 바이너리 로그를 어디까지 재생했는지에 대한 정보가 리파지토리에 남아있으면 마스터로부터 릴레이 로그를 다시 읽어올 수 있기 때문이다. 릴레이 로그 전체를 파기하고 마스터에서 다시 읽어들인다면 슬레이브는 아무 일도 없던 것처럼 레플리케이션을 지속할 수 있다. 재기동 시에 릴레이 로그를 파기하고 마스터에서 다시 읽어들이려면 relay_log_recovery=ON을 설정해야 한다.

이상에서 설명한 CRUSH SAFE SLAVE를 사용하기 위해 필요한 설정은 다음과 같다.

```
relay_log_info_repository = TABLE
relay_log_recovery = ON
relay_log_purge = ON
```

또한 relay_log_recovery = ON으로 설정했을 때는 relay_log_purge 옵션을 OFF로
설정하면 안 되기 때문에 주의해야 한다. relay_log_purge는 기본값이 ON이므로 특별한
이유가 없는 한 OFF로 바꾸지 않는 것이 좋다.

## 2.7 마스터 성능 개선

MySQL 5.7에서는 마스터의 처리 효율면에서 다양한 개선이 이루어졌다. 이번
장에서 이미 준 동기 레플리케이션의 마스터 효율 개선에 대해서는 상세히 살펴
보았으므로, 이번에는 완전히 다른 개선에 대해 소개하고자 한다.

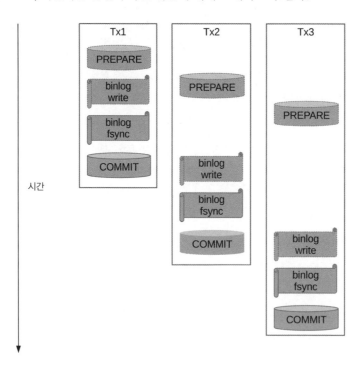

그림 2.6 그룹 커밋을 사용하지 않은 경우

### 2.7.1 그룹 커밋의 제어 ▸▸▸ 신기능 11

MySQL 5.6에서는 바이너리 로그에 대한 그룹 커밋이 가능해졌다. 대체 어떻게
가능해진 것일가?

트랜잭션을 COMMIT하면 그 변경이 분실되는 것을 막기 위해 로그 파일이 디스크로 동기화(sync)된다. 디스크로의 동기화는 비용이 많이 드는 처리이다. SSD가 전성기인 현재는 HDD가 주를 이루던 시대와 비교하면 충분히 빨라졌지만 그래도 동기화 처리는 느리다. 그룹 커밋은 이렇게 느린 동기화 처리의 횟수를 줄일 수 있도록 여러 트랜잭션의 COMMIT을 어느 정도 합친 시점에 디스크로 동기화하게 하는 원리다. 이로 인해 디스크로의 접근 횟수가 줄어들면서 변경 처리 성능이 대폭 향상될 수 있는 것이다. 특히 HDD에서는 눈으로 확인할 수 있을 정도의 효과가 있다.

InnoDB는 훨씬 이전 버전인 MySQL 5.1 + InnoDB Plugin에서도 이미 그룹 커밋이 가능했다. 하지만 바이너리 로그를 기록하는 작업은 그룹 커밋이 되지 않고, sync_binlog = 1로 설정한 경우에는 바이너리 로그 동기화가 트랜잭션별로 이루어져서 만족할 만한 성능을 얻지 못했다. 그래서 MySQL 5.6에서는 바이너리 로그 쓰기 작업에도 그룹 커밋을 적용했다. 이 차이를 설명한 것이 그림 2.6과 그림 2.7이다.

그림 2.6과 그림 2.7에서는 세 개의 트랜잭션이 같은 시간대에 COMMIT을 실행하고 있다. 이번 장에서 이미 기술했지만 2단계 커밋이 사용되고 있다. 2-Phase 커밋의 처리 흐름은 그림 2.6에서 보듯 InnoDB의 PREPARE → 바이너리 로그의 write → 바이너리 로그의 fsync → InnoDB의 COMMIT 순으로 이루어진다. MySQL 5.6 이전 버전에서는 sync_binlog = 1로 설정한 경우, 바이너리 로그의 write와 fsync는 분리할 수 없었다. 때문에 그림 2.6과 같이 여러 트랜잭션이 거의 동시에 COMMIT을 수행하면 바이너리 로그의 write와 fsync가 각각 일어났다. 그러면 fsync는 디스크로부터 응답을 기다려야 해서 아주 느리게 처리되었다. 이러한 느린 처리가 트랜잭션마다 매번 일어나게 되어 sync_binlog = 1의 경우 변경 처리의 효율이 매우 떨어졌다.

MySQL 5.6에서는 바이너리 로그의 그룹 커밋이 가능하게 되었다(그림 2.7). 그 결과 바이너리 로그의 fsync 횟수가 줄어들면서 sync_binlog = 1의 변경 처리가 더없이 빨라지게 된 것이다. InnoDB 부분에서도 COMMIT은 그룹 커밋으로 처리되었지만, 그 동작은 바이너리 로그와 연동하지 않았기 때문에 그림 2.6과 그림 2.7에서는 표현을 생략하였으니 감안해서 보도록 하자. 실제로 InnoDB 로그의 fsync 처리는 아주 효율적으로 적은 횟수만 일어난다. 또한 그룹 커밋을 안전하게 사용하고 싶은 경우, binlog_order_commits 옵션의 기본값(ON)을 변경해서는 안 되니 주의하자. 이 옵션은 바이너리 로그와 InnoDB에서 COMMIT의 순서를 같게 하는 옵션이다. 성능이 약간 개선되는 경우가 있기는 하나 안전성을 확보하는 쪽이 전체적인 비용을 절약하는 것이기 때문에 더 중요하다고 할 수 있다.

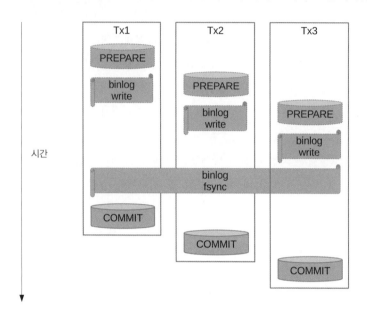

그림 2.7 그룹 커밋을 사용한 경우

이와 같은 개선으로 인해 MySQL 5.6에서는 sync_binlog = 1을 설정해도 성능이 떨어지지 않고, 바이너리 로그의 안전성을 확보하는 비용을 낮출 수 있게 되었다. MySQL 5.7에서는 더욱 진화해서 바이너리 로그의 그룹 커밋 성능을 튜닝하고자 두 개의 옵션이 추가되었다. 이 두 옵션은 이후에 언급할 MTS의 성능을 결정하는 역할을 하기 때문에 HDD를 사용하지 않더라도 여전히 중요하다는 점을 먼저 언급해 두고자 한다.

### binlog_group_commit_sync_delay

그룹 커밋에서는 가능한 한 많은 트랜잭션을 합쳐서 디스크로 동기화하는 편이 효율 면에서 유리하다. binlog_group_commit_sync_delay를 설정하면 하나의 트랜잭션이 COMMIT을 실행해도 바로 디스크로 동기화하지 않고 또 다른 트랜잭션이 COMMIT되기를 기다린다. binlog_group_commit_sync_delay는 이때 기다리는 시간을 설정할 수 있는 옵션이다. 기본값은 0으로, 트랜잭션이 COMMIT되면 바로 디스크에 동기화하게 한다.

단, binlog_group_commit_sync_delay의 값을 너무 크게 설정하면 그만큼 COMMIT에 대한 응답속도가 느려지므로 주의해야 한다. 이 옵션의 의도는 응답속도를 어느 정도 희생하는 대신 트랜잭션의 처리량을 향상시키는 데 있다. 어느 정도까지 응답속도가 떨어지는 것을 허용할 수 있는지 테스트한 후 값을 결정하도록 하자. 값을 크게 설정한 경우 효과가 어느 정도인지는 벤치마킹을 해야 알 수 있을 것이다. 애플리케이션의 부하 패턴이나 사용하고 있는 디스크의 종류 (초고속 SSD 등)에 따라 binlog_group_commit_sync_delay의 값을 크게 해도 처리량이 향상되지 않을 수 있다. 처리량이 향상되지 않는다면 COMMIT 응답속도를 굳이 희생할 필요는 없다.

이 옵션의 단위는 마이크로초이다. 우선 사용자의 대기 시간에 영향이 없는 범위에서, 예를 들면 1 밀리초 정도부터 조정해보는 것이 좋을 것이다.

### binlog_group_commit_sync_no_delay_count

이 옵션은 그룹 커밋의 크기가 너무 커지는 것을 막기 위해 사용한다. 대기 시간 이 binlog_group_commit_sync_delay에 도달하지 않아도 함께 그룹으로 COMMIT 해야 할 트랜잭션의 수가 binlog_group_commit_sync_no_delay_count에서 지정한 수에 도달하면 COMMIT을 실행하게 된다. 이 옵션은 binlog_group_commit_sync_delay와 함께 설정해야 하며 단독으로 설정해서는 아무 효과도 볼 수가 없다.

그룹의 크기가 너무 방대해지면 I/O 비용이 너무 커지기 때문에 COMMIT에도 시간이 걸리게 된다. 이와 같은 현상을 막기 위해 어느 정도의 크기까지 트랜잭션이 모인 시점에서 COMMIT을 실행하는 것이 좋다. 그렇게 함으로써 같은 시간대에 실행된 COMMIT 가운데 적어도 처음의 binlog_group_commit_sync_no_delay_count 수만큼 빠른 응답시간을 확보할 수 있다.

### 2.7.2 마스터 스레드의 메모리 효율 개선 ▸▸▸ 신기능 12

MySQL 5.7에서는 마스터 스레드에서 일어난 비효율적인 메모리 할당과 해제가 해소되었다. MySQL 5.6까지의 마스터 스레드에서는 바이너리 로그에서 이벤트를 읽어들일 때마다 그 이벤트의 크기에 알맞은 버퍼를 할당하여(malloc) 이벤트를 슬레이브에 송신한 후, 메모리를 해제(free)했다. 메모리를 이렇게 이벤트별로 할당하고 해제하는 것은 아주 비효율적이다. 메모리의 할당 및 해제는 CPU를 많이 소비하기 때문에 마스터의 CPU 사용률을 높이는 원인이 된다.

MySQL 5.7에서는 마스터 스레드의 메모리 할당 처리가 개선되어, 매번 malloc과 free를 하지 않는다. 이전에 사용한 버퍼로 충분하면 그대로 사용하고,

그렇지 않으면 메모리를 새롭게 배치한다. 이 경우 버퍼의 메모리 할당 및 해제는 필요 없다.

거대한 이벤트를 처리할 때는 거대한 버퍼가 필요하지만 그러한 버퍼를 해제하지 않으면 메모리를 대량으로 소비하는 요인이 된다. MySQL 5.7은 이런 점을 고려하여 정기적으로 메모리 크기를 재검토하여 남은 버퍼를 축소하는 기능을 탑재하였다.

이 기능은 특별한 설정 없이 바로 쓸 수 있다. 버전을 올리는 것만으로 마스터 스레드가 효율적이 되는 것이다.

### 2.7.3 마스터 스레드의 Mutex 경합 개선 ▸▸▸ 신기능 13

이번 개선을 설명하려면 먼저 원인이 된 MySQL 5.6의 문제점을 알아야 한다.

이번 장에서 이미 기술했듯이 MySQL 5.6에서는 그룹 커밋이 도입되었다. 이로 인해 sync_binlog = 1일 때의 마스터 갱신 성능이 대폭 개선됐지만, 한 가지 큰 문제가 생겼다. 그것은 마스터가 손상됐을 때 슬레이브에는 기록되지 않은 데이터가 발생할 수 있다는 것이다. 바로 그림 2.8과 같은 상황이다.

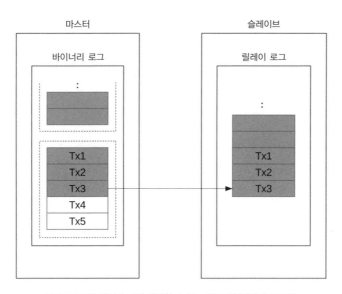

그림 2.8 그룹 커밋에 의해 발생할 수 있는 레플리케이션의 부정합

그룹 커밋에서는 바이너리 로그를 디스크로 fsync하기 전에 몇 개 트랜잭션을 묶어 바이너리 로그에 쓴다. 반면 마스터 스레드는 fsync가 끝나지 않아도 바이너리 로그가 write된 시점에 슬레이브로 전송이 가능하다. 아직 디스크로의

fsync가 끝나지 않은 바이너리 로그가 있을 때 마스터 서버가 손상되면 재기동 후에 바이너리 로그의 데이터가 없어지기 때문에 변경 내용은 롤백이 되어버린 다. 그러나 만일 그 데이터들이 이미 슬레이브에 전송되었다면, 마스터에는 없 는 데이터를 슬레이브가 갖고 있게 되어 마스터와 슬레이브 사이에 데이터 부정 합이 발생한다.

그림 2.8을 보면 점선 내의 Tx1~Tx5가 하나의 그룹으로 커밋되고 있다. 만일 이 그룹 커밋에 대해 바이너리 로그가 디스크에 fsync를 하지 않은 상태에서 손 상이 된다면, Tx1~Tx5는 롤백될 것이다. 그러나 Tx3까지는 슬레이브에 전송된 상태이므로 Tx1~Tx3은 슬레이브에만 존재한다.

이와 같은 문제를 깨달은 MySQL 개발팀은 MySQL 5.6.17에서 문제를 수정 하였으나 이를 위해 변경 처리 성능을 희생해야 했다. 마스터와 슬레이브의 정 합성을 담보하기 위해 바이너리 로그의 그룹 커밋 전체가 LOCK_log라는 Mutex 에 의해 보호받도록 수정한 것이다. MySQL 5.6.16 이전 버전에서도 그룹 커밋 내부에서는 LOCK_log가 배타적인 처리를 하고는 있었지만, 바이너리 로그로의 write 작업에 대해서만 한정적으로 일어났다. MySQL 5.6.17에서는 write 작업 은 물론 fsync까지 LOCK_log의 보호 아래 이루어지도록 변경되었다. fsync는 시 간이 걸리는 작업으로, LOCK_log를 필요로 하는 다른 처리를 장시간 방해할 수 있는 가능성이 높아진 것이다. LOCK_log는 마스터 스레드가 바이너리 로그를 읽 어들일 때 사용된다. 그 결과, 그룹 커밋과 마스터 스레드 사이에서 Mutex를 얻 으려는 경합이 발생하면서 마스터 스레드가 슬레이브로 바이너리 로그를 전송 하는 효율이 대폭 저하되었다.

MySQL 5.7에서는 이 문제를 해결하였다. 그룹 커밋의 도입 때문에 생긴 마스 터 손상 시 마스터와 슬레이브 간 데이터 부정합 문제를 해소하고, 더불어 슬레 이브로의 로그 전송 속도를 비약적으로 끌어올리는 구조가 도입되었다. MySQL 5.7에도 LOCK_log 자체는 남아있지만 마스터 스레드가 LOCK_log를 사용하지 않 도록 변경되었다. 그 대신 LOCK_binlog_end_pos라는 Mutex가 도입되어 LOCK 입자의 크기가 미세해졌다. 이 Mutex는 마스터 스레드가 읽어 들이는 것이 가 능한 최후의 바이너리 로그의 위치를 관리한다. MySQL 5.6에서는 마스터 스레 드가 EOF가 되기까지 바이너리 로그를 읽었는데, 그럴 경우 fsync가 되지 않은 데이터까지 읽게 된다. 그래서 MySQL 5.7에서는 마스터 스레드가 fsync가 완료 된 데이터만을 읽도록 읽기 가능한 포지션을 관리할 수 있게 하였다.

읽기 가능한 포지션은 바이너리 로그로의 fsync가 완료한 시점에 진척된다. 그래야 비로소 마스터 스레드는 그 시점까지 바이너리 로그를 읽게 된다. 그렇게 하면 슬레이브로 송신된 바이너리 로그는 마스터가 디스크에 플러시한 것들만 기록하게 되므로 마스터가 손상되어도 슬레이브에 전송한 데이터는 마스터에도 남게 되는 것이다.

## 2.8 동일 데이터베이스 내의 병렬 SQL 스레드 ▸▸▸ 신기능 14

MySQL 5.6부터 슬레이브의 SQL 스레드를 여러 개 생성하여 바이너리 로그의 재생을 병렬로 수행할 수 있게 되었다. 이 기능을 멀티 스레드 슬레이브(이하 MTS)라고 부른다. SQL 스레드의 병렬화는 왜 필요한 것일까? 레플리케이션 지연의 중요한 원인을 SQL 스레드의 지연에서 찾을 수 있기 때문이다. 그리고 이런 경향은 탑재된 CPU 수가 많아질수록 현저해진다. 마스터에서는 여러 개의 코어를 남김 없이 사용해 데이터를 갱신하는 한편, 슬레이브에서는 하나의 SQL 스레드가 하나하나 바이너리 로그를 재생해야 한다. 그렇기 때문에 CPU 코어수가 늘어날수록 마스터와 슬레이브의 갱신 처리량에 격차가 벌어지는 것이다. 마스터의 갱신 성능이 높을수록 슬레이브는 마스터를 따라잡기가 버거워진다. 대폭으로 느려진 슬레이브는 참조용으로도 제 역할을 한다고 볼 수 없기 때문에 이는 매우 좋지 않다.

이와 같은 배경에서 등장한 것이 MTS이지만 매우 큰 제한이 있어 대부분 이 기능을 사용하지 않았다. 바이너리 로그를 병렬화해도 동일 데이터베이스 내에서의 트랜잭션은 병렬화할 수 없었기 때문이다. 요컨대 병렬화가 가능한 것은 서로 다른 데이터베이스의 테이블을 갱신하는 경우로만 제한되었다. 하지만 냉정하게 생각해보면 하나의 애플리케이션은 관련 있는 테이블들을 하나의 데이터베이스에 배치하는 것이 보통이다. 이럴 경우 MySQL 5.6의 MTS는 아무 쓸모가 없다.

MySQL 5.7에서는 이와 같은 문제를 해결하여 하나의 데이터베이스 내에서도 SQL 스레드가 병렬로 변경 작업을 할 수 있게 했다.

### 2.8.1 LOGICAL_CLOCK 모드의 MTS 설정

리스트 2.20은 동일한 데이터베이스 내의 변경에 대해서 SQL 스레드를 병렬 실행하기 위한 설정이다.

**리스트 2.20 병렬 SQL 스레드의 설정**

```
[mysqld]
slave_parallel_workers = 32
slave_parallel_type = LOGICAL_CLOCK
slave_preserve_commit_order = 1
log_bin = mysql-log
log_slave_updates = 1
```

slave_parallel_workers는 MySQL 5.6에도 존재하는 옵션으로, 병렬 처리에 몇 개의 스레드가 참여하게 할지를 결정한다. MySQL 5.7에서는 slave_parallel_type과 slave_preserve_commit_order라는 두 개의 옵션이 추가되었다. 각각의 옵션에 대해 설명하겠다.

먼저 slave_parallel_type = LOGICAL_CLOCK은 무엇인가? 어떤 입자 크기로 병렬화를 할 것인가? 그것을 알아야 MTS를 효율적으로 활용할 수 있다. 열쇠는 이번 장에서 이미 언급한 2-Phase 커밋과 그룹 커밋에 있다. 2-Phase 커밋은 커밋을 PREPARE와 COMMIT의 두 단계로 나눈 것으로 MySQL에서는 스토리지 엔진(InnoDB)과 바이너리 로그를 동기화하기 위해 내부적으로 사용하고 있다. 그룹 커밋은 트랜잭션을 하나하나 COMMIT하지 않고 같은 시간대에 COMMIT을 요청한 여러 트랜잭션을 묶어 처리하는 방식으로 성능을 높일 수 있다.

그림 2.7을 다시 보면, 그룹 커밋의 대상이 된 트랜잭션은 모두 동시에 PREPARE 상태가 되었다. PREPARE되었다는 것은 그 트랜잭션들에서는 이미 행 변경이 완료되었다는 뜻이다. 여러 트랜잭션이 동시에 그렇게 되는 것은 같은 행에 대한 액세스가 없고, row lock으로 인한 경합이 발생하지 않은 경우뿐이다. row lock 경합이 발생하면, 같은 행을 변경하는 두 트랜잭션 중 나중에 그 행에 lock을 걸려는 트랜잭션은 먼저 lock을 획득한 트랜잭션이 종료될 때까지 기다려야 한다. 어떤 트랜잭션도 잠기지 않고 PREPARE까지 도달했다는 것은 그 두 트랜잭션이 같은 행을 변경하지 않았다는 의미다. 그러한 두 트랜잭션은 병렬로 실행해도 lock 경합에 대한 걱정이 없다.

이처럼 lock이 경합하지 않는다는 사실을 사전에 알고 있다면 이 트랜잭션들은 병렬로 처리하는 것이 가능하다. 하지만 이 정보를 어떻게 슬레이브에 전달할 수 있을까? 이때는 물론 바이너리 로그를 사용한다. mysqlbinlog를 사용해서 바이너리 로그를 들여다 보자. last_committed와 sequence_number라는 두 개의 정보가 늘어나고 있는 것을 눈치챘을 것이다. 이것은 각각 바이너리 로그 내에서 몇 번째 트랜잭션인지 카운터의 값을 표시한 것이다. 단, 두 정보에서 카운터의 값을 가져오는 시점은 각각 다르다. last_commited는 해당 트랜잭션이 PREPARE되었을 때 최후에 COMMIT을 완료한 트랜잭션의 카운터 값으로, PREPARE된 시점에서 어떤 트랜잭션까지 COMMIT되었는가를 표시한다. sequence_number는 그 트랜잭션 자신의 COMMIT에 대한 카운터 값이다.

카운터의 의미를 생각하면, PREPARE는 COMMIT보다 먼저 수행되기 때문에 last_commited > sequence_number라는 관계가 성립한다. 트랜잭션의 병렬 실행이 가능할지를 판단하는 기준은 last_commited와 sequence_number의 오버랩 여부다. 예를 들어 두 트랜잭션 Tx1, Tx2가 있다고 할 때 각각의 last_commited와 sequence_number가 l1, s1 및 l2, s2라고 하자. Tx1 쪽이 먼저 COMMIT되었다고 가정할 때, 이 두 개의 범위가 오버랩되는 관계는 l1 <= l2 또는 l2 <= s1이 되는 경우다. 그런 경우 동시에 PREPARE된 시간대가 있었다고 말할 수 있다. 이를 그림으로 표현하면 그림 2.9와 같다.

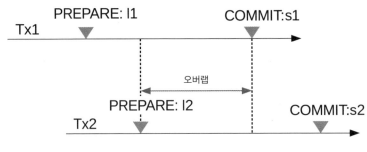

그림 2.9 오버랩된 트랜잭션

이와 같은 오버랩이 필요하다는 것은 뒤집어 생각하면 LOGICAL_CLOCK 모드의 MTS에서는 마스터에서 그룹 커밋이 일어나지 않는 이상 병렬 처리가 불가하다는 의미이다. 각자 COMMIT된 트랜잭션은 병렬 처리를 할 수 없으므로 마스터의 갱신이 바쁘지 않은 경우에는 LOGICAL_CLOCK 모드의 MTS는 아무 쓸모가 없다. 그러나 마스터가 작업량이 많지 않다면 슬레이브의 처리 능력을 높일 필요도 없어지므로 적용하는 데 큰 문제는 없을 것이다.

여기서 과제로 남는 것은 마스터에서 오버랩되는 COMMIT을 어떻게 늘릴 것인가 하는 점이다. 이를 위해서는 그룹 커밋을 튜닝해야 한다. MTS의 처리 능력을 향상하려면 마스터의 그룹 커밋을 튜닝하는 것이 가장 중요하다. 이에 대해서는 다음에 설명하겠다.

그런데 슬레이브에서 병렬로 실행된 트랜잭션이 마스터와 같은 순서로 완료한다고는 단정할 수 없다. 마스터에서 나중에 COMMIT한 트랜잭션이 처리량이 많고 오래 걸리는 상황은 흔히 일어날 수 있다. 그 결과 마스터와 슬레이브에서 COMMIT의 순서가 바뀌어 쿼리 결과가 달라지는 것은 아닌지 걱정할 수도 있다. 그래서 등장한 것이 slave_preserve_commit_order 옵션이다. 이 옵션은 슬레이브에서의 COMMIT 순서가 바뀌지 않도록 한다. MTS를 이용하는 경우에는 이 옵션을 명시적으로 1로 설정해야 한다. 기본값은 0이지만 그러면 데이터의 정합성을 보장받을 수 없기 때문에 0인 채로 두고 사용하는 일은 없어야 한다.[8] 또한 이 옵션을 활성화하려면 슬레이브에서 바이너리 로그의 기록을 활성화해야 한다.

덧붙여, MTS를 기존 동작대로 하고 싶으면 slave_parallel_type = DATABASE를 지정하면 된다. 이 값이 기본값이기는 하지만, 기본값인 채로 사용했을 때 이점이 거의 없기 때문에 MTS를 사용할 때는 LOGICAL_CLOCK을 지정할 것을 권한다.

## 2.8.2 마스터 튜닝

LOGICAL_CLOCK 모드에서 MTS를 사용하려면 last_commited와 sequence_number라는 두 가지의 정보가 바이너리 로그에 있어야 한다. 그렇기 때문에 슬레이브 뿐 아니라 마스터에서도 MySQL 5.7을 사용해야 한다는 점에 주의하자. MySQL은 바로 앞 메이저 버전의 레플리케이션을 지원하지만 MySQL 5.6에서 MySQL 5.7로의 레플리케이션에서 슬레이브는 LOGICAL_CLOCK 모드로 바이너리 로그를 병렬로 재생할 수 없기 때문이다.

이전에 언급했듯이 LOGICAL_CLOCK 모드로 MTS를 사용하는 경우에는 마스터에서 그룹 커밋을 튜닝하여 보다 많은 트랜잭션이 하나의 그룹에 묶이도록 해야 한다. 애플리케이션이 요구하는 응답시간과의 균형을 감안하여 binlog_group_commit_sync_delay와 binlog_group_commit_sync_no_delay_count라는 두 가지 옵션을 처리량이 향상되도록 조정하자. 최적의 성능을 내는 값은 환경이나 애플리케이션의 부하 패턴에 따라 달라지므로 벤치마크를 통해 정하는 것이 좋다. 단, 마스터의 갱신 처리 성능을 보는 것에 그치지 말고 슬레이브에서 지연이 발생하는지도 주시해야 한다. 마스터가 전력을 다해 변경을 일으켜도 슬레이브가 지연되지 않는다면 튜닝의 효과를 충분히 보고 있는 것이다.

---

8 이들 옵션은 슬레이브를 정지(STOP SLAVE)하면, MySQL 서버를 정지하지 않아도 동적으로 변경할 수 있다.

### 2.8.3 LOGICAL_CLOCK 모드의 MTS 구조

병렬 레플리케이션에서는 단일 SQL 스레드 대신에 두 종류의 스레드가 사용된다. 하나는 워커 스레드로, 바이너리 로그를 재생하는 스레드를 말한다. 나머지하나는 코디네이터 스레드로, 워커 스레드에 트랜잭션을 할당하는 역할을 한다. 각각의 스레드 상태는 표 2.1에서 소개한 두 개의 성능 스키마 테이블 또는 SHOW PROCESSLIST 명령어로 확인할 수 있다.

그림 2.10은 스레드의 역할을 보여준다.

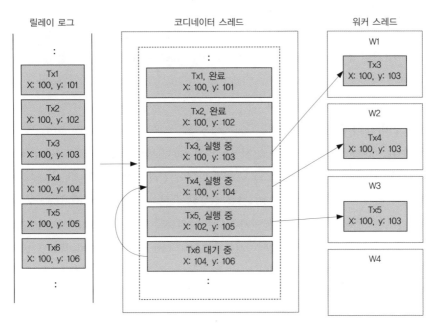

그림 2.10 LOGICAL_CLOCK 모드의 MTS 구조

코디네이터 스레드는 릴레이 로그를 읽으면 GAQ(Group Assigned Queue)라는 큐에 메타 데이터를 저장한다. 아직 워커 스레스에 할당하지 않은 트랜잭션을 새롭게 스케줄링하려면, 현재 워커 스레드가 실행 중인 트랜잭션 가운데 sequence_number가 가장 작은 트랜잭션보다 스케줄링하고자 하는 트랜잭션의 last_commited가 작아야 한다. 그러면 새롭게 스케줄링되는 트랜잭션이 실행 중인 전체 트랜잭션과 그림 2.9처럼 오버랩된다고 할 수 있으므로 경합을 하지 않는다고 판단하여 실행을 시작한다. 그림 2.10은 워커 스레드가 4개 있으며 Tx3~Tx5가 실행 중으로 워커 스레드가 비어 있는 것과 관계없이 Tx6이 대기하고 있는 모습이다. Tx3~Tx5는 경합을 하지 않지만, Tx6은 Tx4의 실행이 끝날 때까지 시작할 수 없다.

또한 이론상으로는 병렬 실행을 할 수 있지만, 설치 문제 때문에 슬레이브에서 lock 경합이나 데드락이 발생하여 변경에 실패할 가능성이 있다. 그래서 MTS에서는 변경에 실패하면 자동으로 재시도한다. 재시도 횟수는 slave_transaction_retries 옵션으로 설정할 수 있다. 기본값은 10으로, 변경할 필요는 없을 것이다.

만일 코어가 많은 머신을 사용하여, 슬레이브가 마스터를 잘 따라가지 못하는 문제로 곤란을 겪고 있다면 MTS를 LOGICAL_CLOCK 모드로 사용해 보자.

## 2.9 슬레이브 관리성 향상

MySQL 5.7에서는 슬레이브의 운영과 관리를 위한 아주 세밀한 개선이 추가되었다.

### 2.9.1 SHOW SLAVE STATUS 개선 ▸▸▸ 신기능 15

SHOW SLAVE STATUS는 STOP SLAVE와 병렬로 실행하면 STOP SLAVE의 완료를 기다리기 때문에 SQL 스레드가 큰 트랜잭션을 실행하고 있는 경우에는 시간이 오래 걸릴 수밖에 없었다. SHOW SLAVE STATUS 명령어로 레플리케이션의 상태를 보려는 상황에서 응답이 늦어지면 좋을 리가 없다. 그래서 MySQL 5.7에서는 SHOW SLAVE STATUS는 STOP SLAVE를 기다리지 않고 상태 정보를 반환하도록 개선되었다. 만약 STOP SLAVE가 실행되었다고 해도 SQL 스레드가 큰 트랜잭션을 실행하고 있다면 아직 SQL 스레드가 멈춘 것이 아니므로 Slave_SQL_Running은 YES가 된다.

### 2.9.2 부분적인 온라인 CHANGE MASTER ▸▸▸ 신기능 16

MySQL 5.7에서는 그다지 영향을 받은 경우가 적은 듯하나 CHANGE MASTER 명령어의 일부를 온라인 상태에서 실행할 수 있게 되었다. 그렇다고는 하지만 I/O 스레드나 SQL 스레드 중 어느 한쪽이 동작하고 있는 경우에 일부 설정을 변경할 수 있는 정도이다. 완벽하게 온라인 상태에서 변경이 가능한 것은 아니므로 아직 발전 중인 기능이라고 말할 수 있다. 이후 개선을 기대해보자. 그러면 어떤 것들을 온라인으로 변경할 수 있게 되었는지 살펴보자.

SQL 스레드가 정지해 있는 경우, CHANGE MASTER로 다음 옵션을 변경할 수 있다.

- RELAY_LOG_FILE
- RELAY_LOG_POS
- MASTER_DELAY

I/O 스레드가 정지해 있는 경우에는 앞의 3가지 옵션과 MASTER_AUTO_POSITION=1을 제외한 모든 옵션을 변경할 수 있다. 예를 들면 SQL 스레드가 동작하는 상태에서 다른 마스터에 접속하는 것도 가능하다.

MASTER_AUTO_POSITION = 1을 변경할 수 없다는 것은, 바이너리 로그 포지션에 의한 기존 레플리케이션을 GTID 기반의 레플리케이션으로 바꾸려면 레플리케이션을 완전히 정지해야 한다는 의미이다. 이것은 레플리케이션의 구조상 어쩔 도리가 없다.

### 2.9.3 온라인 레플리케이션 필터 ▸▸▸ 신기능 17

MySQL 5.6까지는 레플리케이션 필터는 기동 시에 옵션으로만 지정할 수 있었다. 하지만 레플리케이션 운영 중에 필터를 변경하는 경우가 생각보다 많다. 그럴 때마다 MySQL 서버를 재기동하는 것은 매우 성가신 일이다. 레플리케이션 필터 옵션을 표 2.3에 정리했다.

| 옵션 | 설명 |
| --- | --- |
| replicate_do_db | 레플리케이션을 실행할 데이터베이스를 지정한다. |
| replicate_do_table | 레플리케이션을 실행할 테이블을 지정한다. |
| replicate_wild_do_table | 레플리케이션을 실행할 테이블을 와일드카드로 지정한다. |
| replicate_ignore_db | 레플리케이션에서 제외할 데이터베이스를 지정한다. |
| replicate_ignore_table | 레플리케이션에서 제외할 테이블을 지정한다. |
| replicate_wild_ignore_table | 레플리케이션에서 제외할 테이블을 와일드카드로 지정한다. |
| replicate_rewrite_db | 슬레이브로 데이터베이스의 갱신을 수행한다. |

표 2.3 레플리케이션 필터의 옵션

이 규칙들을 어떻게 적용하는지는 이 책에서 설명하지 않겠다. 따로 공부하고 싶은 분은 매뉴얼을 반드시 참조하기 바란다. MySQL 5.7의 변경 중에서 중요한 것은 이 옵션들을 온라인 상태에서 변경할 수 있게 되었다는 점이다. 하지만 MySQL 서버는 정지하지 않아도, SQL 스레드는 정지시킬 필요가 있으므로 주의하자.

레플리케이션 필터를 온라인 상태에서 변경할 때는 SET GLOBAL 명령어가 아닌 CHANGE REPLICATION FILTER라는 전용 명령어를 쓴다. 원래 표 2.3에 나열한 옵션의 인수는 하나의 데이터베이스나 테이블 또는 문자열 패턴을 지정해야 한다. 따라서 여러 개의 데이터베이스나 테이블을 지정하고 싶으면 옵션을 반복해서 기술해야 했다. 이렇듯 레플리케이션 필터는 옵션과 설정값이 1:1로 대응하는 것이 아니라서 SET 명령어로 지정하는 것이 불가능해 전용 명령어가 추가된 것이다. 리스트 2.21은 REPLICATE_IGNORE_DB의 설정을 변경하는 예다.

**리스트 2.21 REPLICATE_IGNORE_DB의 설정 변경**

```
CHANGE REPLICATION FILTER REPLICATE_IGNORE_DB = (test, uat);
```

여러 개의 데이터베이스나 테이블을 지정하기 위해서는 괄호로 감싸고 콤마로 구분한다. 기동할 때 옵션으로 지정하는 것과는 달리 CHANGE REPLICATION FILTER 명령어는 실행될 때마다 새로운 필터가 추가되는 것이 아니라는 점에 주의하자. 예를 들면 리스트 2.21을 실행하기 전에 이미 staging이라는 데이터베이스가 REPLICATE_IGNORE_DB로 지정되어 있다고 하자. 리스트 2.21에서는 staging이라는 데이터베이스가 지정되어 있지 않았기 때문에 리스트 2.21을 실행한 이후에는 REPLICATE_IGNORE_DB로부터 staging이라는 데이터베이스는 삭제된다.

레플리케이션 필터의 현재 설정은 SHOW SLAVE STATUS로 확인할 수 있다. 또한 온라인 상태에서 변경한 필터는 MySQL 서버를 재기동할 경우 없어진다는 점에 주의하자. 필터를 영속화하기 위해서는 반드시 슬레이브의 my.cnf 파일에 기술해두어야 한다.

## 2.10 바이너리 로그와 XA 트랜잭션의 병용 ▸▸▸ 신기능 18

MySQL 5.6에서는 바이너리 로그를 활성화한 경우 XA 트랜잭션은 이용할 수 없었다. 알기 쉽게 말하면, XA 트랜잭션은 사용자가 명시적으로 2-Phase 커밋을 실행하는 구조이다. 다른 원격의 데이터베이스 사이에서 동기화를 하기 위해 사용한다.

XA PREPARE된 트랜잭션은 클라이언트가 중단되거나 MySQL 서버를 재기동하거나 서버가 손상 후 재기동하는 경우에도 MySQL 서버에 계속해서 남아 있다. 하지만 MySQL 5.6에서는 그것들이 COMMIT되지 않아 통상의 트랜잭션으로 바이너리 로그에 기록될 수가 없었다.

그래서 MySQL 5.7에서는 XA 트랜잭션을 처리하기 위한 전용 바이너리 로그 이벤트를 추가하여 XA 트랜잭션의 상태도 슬레이브로 전달한다. 요컨대 마스터에서 **XA PREPARE**가 실행되면 슬레이브에서도 실행된다. 이로 인해 XA 트랜잭션과 레플리케이션을 조합해 쓰는 것이 가능해졌다.

단, 현 시점의 XA 트랜잭션에서는 바이너리 로그가 손상될 위험이 있으므로 손상 시점의 바이너리 로그와 InnoDB의 상태에 부정합이 생길 수 있다. 또한 슬레이브의 손상 위험을 해소하는 relay-log-info-repository = TABLE도 XA 트랜잭션과 함께 사용할 수 없다는 제한이 있다. 이러한 제한 때문에 실전에서 충분히 대응할 수 있는 완성도라고 말하기는 어렵지만 한걸음 발전했다고 할 수 있다.

## 2.11 바이너리 로그에 안전하지 않은 SQL 실행 시 로그 제어
▸▸▸ 신기능 19

SBR을 이용할 때 안전하게 레플리케이션할 수 없는 SQL, 다시 말해서 바이너리 로그를 재생한 결과가 항상 같지 않은 비결정성 SQL을 실행한 경우 에러 로그에 기록을 남길지 여부를 선택할 수 있게 되었다. MySQL 5.6에서는 안전하게 레플리케이션할 수 없는 SQL을 실행하면 반드시 리스트 2.22와 같은 메시지가 에러 로그에 기록되었다.

**리스트 2.22 안전하지 않은 SQL 실행 시의 로그**

```
2016-02-14T13:38:03.828197Z 278853 [Warning] Unsafe statement written to the
binary log using statement format since BINLOG_FORMAT = STATEMENT. (이하 생략)
```

에러 로그를 봤다고 해서 바로 애플리케이션을 수정할 수 있는 것은 아니므로 당분간 그대로 운영해야 하는 경우도 있다. 만일 비결정성 SQL이 아주 자주 실행되는 경우라면, 리스트 2.22와 같은 메시지가 에러 로그에 넘쳐날 것이다. 하지만 수정해야 할 대상을 파악했다면, 더 이상 같은 메시지는 필요하지 않다. 불필요한 메시지가 에러 로그에 넘쳐나면 오히려 다른 중요한 메시지를 놓칠 수도 있다.

MySQL 5.7에서는 이러한 메시지가 출력되지 않도록 하는 옵션이 추가되었다. 에러 로그에 메시지를 출력하고 싶지 않다면 log_statements_unsafe_for_binlog = OFF를 설정한다.

단, SBR을 RBR로 전환하는 근본적인 대책이 있다는 점을 기억하자.

## 2.12 바이너리 로그 조작 실패 시의 동작 변경 ▸▸▸ 신기능 20

바이너리 로그는 트랜잭션 관리에도 사용되는 아주 중요한 구성요소다. 그렇기 때문에 바이너리 로그 조작에 실패하면 MySQL 서버에 아주 치명적일 수 있다. 조작 실패의 예로 write나 fsync의 에러 등을 들 수 있다.

하지만 MySQL 5.6까지는 바이너리 로그 조작에 실패한 경우, 에러가 무시되어 그대로 동작했다. MySQL 5.7부터는 바이너리 로그 조작이 실패하면 MySQL 서버를 정지시킨다. 이로 인해 가용성은 일부 희생되었지만, 바이너리 로그의 데이터 정합성은 확보할 수 있게 되었다.

MySQL 5.7에서도 과거 버전과의 호환을 위해 binlog_error_action이라는 옵션을 추가했다. 이 옵션은 ABORT_SERVER와 IGNORE_ERROR 가운데 하나를 선택할 수 있으며, 기본값은 ABORT_SERVER이다. 과거의 버전과 같은 작동 방식을 원한다면 IGNORE_ERROR를 설정하면 되지만 굳이 그렇게 설정할 이유는 없을 것이다.

## 2.13 SUPER 권한 사용자를 읽기 전용으로 변경 ▸▸▸ 신기능 21

슬레이브에서 애플리케이션 오류로 인해 데이터가 변경되는 일을 막고자 read_only 옵션을 사용하는 경우가 많았다. 이 옵션은 서버 전체를 읽기 전용으로 만들어 버리지만 레플리케이션에 의한 갱신은 허용한다. read_only=ON일 때 변경을 허용하는 예외 상황이 한 가지 더 있다. 바로 SUPER 권한 사용자가 실행하는 경우다. 관리자는 비상 사태에 변경 작업을 실행해도 좋다는 이유에서다. 하지만 관리자가 실수로 마스터에 로그인했다고 생각하고 슬레이브에서 변경과 관련한 명령을 실행해 버린다면 어떻게 할 것인가? 당연히 마스터와 슬레이브 사이에 데이터 불일치가 생겨 레플리케이션이 중지되거나 틀린 데이터를 가져올 것이다.

그래서 MySQL 5.7에서는 SUPER 권한을 가진 사용자로부터의 변경 요청을 받지 않게 하는 super_read_only 옵션을 추가했다. read_only 옵션과 더불어 super_read_only를 ON으로 설정하면 아무리 관리자라고 해도 변경 작업을 할 수 없게 된다. 덧붙여서 super_read_only는 동적으로 ON과 OFF로 변경할 수 있으므로 필요한 경우에는 SET GLOBAL 명령어를 사용해서 일시적으로 OFF로 설정하면 된다.

## 2.14 각종 기본값 변경

레플리케이션 관련 옵션 가운데 기본값이 변경된 것들을 소개하겠다.

### 2.14.1 sync_binlog : 0 → 1 ▸▸▸ 신기능 22

이번 장에서 이미 살펴본 것처럼 그룹 커밋과 그룹 커밋을 사용한 레플리케이션 성능이 대폭 개선되었다. 따라서 sync_binlog = 1을 설정해도 성능이 충분히 좋아진 경우가 많을 것이다. sync_binlog = 1은 바이너리 로그와 스토리지 엔진의 데이터를 완전하게 동기화하는 가장 안전한 설정이다. 트랜잭션 기능을 탑재한 데이터베이스를 사용한다고 했을 때 이와 같은 안전성을 확보하여 운영할 수 있다면 훨씬 유리할 것이다.

### 2.14.2 slave_net_timeout : 3600 → 60 ▸▸▸ 신기능 23

I/O 스레드는 마스터에서 장시간 새로운 바이너리 로그를 받지 못하는 상태가 계속될 경우 마스터와의 접속에 문제가 생긴 것으로 판단해 재접속을 하게 된다. 그 기준 시간을 지정하는 옵션이 slave_net_timeout이다. 마스터와의 접속 에러를 OS가 감지하면 소켓으로부터의 read가 에러 상태에 빠진다. 다시 말하면 read가 에러 상태에 빠지지 않는 이상 MySQL이 문제를 감지하지 못한다.

　타임아웃 시간이 너무 길면 문제가 발생했을 때 슬레이브의 대기 시간이 길어진다. 반대로 타임아웃 시간이 너무 짧으면 재접속이 너무 빈번하게 일어날까봐 걱정할 수도 있지만 그런 걱정은 필요 없다. MySQL 5.5 이후에는 레플리케이션 하트비트(Heartbeat)라는 기능이 탑재되어 마스터에서 일정 시간 변경이 일어나지 않으면 하트비트 이벤트라는 모의 이벤트를 슬레이브로 보낸다. 슬레이브는 하트비트를 받는다고 해서 특별한 처리를 하지는 않지만, 타임아웃을 연장하여 재접속을 피한다. 하트비트의 간격은 CHANGE MASTER 명령어인 MASTER_HEARTBEAT_PERIOD로 지정한다. 별도로 지정하지 않으면 slave_net_timeout의 1/2에 해당하는 값이 자동으로 설정된다. 그러므로 MySQL 5.7에서는 하트비트 간격의 기본값도 자동적으로 짧아졌다.

　타임아웃이 1시간에서 1분으로 대폭 짧아진 이유는 슬레이브의 지연을 지금 이상으로 허용하지 않으려고 했기 때문이다. 한편으로, 레플리케이션 하트비트가 제 기능을 충분히 하면 불필요한 재접속을 피할 수 있다는 기술적 배경도 있다.

### 2.14.3 binlog_format : STATEMENT -> ROW ▸▸▸ 신기능 24

MySQL 5.7에서는 보다 안전한 RBR이 기본값으로 설정되어 있다. 바이너리 로그의 크기가 마음에 걸린다면 binlog_row_image = MINIMAL을 설정하는 것도 고려해보자.

## 2.15 새로운 레플리케이션의 활용법

MySQL 5.7은 레플리케이션에 여러 가지 개선을 추가해 사용하기 매우 편리해졌다. GTID나 준동기 레플리케이션, MTS라는 한발 앞선 기능도 아주 유용하게 개선되었다. sync_binlog = 1의 성능 문제가 해결되어 기본값이 된 것도 좋은 소식이다. MySQL 5.7에서 특별한 설정을 하지 않아도 레플리케이션의 성능과 견고함은 향상되지만 조금 더 견고하게 운영하고 싶다면 한발 앞선 기능을 사용해야 한다. 특히 무손실 레플리케이션은 견고함의 관점에서 보면 매우 유용하다.

또한 새롭게 추가된 멀티 소스 레플리케이션은 MySQL 레플리케이션의 가능성을 더욱 넓혔다. 비동기이기 때문에 OLTP 시스템에는 적합하지 않지만, 데이터 통합이나 마스터 데이터 배포 등의 용도로는 큰 역할을 할 수 있을 것이다.

레플리케이션과 연관된 새로운 기능이 많아진 것만으로도 MySQL 5.6 이전 버전에서 MySQL 5.7로 갈아탈 충분한 동기가 될 수 있을 것이다.

# 3장

# 옵티마이저

옵티마이저는 더없이 중요한 RDBMS의 구성요소다. 왜 그럴까? 실행 계획에 따라 쿼리의 실행 효율이 크게 변하기 때문이다. 고속의 CPU, 풍족한 메모리, 초고속 IOPS[1]의 스토리지를 준비해도 실행 계획이 엉망이면 좋은 성능은 기대하기 힘들다. 우수한 물건을 갖고 있지만 활용할 기회가 없게 되는 꼴이다. 그럼 어떻게 하면 좋을까? 무엇보다 옵티마이저의 특성을 이해하는 것이 중요하다.

## 3.1 MySQL 옵티마이저의 구조

옵티마이저란 대체 어떤 기능을 하는 것일까? 이 책의 독자층이라면 대부분 알고 있겠지만, 옵티마이저는 기본적으로 '식의 등가 변환'에 의해 취할 수 있는 여러 실행 계획 중에서 최적의 것을 선택하는 역할을 한다. 등가 변환의 예를 들면 부분 결합(INNER JOIN)의 순서를 바꾼다든지, WHERE 구의 조건의 평가 순서를 바꾸거나 또는 서브쿼리를 별도의 알고리즘으로 치환하는 것 등이 있다.

　MySQL의 옵티마이저는 비용 기반 옵티마이저다. 어떠한 실행 계획으로 쿼리를 실행했을 때 비용이 얼마나 발생하는가를 계산하여 비용이 가장 적은 것을 택한다. 단, 이것은 어디까지나 추정값이므로, 정확한 비용은 실행 전까지 정확하게 가늠할 수 없다. 사전에 계산할 수 있는 것은 어디까지나 통계 정보 등으로부터 얻은 어림 값이다. 어림 값이 그런대로 정확하다면 가장 적은 비용의 실행 계획이 최적의 실행 계획이 될 것이다. 실제로 옵티마이저는 대부분 제대로

---

**1** I/O per second의 약어. 1초에 몇 번 I/O 조작을 실행할 수 있는가를 말하는 것으로 높은 쪽이 좋은 것이다.

작동하지만 가끔 생각한 대로 실행 계획이 풀리지 않아 조정이 필요함을 경험이
많은 엔지니어라면 잘 알고 있을 것이다.

### 3.1.1 SQL 실행의 흐름

옵티마이저는 최적의 실행 계획을 선택하기 위한 기능이지만, SQL 그 자체를 보
고 판단하는 것이 아니다. SQL문은 먼저 서버의 구문 해석기에서 해석을 거쳐 컴
퓨터가 다루기 쉬운 형태로 변환된다. 구체적으로는 AST(Abstracted Structure
Tree, 추상 구문 트리) 형식이다. 옵티마이저는 이러한 AST 형식을 통해 최적의
실행 계획을 찾는다. 같은 결과를 가져올 다른 AST로 고친 후 executer(실행기)
로 제어를 옮겨 실행한다. Executer는 옵티마이저에서 전달 받은 실행 계획을 기
반으로 실제 테이블에서 행을 가져와 결과를 생성한다. 이 흐름을 도식화하면 그
림 3.1과 같다.

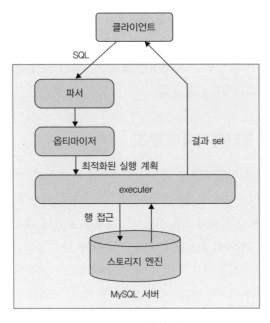

그림 3.1 SQL 실행의 흐름

Executer가 어느 정도로 작업해야 하는지는 쿼리의 내용과 옵티마이저의 능력
에 의해 결정된다. 옵티마이저가 훌륭하면 효율이 좋지 않은 실행 계획을 선택
할 확률도 줄어들게 되므로 executer의 작업량도 상대적으로 줄어든다.

## 3.2 EXPLAIN의 개선

MySQL 5.7에서는 EXPLAIN의 기능도 몇 가지 개선되었다. EXPLAIN은 MySQL 서버가 어떠한 쿼리를 실행할 것인가, 즉 실행 계획이 무엇인지 알고 싶을 때 사용하는 기본적인 명령어다. 기존에는 표 형식밖에 없었지만 MySQL 5.6부터는 JSON 형식의 출력도 할 수 있게 되었다. JSON 형식은 그 자체로도 정보가 풍부해 도움이 되지만, MySQL Workbench와의 결합으로 시각화할 수 있게 되어 더욱 편리해졌다. MySQL 마스터가 되려면 반드시 알아야 할 기능이다.

여러 형식의 EXPLAIN에 대해서 그 사용법과 신기능을 순서대로 살펴보자.

### 3.2.1 표 형식 EXPLAIN의 개선 ▸▸▸ 신기능 25

먼저 이전부터 사용한 EXPLAIN을 살펴보자. 리스트 3.1은 세 개의 테이블을 조인하는 SELECT의 예이다.

리스트 3.1 EXPLAIN 예시

```
mysql> explain select City.Name, Country.Code, CountryLanguage.Language from City join Country on City.countrycode = Country.Code
    -> and City.id = Country.capital join CountryLanguage on CountryLanguage.countrycode = City.countrycode;
```

| id | select_type | table | partitions | type | possible_keys | key | key_len | ref | rows | filtered | Extra |
|----|-------------|-------|------------|------|---------------|-----|---------|-----|------|----------|-------|
| 1 | SIMPLE | Country | NULL | ALL | PRIMARY | NULL | NULL | NULL | 239 | 100.00 | Using where |
| 1 | SIMPLE | City | NULL | eq_ref | PRIMARY,CountryCode | PRIMARY | 4 | world.Country.Capital | 1 | 5.00 | Using where |
| 1 | SIMPLE | CountryLanguage | NULL | ref | PRIMARY,CountryCode | CountryCode | 3 | world.Country.Code | 4 | 100.00 | Using index |

```
3 rows in set, 1 warning (0.01 sec)
```

옵션을 지정하지 않은 EXPLAIN인데도 partitions와 filtered라는 컬럼이 있다. MySQL 5.7에서는 이전 버전과 달리 이들 컬럼을 항상 출력한다. 이들 정보는 자주 참조하기 때문에 항상 표시한다고 해도 문제될 것이 없다. 파티셔닝은 쿼리의 성능에 큰 영향을 끼치기 때문에 표시하지 않는 것이 오히려 곤란한 경우가 많다.

그러면 EXPLAIN에서 출력하는 각 항목을 살펴보자.

이 EXPLAIN에는 3개의 행이 있는데, 각각 테이블로의 접근을 표시한 것이다. 조인은 위에서부터 순서대로 일어난다고 생각하면 된다. 어떤 테이블에 대한 접근을 표시하고 있는지는 table 필드[2]에 표시되어 있다. 따라서 이 쿼리를 실행하

---

2  여기서는 컬럼이라고 하지 않고 필드라고 표현하고 있는 점에 유의하기 바란다. EXPLAIN은 테이블과 같은 생김새를 하고 있지만, 실체는 테이블이 아니므로 테이블을 위한 용어를 사용하지 않는다. 반대로, 테이블에서는 필드라고 하지 말고 컬럼 또는 열이라는 표현을 사용하자.

면 Country → City → CountryLanguage 순으로 조인하는 것을 알 수 있다.

설명의 순서가 뒤바뀌기는 했지만 id와 select_type에 대해 살펴보자. id는 SELECT에 붙인 번호를 말한다. 사실 MySQL은 조인을 하나의 단위로 실행한다. id는 그 쿼리의 실행 단위를 식별하는 것이다. 따라서 조인만 수행하는 쿼리에서는 id가 항상 1이 된다. select_type은 항상 SIMPLE이 된다. 언어의 의미를 생각해보면 조금 이상하지만, 복잡한 조인을 해도 SIMPLE이 된다. 한편, 조인 이외의 것, 요컨대 서브쿼리나 UNION이 있으면 id와 select_type이 변한다. 2 이상의 id가 출력되면 select_type에도 SIMPLE 이외의 것이 표시된다. SELECT의 실행 단위에 대해서는 이후에 설명할 것이므로 여기서는 상세히 다루지 않고 다음 설명으로 넘어가겠다.

partitions는 파티셔닝이 되어 있는 경우에 사용되는 필드이다. 이 쿼리에서 사용된 테이블들은 모두 파티셔닝이 되어 있지 않기 때문에 이 필드가 모두 NULL로 출력되었다. 파티셔닝이 되어 있는 경우는 반드시 이 필드를 확인하자. 간혹 어떤 테이블에서든 무턱대고 파티셔닝을 하는 경우가 있는데 이는 잘못된 것이다. 파티셔닝은 SELECT를 실행할 때 파티션을 통한 가지치기(Partition Pruning)[3]가 효과가 있어야 도움이 된다. 무턱대고 파티셔닝을 하면 오히려 성능이 낮아지므로 함부로 해서는 안 된다. 가지치기가 효과가 있을지 판단하는 기준이 되는 것이 바로 partitions 필드이다.

type은 접근 방식을 표시하는 필드다. 접근 방식은 테이블에서 어떻게 행 데이터를 가져올 것인가를 가리킨다. 리스트 3.1의 예에서는 각각 ALL, eq_ref, ref를 보여주고 있는데 ALL은 테이블 스캔, eq_ref는 조인 시 기본 키(primary key)나 고유 키(unique key)를 사용하여 하나의 값으로 접근(다시 말해서 최대 1행만을 정확하게 패치), ref는 여러 개의 행을 패치할 가능성이 있는 접근을 의미한다. 다른 종류의 접근 방식도 있는데, 표 3.1에 이를 정리해 두었다. 접근 방식은 대상 테이블로의 접근이 효율적일지 여부를 판단하는 데 아주 중요한 항목이다. 이번 장에서는 접근 방식에 대해 여러 번 언급할 것이므로 반드시 기억해 두기 바란다. 종류가 그렇게 많지는 않다.

이들 접근 방식 가운데서도 주의가 필요한 것은 ALL, index와 ref_or_null이다. 앞의 두 가지는 테이블 또는 특정 인덱스가 전체 행에 접근하기 때문에 테이블의 크기가 크면 효율이 떨어진다. ref_or_null의 경우 NULL이 들어있는 행은

---

3 파티션의 가지치기에 대해서는 7장을 참고하자.

인덱스의 맨 앞에 모아서 저장하지만 그 건수가 많으면 MySQL 서버의 작업량이 방대해진다. 다시 말해서 ALL 이외의 접근 방식은 모두 인덱스를 사용한다. 접근 방식이 ALL 또는 index인 경우에는 그 쿼리로 사용할 수 있는 적절한 인덱스가 없다는 의미일 수도 있다. 리스트 3.1의 쿼리에서 Country 테이블에 대한 접근은 ALL이지만 이는 WHERE 구의 조건을 지정하지 않았기 때문이다. 그러한 쿼리에서 드라이빙 테이블[4]에 접근한다면 전체 행을 스캔할 수밖에 없다.

| 접근방식 | 설명 |
| --- | --- |
| const | 기본 키 또는 고유 키에 의한 lookup(등가비교). 조인이 아닌 가장 외부의 테이블에 접근하는 방식. 결과는 항상 1행이 된다. 단, 기본 키 또는 고유 키를 사용하고 있으므로 범위 검색으로 지정하는 경우는 const가 되지 않는다. 또한 해당하는 행이 없는 경우 쿼리 자체가 실행되지 않으므로 const가 되지 않는다. |
| system | 테이블에 1행밖에 없는 경우의 특수한 접근 방식 |
| ALL | 전체 행 스캔. 테이블의 데이터 전체에 접근한다. |
| index | 인덱스 스캔. 테이블의 특정 인덱스의 전체 엔트리에 접근한다. |
| eq_ref | 조인이 내부 테이블로 접근할 때 기본 키 또는 고유 키에 의한 lookup이 일어난다. const와 비슷하지만 조인의 내부 테이블에 접근한다는 점이 다르다. |
| ref | 고유 키가 아닌 인덱스에 대한 등가비교. 여러 개 행에 접근할 가능성이 있다. 가장 외부 테이블이든 조인 내부 테이블이든 같은 접근 방식이다. |
| ref_or_null | ref와 마찬가지로 인덱스 접근 시 맨 앞에 저장되어 있는 NULL의 엔트리를 검색한다. 검색조건으로 col = 'val' OR col IS NULL과 같은 식이 포함되어 있는 경우 사용된다. |
| range | 인덱스 특정 범위의 행에 접근한다. |
| fulltext | fulltext 인덱스를 사용한 검색 |
| index_merge | 여러 개의 인덱스를 사용해 행을 가져오고 그 결과를 통합(Merge)한다. |
| unique_subquery | IN 서브쿼리 접근에서 기본 키 또는 고유 키를 사용한다. 이 접근 방식은 쓸데없는 오버헤드를 줄여 상당히 빠르다. |
| index_subquery | unique_subquery와 거의 비슷하지만 고유한 인덱스를 사용하지 않는 점이 다르다. 이 접근 방식도 상당히 빠르다. |

표 3.1 접근 방식 목록

possible_keys 필드는 이용 가능성이 있는 인덱스의 목록이다. 그 중에서 실제로 옵티마이저가 선택한 인덱스가 key 필드에 출력된다. 리스트 3.1의 예에서는 Country 테이블(첫 번째 행)의 key는 NULL인데 이는 행 데이터를 가져오기 위해

---

[4] Driving Table. 조인 과정에서 처음으로 접근하는 테이블을 말한다.

인덱스를 사용할 수 없다는 의미이다.[5] key_len 필드는 선택된 인덱스의 길이를 의미한다. 그렇게 중요한 필드는 아니지만 인덱스가 너무 긴 것도 비효율적이므로 기억해두자.

rows는 이 접근 방식을 사용해 몇 행을 가져왔는가를 표시한다. 최초에 접근하는 테이블에 대해서는 쿼리 전체에 의해 접근하는 행 수, 그 이후의 테이블에 대해서는 1행의 조인으로 평균 몇 행에 접근했는가를 표시한다. 단, 어디까지나 통계 값으로 계산한 값이므로 실제 행 수와 반드시 일치하지 않는다는 점에 주의하자.

filtered는 행 데이터를 가져와 거기에 WHERE 구의 검색 조건이 적용되면 몇 행이 남는지 표시한다. 이 값도 통계 값을 바탕으로 계산한 값이므로 현실의 값과 반드시 일치하지 않는다. 이 쿼리에서는 옵티마이저가 City 테이블에 접근한 후 WHERE 구의 조건을 적용하게 되면 5%밖에 남지 않는다고 판단하고 있다.

Extra 필드는 옵티마이저가 동작에 대해서 우리에게 알려주는 힌트다. 예전 표 형식의 EXPLAIN을 사용해 옵티마이저의 행동을 파악할 때도 이 필드는 아주 중요했다. 예를 들면 Using where는 테이블에서 데이터를 가져온 다음 WHERE 구의 검색 조건에 따라 한 번 더 행을 선별한 것을 의미한다.[6] Using index는 테이블에 접근하지 않고 인덱스에만 접근하는 것을 의미한다. CountryLanguage 테이블은 접근 방식이 ref로 되어 있기 때문에 커버링 인덱스[7]를 짐작할 수 있다. 표 3.2 ~ 표 3.4에 주요한 Extra 필드 값을 정리해 두었다.

| Extra 값 | 설명 |
| --- | --- |
| Using where | 접근 방식을 설명한 것으로, 테이블에서 행을 가져온 후 추가적으로 검색 조건을 적용해 행의 범위를 축소한 것을 표시한다. |
| Using index | 테이블에는 접근하지 않고 인덱스에만 접근해서 쿼리를 해결하는 것을 의미한다. 커버링 인덱스로 처리됨. Index only scan이라고도 부른다. |
| Using index for group-by | Using index와 유사하지만 GROUP BY가 포함되어 있는 쿼리를 커버링 인덱스로 해결할 수 있음을 나타낸다. |
| Using filesort | ORDER BY를 인덱스로 해결하지 못하고, filesort(MySQL의 quick sort)로 행을 정렬한 것을 나타낸다. |
| Using temporary | 암묵적으로 임시 테이블이 생성된 것을 표시한다. |

---

5 접근 유형이 ALL이므로 그렇게 되는 것은 당연하다.
6 여기서 이 쿼리에 WHERE가 없는 것을 깨달은 독자가 있을지도 모르겠다. WHERE가 없는데도 왜 Using where가 표시된 것일까? 이 점에 대해서는 이후 옵티마이저 트레이스를 설명할 때 명확하게 언급할 것이다.
7 테이블에는 접근하지 않고 세컨더리 인덱스에만 접근해서 쿼리를 해결하는 실행 계획. 매우 효율적이다.

| | |
|---|---|
| Using where with pushed condition | 엔진 컨디션 pushdown 최적화가 일어난 것을 표시한다. 현재는 NDB만 유효. |
| Using index condition | 인덱스 컨디션 pushdown(ICP) 최적화가 일어났음을 표시한다. ICP는 멀티 컬럼 인덱스에서 왼쪽부터 순서대로 컬럼을 지정하지 않은 경우에도 인덱스를 이용하는 실행 계획이다. |
| Using MRR | 멀티 레인지 리드(MRR) 최적화가 사용되었음을 표시한다. |
| Using join buffer (Block Nested Loop) | 조인에 적절한 인덱스가 없어 조인 버퍼를 이용했음을 표시한다. |
| Using join buffer (Batched Key Access) | Batched Key Access Join(BKAJ) 알고리즘을 위한 조인 버퍼를 사용했음을 표시한다. |

표 3.2 Extra 필드 목록(1)

| Extra 값 | 설명 |
|---|---|
| Using sort_union(...), Using union(...), Using intersect(...) | 인덱스 머지를 통해 테이블에 접근했음을 표시한다. 인덱스 머지는 여러 개의 인덱스를 사용하여 테이블로 접근한 후 가져온 행들을 통합(머지)하는 조작을 말한다. |
| Distinct | DISTINCT를 사용해 중복을 제거하면서 조인을 하는 쿼리에서는 내부 테이블에서 하나의 키를 읽는 것만으로 쿼리 해결이 가능한 경우가 있다. |
| Range checked for each record (index map: N) | 조인에서 내부 테이블로 접근할 때 최적의 인덱스가 없는 경우, 드라이빙 테이블에서 가져온 행의 값에 따라 적절한 인덱스가 있는지 확인한다. |
| Not exists | LEFT JOIN에서 내부 테이블에 매칭되는 행이 없는지 찾기 위해 joined_table.key IS NULL의 지정이 있는 경우, 내부 테이블에 매칭되는 행이 있으면 직접 그 키에 대한 검색을 그만두어도 상관없다. |
| Full scan on NULL key | IN 서브쿼리가 select list(SELECT의 결과로 반환된 컬럼)에 나타나 있는 경우, 또는 IN 구의 키가 NULL이 될 가능성이 있는 경우 인덱스에 의한 검색 대신 풀 스캔이 필요하다. |
| const row not found | 테이블이 비어있음을 표시한다. |
| no matching row in const table | 기본 키 또는 고유 키에 의한 lookup에서 해당하는 행이 없었다는 것을 표시한다. 해당하는 행이 있는 경우 그 쿼리의 접근방식은 const가 된다. |
| FirstMatch(tbl_name) | 세미조인 최적화에 FirstMatch 알고리즘을 채택했음을 표시한다. |
| LooseScan(m..n) | 세미조인 최적화에 LooseScan 알고리즘을 채택했음을 표시한다. |
| Start temporary, End temporary | 세미조인 최적화에 임시 테이블에 의한 중복 배제 알고리즘을 채택했음을 표시한다. |
| Impossible HAVING | HAVING 구의 조건이 항상 거짓임을 표시한다. |
| Impossible WHERE | WHERE 구의 조건이 항상 거짓임을 표시한다. |
| Impossible WHERE noticed after reading const tables | 접근방식이 const인 테이블에서 행을 읽은 결과 WHERE 구의 조건이 이치상 맞지 않음을 표시한다. |

| | |
|---|---|
| No matching min/max row | MIN 또는 MAX를 구하는 한 쿼리에서 WHERE 구의 조건에 매칭되는 행이 명확하게 없을 경우 표시된다. |

표 3.3 Extra 필드 목록(2)

Extra 필드는(그 이름과 달리) 왜 옵티마이저가 이러한 실행 계획을 취했는가와 실행 계획의 상세를 파악하는 데 중요한 정보를 제공한다. EXPLAIN을 얼마나 정확히 해설하는가는 Extra 필드를 얼마나 이해했느냐에 달려있다고 해도 과언이 아니다. 다소 종류가 많기는 하지만 대략이라도 반드시 파악해 두기 바란다.

| Extra 값 | 설명 |
|---|---|
| No matching rows after partition pruning | 파티션을 가지치기한 이후에 검색조건에 매칭되는 행이 없는 경우 출력된다. |
| No tables used | DUAL 테이블로의 접근 또는 FROM 구가 생략된 경우 출력된다. |
| Plan isn't ready yet | EXPLAIN FOR CONNECTION에서 아직 옵티마이저에 의한 실행 계획의 작성이 종료되지 않았다. |
| Select tables optimized away | MIN이나 MAX를 사용한 쿼리에서 인덱스로부터 1행만 읽어도 되는 경우에 출력된다. |
| unique row not found | 드라이빙 테이블의 접근 방식이 const일 때, 또는 내부 테이블이 고유한 (unique) 인덱스로 결합되었을 때 내부 테이블에 해당하는 행이 없으면 출력된다. |
| Zero limit | LIMIT 0이 지정되어 있어 결과 세트를 반환할 필요가 없는 경우 출력된다. |

표 3.4 Extra 필드 목록(3)

### 샘플 데이터베이스 world

이 책에서는 쿼리 예제를 기술하기 위해 MySQL에서 공식적으로 제공하고 있는 샘플 데이터베이스 world를 이용하고 있다. 이 데이터베이스에는 Country, City, CountryLanguage라는 3개의 테이블이 있다. 아주 간단하기 때문에 쿼리의 예를 설명할 필요가 있을 때 사용하겠다. 다음은 MySQL Workbench를 사용해 world 데이터베이스를 ERD로 그린 것이다.

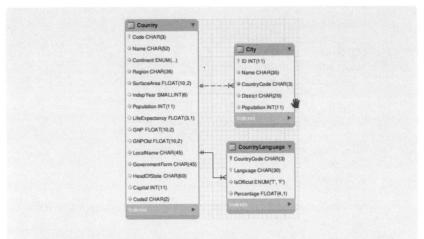

world 데이터베이스는 다음의 페이지에서 다운로드할 수 있다. 이 외에도 employees, sakila, menagerie 샘플 데이터베이스가 있으므로 흥미가 있으면 다른 데이터베이스도 다운로드해보자.

http://dev.mysql.com/doc/index-other.html

### 3.2.2 JSON 형식 EXPLAIN의 개선 ▸▸▸ 신기능 26

MySQL 5.6부터 JSON 형식으로 실행 계획을 출력하는 것이 가능해졌다. 실행 계획을 JSON 형식으로 출력하려면 FORMAT = JSON을 지정하면 된다.

리스트 3.2는 리스트 3.1과 동일하게 SELECT에 대한 EXPLAIN을 JSON 형식으로 표시한 것이다.

리스트 3.2 JSON 형식의 EXPLAIN 예제

```
mysql> explain format=json select City.Name, Country.Code, CountryLanguage.Language
    -> from City join Country on City.countrycode = Country.Code and City.id = Country.capital
    -> join CountryLanguage on CountryLanguage.countrycode = City.countrycode\G
*************************** 1. row ***************************
EXPLAIN: {
  "query_block": {
    "select_id": 1,
    "cost_info": {
      "query_cost": "362.81"
    },
    "nested_loop": [
      {
        "table": {
          "table_name": "Country",
          "access_type": "ALL",
          "possible_keys": [
            "PRIMARY"
```

```
        ],
        "rows_examined_per_scan": 239,
        "rows_produced_per_join": 239,
        "filtered": "100.00",
        "cost_info": {
          "read_cost": "6.00",
          "eval_cost": "47.80",
          "prefix_cost": "53.80",
          "data_read_per_join": "61K"
        },
        "used_columns": [
          "Code",
          "Capital"
        ],
        "attached_condition": "('world'.'country'.'Capital' is not null)"
      }
    },
    {
      "table": {
        "table_name": "City",
        "access_type": "eq_ref",
        "possible_keys": [
          "PRIMARY",
          "CountryCode"
        ],
        "key": "PRIMARY",
        "used_key_parts": [
          "ID"
        ],
        "key_length": "4",
        "ref": [
          "world.Country.Capital"
        ],
        "rows_examined_per_scan": 1,
        "rows_produced_per_join": 11,
        "filtered": "5.00",
        "cost_info": {
          "read_cost": "239.00",
          "eval_cost": "2.39",
          "prefix_cost": "340.60",
          "data_read_per_join": "860"
        },
        "used_columns": [
          "ID",
          "Name",
          "CountryCode"
        ],
        "attached_condition": "('world'.'city'.'CountryCode' =
'world'.'country'.'Code')"
      }
    },
    {
      "table": {
        "table_name": "CountryLanguage",
```

```
              "access_type": "ref",
              "possible_keys": [
                "PRIMARY",
                "CountryCode"
              ],
              "key": "CountryCode",
              "used_key_parts": [
                "CountryCode"
              ],
              "key_length": "3",
              "ref": [
                "world.Country.Code"
              ],
              "rows_examined_per_scan": 4,
              "rows_produced_per_join": 50,
              "filtered": "100.00",
              "using_index": true,
              "cost_info": {
                "read_cost": "12.12",
                "eval_cost": "10.09",
                "prefix_cost": "362.81",
                "data_read_per_join": "1K"
              },
              "used_columns": [
                "CountryCode",
                "Language"
              ]
            }
          }
        ]
      }
}
1 row in set, 1 warning (0.00 sec)
```

JSON 형식의 EXPLAIN은 기존의 표 형식보다 출력되는 정보가 많다. 특히 MySQL 5.7부터는 비용에 관한 정보를 보여주어서 표 형식에 비해 편리하다. 리스트 3.2의 예에서는 nested loop에 의해 조인이 실행되고 옵티마이저가 그 비용을 362.81로 추정하고 있음을 알 수 있다.

또한 JSON 형식의 EXPLAIN에는 Extra 필드가 없다. 그 대신 더 알아보기 쉬운 형식으로 출력되는 추가 정보가 많다. 예를 들어 Extra 필드에서는 Using WHERE 라고만 출력되던 것이 attached_condition로 나와서 구체적으로 어떤 조건이 적용되었는가도 알 수 있다.

기존의 EXPLAIN보다 자세한 정보를 보고 싶으면 JSON 형식의 EXPLAIN이 편리할 수도 있다. 어떠한 경우에도 당황하지 않도록 일반적인 형식부터 JSON 형식까지 익혀두는 것도 좋은 방법이다. 또한 다른 RDBMS의 사용자가 MySQL로 옮겨 왔을 때에도 JSON 형식의 **EXPLAIN** 쪽이 금방 익숙해질지 모른다. 단, JSON 형식은 MySQL 5.5 이전의 오래된 MySQL 버전에서는 사용할 수 없으므로 주의하기 바란다.

### 3.2.3 비주얼 EXPLAIN

JSON 형식의 **EXPLAIN**은 그 자체로도 편리하지만 MySQL Workbench를 조합하면 더욱 편리하게 사용할 수 있다. MySQL Workbench는 MySQL 서버를 관리한다든지 ERD로 DB 설계를 할 수 있게 해주는 편리한 GUI 툴이다. 그 기능 가운데 하나로, 비주얼 **EXPLAIN**을 제공한다.

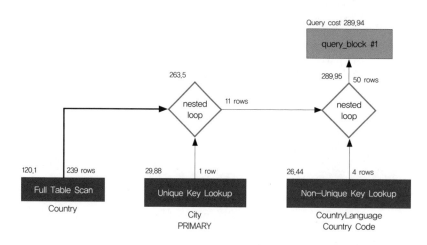

그림 3.2 비주얼 EXPLAIN의 예

그림 3.2는 리스트 3.1과 동일한 쿼리에 대한 비주얼 **EXPLAIN**을 나타낸 것이다. JSON 형식의 **EXPLAIN**보다 깔끔하고 비용도 쉽게 파악할 수 있다. 비주얼 **EXPLAIN**은 JSON 형식의 **EXPLAIN**을 이용한 툴이므로, 비용 정보는 MySQL 5.7을 이용하는 경우에만 출력이 가능한 점에 주의하자.

간혹 "프로는 GUI(Graphic User Interface)가 아닌 CLI(Command Line Interface)를 사용한다"고 주장하는 사람들을 보게 된다. 주로 CLI에 익숙한 유닉스 OS 사용자들이 하는 말이지만, 개인적으로는 조금이라도 빠르고 효율적으로 목적을 달성하려면 적절한 툴을 사용하는 것도 나쁘지 않다고 생각한다. CLI가 됐든 GUI가 됐든, 그것이 쓸모가 있다면 계속해서 쓰면 되고, 시각화해서 쿼리 전체를 빨리 파악할 수 있다면 사용하지 않을 이유가 없다. 비주얼 **EXPLAIN**은 아주 편리한 기능이므로 전문가가 되고자 한다면 적극 활용해야 할 것이다.

### 3.2.4 실행 중인 쿼리의 EXPLAIN ▸▸▸ 신기능 27

작지만 편리한 개선이 MySQL 5.7에서 추가되었다. MySQL을 관리하고 있다면 SHOW PROCESSLIST를 사용해 장시간 실행 중인 SQL이 없는지를 조사하는 사람이 많을 것이다. 그 결과 장시간 실행하고 있는 SQL을 발견하면 왜 실행에 시간이 걸리는지 알아내기 위해 EXPLAIN 명령어를 사용한다. EXPLAIN 명령어를 사용하기 위해 SHOW FULL PROCESSLIST 명령어로 SQL 전문을 가져온 다음, 이를 복사해서 EXPLAIN을 실행했을 것이다. 하지만 실행 중인 쿼리의 길이가 길면 SQL을 출력하여 복사하는 것도 아주 번거로운 일이다.

MySQL 5.7에서는 이처럼 불필요한 조작을 할 필요가 없어졌다. 커넥션 ID를 지정하기만 해도 실행 중인 SQL의 EXPLAIN 결과를 볼 수 있게 되었다. 예를 들어 장시간 실행 중인 SQL의 커넥션 ID가 777이라고 하자. 리스트 3.3은 그 커넥션에 대한 EXPLAIN을 출력하는 명령어다.

**리스트 3.3 실행 중인 SQL에 대해 EXPLAIN을 출력하는 명령어**

```
EXPLAIN FOR CONNECTION 777
```

이 기능으로 일상적인 운영이 조금은 나아질 것이다. 이때 EXPLAIN을 JSON 형식으로 출력할 수도 있다.

## 3.3 새로운 비용 모델의 도입 ▸▸▸ 신기능 28

MySQL 5.7의 큰 변화 중 하나로 옵티마이저에 새로운 비용 모델이 도입되었다. 이는 옵티마이저가 비용을 계산할 때의 각종 파라미터를 파악해 표준화한 것으로, 사용자가 직접 조정할 수 있게 되었다는 것이 큰 특징이다.

### 3.3.1 MySQL 옵티마이저는 비용 기반

옵티마이저는 크게 비용 기반과 규칙 기반으로 나뉜다. 규칙 기반이란 SQL 구문이나 테이블, 인덱스의 정의, 힌트 구 등에 따라 실행 계획을 결정짓는 방식으로, 아주 특수해서 지금은 거의 사용하지 않는다. 역설적으로 말하면, 실행 계획을 고려하여 SQL을 작성해야 하므로 범용성이 떨어진다. 따라서 일반적인 RDBMS는 비용 기반의 옵티마이저를 쓰고 있다. 옵티마이저라고 하면 비용 기반이라고 봐도 무방하다.

비용 기반 옵티마이저는 하나의 SQL을 실행하는 데 취할 수 있는 실행 계획, 다시 말해서 SQL을 구문 해석하여 얻어낸 AST와 같은 결과를 가져오는 AST의 조합을 검색하여 각각의 비용을 비교한 다음 최적의 결과를 선택한다. 비용에는 디스크에서 페이지를 읽어오는 비용, 행 데이터를 가져오는 비용, 가져온 데이터를 비교하는 비용 등이 포함된다. 그리고 테이블이나 인덱스의 통계 정보를 사용해 쿼리 전체를 실행한 경우의 비용을 산출한다. 그 후 가장 비용이 저렴한 것을 최적의 실행 계획이라고 보는 것이다.

단, 비용 기반 옵티마이저가 내놓는 답이 항상 최적인 것은 아니다. 옵티마이저가 추정하는 비용은 어디까지나 통계 정보를 바탕으로 예측한 근사값일 뿐이다. 실제로 어느 정도 비용이 들지는 그 SQL을 실행해보기 전에는 명확하게 알 수 없다.

### 3.3.2 MySQL 5.7 비용 모델의 개요

MySQL 5.7에서는 비용 계산에 관한 부분이 대폭으로 리팩터링되었다. MySQL 5.6까지는 비용 계산에 하드 코딩된[8] 정수 값을 사용했지만, MySQL 5.7에서는 파라미터로 계수를 설정하는 것이 가능해졌다. 왜 이런 변경이 필요했을까? 비용이라는 것은 본래 하드웨어나 환경에 의해 좌우되는 것이기 때문이다. 예를 들어 디스크에서 페이지를 읽어 들일 때, 디스크가 하드디스크일 때와 SSD일 때 드는 비용은 전혀 다르다. 이런 차이점을 모두 동일하다고 생각하고 비용을 계산하면 산출된 비용과 현실은 큰 차이를 보일 것이다.

세상에는 많은 종류의 하드웨어가 존재한다. 최신 CPU와 방대한 메모리, 그리고 초고속 IOPS의 SSD를 탑재한 고성능의 하드웨어부터 라즈베리 파이와 같은 성능이 낮은 싱글 보드 컴퓨터까지, MySQL이 사용될 가능성이 있는 환경은 그 폭이 매우 넓다. 그 모든 환경에 대응하기 위해서는 비용 추정을 다양화하는 것이 좋다.

### 3.3.3 두 종류의 비용 계수

MySQL 5.7에서는 조정 가능한 비용의 계수를 두 개의 시스템 테이블로 관리하고 있다. 각각 `mysql.server_cost`와 `mysql.engine_cost`이다. 전자는 스토리지 엔진에 의하지 않은 일반적인 비용을, 후자는 스토리지 엔진 고유의 비용을 설정하기 위한 것이다. 스토리지 엔진으로 테이블에 접근하면 성능이 많이 달라지므로, 스토리지 엔진별로 비용의 계수를 달리 하는 것은 MySQL에서는 필수적인 대응이다.

---

8 소스 코드상에 직접 기술되어 있다는 의미

단, 이들 시스템 테이블은 초기 상태에서는 어떤 계수도 설정해놓지 않았다. 따라서 MySQL 서버에 하드코딩된 기본값을 사용한다. 하지만 실제 비용을 설정하면 옵티마이저가 그 비용을 사용한다.

**server_cost**

리스트 3.4는 server_cost 테이블의 초기 상태다. 각각의 행이 하나의 비용 계수를 나타낸다. 초기 상태에서도 행은 저장되어 있지만 가장 중요한 비용은 NULL 로 표시되고 있다.

**리스트 3.4 server_cost 테이블의 초기값**

```
mysql> select * from server_cost;
+------------------------------+------------+---------------------+---------+
| cost_name                    | cost_value | last_update         | comment |
+------------------------------+------------+---------------------+---------+
| disk_temptable_create_cost   |       NULL | 2015-12-10 15:22:27 | NULL    |
| disk_temptable_row_cost      |       NULL | 2015-12-10 15:22:27 | NULL    |
| key_compare_cost             |       NULL | 2015-12-14 21:00:17 | NULL    |
| memory_temptable_create_cost |       NULL | 2015-12-10 15:22:27 | NULL    |
| memory_temptable_row_cost    |       NULL | 2015-12-10 15:22:27 | NULL    |
| row_evaluate_cost            |       NULL | 2015-12-14 21:00:17 | NULL    |
+------------------------------+------------+---------------------+---------+
6 rows in set (0.00 sec)
```

각각의 값이 표시하는 비용의 의미와 기본값을 표 3.5에 정리하였다. 계수의 종류는 그렇게 많지 않다. 쿼리 실행 과정에서 작성된 임시 테이블은 결과에 BLOB 이 포함되지 않아야 한다는 조건을 만족할 경우, 메모리에 작성된다(다시 말해 MEMORY 스토리지 엔진이 채용된다). 메모리에 저장할 수 있는 크기의 허용 범위를 넘으면, 디스크의 스토리지 엔진으로 변환되는 구조이다. 그 변환 비용이 상당히 크기 때문에 disk_temptable_create_cost는 다른 것들과 비교했을 때 꽤 큰 값으로 설정되어 있다.

| 비용명 | 기본값 | 설명 |
|---|---|---|
| key_compare_cost | 0.1 | 하나의 키를 비교하는 비용 |
| row_evaluate_cost | 0.2 | 행 데이터를 읽어 들여 평가하는 데 드는 비용 |
| disk_temptable_create_cost | 40 | 디스크에 임시 테이블을 생성하는 비용 |
| disk_temptable_rw_cost | 1 | 디스크의 임시 테이블에 있는 행에 접근하는 비용 |
| memory_temptable_create_cost | 2 | 메모리에 임시 테이블을 생성하는 비용 |
| memory_temptable_rw_cost | 0.2 | 메모리의 임시 테이블에 있는 행에 접근하는 비용 |

표 3.5 서버 공통의 비용 목록

## engine_cost

리스트 3.5는 engine_cost 테이블의 초기 상태이다. server_cost 테이블과 동일하게 하나의 행이 하나의 비용 계수를 나타내며, 비용은 동일하게 NULL로 출력된다.

**리스트 3.5 engine_cost 테이블의 초기값**

```
mysql> select * from engine_cost;
+-------------+-------------+-----------------------+------------+---------------------+---------+
| engine_name | device_type | cost_name             | cost_value | last_update         | comment |
+-------------+-------------+-----------------------+------------+---------------------+---------+
| default     |           0 | io_block_read_cost    |       NULL | 2015-12-14 21:00:13 | NULL    |
| default     |           0 | memory_block_read_cost|       NULL | 2015-12-14 21:22:49 | NULL    |
+-------------+-------------+-----------------------+------------+---------------------+---------+
2 rows in set (0.00 sec)
```

각각의 값이 나타내는 비용의 의미와 기본값을 표 3.6에 정리하였다.

| 비용명 | 기본값 | 설명 |
|---|---|---|
| io_block_read_cost | 1 | 데이터 파일에서 페이지를 읽어 들이는 비용 |
| memory_block_read_cost | 1 | 버퍼 풀의 페이지에 접근하는 비용 |

표 3.6 스토리지 엔진 고유의 비용

스토리지 엔진 고유의 비용은 현재 두 종류밖에 없다. 데이터 파일(≒디스크)에 대한 페이지 접근과 버퍼 풀(=메모리)의 페이지 접근이다. 기본값은 어느 것이나 같은 값으로 설정되어 있어, 현재는 옵티마이저가 잘 활용하지 않는다. device_type은 다른 타입의 스토리지를 사용할 경우를 위해 준비된 컬럼이지만, 현재는 사용되지 않으므로 항상 0이어야 한다. engine_cost는 아직 개발 중인 것으로 보인다.

### 비용 계수의 사용법

비용 계수를 조정하기 위해서는 server_cost와 engine_cost의 내용을 고쳐 쓴 후에 FLUSH OPTIMIZER_COSTS 명령어를 실행하면 된다. 새롭게 조정한 계수는 그 후에 새롭게 로그인한 세션에만 적용되므로 커넥션 풀을 사용하고 있는 경우에는 주의할 필요가 있다.

기본값 그대로라도 대부분의 상황에서는 괜찮은 실행 계획을 선택할 것이다. 하지만 도저히 원하는 실행 계획이 선택되지 않는 경우에는 조정이 필요하다. 그러면 실제로 최적의 비용 계수는 몇일까? 그것을 알아내는 작업은 하루 아침에 되지 않으며, 많은 시도와 에러가 수반되어야 한다. 비용 모델은 MySQL 5.7 에 탑재된 기능이므로, 사용 사례도 아직은 적다. 조금 더 정확하게 말하면 감으로 찾는 상태라고 해도 과언이 아니다. 많은 사람들이 정보를 알고자 하는 상태이므로 새로운 정보를 알게 되면 반드시 블로그나 이벤트를 통해 공유하기 바란다.

## 3.4 옵티마이저 트레이스의 개선

MySQL 5.6부터 옵티마이저 트레이스라는 편리한 기능이 탑재되었다. 이 기능은 옵티마이저의 작동을 이해하는 데 쓸모가 있지만, 많이 활용되지는 않으므로 여기에서 간략히 소개하고자 한다.

### 3.4.1 옵티마이저 트레이스란

이번 장에서 옵티마이저의 판단을 알기 위한 방법으로 EXPLAIN 명령어를 소개했는데, 이는 실행 계획을 알고 있다는 전제 하에 반드시 알아야 하는 표준적인 방법이다. 하지만 EXPLAIN에 의해 알 수 있는 것은 옵티마이저가 최종적으로 선택한 실행 계획뿐이고, 그 과정에 최적화나 비용 계산, 또는 실행 계획의 비교가 어떻게 일어났는지는 여전히 블랙박스와 같다. 옵티마이저 트레이스는 이 블랙박스의 내용을 공개하는 기능이다.

예를 들어 내부 결합(INNER JOIN)의 경우, 왜 이러한 순서를 선택한 걸까? 왜 내가 생각한 순서와 다른 걸까? 옵티마이저 트레이스에 이와 같은 의문에 대한 답이 일목요연하게 설명되어 있다. 중요한 의문을 명확하게 풀어줄 수 있는 아주 유용한 방법이다. 하지만 트레이스는 출력하기도 길고, 이를 해석하기 위해서는 그에 상응하는 지식도 필요하다. 그 정보는 통상의 레퍼런스 매뉴얼과 다르게 전문가용 MySQL Internal 매뉴얼에 기재되어 있다. 이를 통해 알 수 있듯이 옵티마이저 트레이스를 해독하는 작업은 EXPLAIN을 읽는 것보다 훨씬 어렵다.

옵티마이저 트레이스에 대해 모두 알고 싶다면 반드시 매뉴얼을 읽어보자.

*https://dev.mysql.com/doc/internals/en/optimizer-tracing.html*

이 책에서는 SELECT문을 예로 들어 각 항목에 대해 상세하게 설명할 것이다. 조금 지루할 수 있지만 함께 살펴보자.

### 3.4.2 옵티마이저 트레이스의 사용법

옵티마이저 트레이스의 사용법 자체는 지극히 간단하다. 기본적으로는 3단계면 내용을 볼 수 있다.

1. 옵티마이저 트레이스를 활성화한다.
2. 해석하고 싶은 쿼리를 실행한다.
3. 트레이스를 출력한다.

트레이스의 대상은 SELECT뿐 아니라 INSERT, UPDATE, DELETE와 MySQL 고유 명령어인 REPLACE까지도 포함된다.

그러면 구체적으로 옵티마이저 트레이스의 사용법을 살펴보도록 하자. 옵티마이저 트레이스를 활성화하기 위해서는 optimizer_trace 시스템 변수를 사용한다. 설정 변경에는 친숙한 SET 명령어를 사용한다(리스트 3.6).

**리스트 3.6 옵티마이저 트레이스의 활성화**

```
mysql> SET optimizer_trace = 'enabled=on';
```

SET 명령어 자체가 SET X=Y라는 형식인데, 거기에 그 인수값의 형태가 X=Y인 것은 좀 이상하게 보이지만, 이는 유·무효 이외에도 여러 가지의 설정이 가능하기 때문이다. 이 책에서 다른 설정은 다루지 않는다. 비활성화할 때는 enabled=off를 지정한다. 트레이스를 걸게 되면 약간의 오버헤드가 생기므로 트레이스 사용이 끝나면 다시 OFF로 설정하자.

리스트 3.6에서는 optimizer_trace 시스템 변수를 SET GLOBAL이 아닌 현재 세션에 대해서만 설정하고 있다. 필요하지 않은 트레이스를 뜨게 되면 그만큼 오버헤드가 늘기도 하고, 애초에 다른 세션의 트레이스는 참조하는 것이 불가능하므로 GLOBAL 레벨로 트레이스를 활성화하는 것은 쓸데없는 일이다. 또한 GLOBAL 레벨로 시스템 변수를 변경해도, 다시 말해서 SET GLOBAL을 실행해도 그 변경은 현재 세션에는 반영되지 않으므로 주의하자.

다음으로 트레이스를 받고 싶은 쿼리를 실제로 실행하든가 EXPLAIN 명령어로 실행한다. EXPLAIN만 출력하는 것 같지만 실제로 선택된 실행 계획을 가져오기 위해 옵티마이저가 작동하므로 트레이스도 채택할 수 있다. 리스트 3.7에서 EXPLAIN을 실행하고 있는 모습을 볼 수 있다. 쿼리에 대해서는 생략하겠다.

**리스트 3.7 EXPLAIN의 실행**

```
mysql> EXPLAIN SELECT ... 이하 생략;
```

최종적인 옵티마이저 트레이스를 출력한 것이 리스트 3.8의 쿼리다. 실행 계획은 정보 스키마(information_schema)에서 JSON 형식으로 받아볼 수 있다. 맨 마지막의 \G는 mysql CLI에 의한 표시로, 세로로 출력하기 위함이다. \G가 없어도 트레이스를 출력하는 것은 가능하지만 불필요한 마이너스 기호 등이 방대하게 출력된다.

**리스트 3.8 옵티마이저 트레이스의 출력**

```
mysql> SELECT * FROM information_schema.optimizer_trace\G
```

### 3.4.3 옵티마이저 트레이스의 기본적 구조

이제 가장 요긴한 옵티마이저 트레이스 읽기 방법으로 넘어가자. 옵티마이저 트레이스를 읽는 방법은 요령만 알면 어렵지 않다. 문제는 트레이스의 출력량이 너무 많아 전체 내용을 따라잡기 어렵다는 점이다. 그러니 우선은 트레이스의 큰 틀을 보기 바란다.

리스트 3.9의 트레이스는 의미가 없는 DUAL 테이블[9]에서 정수를 SELECT했을 때의 결과다. 옵티마이저 트레이스는 우선 최초의 컬럼에 트레이스 대상 쿼리를 표시한다. QUERY 컬럼에 select 1이 출력된 것을 확인할 수 있다.

옵티마이저 트레이스는 TRACE 컬럼에서 볼 수 있다. 트레이스는 JSON 형식이다. Top 오브젝트로 steps라는 이름의 멤버가 있고 그 값으로 join_preparation, join_optimization, join_execution이라는 3개의 멤버를 가진 형태다. 단, EXPLAIN을 실행한 경우에는 join_execution 대신에 join_explain 항목이 출력된다. 어떠한 형태의 쿼리에서 가져온 트레이스라도 이와 같은 기본 구조는 변하지 않는다.

**리스트 3.9 옵티마이저 트레이스의 구조**

```
mysql> select 1;
+---+
| 1 |
+---+
| 1 |
+---+
1 row in set (0.00 sec)

mysql> select * from information_schema.optimizer_trace\G
*************************** 1. row ***************************
                    QUERY: select 1
```

[9] MySQL에서는 생략 가능

```
                                TRACE: {
      "steps": [
        {
          "join_preparation": {
            "select#": 1,
            "steps": [
              {
                "expanded_query": "/* select#1 */ select 1 AS '1'"
              }
            ]
          }
        },
        {
          "join_optimization": {
            "select#": 1,
            "steps": [
            ]
          }
        },
        {
          "join_execution": {
            "select#": 1,
            "steps": [
            ]
          }
        }
      ]
    }
MISSING_BYTES_BEYOND_MAX_MEM_SIZE: 0
          INSUFFICIENT_PRIVILEGES: 0
1 row in set (0.00 sec)
```

### 3.4.4 옵티마이저 트레이스의 상세와 개선점 ▸▸▸ 신기능 29

옵티마이저 트레이스에 포함된 항목의 의미에 대해서 조금 복잡한 쿼리를 예로
들어 설명하겠다. 리스트 3.10은 3개의 테이블을 조인했을 때의 시작 부분이다.
옵티마이저 트레이스의 출력은 아주 길기 때문에 조금씩 잘라서 소개한다. 또한
불필요하게 긴 부분은 일부 생략했으니 전체를 알고 싶다면 직접 확인해 보기
바란다.[10]

리스트 3.10 3개의 테이블의 조인, 트레이스 시작 부분

```
mysql> select * from information_schema.optimizer_trace\G
*************************** 1. row ***************************
                        QUERY: select City.Name, Country.Code from City join
Country on City.cou
ntrycode = Country.Code and City.id = Country.capital join CountryLanguage on
CountryLanguage.countr
ycode = City.countrycode
```

---

10 이 트레이스는 조인에 대한 것이지만, MySQL은 조인 알고리즘으로 Nested Loop Join(NLJ)만 탑재되어 있
다. 그 때문에 이후의 설명은 모두 NLJ를 기반으로 한 것이다.

```
                        TRACE: {
  "steps": [
    {
      "join_preparation": {
        "select#": 1,
        "steps": [
          {
            "expanded_query": "/* select#1 */ select 'city'.'Name' AS
'Name','country'.'Code' AS 'Co
de' from ((('city' join 'country' on(((('city'.'CountryCode' = 'country'.'Code')
and ('city'.'ID' = 'c
ountry'.'Capital')))) join 'countrylanguage' on(('countrylanguage'.'CountryCode'
= 'city'.'CountryCo
de')))"
          },
          {
            "transformations_to_nested_joins": {
              "transformations": [
                "JOIN_condition_to_WHERE",
                "parenthesis_removal"
              ],
              "expanded_query": "/* select#1 */ select 'city'.'Name' AS
'Name','country'.'Code' AS '
Code' from 'city' join 'country' join 'countrylanguage' where (('countrylanguage
'.'CountryCode' = 'c
ity'.'CountryCode') and ('city'.'CountryCode' = 'country'.'Code') and
('city'.'ID' = 'country'.'Capi
tal'))"
            }
          }
        ]
      }
    },
```

리스트 3.9와 마찬가지로 리스트 3.10에서도 QUERY 컬럼을 통해 실제 입력된 쿼리가 어떤 것이었는지 알 수 있다. join_preparation에 select#이라는 멤버가 있는데, 이는 EXPLAIN의 id와 동일한 값이다. MySQL에서는 SELECT를 실행할 때 내부적으로는 조인이 하나의 단위로 실행되어 각각의 실행 단위에 식별자 번호가 할당된다. 이 SELECT는 조인만으로 구성되어 있으므로, 식별자가 1뿐이다.

join_preparation의 transformations_to_nested_joins에서는 쿼리의 실행 계획을 찾기 전에 쿼리를 완전한 형태로 열어 조인문의 ON 구에 있는 조건을 WHERE 구로 이동시키고 있다. 조인의 조건문은 ON 구에 지정하나 WHERE 구에 지정하나 달라지지 않으므로 이는 등가 변환에 해당한다.[11] 리스트 3.10에는 expanded_

---

[11] 제품에 따라 이러한 변환이 일어나지 않는 것이 있으며, ON 구와 WHERE 구에서 조건을 지정한 경우에 실행 계획이 달라지는 것이 있다. 하지만 MySQL에서는 이러한 변환을 통해 같은 실행 계획임을 이해할 수 있을 것이다.

query라는 멤버가 두 군데 출현하고 있다. 원래는 WHERE 구에 지정하지 않는 쿼리였지만, 변환 후의 쿼리에는 WHERE 구가 출력되어 있으므로 비교해서 보기 바란다. 덧붙여서 MySQL 5.6에서 transformations_to_nested_joins는 join_preparation이 아닌 join_optimization의 시작 부분이었다.

join_preparation에서는 이처럼 많은 일을 하지는 않는다. 준비 단계이므로 많은 일을 하는 것이 오히려 이상하다고 할 수 있다. 나머지 항목은 join_optimization과 join_execution(또는 join_explain)이지만, 현 시점에서는 사실 join_execution에 정보가 들어있지 않다. 한편, join_optimization에는 풍부한 정보가 들어있으며, 이것이 옵티마이저 트레이스의 메인 요리라고 할 수 있다.

join_optimization은 그 길이가 정말 길다. 리스트 3.11은 앞에서 이어진 join_optimization의 시작 부분이다.

**리스트 3.11 join_optimization 시작 부분**

```
  {
    "join_optimization": {
      "select#": 1,
      "steps": [
        {
          "condition_processing": {
            "condition": "WHERE",
            "original_condition": "((('countrylanguage'.'CountryCode' =
'city'.'CountryCode') and (
'city'.'CountryCode' = 'country'.'Code') and ('city'.'ID' =
'country'.'Capital'))",
            "steps": [
              {
                "transformation": "equality_propagation",
                "resulting_condition": "(multiple equal('countrylanguage'.'Cou
ntryCode', 'city'.'C
ountryCode', 'country'.'Code') and multiple equal('city'.'ID',
'country'.'Capital'))"
              },
              {
                "transformation": "constant_propagation",
                "resulting_condition": "(multiple equal('countrylanguage'.'Cou
ntryCode', 'city'.'C
ountryCode', 'country'.'Code') and multiple equal('city'.'ID',
'country'.'Capital'))"
              },
              {
                "transformation": "trivial_condition_removal",
                "resulting_condition": "(multiple equal('countrylanguage'.'Cou
ntryCode', 'city'.'C
ountryCode', 'country'.'Code') and multiple equal('city'.'ID',
'country'.'Capital'))"
              }
```

```
        ]
      }
    },
```

최적화의 처음 단계는 WHERE 구의 변환이다. WHERE 구의 조건이라고 해도 이번 쿼리는 원래 ON 구에 지정되어 있던 것들 중 불필요한 조건을 제거한 후 옵티마이저가 해석하기 쉬운 형태로 변경한 것이다. 구체적으로 3개의 변환 알고리즘이 적용되었다. 각각 equality_propagation(등가 비교에 의한 추이율), constant_propagation(정수의 등가 비교에 의한 추이), trivial_condition_removal(자명한 조건의 삭제)이다.

리스트 3.11의 예에서는 equality_propagation(등가 비교에 의한 추이율)을 적용한 결과, 'CountryLanguage'.'CountryCode', 'City'.'CountryCode', 'country'.'Code'라는 3개의 컬럼이 모두 같은 값이라고 판명되었으므로 같은 그룹(multiple equal)으로 합쳐졌다. 또한 정수에 대한 등가 비교나 자명한 검색조건이 포함되어 있지 않으므로 다음의 2개 알고리즘에 의한 변환은 일어나지 않았다. trivial_condition_removal에서는 만일 WHERE ... AND 1 = 1과 같은 불필요한 조건이 포함되어 있을 경우 삭제된다.

리스트 3.12 join_optimization의 2, 테이블의 의존 관계

```
      {
        "substitute_generated_columns": {
        }
      },
      {
        "table_dependencies": [
          {
            "table": "'city'",
            "row_may_be_null": false,
            "map_bit": 0,
            "depends_on_map_bits": [
            ]
          },
          {
            "table": "'country'",
            "row_may_be_null": false,
            "map_bit": 1,
            "depends_on_map_bits": [
            ]
          },
          {
            "table": "'countrylanguage'",
            "row_may_be_null": false,
            "map_bit": 2,
            "depends_on_map_bits": [
```

```
                ]
            }
        ]
    },
```

리스트 3.12는 앞에서 계속되는 부분이다. substitute_generated_columns는
MySQL 5.7에 추가된 생성 컬럼 처리 방식으로, MySQL 5.6의 옵티마이저 트레
이스에는 이 항목이 존재하지 않는다.

table_dependencies에는 테이블의 의존 관계가 나타나 있다. 이는 OUTER JOIN
에서 의미가 있는 항목으로, 지금의 INNER JOIN에서는 의미 있는 정보를 포함하
지 않는다.

OUTER JOIN에는 depends_on_map_bits에 의존하는 테이블의 map_bit가 표시
된다. 테이블 사이에 의존 관계가 있는 경우, 조인의 순서가 제한되어 우선적으
로 의존하는 테이블로 접근하는 실행 계획만 채택한다. 어떻게 제한되는가는
depends_on_map_bits를 보면 알 수 있을 것이다.

**리스트 3.13 join_optimization의 3, 사용된 키의 정보(일부 생략)**

```
{
  "ref_optimizer_key_uses": [
    {
      "table": "'city'",
      "field": "ID",
      "equals": "'country'.'Capital'",
      "null_rejecting": true
    },
    {
      "table": "'city'",
      "field": "CountryCode",
      "equals": "'country'.'Code'",
      "null_rejecting": false
    },
    … 생략 …
    {
      "table": "'countrylanguage'",
      "field": "CountryCode",
      "equals": "'city'.'CountryCode'",
      "null_rejecting": false
    },
```

계속해서 리스트 3.13에 같은 정보가 출력되어 있다. ref_optimizer_key_uses
에는 이 쿼리에서 이용 가능한 인덱스의 목록이 나열된다. 길이가 너무 길어 생
략하기는 했지만, 사실은 전체 테이블의 이용 가능한 인덱스가 표시된다.

null_rejecting은 이해하기 어렵기 때문에 조금 상세하게 설명하겠다. null_

rejecting은 이 키와 비교할 대상인 컬럼이 NULL이 될 가능성이 있을 때 추가로 최적화를 수행하기 위한 flag다. 리스트 3.13의 예에서는 첫 번째의 City.ID에 대한 null_rejecting이 true로 되어 있다. 이 키의 비교 대상인 Country.Capital이 NULL이 될 가능성이 있는 컬럼(NOT NULL을 지정하지 않은 컬럼)이기 때문이다. null_rejecting이 true인 경우, 옵티마이저는 암묵적으로 비교 대상 컬럼에 대해 IS NOT NULL을 검색조건으로 추가한다. City.ID에 대한 flag의 경우, 추가된 검색조건은 Country.Capital IS NOT NULL이 된다.

왜 이와 같은 IS NOT NULL 조건이 추가되는 것일까? City.ID 인덱스를 사용한 검색으로는 애초에 City.ID는 NULL이 되지 않기 때문에 Country.Capital이 NULL인 경우에는 매칭되지 않는다. 그러므로 이러한 조건이 추가되어도 SELECT의 결과는 변하지 않는다. 결과가 변하지 않는다면 가능한 한 테이블로의 접근 횟수를 줄일 수 있는 조건을 추가하는 것이 유리하다. City.ID 인덱스에 접근하기 전에 IS NOT NULL을 적용해서 불필요한 행을 쳐낼 수 있으면 불필요한 행에 대한 접근도 줄일 수 있다. 이번 경우에서는 맞지 않지만, 혹시 IS NOT NULL을 해결하기 위한 최적의 인덱스가 있을지도 모른다. 그러한 가능성을 검토하는 것이 null_rejecting의 효과이다.

다음으로 City.CountryCode에 대한 null_rejecting은 false로 되어 있다. 이는 일부러 IS NULL을 지정하지 않아도 Country.Code가 NULL이 될 가능성이 없기 때문이다.

리스트 3.14 join_optimization의 4, 행 수의 추정

```
{
 "rows_estimation": [
   {
     "table": "'city'",
     "table_scan": {
       "rows": 4188,
       "cost": 25
     }
   },
   {
     "table": "'country'",
     "table_scan": {
       "rows": 239,
       "cost": 6
     }
   },
   {
     "table": "'countrylanguage'",
     "table_scan": {
```

```
          "rows": 984,
          "cost": 6
        }
      }
    ]
  },
```

리스트 3.14의 rows_estimation에는 접근한 테이블의 행 수가 출력된다. 또한 테이블 스캔을 실행할 때의 비용도 알 수 있다. 테이블 스캔이라고 하면 절대로 피해야 할 실행 계획이라는 인상이 강하지만, 테이블 스캔이 반드시 나쁘기만 한 것은 아니다. 특히 테이블의 행 수가 적거나 인덱스의 카디널리티가 낮은 경우, 인덱스로 접근하는 것이 오히려 불필요한 오버헤드를 일으킬 수 있다. 이와 같은 경우는 테이블 스캔을 선택해야 한다.

리스트 3.15는 join_optimization 중에서도 가장 중요한 부분으로, 조인 순서의 비용 계산을 나타낸다. 다소 길긴 하지만 중요하므로 생략하지 않았다.

**리스트 3.15 join_optimization의 5, 검토된 실행 계획 중 하나**

```
{
  "considered_execution_plans": [
    {
      "plan_prefix": [
      ],
      "table": "'country'",
      "best_access_path": {
        "considered_access_paths": [
          {
            "access_type": "ref",
            "index": "PRIMARY",
            "usable": false,
            "chosen": false
          },
          {
            "rows_to_scan": 239,
            "access_type": "scan",
            "resulting_rows": 239,
            "cost": 53.8,
            "chosen": true
          }
        ]
      },
      "condition_filtering_pct": 100,
      "rows_for_plan": 239,
      "cost_for_plan": 53.8,          ①
      "rest_of_plan": [
        {
          "plan_prefix": [
            "'country'"
```

```
    ],
    "table": "'countrylanguage'",
    "best_access_path": {
      "considered_access_paths": [
        {
          "access_type": "ref",
          "index": "PRIMARY",
          "rows": 4.2232,
          "cost": 447.03,
          "chosen": true
        },
        {
          "access_type": "ref",
          "index": "CountryCode",
          "rows": 4.2232,
          "cost": 444.25,
          "chosen": true
        },
        {
          "access_type": "scan",
          "chosen": false,
          "cause": "covering_index_better_than_full_scan"
        }
      ]
    },
    "condition_filtering_pct": 100,
    "rows_for_plan": 1009.3,
    "cost_for_plan": 498.05,
    "rest_of_plan": [
      {
        "plan_prefix": [
          "'country'",
          "'countrylanguage'"
        ],
        "table": "'city'",
        "best_access_path": {
          "considered_access_paths": [
            {
              "access_type": "eq_ref",
              "index": "PRIMARY",
              "rows": 1,
              "cost": 440.87,
              "chosen": true,
              "cause": "clustered_pk_chosen_by_heuristics"
            },
            {
              "rows_to_scan": 4188,
              "access_type": "scan",
              "using_join_cache": true,
              "buffers_needed": 1,
              "resulting_rows": 4188,
              "cost": 845448,
              "chosen": false
            }
```

```
                                    ]
                                },
                                "condition_filtering_pct": 100,
                                "rows_for_plan": 1009.3,
                                "cost_for_plan": 938.91,
                                "chosen": true
                            }
                        ]
                    },
                    {
                        "plan_prefix": [
                            "'country'"
                        ],
                        "table": "'city'",
                        "best_access_path": {
                            "considered_access_paths": [
                                {
                                    "access_type": "eq_ref",
                                    "index": "PRIMARY",
                                    "rows": 1,
                                    "cost": 286.8,
                                    "chosen": true,
                                    "cause": "clustered_pk_chosen_by_heuristics"
                                },
                                {
                                    "rows_to_scan": 4188,
                                    "access_type": "scan",
                                    "using_join_cache": true,
                                    "buffers_needed": 1,
                                    "resulting_rows": 4188,
                                    "cost": 200212,
                                    "chosen": false
                                }
                            ]
                        },
                        "condition_filtering_pct": 5,
                        "rows_for_plan": 11.95,
                        "cost_for_plan": 340.6,
                        "rest_of_plan": [
                            {
                                "plan_prefix": [
                                    "'country'",
                                    "'city'"
                                ],
                                "table": "'countrylanguage'",
                                "best_access_path": {
                                    "considered_access_paths": [
                                        {
                                            "access_type": "ref",
                                            "index": "PRIMARY",
                                            "rows": 4.2232,
                                            "cost": 22.352,
                                            "chosen": true
                                        },
```

```
              {
                "access_type": "ref",
                "index": "CountryCode",
                "rows": 4.2232,
                "cost": 22.212,
                "chosen": true
              },
              {
                "access_type": "scan",
                "chosen": false,
                "cause": "covering_index_better_than_full_scan"
              }
            ]
          },
          "added_to_eq_ref_extension": false
        },
        {
          "plan_prefix": [
            "'country'",
            "'city'"
          ],
          "table": "'countrylanguage'",
          "best_access_path": {
            "considered_access_paths": [
              {
                "access_type": "ref",
                "index": "PRIMARY",
                "rows": 4.2232,
                "cost": 22.352,
                "chosen": true
              },
              {
                "access_type": "ref",
                "index": "CountryCode",
                "rows": 4.2232,
                "cost": 22.212,
                "chosen": true
              },
              {
                "access_type": "scan",
                "chosen": false,
                "cause": "covering_index_better_than_full_scan"
              }
            ]
          },
          "condition_filtering_pct": 100,
          "rows_for_plan": 50.467,
          "cost_for_plan": 362.81,
          "chosen": true
        }
      ]
    }
  ]
},
```

considered_execution_plans라는 이름에서 알 수 있듯이, 옵티마이저가 검토한 실행 계획이 표시되는 부분이다. 상당히 길지만 한 덩어리의 항목이다. considered_execution_plans의 내용은 배열로 표시하며, 옵티마이저가 검토한 실행 계획을 나열한다. 배열의 요소는 어떤 테이블에서 접근하는가에 따라 묶여 있다. 이번에 예로 든 SELECT는 3개 테이블의 조인이므로 3개의 실행 계획이 출력된다. 리스트 3.15는 그 가운데 첫 번째이다.

실행 계획은 트리 구조가 중첩된 형태이며, 트리의 뿌리는 최초로 접근한 테이블이다. 트리는 테이블이 하나의 노드를 형성하고 있으며 rest_of_plan이 트리의 자식 노드의 가장자리가 된다. 하나의 테이블에 대한 각 항목을 위에서부터 순서대로 살펴보자.

plan_prefix는 지금까지 접근한 테이블을 나타내는 항목이다. 처음에 접근하는 테이블의 plan_prefix는 당연히 비어 있다.

table 멤버는 현재 검토하고 있는 테이블을 가리킨다. 여기서는 Country임을 알 수 있다.

best_access_path는 가장 효율적인 접근 방식을 찾기 위해 어떤 접근 방식을 검토했는가를 표시한다. 검토한 접근 방식은 considered_access_paths에 정리되어 있으며, Country 테이블에 대해서는 기본 키에 의한 검색과 테이블 스캔을 검토했고 그 가운데 테이블 스캔이 선택된 것을 알 수 있다. 선택된 것은 chosen 멤버가 true인 것으로 알 수 있다.

condition_filtering_pct는 이 테이블에서 행 데이터를 패치한 이후에 적용된 WHERE 구의 조건으로 어느 정도 행의 범위 축소가 일어났는지를 어림한 것이다. Country 테이블에서는 100%로 되어 있기 때문에 범위 축소가 전혀 일어나지 않은 것을 알 수 있다.[12]

rows_for_plan과 cost_for_plan은 각각 이 실행 계획에 의해 접근하게 될 테이블의 행 수와 비용을 표시한다. 위의 예에서는 각각 239행, 53.8이다(①). 비용이 단순히 행 수와 같은 값이 아닌 이유는 executer나 스토리지 엔진에 의해 일어나는 행 접근이나 페이지 접근에 대해 비용 계수를 달리하기 때문이다.[13]

rest_of_plan은 그 이후의 테이블 접근에 대하여 유사한 정보가 함께 저장되어 있다. rest_of_plan의 첫 번째 항목은 CountryLanguage 테이블에 접근한 것

---

12  MySQL 5.6에는 이 항목이 존재하지 않는다. MySQL 5.7의 옵티마이저가 테이블에서 행을 가져온 후에 적용되는 WHERE 구의 검색조건의 영향을 고려한 결과이다.

13  비용 계수에 대해서는 비용 모델의 항목을 참조하기 바란다.

으로 되어 있다. 그 plan_prefix에는 Country 테이블이 표시되어 있으며, Country 테이블을 드라이빙 테이블로 하여 CountryLanguage를 조인한 경우임을 알 수 있다. 다른 항목의 설명은 이전 Country 테이블에 대한 설명과 유사하므로 생략하 겠다.

cost_for_plan에 대해서만 한 가지 추가하자면, 여기에 표시된 cost_for_ plan(498.05)는 CountryLanguage 테이블에 접근하기까지의 비용을 말한다. 이 비용은 이전 53.8이 이미 포함되어 있는 점에 주의하자. CountryLanguage 테이블에 대한 best_access_path 중 최소의 것은 444.25로, 이 값에 이전의 53.8을 더하면 여기에 표시된 498.05이 되는 것이다. 이 SELECT는 3개의 테이블에 접근하며, 498.05는 두 번째 테이블에 조인하기까지의 비용을 의미한다. rest_of_ plan은 한 단계 더 계속되는데, Country → CountryLanguage → City의 순으로 조인한 경우의 최종적인 비용은 앞서 말한 것과 같은 방법으로 498.05 + 440.87 = 938.92임을 알 수 있다. 표시된 값은 938.91이지만 이는 반올림에 의한 오차이다.

Country → CountryLanguage → City의 순으로 조인하는 방식 이외에 Country 테이블에 최초로 조인하는 실행 계획이 한 가지 더 있다. 바로 Country → City → CountryLanguage이다. 그 부분에 대한 리스트 3.15의 상세한 설명은 생략했지만 이런 경우의 비용은 53.8 + 286.8 + 22.212 = 362.81임을 알 수 있다(이 결과는 마찬가지로 반올림 오차를 포함하고 있다).

따라서 최후의 Country → City → CountryLanguage 실행 계획에 Country Language가 두 번 나타난 것을 알겠는가? 이는 정식 명칭은 아니지만 eq_ref 의 확장(added_to_eq_ref_extension)이라는 최적화 전략이 검토된 결과다. Country → City → CountryLanguage의 순서로 접근할 경우, City 테이블로의 접근 방식은 eq_ref이다. eq_ref가 계속되면 1:1의 행 대응이 있다고 가정해 덩어리 테이블로 처리된다. 이로써 계산해야 하는 비용의 조합이 극적으로 감소한다. added_to_eq_ref_extension이 false임을 볼 때 eq_ref가 계속되지 않았음을 알 수 있다. CountryLanguage의 항목은 통상의 비용 계산을 따른 것이다.

## 옵티마이저에 의한 전형적인 오차의 예

이 실행 계획에서 주목해야 할 지점이 있다. City 테이블에 접근할 때 condition_ filtering_pct가 5라는 점이다. 다시 말해서, City 테이블로 접근한 후 WHERE 구의 조건

(City. CountryCode = Country.Code)을 적용하면 약 5%의 행밖에 남지 않는다고 옵티마이저가 판단한 것이다. 하지만 이 추정이 틀렸다는 것을 혹시 눈치챘는가? City 테이블에는 City.ID = Country.Capital이라는 조건에 의한 접근, 다시 말해 각 나라의 수도를 ID로 사용해 검색하고 있지만 가져온 City 테이블의 행에 적용된 추가의 WHERE 조건은 City. CountryCode = Country.Code이기 때문이다. 어떤 나라의 수도가 그 나라에 소속되는 것은 자명한 일이다. 그러므로 쿼리의 의미를 생각해보면 5%만 남는다는 추정은 이상하다는 것을 알 수 있다. 하지만 이런 정보가 테이블 정의의 어디에도 제약의 형태로 존재하지 않는다. 그러므로 옵티마이저는 그와 같은 전제 지식을 사용할 수가 없다.

옵티마이저는 어디까지나 통계값을 바탕으로 비용의 예측값을 산출하는 것이므로, 현실의 비용과 차이가 나는 것은 어쩔 수 없다. 단, 여기서는 이 condition_filtering_pct의 값이 효과가 있으므로 3번째 테이블인 CountryLanguage의 접근 비용이 지극히 낮게 표시되어 있는 점에 유의하자.

**리스트 3.16** join_optimization의 6, 나머지 실행 계획 (일부 생략)

```
{
  "plan_prefix": [
  ],
  "table": "'countrylanguage'",
  "best_access_path": {
   … 생략 …
  },
  "condition_filtering_pct": 100,
  "rows_for_plan": 984,
  "cost_for_plan": 202.8,
  "rest_of_plan": [
    {
      "plan_prefix": [
        "'countrylanguage'"
      ],
      "table": "'country'",
      "best_access_path": {
       … 생략 ...
      },
      "condition_filtering_pct": 100,
      "rows_for_plan": 984,
      "cost_for_plan": 1383.6,
      "pruned_by_cost": true
    },
    {
      "plan_prefix": [
        "'countrylanguage'"
      ],
      "table": "'city'",
```

```
          "best_access_path": {
           ... 생략 ...
          },
         },
         "condition_filtering_pct": 100,
         "rows_for_plan": 17763,
         "cost_for_plan": 21518,
         "pruned_by_cost": true
      }
    ]
  },
```

리스트 3.16은 검토한 두 번째 실행 계획이다. 이번에는 CountryLanguage 테이블에 처음 접근하는 실행 계획이었다. 여기서 주목해야 할 것은 pruned_by_ cost이다. 이 실행 계획의 최종 비용을 보면 두 번째로 접근하게 될 테이블로 Country를 선택하든 City를 선택하든 그 단계에서 pruned_by_cost가 true가 되어 실행 계획의 탐색이 중단된다. CountryLanguage 테이블에 접근한 시점에 202.8로, Country 테이블에서 접근했을 때의 362.81보다 비용이 적게 들어서 아직 계산을 계속할 여지가 있다. 그러나 두 번째의 테이블을 조인한 단계에서는 양쪽 다 비용이 크고(전자는 1383.6, 후자는 21518), 이미 비용이 362.81을 웃돌기 때문에 이 이상 조인한 경우의 비용을 계산해도 362.81보다 적은 비용이 나올 가능성이 없다. 그러므로 더 이상 비용을 계산할 필요가 없다.[14]

이처럼 Country → City → CountryLanguage의 순으로 접근할 때 비용이 최소가 되고, 최소가 아닌 것에 대해서도 산출된 비용이 몇 개가 있는지 알 수 있다. 조인의 순서가 생각한 대로 되지 않는 경우, 옵티마이저 트레이스를 보면 왜 그러한 순서로 접근하는지 한번에 알 수 있는 것이다.

조인의 순서 판정을 확인하려는 목적은 충분히 달성했지만, 옵티마이저 트레이스에는 약간의 정보가 추가로 나오므로 한번 살펴보자.

**리스트 3.17 join_optimization의 7, 추가의 WHERE 구 조건**

```
         {
          "attaching_conditions_to_tables": {
            "original_condition": "((('city'.'ID' = 'country'.'Capital') and
('city'.'CountryCode'
= 'country'.'Code') and ('countrylanguage'.'CountryCode' = 'country'.'Code'))",
            "attached_conditions_computation": [
            ],
            "attached_conditions_summary": [
```

---

[14] 사실은 또 다른 실행 계획으로 City 테이블에서 접근하는 것이 남아있지만, City 테이블은 행 수가 많기 때문에 City 테이블에 접근한 시점에서 pruned_by_cost가 된다. 이 책에서 그 출력은 생략한다.

```
          {
            "table": "'country'",
            "attached": "('country'.'Capital' is not null)"
          },
          {
            "table": "'city'",
            "attached": "('city'.'CountryCode' = 'country'.'Code')"
          },
          {
            "table": "'countrylanguage'",
            "attached": null
          }
        ]
      }
    },
```

리스트 3.17은 접근 방식에 따라 행 데이터를 테이블에서 가져온 다음, 거기에 추가로 적용될 WHERE 구의 검색 조건을 정리한 것이다. 어떤 접근 방식으로 테이블에서 행 데이터를 가져왔는가를 표시했다. 테이블 스캔인지 아니면 인덱스를 사용한 접근인지, 인덱스를 사용한 접근이라면 어떤 인덱스를 사용할 것인지 등에 대한 것이다. 그 외의 검색조건은 테이블에서 행 데이터를 가져온 이후에 적용된다. attached_conditions_summary는 각각의 테이블에 대해 접근 방식 이외에 어떤 조건이 남아 있는가를 표시한다. 'Capital' is not null은 SELECT에 직접 기술되어 있지 않지만 null_rejecting에 의해 추가된 것이다. WHERE 구의 추가 조건이 남아 있는 테이블에 대해서는 표 형식 EXPLAIN의 Extra 필드에 Using WHERE가 출력된다.

**리스트 3.18 옵티마이저 트레이스의 마지막 부분**

```
          {
            "refine_plan": [
              {
                "table": "'country'"
              },
              {
                "table": "'city'"
              },
              {
                "table": "'countrylanguage'"
              }
            ]
          }
        ]
      }
    },
    {
      "join_execution": {
```

```
        "select#": 1,
        "steps": [
        ]
      }
    }
  ]
}
MISSING_BYTES_BEYOND_MAX_MEM_SIZE: 0
          INSUFFICIENT_PRIVILEGES: 0
1 row in set (0.00 sec)
```

리스트 3.18은 옵티마이저 트레이스의 마지막 부분이다. 길었던 옵티마이저 트레이스의 해설은 이것으로 끝났다.

refine_plan은 join_optimization의 마지막 항목이다.[15]

join_execution은 이미 말한 대로 비어 있다. 미래에 이 항목이 확장될지 없어질지는 현 시점에서는 알 수 없다.

MISSING_BYTES_BEYOND_MAX_MEM_SIZE는 옵티마이저 트레이스를 잘라낸 부분을 표시하는 것으로, 여기서는 0이므로 잘라낸 부분이 없다는 것을 알 수 있다. 만일 메모리가 부족하여 일부를 잘라내게 되면 이곳에 몇 바이트를 잘라냈는지 표시한다. 옵티마이저 트레이스가 사용하는 메모리의 크기는 optimizer_trace_max_mem_size로 지정한다. 이번에는 사전에 1MB를 증가시킨 후 SELECT를 실행하였으므로 전부 출력한 것을 캡처할 수 있었다. 기본값은 16KB이지만 부족한 경우가 많기 때문에 사전에 늘려놓아야 한다. 만일 빈번하게 옵티마이저 트레이스를 사용한다면 my.cnf에 설정해 두는 것이 좋다. 이 메모리는 옵티마이저 트레이스를 활성화하지 않는 이상 할당되지 않으므로 my.cnf에 설정해 둔다고 하더라도 평상시 메모리 사용량 증가에 대한 걱정은 하지 않아도 된다.

지금까지 옵티마이저 트레이스에 대해 살펴본 소감이 어떠한가? 흔히 "옵티마이저의 작동을 이해하려면 옵티마이저의 기분을 알아야 한다"고 말하는 DB 엔지니어도 있긴 하지만, 옵티마이저 트레이스를 본다면 굳이 그럴 필요가 없다. 옵티마이저의 내용이 훤히 보이기 때문이다. 이 책에서는 설명을 위해 옵티마이저 트레이스의 출력을 세세하게 잘라서 소개했지만, 전체를 한번에 보고 싶다면 MySQL 서버상에서 실제로 옵티마이저 트레이스를 출력해 보기 바란다.

---

**15** 개인적으로 이 부분은 사족이라고 생각할 수 있다. 단순히 어떤 테이블에서 접근했는가와 최초의 테이블은 스캔에 의한 접근이라는 것밖에 알 수 없기 때문이다.

## 3.5 실행 계획의 개선

옵티마이저는 MySQL의 쿼리를 어떻게 처리하할까? 옵티마이저에 의한 비용 추정 말고도 어떤 알고리즘으로 쿼리를 실행하는지가 중요하다. MySQL 5.7에서는 알고리즘이 개선되어, 이전에 비효율적인 실행 계획으로 처리된 것을 효율적으로 개선할 수 있다. MySQL 쿼리 구조의 개요를 살펴보고 MySQL 5.7의 신기능을 알아보자.

### 3.5.1 조인 알고리즘

앞에서 옵티마이저 트레이스의 샘플에서는 세 개 테이블의 조인을 예로 들었다. 이미 기술한 바와 같이 MySQL의 조인 알고리즘에는 NLJ(Nested Loop Join)만 존재한다. 그밖에도 조인 알고리즘으로는 Sort Merge Join이나 Hash Join이 있지만 MySQL에서는 이러한 조인 알고리즘을 이용할 수 없다. 단, NLJ를 튜닝한 BNLJ(Block Nested Loop Join)나 BKAJ(Batched Key Access Join) 등은 사용할 수 있다. MySQL의 조인 동작을 이해하려면 알고리즘을 이해해야 하기 때문에 여기서 설명하겠다.

### NLJ

NLJ(Nested Loop Join)는 어떤 알고리즘을 말하는 것일까? NLJ을 잘 알고 있는 사람은 건너뛰어도 좋다. 이름에서 알 수 있듯이 NLJ의 기본이 되는 알고리즘은 루프다. 예를 들면 t1과 t2라는 2개의 테이블을 조건을 지정하지 않고 결합하는 경우, 다시 말해 곱(Product)을 실행하는 경우의 알고리즘은 리스트 3.19와 같다.

**리스트 3.19 곱의 NLJ 알고리즘**

```
for each row in t1 {
  for each row in t2 {
    send joined row to client
  }
}
```

이렇게 하면 t1의 전체 행과 t2의 전체 행을 조합한 결과를 클라이언트에 보낸다. 이렇게 NLJ는 루프로 처리되어, 테이블 수가 증가하면 루프의 중첩이 점점 깊어진다. 실제 애플리케이션에서 이와 같이 곱을 구하는 경우는 드물고, 대부분 조인의 키가 지정되거나 WHERE 구에 의한 대상 축소 작업이 일어난다. 리스트 3.20은 조인의 키를 지정하거나 WHERE 구로 대상을 줄인 경우다.

**리스트 3.20 표준적인 조인의 NLJ 알고리즘**

```
for each row in t1 matching where condition {
  for each row in t2 matching join and where condition {
    send joined row to client
  }
}
```

이와 같은 알고리즘이기 때문에 가능한 한 빠른 단계에서 보다 많은 범위 축소가 일어날수록 효율적인 쿼리가 된다. 따라서 조인의 순서는 쿼리의 효율화에 아주 중요한 요인이다. BNLJ나 BKAJ도 기본적으로는 이런 알고리즘을 따른다. 버퍼를 사용해 가능한 한 행 접근을 효율화하고 있다는 차이가 있을 뿐이다. 조금 길어질 수 있지만 BNLJ와 BKAJ의 알고리즘을 상세히 소개하고자 한다.

## BNLJ

BNLJ는 내부 테이블 접근 시 인덱스를 사용할 수 없을 때의 부하를 줄여준다.[16] 인덱스를 사용할 수 없다는 것은 드라이빙 테이블에서 1행을 패치한 후, 그 행에 매칭되는 행을 찾기 위해 내부 테이블 전체를 스캔한다는 의미다. 테이블 스캔을 반복해서 실행하는 방식은 성능에 좋지 않다. 특히 내부 테이블이 큰 경우 비효율은 매우 치명적이다. 당연하지만 OLTP 시스템에서 이와 같은 처리는 일어나면 안 된다.

조인의 조건이 있는데도 불구하고 유효한 인덱스가 없는 경우에는 바로 인덱스를 추가하여 스캔이 일어나지 않도록 하면 된다. 하지만 하루에 한 번만 실행하면 되는 리포팅 등을 처리하는 것이라면 인덱스를 사용하지 않고 조인하는 것도 허용될 수 있다. 인덱스가 있으면 갱신을 위한 비용이 커지고 필요한 스토리지의 크기도 늘어나기 때문이다. 그렇다고 하더라도 순수한 NLJ에서 인덱스를 사용하지 않고 조인하는 방식은 효율이 매우 나쁘다. 그럴 때 빛을 발하는 것이 바로 BNLJ다.

BNLJ는 조인 버퍼라는 메모리 영역을 사용해 내부 테이블이 스캔되는 횟수를 줄여주는 알고리즘이다. 그림 3.3에서 BNLJ를 실행하는 모습을 볼 수 있다(t1이 드라이빙 테이블, t2가 내부 테이블).

---

**16** 조인에서 최초에 접근한 테이블을 구동 테이블, 그 후 결합된 테이블을 내부 테이블이라고 부른다.

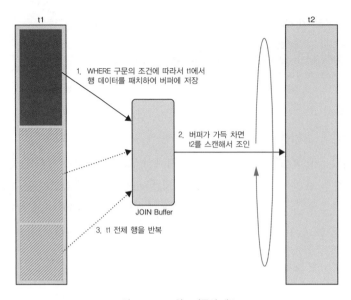

1. WHERE 구문의 조건에 따라서 t1에서
   행 데이터를 패치하여 버퍼에 저장

2. 버퍼가 가득 차면
   t2를 스캔해서 조인

JOIN Buffer

3. t1 전체 행을 반복

그림 3.3 BNLJ 알고리즘의 개요

드라이빙 테이블에서 조건에 매칭되는 행을 패치하여 조인 버퍼에 먼저 담는다. 조인 버퍼가 꽉 차면 내부 테이블을 스캔해 매칭되는 행을 찾는다. 이렇게 하여 내부 테이블로의 접근을 크게 줄인다. NLJ는 드라이빙 테이블에서 패치한 행 수와 같은 횟수만큼 내부 테이블을 스캔할 필요가 있었지만, BNLJ에서는 '드라이빙 테이블에서 패치한 행 수 ÷ 조인 버퍼에 축적 가능한 평균 행 수'까지 내부 테이블 스캔 횟수를 줄일 수 있다. 예를 들어 조인 버퍼에 드라이빙 테이블에서 가져온 행의 평균으로 100행을 보관할 수 있다면, 내부 테이블을 스캔하는 횟수는 1/100까지 줄어드는 것이다.

그러므로 BNLJ에서는 내부 테이블 스캔으로 발생하는 I/O 부하가 대폭 줄어든다. 단, 최종적으로는 버퍼에 저장해둔 행 데이터와 내부 테이블의 행이 하나하나 비교되기 때문에, CPU에는 상응하는 부하가 발생한다. 행 전체 데이터를 메모리(InnoDB 버퍼 풀)에 수용할 수 있는 윤택한 환경이라면 BNLJ는 그렇게까지 효과가 없다. BNLJ를 쓰든 그렇지 않든 I/O가 발생하지 않기 때문이다.

드라이빙 테이블에서 패치한 행 데이터가 전부 조인 버퍼에 수용되면, 내부 테이블을 스캔하는 횟수가 1회로 해결되므로 가장 속도가 빠르다. 그 이상 조인 버퍼의 크기를 크게 설정해도 성능은 향상되지 않는다. 조인 버퍼를 너무 크게 설정하면 메모리 할당을 위한 오버헤드가 커지고 메모리가 고갈될 위험이 있으므로 크기는 신중하게 설정해야 한다. 조인 버퍼는 세션별로 변경이 가능하므로, 리포팅 등을 처리하는 경우에는 애플리케이션 쪽에서 사전에 SET 명령어로 크기를 변경하는 방법을 생각해 볼 수 있다.

## BKAJ

BKAJ에 대해 설명하기 전에 BKAJ의 실행에 필요한 MRR(Multi Range Read) 최적화 알고리즘에 대해 알아보자.

MRR은 간단하게 말해서 디스크의 정렬 순서에 따라 데이터 파일을 판독하는 것으로, RDBMS에서는 오래된 최적화 방법이다. 세컨더리 인덱스를 사용해 검색하면 테이블에서 행 데이터를 가져오는 때를 제외한 조작은 랜덤 액세스가 된다. InnoDB는 클러스터 인덱스 구조로 되어 있기 때문에 기본 키에 행 데이터가 포함되어 있다. MyISAM의 경우, 데이터는 독립된 테이블명.MYD 파일에 저장된다. 일반적으로 세컨더리 인덱스와 행 데이터의 순서는 서로 관계가 없으므로, 세컨더리 인덱스의 순서로 행 데이터를 패치하면 접근은 랜덤이 된다. 테이블의 데이터가 모두 메모리 버퍼에 있는 경우에는 랜덤 접근을 한다고 해도 성능에 문제가 없지만, 데이터가 디스크에 있는 경우에는 효율이 좋지 않다. 이러한 랜덤 접근을 순차적 접근으로 변경하는 것이 바로 MRR 최적화다.

그림 3.4와 그림 3.5는 각각 MRR을 사용하지 않을 때와 사용할 때, 접근의 차이를 나타낸 것이다. 순차적 접근이므로 데이터가 디스크에만 있는 경우에는 약간 빨라지게 된다. 하지만 이러한 최적화 기술은 하드 디스크에서와 달리 SSD에서는 그다지 효과를 볼 수가 없다. SSD가 대세인 요즘은 확실히 그 덕을 볼 기회가 줄어들었다. MRR 기술은 MySQL 5.6에서 추가되었는데, 조금 더 빨리 추가되었더라면 하는 아쉬움이 있다.

지금까지 알아본 BNLJ와 MRR에 대한 설명을 토대로 BKAJ를 설명하고자 한다. 왜냐하면 BKAJ라는 것은 이 두 개의 최적화 알고리즘을 조합한 것이기 때문이다. BKAJ는 BNLJ와 동일하게 드라이빙 테이블에서 조건에 부합하는 행을 패치하여 조인 버퍼에 일단 쌓는다. 이 다음부터 동작이 다른데, BNLJ에서는 내부 테이블을 스캔하지만 BKA에서는 내부 테이블에 MRR 최적화를 사용해 접근한다.

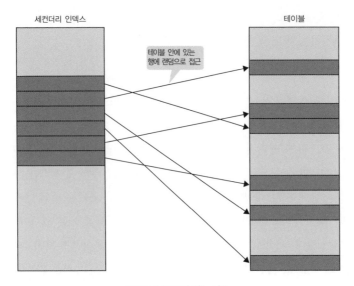

그림 3.4 MRR이 없는 경우

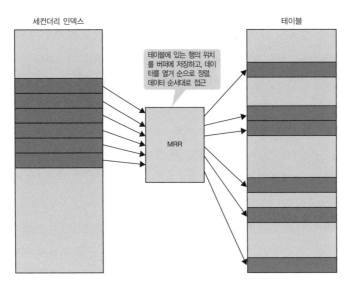

그림 3.5 MRR을 사용한 경우

그림 3.6은 BKAJ의 알고리즘을 표현한 것이다. 이에 따라 InnoDB나 MyISAM
에서는 내부 테이블로 접근할 때 랜덤이 아닌 순차적으로 접근한다. BNLJ와는
다르게 내부 테이블 전체를 스캔하지 않고 필요한 행만 패치한다. 게다가 데이
터 파일 내 정렬 순서대로 출력된다. BNLJ가 내부 테이블 스캔을 전제하는 데
비해 BKAJ는 반드시 스캔하지 않아도 된다는 점에 유의하자.

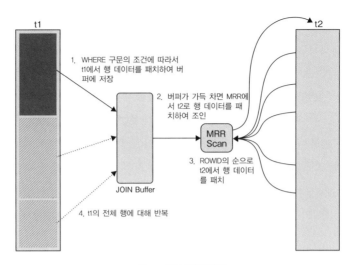

t1

1. WHERE 구문의 조건에 따라서
t1에서 행 데이터를 패치하여 버
퍼에 저장

2. 버퍼가 가득 차면 MRR에
서 t2로 행 데이터를 패
치하여 조인

MRR
Scan

3. ROWID의 순으로
t2에서 행 데이터
를 패치

JOIN Buffer

4. t1의 전체 행에 대해 반복

t2

그림 3.6 BKAJ 알고리즘

인덱스를 활용해 접근할 때도 데이터의 정렬 순서에 따라 내부 테이블로 접근하는 장점이 있다. 단, 조인에 인덱스를 사용할 수 있는 경우 옵티마이저는 BKAJ를 선택하지 않는 경우가 많다. 이는 MRR의 비용 추정값이 높아지기 때문이다. 실제로 버퍼를 준비한다든지 데이터를 늘어선 순으로 정렬할 때에도 적지 않은 오버헤드가 발생하기 때문에 비용이 낮다고는 말할 수 없다. 그렇기 때문에 많은 경우 단순한 NLJ를 사용하는 쪽이 빠르다. BKAJ를 적극적으로 사용하고자 할 때에는 optimizer_switch를 사용해 mrr_cost_based를 OFF로 설정할 필요가 있다.

원래부터 BKAJ는 MRR을 전제로 한 알고리즘이므로, MRR 같이 전체의 데이터가 메모리(버퍼 풀)에 수용되어 있다면 성능 향상을 기대하기 힘들다. 반대로 데이터 양이 거대하여 버퍼의 몇 배가 되는 경우에는 BKAJ에 의해 성능 향상을 기대해 볼 수 있다. 하지만 실제로 그러한 상황이 얼마나 될까? 최근에는 메모리도 대용량이고, SSD도 속도가 빨라져 MRR이나 BKAJ가 쓰일 일이 거의 없을 것이다. 그렇기 때문에 BKAJ는 기본값이 OFF로 설정되어 있다. 따라서 BKAJ를 사용하고 싶다면 앞에서도 소개한 바 있는 mrr_cost_based와 함께 optimizer_switch에서 batched_key_access = on으로 변경하도록 한다.

BKAJ가 효과적인 경우도 있다. MySQL Cluster와 같이 데이터가 원격의 호스트에 저장되어 있는 경우에는 꽤 큰 효과를 낼 수 있다. 인덱스의 값을 묶어서 MRR로 스토리지 엔진에 전달하고 거기에 대응하는 행을 묶어서 받는 방식으로, 네트워크의 왕복이 적어지기 때문이다. 단, MySQL Cluster에는 BKAJ보다도 고속인 Pushdown Join 알고리즘이 있기 때문에 꼭 BKAJ를 써야 하는 상황은 그렇게 많지 않다.

Pushdown Join이란, 데이터 노드라는 병렬 분산형 원격 노드에 조인 조건을 보내 데이터 노드에서 분산 처리하는 알고리즘이다. 사실 MySQL 제품군에는 MySQL Cluster의 Pushdown Join이라는 형태로는 존재하지만, 조인을 병렬로 처리하는 기능이 이미 있다. 당연하겠지만 Pushdown Join은 BKAJ보다 훨씬 속도가 빠르다. 단, Pushdown Join을 실행하려면 몇 가지 전제 조건을 만족해야 한다. 예를 들어 조인으로 등가 비교될 컬럼의 데이터 타입이 완전하게 일치해야 한다. 이러한 전제 조건에 맞지 않는 쿼리라면 BKAJ가 구제할 수 있을 것이다.

### 3.5.2 조인의 비용 추정 시 WHERE 구의 고려사항 ▸▸▸ 신기능 30

최적의 실행 계획, 다시 말해서 테이블의 조인 순서를 산출할 때 비용 추정의 정확성은 매우 중요하다. 그렇지만 MySQL 5.6까지 NLJ의 비용 추정은 그렇게 정확하지 않았다. MySQL 5.7에서는 비용 추정의 알고리즘에 결정적인 신기능이 추가되어 최적의 답에 가까운 조인 순서를 선택할 확률이 높아졌다. 그 신기능은 조인 순서 선택 시에 WHERE 구의 검색 조건에 따라 검색 대상이 얼마나 줄어드는가를 고려하는 것이다.

MySQL 5.6에서는 조인의 순서를 선택할 때 WHERE 구에 의한 검색 범위 축소는 고려 대상이 아니었다. 접근 방식에 따라 얻어온 행 수만 고려했다. 예를 들어 인덱스를 사용해 테이블에서 행 데이터를 가져올 때 WHERE 구의 전체 검색 조건을 만족하는 인덱스가 반드시 존재하지는 않는다. 인덱스에서 빠진 검색 조건은 행 데이터를 가져온 다음에 적용되는 것이다.

조인을 실행할 때 WHERE 구의 추가 검색조건을 적용한 결과, 맞다고 판정된 행의 값을 다음의 테이블에서 행 데이터를 가져오기 위한 입력값으로 사용한다. 다시 말해 두 개의 테이블을 조인할 때 첫 번째 테이블에서 접근 방식에 따라 가져온 행 수를 x, 그 후 WHERE 구에 의해 범위 축소된 행 수의 비율을 f%, 두 번째 테이블에서 접근 방식에 따라 가져온 행 수가 평균 y행이라고 할 때, 그 SELECT 에 의해 접근하는 행의 수는 다음과 같이 계산된다.

```
x + x * f/100 * y
```

두 번째 테이블에서 접근 방식에 따라 행 데이터를 가져온 다음 WHERE 구의 조건이 추가로 적용되어도, 이미 테이블에 접근한 이후이므로 접근된 행 수의 추정 값에는 영향을 주지 않는다. 따라서 내부 테이블인 t2에 대해 WHERE 구의 추가적 인 영향은 생각하지 않아도 된다.

　　MySQL 5.6에서는 이때 WHERE 구의 조건에 의한 f%의 범위 축소 영향을 고려 하지 않았다. f%를 고려하지 않고, 늘 100%로 간주한 것이다. 따라서 MySQL 5.6에서는 최적의 결합 순서를 선택하지 않는 경우가 자주 있었다.[17] MySQL 5.7에서는 이런 점이 개선되어, 보다 최적의 결합 순서를 선택한다. 조인의 비용 추정에 대해서는 다음에 기술할 스토리지 엔진의 통계 정보 개선도 꽤나 많이 공헌했다. 조인 실행 계획의 최적화는 WHERE 구에 의한 범위를 축소함으로써 MySQL 5.6과는 비교할 수 없을 정도로 개선되었다.

　　그러나 완벽한 것은 없다. 실제로 실행해보기 전까지 정확한 답은 알 수 없다. 옵티마이저의 기능은 어디까지나 쿼리를 실행하기 전에 최적이라고 생각되는 실행 계획을 선택하는 것이다. MySQL 5.7의 옵티마이저라고 해도 항상 최적의 실행 계획을 선택해주는 것은 아니다. 경우에 따라 MySQL 5.6보다도 나쁜 실행 계획을 선택할 가능성도 있음에 주의해야 한다.

　　옵티마이저가 f%를 잘못 추정하는 예는 이미 옵티마이저 트레이스 부분에서 소개한 바 있다. 다만 통계적으로 봤을 때, MySQL 5.6보다 좋은 실행 계획을 선 택할 확률이 높아졌다.

### 3.5.3 스토리지 엔진이 제공하는 통계 정보의 개선 ▸▸▸ 신기능 31

조인에 사용하는 인덱스 통계 정보는 어떻게 가져오는지 알고 있는가? 사실 MySQL에서는 스토리지 엔진에 전적으로 의존하고 있다. 쿼리에서 몇 행을 가 져오는가에 대한 추정은 스토리지 엔진이 제공하는 정보이기 때문이다.

　　옵티마이저가 사용하는 통계 정보의 종류는 기본적으로는 접근 방식에 의해 달라진다. 같은 접근 방식이라고 해도 ref인 경우, 조인해야 할 테이블 가운데 가 장 먼저 접근할 테이블이 어떤 테이블인가에 따라 통계정보가 달라진다.

　　조인할 때 가장 먼저 접근할 테이블의 인덱스에 특정 키의 범위에 부합하는 행이 얼마나 있는지의 정보(다시 말해 키의 상한과 하한 값 사이에 있는 인덱스 엔트리 수의 추정)를 스토리지 엔진에서 얻는다. 이 작업은 handler::records_ in_range() 함수를 이용한다. 드라이빙 테이블에서는 어떠한 값으로 범위 검색

---

**17** 특히 조인된 테이블 수가 많은 경우에 그런 경향이 현저했다.

을 하는지를 리터럴 값으로 판명하고 있기 때문에 그와 같은 방법을 사용하는 것이다.

handler::records_in_range()의 설치 또한 스토리지 엔진 쪽에서 담당한다. InnoDB의 경우, 실제로 인덱스에 접근할 때 통계 정보를 통해 어림잡는(행 수를 세는) 구조다. 지정된 행의 범위가 한 페이지에 담겨 있거나 혹은 그렇게 많이 떨어지지 않은 페이지에 걸쳐 있는 경우에는, 실제로 행 수를 센 후에 정확한 예측을 내놓는다. 하지만 범위가 넓으면 효율이 떨어진다. 그래서 키로 지정된 상한, 하한의 엔트리가 존재하는 페이지가 10페이지 이상 떨어져 있는 경우에는 하나하나 세지 않고 그때까지 읽은 한 페이지의 평균 행수를 이용해 어림값을 계산한다.

한편, 조인에서 내부 테이블로 접근하는 방식이 ref인 경우, 구체적인 키의 상·하한 값은 쿼리를 실행하기까지, 다시 말해 드라이빙 테이블에서 행을 읽어들일 때까지 알 수 없다. 그렇기 때문에 하나의 키 값에 평균 몇 행이 매칭되는지 통계 정보를 사용한다. 사실 MySQL 5.6에서는 이런 경우 행 수의 어림값이 정수값이었다. 그래서 평균이 1행인 경우와 1.999…행인 경우가 같은 어림값으로 뭉개져 정확하지 않았다. MySQL 5.7에서는 이런 점이 개선되어 키 값 하나당 매칭되는 평균 행 수를 부동소수점 타입으로 반환한다. 그 덕에 조인 순서에 대한 견적 비용의 정확도가 크게 향상했다.

### 3.5.4 서브쿼리 실행 계획의 개선 ▸▸▸ 신기능 32, 신기능 33

MySQL은 서브쿼리에 약하다는 지적이 많았다. 옵티마이저가 세운 실행 계획이 외부 쿼리 → 서브쿼리의 순으로 실행될 수밖에 없었기 때문이다. 하지만 그것도 이제는 옛날 이야기로, 점점 개선이 일어나고 있다. 서브쿼리가 정말로 느린지는 MySQL 5.7을 사용해 본 후 판단하길 바란다.

그렇다고 해도 서브쿼리가 골칫거리라는 점에는 변함이 없다. 서브쿼리라고 뭉뚱그려 말하고 있지만, 사실 서브쿼리는 세 가지 종류가 있다. 서브쿼리가 반환하는 데이터 타입의 차이에 따라 스칼라 서브쿼리, 행 서브쿼리, 테이블 서브쿼리로 분류한다.

스칼라 서브쿼리는 서브쿼리를 실행한 결과가 단일 값인 경우를 말한다. 예를 들어 리스트 3.21과 같이 select 구에 나오는 유형이 바로 스칼라 서브쿼리다. 그 외에 WHERE 구에서 단일의 별도값과 등가 비교되는 것도 스칼라 서브쿼리라고 한다.

**리스트 3.21 스칼라 서브쿼리의 예**

```
mysql> SELECT Name, Capital, (SELECT Name FROM City WHERE City.ID = Country.
Capital) AS CapltalName
    -> FROM Country;
```

행 서브쿼리는 스칼라 서브쿼리와 유사하다. 스칼라 서브쿼리와의 차이점은 서브쿼리의 결과로 단일한 값이 아닌 여러 값이 반환된다는 점이다.

**리스트 3.22 행 서브쿼리의 예**

```
mysql> SELECT * FROM City
    -> WHERE (CountryCode, Name)  = (SELECT Code, Name FROM Country
    -> WHERE Capital = City.ID);
```

리스트 3.22는 행 서브쿼리의 예이다. 행 서브쿼리에서는 이처럼 서브쿼리에서 반환하는 행이 반드시 1행이어야 한다. 여러 행을 반환할 경우, 테이블 서브쿼리가 되므로 등호를 사용한 비교는 할 수 없다. 여기서 등장하는 것이 모두가 알고 있는 IN 서브쿼리이다.

**리스트 3.23 IN 서브쿼리의 예**

```
mysql> SELECT Name, Capital
    -> FROM Country
    -> WHERE (Capital, Name) IN (SELECT ID, Name
    ->                               FROM City);
```

IN 서브쿼리를 테이블 서브쿼리라고 하면 의외라고 생각할지도 모르겠다. 하지만 서브쿼리 부분을 실행하면 복수의 열과 복수의 행이 되므로 표 형식의 테이블이 되는 것이다.[18]

덧붙여서 리스트 3.23과 같은 쿼리의 실행 계획은 MySQL 5.7에서 개선되었다(신기능 32). MySQL 5.6까지는 IN 구문으로 비교되는 컬럼의 수가 하나인 경우 외에는 인덱스를 사용한 최적화를 할 수 없었다. MySQL 5.7에서는 리스트 3.23과 같이 여러 컬럼을 비교하는 경우에도 인덱스를 이용할 수 있게 되었다.[19]

테이블 서브쿼리에는 한 가지 형식이 더 있다. FROM 구의 서브쿼리이다. MySQL에서는 Derived 테이블이라고도 한다. 테이블 서브쿼리라고 하면 IN보다 이쪽이 잘 어울린다는 느낌을 받을 것이다. FROM 구의 서브쿼리에서는 서브쿼리의 결과에 일반적인 테이블처럼 접근한다.

---

**18** 마찬가지 이유로 NOT IN, EXISTS, NOT EXISTS, ANY, SOME 등도 테이블 서브쿼리가 된다.
**19** 이처럼 괄호로 콤마로 구별한 컬럼을 합쳐 비교하는 것은 행 컨스트럭터라고 한다.

FROM 구의 서브쿼리 예를 리스트 3.24에 제시하였다.

**리스트 3.24 FROM 구의 서브쿼리의 예**

```
mysql> SELECT c1.Continent, c2.Name, c1.Population
    -> FROM (SELECT Continent, MAX(Population) AS Population
    ->          FROM Country
    ->          GROUP BY Continent) c1 JOIN Country c2
    -> USING ( Continent, Population)
    -> ORDER BY c2.Continent, c2.Name;
```

그럼 MySQL 서브쿼리의 최적화 기능을 순서대로 살펴보자.

가장 먼저 접근 방식을 나타내는 unique_subquery와 index_subquery를 들 수 있다. 이들은 서브쿼리 부분을 최적화하여 오버헤드를 최대한 줄인다. 실제로, 접근 방식으로 이러한 것들이 표시되면 서브쿼리는 그다지 느리지 않다. 실행 속도는 외부 쿼리 → 서브쿼리의 테이블 순으로 조인한 경우와 거의 다르지 않다.

접근 방식으로 unique_subquery와 index_subquery를 사용하려면, 예를 들어 리스트 3.23과 같이 서브쿼리의 SELECT 구에서 지정된 컬럼, 다시 말해 서브쿼리의 결과로 반환된 컬럼에 인덱스가 있어야 한다. MySQL의 리스트 3.23과 같은 쿼리를 내부적으로 리스트 3.25와 같은 쿼리로 변형하기 때문이다.

**리스트 3.25 IN 서브쿼리의 변형**

```
mysql> SELECT Name, Capital
    -> FROM Country
    -> WHERE EXISTS (SELECT *
    ->                 FROM City
    ->                 WHERE City.ID = Country.Capital
    ->                 AND City.Name = Country.Name);
```

City 테이블의 기본 키는 ID 컬럼이므로 이 쿼리는 기본 키에 의한 lookup으로 해결할 수 있다. 그러한 경우에는 unique_subquery를 선택할 가능성이 있다. unique_subquery나 index_subquery가 있으니 괜찮다고 생각할 수도 있지만 문제는 그렇게 단순하지 않다.

unique_subquery나 index_subquery는 어디까지나 외부 쿼리를 실행하고 패치된 1행 각각이 서브쿼리를 실행한다. 다시 말해서 테이블에 접근하는 순번이 고정된다. 이 경우 외부 쿼리에 의해 패치된 행의 수가 많으면, 서브쿼리가 실행되는 횟수 또한 많아져 실행 계획의 효율이 떨어진다.

그래서 해결책으로 잘 알려진 조인을 사용한 쿼리 변환을 사용한다. 서브쿼리는 조인과 DISTINCT를 사용해 등가 비교하도록 고쳐 쓰는 경우가 있어 서브쿼리 최적화가 약한 MySQL에서 그와 같은 고쳐쓰기는 서브쿼리 튜닝의 정석이었다.[20] 이처럼 불필요할 것 같은 일을 없애주는 MySQL 5.6의 기능이 세미 조인 최적화다. MySQL 5.6에서는 IN 서브쿼리를 세미 조인이라는 특수한 조인으로 변환해서 보다 효율적인 실행 계획을 선택했다. 세미 조인은 드라이빙 테이블의 1행에 대해 내부 테이블로부터 매칭되는 행이 1행만 된다고 하는 특수한 결과를 가져오는 조인이다.

세미 조인이 unique_subquery나 index_subquery보다 우수한 점은 테이블을 조인하는 순서를 바꿀 수 있다는 점이다. 서브쿼리 내에서 접근하는 테이블에 먼저 접근하는 실행 계획이 효율적인 케이스는 많다. 하지만 unique_subquery나 index_subquery와 같은 접근 방식에서는 그와 같은 실행 계획을 절대로 선택할 수 없다.

리스트 3.23의 쿼리는 MySQL 5.5에서 unique_subquery로 처리했다. MySQL 5.6 이후에는 세미 조인 최적화가 수행된다. 이 쿼리는 테이블로 접근하는 순서가 변하지 않으므로 효율이 그렇게까지 크게 변하지 않지만, 3.26처럼 서브쿼리가 적은 결과를 반환하는 경우에는 아주 효율적이다. 어떤 쪽의 접근 방식도 const가 되기 때문에 엄밀히 말하면 조인도 하지 않는다.[21]

**리스트 3.26 세미 조인 효과의 예**

```
mysql> EXPLAIN SELECT Name, Capital
    -> FROM Country
    -> WHERE (Capital, Code) IN (SELECT ID, CountryCode
    ->                           FROM City
    ->                           WHERE City.CountryCode = 'MAC');
```

| id | select_type | table | partitions | type | possible_keys | key | key_len | ref | rows | filtered | Extra |
|----|-------------|-------|------------|------|---------------|-----|---------|-----|------|----------|-------|
| 1 | SIMPLE | Country | NULL | const | PRIMARY | PRIMARY | 3 | const | 1 | 100.00 | NULL |
| 1 | SIMPLE | City | NULL | const | PRIMARY,CountryCode | PRIMARY | 4 | const | 1 | 100.00 | NULL |

```
2 rows in set, 1 warning (0.00 sec)
```

예전부터 MySQL의 서브쿼리는 느린 것으로 유명하지만, 세미 조인과 인덱스를 잘 활용한다면 꼭 느린 것만은 아니다. 느린 경우는 그와 같은 최적화가 불가능한 경우뿐이다. 만일 느린 서브쿼리가 발견되면 그 실행 계획을 보거나 옵티마이저 트레이스를 사용해 꾸준히 튜닝하자.

---

20 필자도 몇 번이나 고쳐 썼다.
21 왜 const가 되는지는 옵티마이저 트레이스를 사용해 반드시 조사해 보기 바란다.

그 밖에 서브쿼리가 취할 가능성이 있는 실행 계획으로는 Materialization(실체화)라는 것이 있다. 이는 서브쿼리를 먼저 실행하고 실체화하는 방법으로, 서브쿼리를 반복해서 실행하는 것을 막는다. 예를 들면 리스트 3.24의 FROM 구 서브쿼리는 실체화가 일어나는 유형이다. 또한, 리스트 3.27과 같은 IN 서브쿼리의 경우, 세미 조인과 Materialization이 동시에 적용되는 경우다.

**리스트 3.27 세미 조인과 Materialization의 조합 예**

```
mysql> EXPLAIN SELECT Name, Capital FROM Country WHERE Name IN (SELECT Name FROM City WHERE City.name LIKE 'A%');
```

| id | select_type | table | partitions | type | possible_keys | key | key_len | ref | rows | filtered | Extra |
|----|-------------|-------|------------|------|---------------|-----|---------|-----|------|----------|-------|
| 1 | SIMPLE | Country | NULL | ALL | NULL | NULL | NULL | NULL | 239 | 100.00 | Using where |
| 1 | SIMPLE | <subquery2> | NULL | eq_ref | <auto_key> | <auto_key> | 35 | world.Country.Name | 1 | 100.00 | Using where |
| 2 | MATERIALIZED | City | NULL | ALL | NULL | NULL | NULL | NULL | 4188 | 11.11 | Using where |

```
3 rows in set, 1 warning (0.00 sec)
```

리스트 3.27에서는 최초에 City 테이블로 접근하고 그 결과를 실체화하여 내부 임시 테이블에 저장한다. 그 후 Country 테이블을 스캔한 결과와 임시 테이블을 세미 조인한다. BNLJ와 비교했을 때 이 쿼리는 매우 효율적이다. 그렇다 하더라도 임시 테이블을 구축해야 하는 Materialization은 비용이 많이 들기 때문에 가능하면 피하는 것이 좋다. Materialization을 수반하지 않는 세미 조인을 채택하도록 테이블이나 인덱스를 설계하거나 쿼리 작성 방식을 고민해보자.

MySQL 5.6까지는 FROM 구의 서브쿼리에 반드시 Materialization이 발생하는 제약이 있었다. MySQL 5.7에서는 불필요한 경우에는 Materialization이 일어나지 않도록 개선되었다(신기능 33). 리스트 3.24와 같이 요약(GROUP BY)[22] 결과를 FROM 구에서 지정하면 Materialization을 피할 수 없지만, GROUP BY의 지정이 없으면 외부 쿼리의 검색 조건이 서브쿼리에 통합되어 Materialization을 하지 않아도 되도록 바뀌었다. 그 예는 리스트 3.28과 같다.

**리스트 3.28 Materialization을 하지 않는 FROM 구 서브쿼리 예**

```
mysql> EXPLAIN SELECT Code, Name FROM (SELECT * FROM Country WHERE Continent IN ('Asia','Oceania')) t;
```

| id | select_type | table | partitions | type | possible_keys | key | key_len | ref | rows | filtered | Extra |
|----|-------------|-------|------------|------|---------------|-----|---------|-----|------|----------|-------|
| 1 | SIMPLE | Country | NULL | ALL | NULL | NULL | NULL | NULL | 239 | 28.57 | Using where |

```
1 row in set, 1 warning (0.00 sec)
```

---

22 엄밀하게는 SQL의 GROUP BY는 집약(aggregation)이 아니라 요약(summarization)이다.

### 3.5.5 UNION의 개선 ▸▸▸ 신기능 34

UNION의 실행 계획은 아주 단순하다. UNION으로 통합된 SELECT를 위에서부터 순서대로 실행해 나가면 된다. 단, MySQL 5.6까지는 UNION ALL의 경우에도 임시 테이블을 작성하는 모양새였다. UNION ALL은 중복을 배제하지 않기 때문에 사실은 임시 테이블을 작성할 필요가 전혀 없다. MySQL 5.7에서는 이런 점을 개선하여 불필요하게 임시 테이블을 작성하지 않도록 했다. 한편, UNION DISTINCT의 경우에는 실행 계획에 포함된 각 행을 단숨에 처리해야 하기 때문에 임시 테이블을 이용하여 값의 중복을 배제했다. 이와 같은 동작은 MySQL 5.7에서도 바뀌지 않았다[23]

UNION은 SELECT를 순서대로 실행할 뿐이므로 상세한 해설은 생략하겠다. 한 가지만 언급하자면, UNION을 사용한 쿼리의 성능은 각각의 SELECT에 좌우된다. 각각의 SELECT가 효율적이라면 UNION한 결과도 효율적이다. UNION이 느린 것 같다면 UNION에 문제가 있는 것이 아니라 열거된 SELECT 중 하나가 느릴 가능성이 높다. 단, 엄청나게 많은 SELECT를 UNION으로 열거하면 UNION은 그 자체로 느려질 수 있다. 쿼리의 실행 시간은 대략 SELECT 수에 비례하여 길어지기 때문이다.

### 3.5.6 GROUP BY의 SQL 준거 ▸▸▸ 신기능 35

MySQL 5.6까지의 기본 SQL 모드로는 GROUP BY 구의 처리에 문제가 있었다. 쿼리에서 GROUP BY를 사용해 요약한 경우, SELECT 구의 컬럼 리스트에는 집약 함수 또는 GROUP BY로 지정한 컬럼 이외에는 열거하는 것을 허용하지 않았다. 예를 들면 리스트 3.29와 같은 쿼리는 SQL 표준으로 적절하지 않다.

리스트 3.29 **부적절한 GROUP BY**

```
mysql> SELECT Continent, CountryCode, MAX(Population)
-> FROM Country GROUP BY Continent;
```

MySQL 5.6까지 이 쿼리는 에러를 발생시키지 않고 실행되었다. 하지만 잠깐. Continent에서 그룹화할 때 해당 CountryCode의 값은 대체 무엇일까. 이는 논리적으로는 답할 수 없는 질문으로, 값은 부정(undeterministic)이 되어버린다. MySQL에서는 이따금 마지막에 접근하는 행의 값이 저장되지만, 어떤 행에 마지막으로 접근할지는 실행 계획에 따라 달라지므로 사용하는 인덱스와 조인할 때 어떤 테이블에서 접근하는지에 따라 달라진다.

---

23 ALL이나 DISTINCT의 지정이 없는 경우에 UNION의 동작은 DISTINCT와 같아진다.

어쩌면 리스트 3.29의 SQL을 작성한 사람은 대륙에서 최대 인구를 가진 나라를 알고 싶었는지 모른다. 하지만 그와 같은 답을 구하는 쿼리로는 부적절하다. 왜냐하면 CountryCode는 어떤 행의 값이 들어올지 정해져 있지 않고, 최대의 인구를 갖고 있는 나라가 이따금 여러 개 존재할 수 있기 때문이다(확률은 매우 적지만 0이라고는 할 수 없다). 가장 인구가 많은 나라가 여러 개 존재하는 경우 어느 나라의 CountryCode를 결과로 반환할 것인가? 이것도 논리적으로 어느 쪽이 맞다고 결정할 수 없는 문제. 이처럼 논리적으로 잘못된 조회를 해도 GROUP BY가 에러를 발생시키지 않기 때문에 애플리케이션 개발자는 문제를 눈치채기 어렵다.

이런 기본적인 작동 방식을 변경해 리스트 3.29와 같은 쿼리를 에러로 처리할 수도 있다. 그렇게 하려면 SQL 모드에 ONLY_FULL_GROUP_BY를 지정한다. 이 SQL 모드를 지정하면 집약 함수에도 없고 GROUP BY에도 없는 컬럼이 SELECT 구의 컬럼으로 쓰였을 때 에러를 반환한다. 에러가 나오면 개발자도 SQL에 문제가 있는 것을 알 수 있을 것이다.

하지만 부정확한 기준을 가지고 전체를 에러로 치부해 버리면 곤란해지는 경우도 있다. 예를 들어 GROUP BY에서 지정한 컬럼에 함수 종속성(Functional Dependency, 또는 FD)이 존재하는 경우에는 GROUP BY 구의 컬럼 값을 사용해 함수 종속성이 있는 컬럼의 값을 한번에 결정할 수 있기 때문이다. 예를 들어 리스트 3.30과 같은 경우가 그렇다.

**리스트 3.30 함수 종속성이 있는 GROUP BY**

```
SELECT c1.Code, c1.Name, SUM(c2.Population)
FROM Country c1 JOIN City c2
ON c1.Code = c2.CountryCode
GROUP BY c1.Code;
```

Country 테이블에서는 Code 컬럼이 기본 키이므로 다른 모든 컬럼의 값은 기본 키의 값을 알면 결정할 수 있다. 따라서 Name 컬럼의 값이 단번에 결정되어 값이 부정이 되는 경우는 없다. 그러나 리스트 3.30의 쿼리는 MySQL 5.6까지의 ONLY_FULL_GROUP_BY를 SQL 모드에 지정하면 에러가 되어 버린다. 하지만 MySQL 5.7의 ONLY_FULL_GROUP_BY에서는 함수 종속성이 검출되어 에러를 발생하지 않고 실행한다.[24] 이러한 개선이 있었기 때문에 MySQL 5.7에서는 ONLY_FULL_GROUP_BY가 기본으로 활성화되어 있다.

---

[24] 덧붙여서 리스트 3.30의 쿼리에서는 GROUP BY 구에 c1.Name을 추가하면 에러를 발생하지 않고 실행할 수 있다.

단, ONLY_FULL_GROUP_BY로 함수 종속성을 검출하기 위해서는 기본 키나 고유 키에 의한 함수 종속성을 담보할 수 있어야 한다. 리스트 3.30처럼 테이블을 조인하는 경우, GROUP BY 구의 컬럼에서 함수 종속성이 있는 컬럼을 골라내는 일은 쉽다. 하지만, 비정규화된 테이블 내에 부분 함수 종속성이나 추이 함수 종속성을 포함하고 있는 경우에는 기본 키나 고유 키를 사용해 함수 종속성이 있는 것을 담보할 수 없다. 따라서 ONLY_FULL_GROUP_BY가 활성화되어 있는 경우, GROUP BY를 사용한 쿼리에서는 함수 종속성에 의해 값이 한번에 정해지는 경우에도 그 컬럼들을 지정할 수 없을 것이다.

## 3.6 옵티마이저 힌트 ▸▸▸ 신기능 36

MySQL 5.1 이후 버전에는 optimizer_switch라는 시스템 변수가 있다. 이 시스템 변수는 옵티마이저 알고리즘의 ON/OFF를 전환하는 것이다. 이 시스템 변수를 표시하면 전체 알고리즘이 나열되어 SHOW GLOBAL VARIABLES의 출력이 불필요하게 길어진다. 버전이 올라갈수록 새로운 실행 계획 알고리즘이 추가되므로 MySQL 5.7에서는 이 변수의 값이 무려 400 문자 정도가 된다.[25] 실행 계획 알고리즘의 ON/OFF를 전환하기 위해서는 리스트 3.31처럼 명령어를 실행하면 된다.

**리스트 3.31 옵티마이저 스위치로 알고리즘 활성화**

```
SET optimizer_switch = 'batched_key_access=on,mrr_cost_based=off';
```

리스트 3.31의 예에서는 BKAJ를 활성화하는 한편, MRR 비용 추정을 비활성화하고 있다. 이 명령어로 변경되는 것은 BKAJ의 사용 여부와 MRR 비용 추정의 사용 여부로, 그 밖의 알고리즘 ON/OFF에는 영향을 주지 않는다. 이처럼 optimizer_switch를 사용하면 알고리즘 단위로 ON/OFF를 할 수 있다. 하지만 이와 같은 방법에는 다음과 같은 한계가 있다.

- 특정 쿼리만 대상으로 하고 싶은 경우 쿼리 실행 전에 SET 명령어를 실행해야 한다.
- 변경한 설정은 자동으로 원 상태로 돌아가지 않으므로, 쿼리 실행 후 SET 명령어로 원래 상태로 돌려야 한다.

---

25 이 책에서는 생략했지만, 반드시 SELECT @@optimizer_switch를 실행해서 실제 값을 확인해보자.

- 알고리즘의 ON/OFF는 항상 쿼리 전체를 대상으로 하며, 일부 테이블 접근에만 알고리즘을 조정하는 것은 불가능하다.

optimizer_switch 이외에도 SQL에 직접 쓸 수 있는 힌트가 존재하지만, 힌트의 종류를 늘리는 것은 예약어를 늘리는 꼴이 되므로 파서의 성능이나 사용에 영향을 준다.[26] 그러한 이유로 힌트 구문의 미래도 그렇게 밝다고 보기 어렵다.

여기서 등장한 것이 옵티마이저 힌트이다. 이것은 옵티마이저에 내리는 지시를 명령어 내에 기술하는 것으로, 명령어는 /*+ ... */ 형식이다. 이 명령어는 SELECT 구의 직후에 있어야 하고, 명령어 내부는 옵티마이저 힌트의 구문에 따라 작성해야 한다.

**리스트 3.32 옵티마이저 힌트의 예**

```
SELECT /*+ BKA(City) */ *
FROM City JOIN Country
ON Country.Code = City.CountryCode
WHERE City.Name LIKE 'a%'
```

리스트 3.32의 예에서는 조인의 실행 계획으로 BKAJ를 사용하라고 지시하고 있다. 무언가 함수를 호출하는 것처럼 보이나, 옵티마이저 힌트는 이처럼 문법에 맞춰 기술해야 한다. 단, 문법적으로는 명령어이므로 옵티마이저 힌트를 틀리게 써도 SQL은 에러를 발생하지 않고 그 대신 경고를 표시한다. 예를 들면 BKA로 지정한 테이블명을 틀릴 경우, 리스트 3.33처럼 경고가 나온다.

**리스트 3.33 옵티마이저 힌트의 경고**

```
mysql> show warnings;
+---------+------+-----------------------------------------------------+
| Level   | Code | Message                                             |
+---------+------+-----------------------------------------------------+
| Warning | 3128 | Unresolved name 'Cityy'@'select#1' for BKA hint     |
+---------+------+-----------------------------------------------------+
1 row in set (0.00 sec)
```

MySQL 5.7에서 이용 가능한 옵티마이저 힌트를 표 3.7에 정리했다.

| 힌트 | 범위 | 설명 |
|------|------|------|
| BKA/NO_BKA | 쿼리 블록/테이블 | BKAJ의 사용 여부를 결정한다. |
| BNL/NO_BNL | 쿼리 블록/테이블 | BNLJ의 사용 여부를 결정한다. |

---

**26** MySQL에서는 예약어와 같은 이름의 테이블명을 사용하는 경우, 역따옴표(backquote)를 사용해야 한다.

| MAX_EXECUTION_TIME | 항상 SELECT 전체 | 쿼리의 최대 실행시간을 지정한다. |
|---|---|---|
| MRR/NO_MRR | 테이블/인덱스 | MRR 최적화 수행 여부를 결정한다. |
| NO_ICP | 테이블/인덱스 | ICP 최적화 수행 여부를 결정한다. |
| NO_RANGE_OPTIMIZATION | 테이블/인덱스 | 특정 테이블 또는 인덱스를 레인지 옵티마이저에 의한 최적화 대상에 포함시킬지 여부를 결정한다. |
| QB_NAME | 쿼리 블록 | 쿼리 블록에 이름을 붙인다. |
| SEMIJOIN/NO_SEMIJOIN | 쿼리 블록 | 세미 조인 최적화 수행 여부를 결정한다. |
| SUBQUERY | 쿼리 블록 | 세미 조인 최적화가 불가한 서브쿼리에 대해 IN에서 EXISTS로의 변환 방법을 조정한다. |

표 3.7 옵티마이저 힌트 목록

표 3.7에서 이해하기 어려운 부분은 QB_NAME과 그 사용법일 것이다. QB_NAME은 쿼리 블록에 이름을 붙이는 옵티마이저 힌트이다. 쿼리 블록에 이름을 붙여 다른 옵티마이저 힌트에서 참조할 수 있도록 한다. 사용 예는 리스트 3.34와 같다.

리스트 3.34 QB_NAME의 예

```
mysql> EXPLAIN SELECT /*+ NO_SEMIJOIN(@qbsub1) */ Name, Capital
FROM Country
WHERE (Capital, Code) IN (SELECT /*+ QB_NAME(qbsub1) */ ID, CountryCode
                        FROM City
                        WHERE City.CountryCode = 'MAC');
```

| id | select_type | table | partitions | type | possible_keys | key | key_len | ref | rows | filtered | Extra |
|---|---|---|---|---|---|---|---|---|---|---|---|
| 1 | PRIMARY | Country | NULL | ALL | NULL | NULL | NULL | NULL | 239 | 100.00 | Using where |
| 2 | SUBQUERY | City | NULL | ref | PRIMARY,CountryCode | CountryCode | 3 | const | 1 | 100.00 | Using index |

```
2 rows in set, 1 warning (0.00 sec)
```

리스트 3.34는 리스트 3.26의 쿼리에 옵티마이저 힌트만 추가한 것이다. 서브 쿼리에 이름을 붙여 세미 조인 최적화를 수행하지 않도록 옵티마이저 힌트를 쓰고 있다. 이 예에서는 서브쿼리가 하나밖에 포함되어 있지 않지만, 여러 개의 서브쿼리를 포함하고 있는 SELECT에 대해서 특정 테이블은 세미 조인으로 결합하고 그 외 테이블은 다른 방식의 최적화를 하도록 지시할 수도 있다. 또한 세미 조인 최적화의 방법도 몇 가지가 있는데, 그 방법들을 ON/OFF로 전환할 수 있다. 예를 들어, 임시 테이블 작성을 피하고자 하는 경우 NO_SEMIJOIN(@qbsub1 MATERIALIZATION)과 같이 최적화 방법을 인수로 지정한다. 여러 가지 방법을 한 번에 지정할 때는 콤마로 구분하여 열거하면 된다.

최적화 방법까지 상세하게 지정할 수 있는 것은 SEMIJOIN/NO_SEMIJOIN 과 SUBQUERY뿐이다. 지정 가능한 최적화 방법은 표 3.8에 정리해 두었다. MATERIALIZATION이 두 번 출현하지만, 대상으로 하는 힌트에 따라 뉘앙스가 달라지므로 주의하기 바란다.

| 대상 힌트 | 방법 | 설명 |
|---|---|---|
| [NO_]SEMIJOIN | DUPSWEEDOUT | 통상의 조인을 수행한 후에 임시 테이블을 사용해 중복을 배제하는 알고리즘 |
| [NO_]SEMIJOIN | FIRSTMATCH | 내부 테이블로의 접근 방식으로 ref가 채택되었을 때 최초에 매칭된 행만을 반환해서 중복을 배제한다. |
| [NO_]SEMIJOIN | LOOSESCAN | 서브쿼리를 먼저 LooseScan(값을 그룹마다 이산적으로 읽기)하고, 그 후 외부 테이블을 결합한다. |
| [NO_]SEMIJOIN | MATERIALIZATION | 서브쿼리를 인덱스 포함의 임시 테이블로 실체화하여 외부 테이블과 결합한다. |
| SUBQUERY | INTOEXISTS | IN 서브쿼리를 EXISTS 서브쿼리로 고쳐 쓴다. |
| SUBQUERY | MATERIALIZATION | 비용이 적은 경우, IN 서브쿼리를 실체화한다. |

표 3.8 인수로 지정 가능한 최적화 방법

지금까지 옵티마이저 힌트에 대해 알아보았다. 솔직히 말해서 옵티마이저 힌트는 적극적으로 쓸 만한 기능은 아니다. 옵티마이저의 최대 장점은 개발자가 '쿼리에서 어떤 값을 가져올 것인가'만 신경 쓰고 '어떻게 가져올 것인가'는 시스템에 맡긴다는 점이다. 옵티마이저 힌트는 이러한 장점에 반하는 요소이다.

따라서 옵티마이저 힌트는 옵티마이저가 도저히 최적의 실행 계획을 세우지 못하는 경우에 최후의 수단으로 사용해야 한다. 현재는 괜찮다고 생각하는 힌트도 옵티마이저가 진화하면 쓸모 없어질 수 있다. 옵티마이저 힌트를 써서 실행 계획을 고정시켜 버리면 애플리케이션 내 SQL의 이식성이 손상되고, 개발자에게는 기술적 부채의 원흉이 된다. 버전이 올라갈 때 옵티마이저 힌트가 악영향을 끼치게 되면 개발자는 그것들을 다시 고쳐 써야 한다.

단, 최후의 수단을 가지고 있는 것 자체가 나쁜 것은 아니다. 유사시에는 반드시 옵티마이저 힌트를 기억해 내기 바란다.

### 3.6.1 Filesort의 효율화 ▸▸▸ 신기능 37

MySQL 5.7에서는 filesort를 위한 공간의 효율화도 이루어졌다. MySQL 5.6에서는 filesort를 할 때 소트 버퍼에 저장되는 데이터 영역에 1행당 그 데이터가 취할 수 있는 최대 크기를 할당했다. 예를 들면 utf8의 VARCHAR(100)으로 설정한 데이터에 대해서는 300바이트가 필요했다. 이와 같은 방식은 공간 효율 면에서 매우 좋지 않다. MySQL 5.7에서는 이 점이 개선되어, 정렬 컬럼이 아닌 컬럼값을 패킹한 상태로 소트 버퍼 안에 저장하도록 바뀌었다. 이로 인해 공간 효율은 비약적으로 향상되었다. NULL의 경우도 플래그만 저장하도록 하는 한편, 고정 길이의 데이터 타입, 예를 들면 CHAR(10)과 같은 데이터에 대해서도 가변 길이의 경우와 같은 공간을 사용하도록 변경되었다. 단 정렬 컬럼, 다시 말해 ORDER BY 에서 지정한 컬럼들에 대해서는 지금까지와 마찬가지로 고정 길이 버퍼를 할당한다. 하지만 정렬 컬럼이 아닌 행 데이터가 많기 때문에 버퍼 이용 효율면에서 꽤 많은 개선을 기대할 수 있을 것이다.

이전보다 더 많은 데이터를 소트 버퍼에 저장할 수 있기 때문에 파일 접근을 감소시켜 소트의 성능이 개선될 것이다. 가변 길이 데이터를 저장하기 위해서는 데이터 길이 등을 표시할 영역이 필요하기 때문에 약간의 오버헤드가 발생한다. 따라서 가변 길이 데이터 타입의 컬럼에 항상 최대 길이의 데이터가 저장되는 경우에는 공간 효율이 반대로 악화될 가능성이 있지만 아주 드문 경우다.

### 3.6.2 디스크 기반 임시 테이블의 개선 ▸▸▸ 신기능 38

MySQL 5.7에서는 임시 테이블에 대한 개선도 이루어졌다. MySQL은 쿼리의 실행과정 중 필요에 의해 임시 테이블을 작성하고 중간 결과를 일시적으로 저장한다. 이때 작성되는 테이블의 스토리지 엔진은 대상 데이터가 적으면 MEMORY를 사용하고, 대상 데이터가 많으면 디스크 기반의 스토리지 엔진으로 변환된다.

MySQL 5.6까지는 디스크 기반의 임시 테이블에 MyISAM 스토리지 엔진을 사용했다. 하지만 여기에는 문제가 있었다. MyISAM은 데이터를 메모리에 캐시하지 않고 파일 시스템의 캐시가 일을 잘 처리하기만 기대한다. 따라서 데이터 접근이 꼭 빠르다고 볼 수 없었고, InnoDB 버퍼풀 등과 비교했을 때 효율이 좋지 않았다. 때문에 MySQL 5.7에서는 디스크 기반 임시 테이블의 스토리지 엔진을 선택할 수 있도록 개선했으며, 기본값은 InnoDB로 설정했다.

그렇다면 왜 오래된 버전에서는 InnoDB를 사용하지 않은 것일까? 이유는 두 가지다. 하나는 MyISAM이 MySQL의 기본 스토리지 엔진이었으므로 임시 테이블에도 필연적으로 MyISAM을 사용한 것이고, 또 다른 하나는(이쪽이 더 큰 이유이다) 이전 버전은 InnoDB 자체에 문제가 있었기 때문이다.

## 3.7 새로운, 또는 기본값이 변경된 옵션들

옵티마이저 관련 옵션의 변경 사항을 알아보자.

### 3.7.1 internal_tmp_disk_storage_engine : InnoDB ▸▸▸ 신기능 39

디스크의 임시 테이블을 변경하기 위해 도입한 옵션이다. 기본 값은 InnoDB이다. MySQL 5.6 이전 버전에서는 MyISAM으로 고정되어 있었으므로 이 옵션은 존재하지 않았다.

### 3.7.2 eq_range_index_dive_limit : 10 → 200 ▸▸▸ 신기능 40

eq_range_index_dive_limit는 서브쿼리가 아닌 IN 구문이나 OR 구문으로 연결된 검색조건의 비용 추정을 위해 handler::records_in_range()를 사용할 것인지, 아니면 인덱스 통계 정보를 사용할 것인지를 선택하는 기준을 결정한다. handler::records_in_range()는 정확한 값을 어림할 수 있는 반면, 비용이 많이 든다. 그렇기 때문에 IN 구문이나 OR 구문으로 지정된 키의 값이 적은 경우에는 handler::records_in_range()를 사용하고, 키의 수가 늘어난 경우에는 인덱스 통계 정보를 사용해 예측치를 계산한다. 이때 몇 개의 키까지 handler::records_in_range()를 사용할 것인가를 결정하는 옵션이다. MySQL 5.7에서는 값이 대폭 늘어 handler::records_in_range()를 사용할 기회가 많아졌다.

### 3.7.3 sql_mode ▸▸▸ 신기능 41

NO_ENGINE_SUBSTITUTION → ONLY_FULL_GROUP_BY, STRICT_TRANS_TABLES, NO_ZERO_ IN_DATE, NO_ZERO_DATE, ERROR_FOR_DIVISION_BY_ZERO, NO_AUTO_CREATE_USER, NO_ENGINE_SUBSTITUTION

　SQL 모드는 SQL의 행동을 조정하는 친숙한 옵션이다. MySQL 5.7에서는 ONLY_FULL_GROUP_BY나 STRICT 모드가 기본값으로 활성화되어 있어 매우 엄격해졌다.

### 3.7.4 optimizer_switch ▸▸▸ 신기능 42

n/a → condition_fanout_filter = on, derived_merge = on, duplicateweedout = on

　MySQL 5.7에는 옵티마이저의 알고리즘이 추가되어서 그것들을 ON/OFF하기 위한 파라미터로 optimizer_switch가 추가되었다. condition_fanout_filter

는 조인의 순서를 결정할 때 WHERE 구문의 범위 축소 여부를, derived_merge는 FROM 구 서브쿼리의 병합 여부를 결정하는 것이다. 양쪽 모두 새로운 알고리즘 이 유효하게 설정되었다.

duplicateweedout은 MySQL 5.6에서도 사용된 세미 조인의 실행 방식 가운데 하나인데, 개별로 OFF할 수 없었다. MySQL 5.7에서는 ON/OFF를 전환할 수 있 는 스위치가 추가되었다.

## 3.8 새로운 옵티마이저의 활용법

이번 장에서는 MySQL 5.7에 포함된 옵티마이저의 신기능에 대해 설명하였다. EXPLAIN과 옵티마이저 트레이스 등 사용자가 편리함을 직접적으로 느낄 수 있는 기능도 있지만, 옵티마이저는 기본적으로 실행 계획을 자동으로 최적화하는 것 이므로 사용자가 직접적으로 조작할 대상은 아니다. 다시 말해서 사용자가 의식 하지 못해도 MySQL 5.7로 버전을 올리기만 해도 애플리케이션의 성능이 개선될 수 있다는 것이다. 이전 버전에서 기피해온 SQL 작성법, 예를 들면 서브쿼리를 조인으로 고쳐 쓰는 등의 작업도 MySQL 5.7에서는 불필요하다고 볼 수 있다.

또한 최적의 실행 계획을 선택하지 못한 경우에도 옵티마이저 트레이스를 통 해 비용 정보를 상세히 알 수 있게 되었다. 그로 인해 인덱스가 부족한지, SQL 작성이 잘못 되었는지와 같은 판단이 가능해졌다. 비용 추정이 현실과 많이 동 떨어져 있다면, 사용하고 있는 하드웨어에 맞춰 비용 계수를 조정할 수 있는 것 도 반가운 점이다. 비용 계수의 조정은 아직 실적이 없어서 기본적으로는 시행 착오가 필요하지만, 조정할 수 있는 여지가 있다는 것이 중요하다.

비용 계수를 조정해도 생각한 대로 실행 계획이 나오지 않을 때 옵티마이저 힌트로 실행 계획을 관리할 수 있다. 위기 상황에 사용할 최후의 수단이 있는 것 은 든든한 일이 아닐 수 없다.

# 4장

# InnoDB

RDBMS를 육상선수에 비유한다면 옵티마이저는 신체를 움직이는 두뇌에 해당한다. 그렇다면 몸을 움직이는 근육에 해당하는 것은 무엇일까? 바로 스토리지 엔진이다. 육상선수의 육체적 조건이 중요하다는 데에 이견이 있는 사람은 없을 것이다. 그와 마찬가지로 MySQL에서 InnoDB는 아주 중요한 구성요소다.

## 4.1 InnoDB의 개요

간단하게 InnoDB가 가진 기능을 정리해 보자. 기본적인 구조는 신기능을 이해하는 데 필요한 지식이므로 반드시 파악해 두기 바란다.

### 4.1.1 전형적인 트랜잭션 대응 데이터 스토어

InnoDB는 아주 정통적인 트랜잭션에 대응하는 데이터 저장소이다. 교과서에도 소개될 정도의 트랜잭션을 실현하기 위한 필수 요소들로 구성되어 있다. 그 구성요소들을 표현한 것이 그림 4.1이다.

 트랜잭션을 다루는 교과서에는 데이터베이스, 데이터베이스 캐시, 로그, 로그 버퍼라는 용어가 등장하지만, InnoDB에서는 테이블스페이스, 버퍼 풀, 로그, 로그 버퍼가 이들에 각각 대응한다. 그림 4.1에 등장하는 용어를 각각 InnoDB의 용어로 바꾸면, InnoDB 구조를 나타낼 수 있다. 이들 구성요소가 어떻게 연계하는지도 짚어보자. 트랜잭션은 여러 클라이언트가 동시에 접근할 때 배타 제어와 손상 복구를 통해 이상 증상이나 분실로부터 데이터를 보호하기 위한 구조로, 그 처리 개요는 다음과 같다.

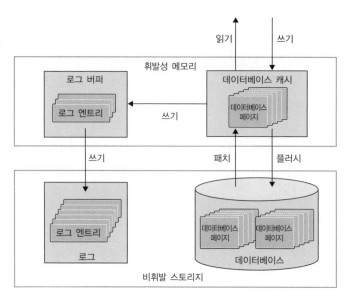

그림 4.1 트랜잭션에 필요한 구성 요소

데이터 접근은 클라이언트 요청에 따라 트랜잭션이 개시되면서부터 시작한다. 클라이언트의 데이터 읽고 쓰기 요청에 대한 응답은 모두 데이터베이스 캐시를 통해 일어나며, 참조 또는 변경하는 데이터가 캐시에 없으면 데이터베이스에서 해당 데이터를 패치한다. 클라이언트의 요청이 데이터 변경인 경우 데이터의 변경 작업은 모두 데이터베이스 캐시에서 일어나며, 데이터베이스에 바로 쓰지는 않는다. 데이터베이스보다 로그를 먼저 갱신해야만 하는데, 그렇게 하지 않으면 데이터의 정합성을 보증할 수 없기 때문이다.

트랜잭션 갱신의 정합성이란, 동시에 실행된 여러 트랜잭션의 갱신 결과가 그 트랜잭션 하나씩 순서대로 실행한 경우와 같아야 한다는 것이다. 이때 어떤 트랜잭션부터 실행했는가에 대해 제한은 없으므로, 어떤 순서로든 실행한 결과가 같으면 된다. 만일 여러 클라이언트의 갱신이 경합을 일으켰다면 트랜잭션이 완료될 때까지 어느 한쪽의 트랜잭션이 기다리든지 종료하여 동시 접근에 대한 정합성을 보증한다.

하나의 클라이언트 트랜잭션이 시작한 후 배타 처리 등으로 방해 받지 않고 필요한 갱신을 모두 완료하면 데이터를 영구화한다. 즉, COMMIT한다. 일단 COMMIT을 수행한 데이터는 분실하면 안되므로 COMMIT이 완료되기까지 로그 버퍼를 통해 변경 내용을 로그에 기록한다. 데이터베이스 캐시에 존재하지만 데이터베이스에는 아직 쓰여지지 않은 데이터, 즉 더티 데이터는 백그라운드에서 순차적으로 데이터베이스에 기록한다. 더티 데이터가 있는 상태에서 데이터베이스 서버가 손상되면 재기동 후에 복구해야 한다. 더티 데이터는 데이터베이스에는 없지만 로그에는 존재하므로 이 내용을 재생하면 COMMIT한 변경은 모두 복원될 것이다.

더티 데이터를 어디까지 데이터베이스에 써내렸는가를 기록하는 처리가 체크포인트이다. 로그는 트랜잭션 실행 순서대로 로그 엔트리를 나열한다. 따라서 가장 오래된 더티 데이터가 로그의 어디에 해당하는지 체크포인트에 따라 기록할 필요가 있다. 체크포인트가 완료된 로그는 데이터베이스에 적용되었으므로 복구 시 재생할 필요가 없다. 따라서 체크포인트를 마친 로그 엔트리의 공간은 해제할 수 있다.

## 4.1.2 InnoDB의 기능적인 특징

InnoDB가 가진 기능적인 특징을 열거하면 다음과 같다.

- ACID 트랜잭션
- 행 레벨의 lock
- 4개의 격리 레벨 지원
- Deadlock 검출
- Savepoint
- B+ 트리 인덱스
- R 트리 인덱스
- 전문 인덱스
- 외부 키 지원
- 데이터 압축
- memcached 인터페이스

InnoDB는 트랜잭션에 대응하므로 당연히 ACID 특성을 갖추고 있다. 또한 READ-UNCOMMITTED, READ-COMMITTED, REPEATABLE-READ, SERIALIZABLE 등 4가지 격리 레벨을 사용할 수 있다.

InnoDB에는 풍부한 기능이 있고, 성능도 충분하기 때문에 다양한 용도로 사용할 수 있다. MySQL은 테이블별로 스토리지 엔진을 변경할 수 있지만, 대부분의 경우에서는 InnoDB를 선택한다. 특히 온라인 상태에서 변경 작업을 하는 애플리케이션에서는 트랜잭션이 필수이기 때문에 InnoDB 외의 선택지는 거의 없다고 해도 무방하다.[1] MyISAM의 참조 성능이 좋다고 평가하던 시기도 있었지만, 현재는 InnoDB의 CPU 확장성이 가장 우수하므로 참조만 있는 부하 상황이라고 해서 MyISAM이 일등은 아니다. 이전에는 R 트리나 전문 검색 인덱스를 쓸수 있는 것이 MyISAM 뿐이었으나, 이제는 InnoDB에도 이런 기능이 탑재되어 있으므로 더 이상 MyISAM만의 장점이 아니다.

### 4.1.3 InnoDB의 구조적인 특징

InnoDB의 신기능을 이해하려면 기능적 특징보다도 구조적인 특징을 이해하는 것이 중요하다. InnoDB의 동작을 이해한 후에 핵심적인 몇 가지 특징을 순차적으로 살펴보자.

#### 클러스터 인덱스

InnoDB는 클러스터 인덱스(Clustered Index)라는 구조로, 데이터가 인덱스의 리프 노드(leaf node)에 저장된다. 바꿔 말하면 인덱스에 데이터를 포함하고 있다. 클러스터 인덱스는 색인 구성 테이블(Index Organized Table 또는 IOT)이라고도 부른다. 데이터가 모두 클러스터 인덱스에 저장된다는 것은 데이터만을 위한 저장 영역이 따로 없다는 의미이다. 클러스터 인덱스의 키로는 통상 기본키 또는 NULL을 포함하지 않는 고유 키 가운데 하나를 사용하지만, 둘 다 없는 경우에는 암묵적으로 48비트의 ROWID를 기본 키로 사용한다. 또한 이 ROWID는 서버 내 글로벌한 카운트에서 값을 가져온다. 그림 4.2는 클러스터 인덱스의 구조를 표현한 것이다.

그림 4.2는 깊이가 3인 B+ 트리이다. 같은 크기의 페이지 단위로 관리되어, 뿌리 노드부터 차례로 페이지를 더듬어 목적한 데이터를 찾아가는 것이다. 말단의 노드는 리프 노드(leaf node)라고 부르며, 인덱스를 검색할 때 최종적으로 도착하는 곳이다. 그 외의 노드는 리프 노드와 반대로 논 리프 노드(non leaf node)라고 부른다. B+ 트리의 특징은 트리의 깊이가 똑같다는 점이다. 그림 4.2를 보면, 리프 노드는 모두 같은 깊이로 정리되어 있다.

---

1 예외적으로 MySQL Cluster가 존재하지만, 이것은 통상의 MySQL 서버와는 별도 제품이므로, 여기서는 구별한다.

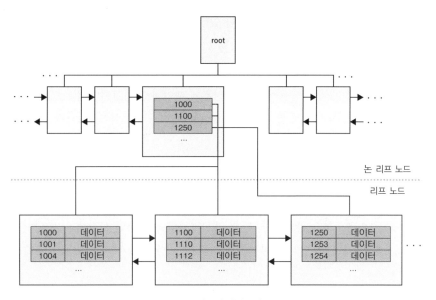

그림 4.2 클러스터 인덱스의 구조

이것은 중요한 포인트인데, 클러스터 인덱스에서는 데이터가 리프 노드의 엔트리에 저장되어 있다. 다시 말해 인덱스를 검색하면 바로 행 데이터에 도달한다. 데이터가 저장된 별도 영역에 접근할 필요 없이 기본 키만 검색하면 효율면에서 매우 좋다. 노드 내의 각 엔트리는 배열처럼 보이나 실제로는 양방향 Linked list가 되어 있어 페이지 내 검색은 리스트를 탐색하면서 진행된다. 양방향 Linked list인 이유는, InnoDB는 페이지 안에서 데이터를 정렬하지 않고 빈 공간이 있으면 사용하게 해서 페이지 내부에 행이 순서대로 있지 않기 때문이다.

InnoDB 테이블은 이렇게 클러스터 인덱스를 사용한 방식 외의 방식으로는 작성할 수 없다. 다른 구조의 테이블은 InnoDB에 존재하지 않는다. 그 외에 작성할 수 있는 오브젝트는 세컨더리 인덱스뿐이다. 다시 말해서 InnoDB에 작성할 수 있는 오브젝트는 인덱스뿐이다. SQL이라는 외관상의 인터페이스를 제거하면, InnoDB는 트랜잭션 대응 인덱스 스토리지라고 할 수 있다.

당연한 이야기지만 클러스터 인덱스도 장단점이 있다.

장점은 기본 키의 검색 효율이 좋다는 것이다. 리프 노드까지 도달하고 나면 추가로 데이터 영역에 접근할 필요가 없다. 또한 데이터는 모두 기본 키 순으로 접근이 가능하므로 기본 키 순으로 행을 스캔하는 것이 가장 빠르다. 단점은 세컨더리 인덱스를 사용한 검색 효율이 좋지 않다는 점이다. 세컨더리 인덱스는 기본 키의 값이 리프 노드에 저장되어 있다. 따라서 세컨더리 인덱스를 사용한 검색은 먼저 세컨더리 인덱스에서 기본 키의 값을 가져온 후 기본 키에서 데이터를 가져오는 흐름으로 일어난다. 이렇게 되면 한 행을 가져올 때도 인덱스를 두 번 검색하기 때문에 독립된 데이터 영역에 데이터가 저장되어 있는 경우보다 효율이 나쁘다. 이러한 배경 때문에, InnoDB에서는 커버링 인덱스[2]로 검색 속도를 큰 폭으로 개선할 수 있는 것이다.

### REDO 로그

InnoDB는 모든 변경 작업을 버퍼 풀에서 하지만, 트랜잭션의 COMMIT이 끝난 시점에 로그의 영구화가 완료된다. 대체 REDO 로그에는 어떤 시점에 어떤 데이터가 기록되는 것일까? 답부터 말하자면 데이터 조작을 할 때마다 REDO 로그를 생성한다.

InnoDB의 로그의 내용은 모두 MTR(Mini Transaction)이라는 단위로 기록된다. MTR은 아주 작은 일련의 데이터 페이지 변경을 기록한 것으로, 재실행하여 같은 조작을 재현할 수 있다. MTR을 생성하는 조작의 단위는 매우 작은데, 예를 들면 페이지의 행 추가나 변경, 페이지의 재편성, 분할이나 머지 등 온갖 조작이 MTR 단위로 일어난다. MTR의 밀도는 상당히 촘촘해서, 하나의 UPDATE문을 처리하는 사이에도 몇 번이나 MTR이 실행된다. 단, 통상의 트랜잭션과는 다르게 MTR에는 롤백이 없다.

MTR로 생성된 REDO 로그 데이터는 InnoDB 로그 버퍼를 지나 최종적으로 InnoDB 로그 파일에 쓰인다. InnoDB 로그 버퍼는 MySQL 서버에 하나만 존재하고 전체 트랜잭션에 공유되는 오브젝트로, 크기는 innodb_log_buffer_size로 설정한다. 그림 4.1에 로그 버퍼라는 명칭의 오브젝트가 묘사되어 있으며, InnoDB에서도 같은 이름이다. InnoDB 로그 파일은 그림 4.1의 로그에 해당한다.

MTR이 시작되고 완료하는 사이 각각의 MTR에 의해 생성된 로그 데이터는 MTR별로 로컬의 버퍼에 쌓인다. 이 시점의 변경 내용은 InnoDB 로그 버퍼에조차 기록되지 않는다. MTR이 COMMIT하고 처음으로 로컬 MTR의 버퍼 내용이 InnoDB 로그 버퍼에 복사된다. MTR이 COMMIT한 시점에는 로그 버퍼에만 복사된 상태로, 그 내용은 디스크에 기록되지 않는다. InnoDB 로그 버퍼는 조금 늦게 디스크에 써내린다. InnoDB 로그 버퍼가 디스크로 써내리는 시점은 트랜잭

---

2  세컨더리 인덱스에 접근하는 것만으로 쿼리를 해결할 수 있는 경우

션이 COMMIT하거나[3] 로그 버퍼를 다 사용해서 새로운 MTR을 COMMIT하기 위해 빈 공간을 확보해야 할 때이다.

이처럼 InnoDB 로그 파일(REDO 로그)에는 분할할 수 없는 각각의 조작, 즉 MTR이 연속적으로 기록되어 있다. 손상에 의한 복구를 할 때에는 플러시가 완료된 테이블 스페이스(데이터베이스)의 데이터에 대해 MTR을 연속 재생하여 InnoDB의 데이터 조작을 시간순으로 재현할 수 있다.

REDO 로그는 512바이트의 블록이 연속되어 있는 것으로, 포맷되어 있다. 각각의 MTR은 512바이트의 블록에 수용되기도 하지만, 여러 블록에 걸쳐 기록되기도 한다. 한 블록을 넘겨 기록된 경우 머신이 손상되면 앞서 기록된 블록만 영구 보존될 가능성이 있지만, 이 경우 MTR은 어중간하게 기록되어 복구할 때 버리게 된다. 512바이트라는 블록 크기는 HDD의 섹터 크기에서 기인한 값이다. 섹터의 쓰기 작업은 원자 단위로 일어나기 때문에 성공 아니면 실패 중 하나가 된다.

### 더티 페이지의 플러시

MTR을 이용해 복구하려면 두 가지 제약 조건을 만족해야 한다. 첫 번째는 로그 파일이 먼저 디스크에 기록되어야 한다. 복구 시에는 데이터 파일을 읽어 들인 후 로그를 재생한다. 따라서 로그 파일보다 데이터 파일이 선행한다면 로그 파일의 변경 내용은 재생할 필요가 없다. 로그가 항상 선행되기 때문에, 이와 같은 로그 파일을 WAL(Write-Ahead-Log)이라고 부른다.

따라서 데이터 파일로의 플러시는 로그 파일의 플러시보다 이후에 일어난다. 데이터 파일에 플러시가 완료되는 사이에 InnoDB 버퍼 풀에서는 변경이 일어났지만, 디스크에 플러시가 완료되지 않은 데이터 페이지, 이른바 더티 페이지가 생긴다. 더티 페이지는 변경이 완료되었지만 데이터 파일에 쓰기와 플러시가 완료되지 않아 조만간 플러시할 필요가 있다. 그리고 이 작업은 로그보다 이후에 실행되어야 한다. 로그보다 이후에 실행하기 위해 MTR에는 변경한 페이지의 리스트가 포함되어 있고, 로그의 플러시가 완료되기까지 더티 페이지의 플러시는 일어나지 않는다.

또 한 가지의 제약은 더티 페이지가 남아있는 사이에는 그 페이지를 변경한 MTR이 로그 파일에서 누락되면 안 된다는 것이다. InnoDB의 로그 파일은 사이즈가 고정되어 있어 그 합계 크기는 innodb_log_file_size와 innodb_log_files_

---

[3] COMMIT 시 로그에 영구 보존하는 것은 innodb_flush_log_at_trx_commit = 1인 경우이고, 그 외의 경우는 COMMIT 실행 시에 디스크에 영구 보존되었다고 보증할 수 없다.

in_group의 곱에 의해 결정된다. 로그 파일의 크기가 고정되어 있다는 것은 로그 파일을 몇 번이고 덮어쓴다는 의미다. 이는 바이너리 로그와의 차이점을 생각하면 이해하기 쉬울 것이다. 바이너리 로그는 max_binlog_size를 넘으면 새로운 파일을 작성하고 변경 내용을 새로운 로그 파일의 꼬리에 작성한다. 따라서 파일의 변경은 항상 추가로 기록되며, 로그 파일의 데이터를 덮어쓰는 일은 절대 없다. 하지만 InnoDB는 같은 로그 파일을 재사용하기 때문에, 불필요해진 로그 엔트리가 해제되면 별도의 새로운 로그 엔트리가 기존 데이터를 몇 번이고 덮어쓰게 된다.

만일 로그 파일의 빈 영역이 없어지면, 빈 공간이 생길 때까지 로그 파일로의 쓰기 작업은 불가하다. 충분한 빈 공간이 없는데 새로운 로그를 기록하면 해제되지 않은 영역을 덮어쓰는 결과를 낳기 때문이다. 다른 내용이 덮어쓴 로그는 복구 시 사용할 수 없으므로, 그 상태에서 손상이 발생하면 데이터 복구는 실패한다. 그러한 상황이 일어나지 않도록 로그 파일의 덮어쓰기를 하지 않는 것이다.

### 체크포인트

InnoDB는 퍼지라는 체크포인트를 내장하고 있다. 퍼지 체크포인트는 더티 페이지를 조금씩 디스크로 플러시해서 어디까지 플러시했는지 기록하는 방식이다.[4] InnoDB에서는 LSN을 이용해 체크포인트, 다시 말해 어디까지 플러시가 진행되었는가를 로그의 헤더에 기록한다. LSN은 Log Sequence Number의 약자로, 각각의 로그 엔트리가 로그의 기록을 시작하고부터 몇 바이트째인가를 나타내는 값이다. 로그 파일이 반복해서 사용되어도 LSN은 리셋 없이 계속 증가한다. 이는 전원이 나가버린 경우에도 한 가지는 확실하게 남기고자 함이다. REDO 로그에 포함된 변경 내용 가운데 체크포인트에 기록된 LSN보다 오래된 것은 이미 데이터 파일로 플러시되었으므로 복구할 때 재실행할 필요가 없다.

체크포인트가 완료됐을 때, 그보다 오래된 REDO 로그 내용은 이미 데이터 파일에 있는 것이 명확하므로 해제할 수 있다. 이처럼 오래된 로그를 해제하려면 오래된 LSN의 더티 페이지가 플러시되어야 한다. 따라서 더티 페이지의 플러시는 오래된 쪽부터 순서대로 일어난다. 바꾸어 말하면, 체크포인트보다도 오래된 더티 페이지는 구조상 존재해서는 안된다는 것이다. 다시 말해서 InnoDB는 로그 파일의 크기만큼 더티 페이지를 갖고 있다고 말할 수 있다. 단 MTR의 포맷은

---

4 덧붙여 퍼지가 아닌 방식의 체크포인트는 샤프 체크포인트라고 부른다. 체크포인트 시점에 모든 더티 페이지를 플러시하는 방식이다.

매우 압축되어 있으므로 더티 페이지의 크기보다 작은 경우가 많다.

체크포인트는 기본적으로 일정 기간마다 기록되므로 데이터 파일의 변경과 반드시 동기화되지 않는다. 체크포인트보다도 데이터 파일 쪽이 새로운 변경 내용을 포함하고 있는 상황이 일어난다. 복구는 최후에 실행된 체크포인트로부터 REDO 로그를 적용하도록 만들어져 있으나 체크포인트보다 새로운 데이터는 어떻게 할 것인가. 이 질문에 대한 대답은 명확하다. 데이터 파일의 각 페이지에는 그 페이지를 최후에 변경한 시점의 LSN이 기록되어 있다. 이미 REDO 로그를 그 페이지에 적용했는지 여부는 REDO 로그의 LSN과 페이지의 LSN을 비교해보면 알 수 있다.

### Double Write

InnoDB는 말 그대로 데이터 파일에 쓰기 작업을 두 번 한다. 첫 번째는 Double Write 버퍼라고 부르는, 데이터 파일에 연결된 2MB 영역에 데이터를 쓴 후 실제 데이터 페이지에 쓰는 것이다. 이름이 버퍼이긴 하지만 Double Write 버퍼는 메모리가 아니라 파일이라는 점에 주의하자. 같은 내용을 별도의 영역에 2회에 나누어 쓰는 방법으로 데이터 파일 변경 중에 머신이 손상되어도 데이터 파일의 손상은 막을 수 있다. 왜냐하면 Double Write 버퍼와 실제 데이터 페이지 가운데 하나는 확실히 변경되어 있을 것이기 때문이다. 만일 Double Write 버퍼가 망가져 있다면 그 내용을 파기하면 되고, 데이터 페이지가 망가졌다면 Double Write 버퍼에 있는 데이터를 살리면 된다.

Double Write는 데이터를 보호한다는 측면에서 아주 간단하지만 확실한 방법이다. 하지만 데이터 파일로 쓰는 데이터 양이 두 배가 된다. Double Write 버퍼는 연속하는 영역이므로 쓰기 작업은 순차적으로 일어난다. 따라서 랜덤 액세스에 의해 쓰는 데이터 페이지보다는 쓰기 작업의 오버헤드가 적다. 하지만 플러시 속도에 끼치는 영향은 적지 않다. write가 원자 단위로 일어나는 파일 시스템에서는 Double Write가 사실상 의미가 없으므로 비활성화할 수 있다.[5]

### MVCC와 UNDO 로그

InnoDB에서는 REPEATABLE-READ 격리 레벨을 실현하기 위해 MVCC(Multi Version Concurrency Control) 시스템을 도입했다. 읽기 전용 트랜잭션에 대해 약간의 시차를 허용하여 일관성 있는 읽기를 실현하는 구조다.

---

5 신기능 66을 참조할 것

트랜잭션을 실행하면 데이터는 시시각각으로 변한다. 만일 어떤 트랜잭션이 참조하는 데이터를 항상 같게 하는 성질을 최신의 데이터로만 실현하고자 한다면 참조할 전체 행을 잠글 필요가 있다. 어떤 트랜잭션이 변경한 행을 COMMIT하기 전에 다른 트랜잭션이 참조[6]하게 되면 롤백에 의해 행을 원래 값으로 되돌려 새로운 값이 없어질지 모른다. 따라서 현재 실행 중인 트랜잭션이 변경한 행에 대해서는 COMMIT이 완료될 때까지 별도의 트랜잭션은 읽기 작업을 기다려야 한다. 반대로 어떤 트랜잭션이 늘 일관된 값을 가져오려면 읽은 행이 다른 트랜잭션에 의해 변경되지 않게 해야 한다. 이처럼 일관된 읽기를 최신 데이터로만 실행하려면 참조 또는 변경할 행 전체에 잠금을 걸어야 하므로 오버헤드가 커지게 된다.

그래서 등장한 것이 과거 버전의 데이터를 보여줌으로써 트랜잭션에 일관된 데이터를 참조할 수 있게 하는 MVCC다. 어떤 행이 변경된 경우, 이미 실행하고 있던 트랜잭션이 그 행 데이터를 참조하려면 최신 데이터가 아닌 변경 전의 데이터를 참조하게 하는 것이다. 그렇게 과거 버전의 데이터를 참조하게 하면 트랜잭션 시작 시의 데이터를 일관되게 제공할 수 있다. 이렇게 참조하면 행에 잠금을 걸 필요가 없어지므로 병렬 처리가 개선된다.

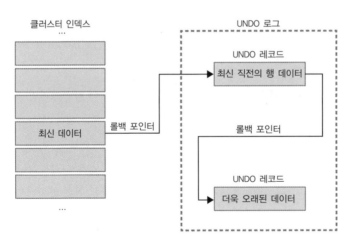

그림 4.3 롤백 세그먼트에서 읽기

그러면 과거의 데이터는 어디서 가져올까? 질문을 좀 더 한정하면, 과거 버전의 데이터는 어딘가에 보존되는 걸까? 대답은 당연히 YES다. 행 데이터가 변경되면 일단 그 데이터를 UNDO 로그 영역으로 보낸다(똑같이 복사해둔다). 이렇게

---

6 이것은 더티 리드이다.

보낸 행 데이터를 UNDO 레코드라 부른다. 각각의 행에는 롤백 포인터라는 숨어있는 데이터 영역이 있어서 보내진 UNDO 레코드를 알려주게 되어 있다. 게다가 같은 행이 변경되면 다시 행 데이터가 UNDO 로그로 보내지지만, 이렇게 보내진 행은 한 번 더 오래된 버전의 UNDO 레코드로의 롤백 포인터를 가지고 있기 때문에 롤백 포인터를 순서대로 타고 가면서 과거의 버전으로 거슬러 올라가는 구조다. 이러한 모양새를 나타낸 것이 그림 4.3이다.

덧붙여서 행 데이터는 SQL문의 실행과정에서 다시 작성되어 오래된 버전의 데이터가 UNDO 로그로 보내지지만 트랜잭션이 롤백되면 그 오래된 데이터가 부활하게 된다. 롤백 시 필요한 데이터(UNDO 레코드)를 가리키는 포인터를 롤백 포인터라 불린다. 또한 UNDO 로그는 여러 개의 세그먼트로 구성되는데, 그 영역을 롤백 세그먼트라 부른다. UNDO 로그와 롤백 세그먼트를 같은 것이라 생각해도 문제는 없다.[7]

InnoDB에서는 REPEATABLE-READ와 READ-COMMITTED로 MVCC가 이뤄진다. READ-UNCOMMITTED와 SERIALIZABLE은 UNDO 로그를 참조하지 않는다. READ-UNCOMMITTED는 더티(dirty) 상태가 되어도 최신 데이터를 읽으며, SERIALIZABLE은 전체 행 접근으로 lock을 걸기 때문에 역시나 최신의 데이터만 참조하면 된다. READ-COMMITTED에서 MVCC를 이용하는 것이 의외라고 생각할지 모르겠으나, 트랜잭션의 시작부터 종료까지가 아니라 각각의 SELECT에서 일관된 읽기를 가능하게 하려는 것이다. 이 두 가지의 격리 레벨에서는 MVCC에 의한 일관된 읽기의 범위(요컨대 REPEATABLE-READ에서는 트랜잭션의 전체, READ-COMMITTED에서는 각 SQL)에서는 한 트랜잭션 안에서 일정 범위의 레코드들을 두 번 이상 읽을 때 첫 번째 쿼리에는 없던 레코드가 두 번째 쿼리에서 나타나는 팬텀 리드가 일어나지 않도록 한다. 단, 팬텀 리드가 일어나지 않는 것은 InnoDB의 설치에 따라 달라지며, 다른 RDBMS에서는 SERIALIZABLE 이외의 격리 레벨로 팬텀 리드가 발생할 가능성이 있으므로 주의하기 바란다.

### 퍼지 처리

UNDO 레코드는 갱신될 때마다 증가하기 때문에 그냥 두면 계속해서 늘어난다. UNDO 레코드는 어느 시점에 삭제하면 좋을까? 반대로 삭제하면 안 되는 경우

---

7 단순히 UNDO 로그라고 말했을 때 로그 전체를 의미하는 것도 있고, 로그에 포함된 하나의 엔트리를 가리키는 것도 있다. 롤백 세그먼트와 같은 것은 물론 전자이다.

는 언제일까? 이 질문에는 명확한 답이 있다. 그 로그를 참조할 가능성이 있는 트랜잭션은 새로운 행 데이터를 쓴 트랜잭션이 COMMIT하기 전에 실행하기 시작한 것, 다시 말해서 오래된 트랜잭션뿐이다. 오래된 트랜잭션이 종료하게 되면 과거 버전을 참조할 필요도 없어지므로 UNDO 레코드도 삭제할 수 있게 된다.

퍼지 스레드가 백그라운드에서 UNDO 레코드를 순차적으로 삭제한다. 퍼지 스레드가 수행하는 한 가지 처리가 더 존재한다. 삭제가 끝났다고 체크된 행을 실제로 삭제하는 것이다. DELETE로 행을 삭제하면 새로운 행 데이터가 존재하지 않으므로 UNDO 레코드는 작성되지 않는다. 그러나 삭제되기 전의 데이터를 참조하는 트랜잭션이 있을지 모르기 때문에 데이터 페이지에서 행을 바로 삭제하는 것이 아니라 삭제가 완료되었다는 마크만 붙인다. 그 행을 참조할 가능성이 있는 트랜잭션이 존재하는 한, 그 행 데이터를 실제로 삭제해서는 안 된다. 그러한 행의 삭제와 UNDO 레코드의 삭제를 퍼지 스레드가 담당한다.[8]

퍼지 스레드는 어떻게 대상 UNDO 레코드를 발견하는 것일까? 사실 InnoDB는 트랜잭션을 COMMIT할 때마다 History List라는 글로벌한 리스트에 트랜잭션마다의 UNDO 레코드를 COMMIT한 순서대로 하나의 엔트리로 가지고 있다. SHOW ENGINE INNODB STATUS에는 History List Length라는 영역이 있어 이 리스트의 길이, 다시 말해서 퍼지되지 않은 UNDO 로그 엔트리의 수가 표시된다. 퍼지 스레드는 이 History List에서 UNDO 로그 엔트리를 더듬어 불필요한 UNDO 레코드를 발견하면 오래된 것부터 삭제한다.

### Non Locking Read와 Locking Read

InnoDB를 사용할 때 무엇보다 주의할 점이 있다. 바로 MVCC는 Non Locking Read로만 사용된다는 점이다. Non Locking은 행에 lock을 걸지 않는다는 뜻이다. Non Locking Read에서는, 읽고자 하는 행이 실행 중인 다른 트랜잭션에 의해 변경되어 최신의 행 데이터에 lock이 걸려 있어도 MVCC를 통해 오래된 버전의 데이터를 lock 없이 읽을 수 있다. 이미 lock에 걸린 행에 접근하는 경우에도, 새로운 행에 lock을 걸지 않으므로 lock 경합이 일어나지 않는다.

Non Locking Read를 통해 읽는 것은 오래된 버전의 데이터이므로 최신 데이터가 무엇이든, lock에 걸리든 말든 상관없다. MVCC는 이런 경우에만 사용된다. 여기서 주의할 점은 Locking Read의 존재이다. MVCC를 이용하는 격리 레벨,

---

8 순서상 UNDO 로그의 해제에 대해서 먼저 설명했지만, 퍼지라고 하면 오히려 삭제가 완료된 영역을 회수하는 처리가 일반적이다.

다시 말해서 REPEATABLE-READ와 READ-COMMITTED에는 쿼리에 의해 Non Locking Read와 Locking Read가 구사된다. 데이터의 변경은 데이터 페이지에 있는 최신 데이터에 대해 일어나야 하고, 변경한 행은 트랜잭션이 종료할 때까지 lock을 걸어야 한다. 다시 말해서 Non Locking Read를 통해 과거 버전의 데이터에 접근하는 것만으로는 변경 처리가 성립하지 않는다. 따라서 최신 데이터를 읽어서 행에 lock을 걸어야 한다. 변경 계열의 쿼리나 SELECT...FOR UPDATE 또는 SELECT ... LOCK IN SHARE MODE는 Locking Read, 즉 최신 데이터에 접근하는 동시에 lock을 획득한다.

변경된 행에 대해 과거 버전을 읽는 Non Locking Read와 늘 최신의 데이터를 읽는 Locking Read는 당연히 값이 다르게 보일 수 있다. 더불어 Non Locking Read 때에는 보이지 않던 행이 보일 수도 있다. 리스트 4.1은 Non Locking Read와 Locking Read에 의해 보이는 데이터가 서로 달라 의도치 않은 변경이 일어나는 경우다.

**리스트 4.1 Locking Read에 의한 의도하지 않은 변경**

```
T1> CREATE TABLE t (a INT UNSIGNED NOT NULL 기본 키);
T1> INSERT INTO t VALUES (10), (20);
T1> COMMIT;
T1> BEGIN;
T1> SELECT * FROM t;
+----+
| a  |
+----+
| 10 |
| 20 |
+----+
2 rows in set (0.00 sec)


※ 별도의 세션에서
T2> INSERT INTO t VALUES (15);
T2> COMMIT;


※ 원래의 세션에서
T1> SELECT * FROM t;
+----+
| a  |
+----+
| 10 |
| 20 |
+----+
2 rows in set (0.00 sec)

T1> UPDATE t SET a=a+1;
Query OK, 3 rows affected (0.00 sec)
```

```
Rows matched: 3  Changed: 3  Warnings: 0

T1> SELECT * FROM t;
+----+
| a  |
+----+
| 11 |
| 16 |
| 21 |
+----+
3 rows in set (0.00 sec)
```

리스트 4.1은 REPEATABLE-READ일 때의 동작을 나타낸 것이다. 트랜잭션 T1의 개시 후에 테이블 t에 다른 트랜잭션(T2)에서 행이 추가되고 있다. Non Locking Read에서는 그 행이 보이지 않지만 계속해서 UPDATE 명령어로 T2에 의해 추가된 행도 변경되었다! 이는 matched와 changed가 3이 된 것으로 알 수 있다. 그 후 다시 SELECT를 실행하면 기존의 행 값이 변경될 뿐만 아니라 행 수가 늘어난 것을 볼 수 있다. 이것은 자신이 잠그고 있는 행에 대해서는 Non Locking Read에서도 최신의 데이터를 볼 수 있기 때문이다. 다시 말해서 Locking Read가 섞여 들어온 것으로, 참조는 REPEATABLE이 아니게 된다.

MVCC는 편리하지만 Non Locking Read와 Locking Read가 혼재할 수 있는 새로운 문제점이 있다. 참조 모드의 혼재에 의한 문제를 막으려면 격리 레벨을 SERIALIZABLE로 해야 한다. SERIALIZABLE 격리 레벨에서는 모든 행 접근이 Locking Read가 된다. 다시 말해서 접근한 행은 SELECT라면 공유 lock이, 변경 계열의 쿼리라면 배타 lock이 전체 행에 자동적으로 걸린다. lock을 건 행 데이터는 다른 트랜잭션에서 변경할 수 없기 때문에 그 트랜잭션이 완료되어 lock이 해제되기까지 항상 같은 값을 갖게 된다.

SERIALIZABLE 이외의 격리 레벨도 SELECT에 대해서 FOR UPDATE나 LOCK IN SHARE MODE를 걸어 명시적으로 Locking Read로 할 수 있지만, 이 경우의 오버헤드는 SERIALIZABLE과 다르지 않으므로 자기 부담으로 Locking Read를 했을 때 특별한 이점이 없다. 따라서 참조 또는 변경만 하는 트랜잭션은 REPEATABLE-READ, 참조와 변경이 혼재하는 경우에는 SERIALIZABLE로 하는 것이 가장 확실하고 간단하다.

### Next Key Lock

REPEATABLE-READ나 READ-COMMITTED에서는 MVCC를 사용하고 있는 한 팬텀을 막는다. 이는 중요한 기능이며 편리하지만 Locking Read의 경우가 문제다. 전체가 Locking Read가 되는 SERIALIZABLE에서는 어떻게 팬텀을 방지할 것인가? SQL 표준에서는 SERIALIZABLE 격리 레벨에서 팬텀이 일어나지 않는다고 설명한다.

Locking Read에서 팬텀을 막기 위해 사용하는 것이 Next Key Lock 구조다. 이는 Row Lock와 Gap Lock을 조합한 것이다. 여기서 말하는 gap이라는 것은 행과 행 사이의 논리적인 공간을 말한다. 행 사이에 물리적으로 공간이 있다는 뜻은 아니다. Gap Lock는 '행 사이'라는 객체가 있다고 가정하고 lock을 거는 것을 말한다. 이러한 논리적인 행 사이에 lock을 걸어 그 행 사이에 새로운 행이 삽입되지 않도록 한다. 다시 말해 Gap에 lock을 걸면 INSERT는 블록된다.

만일 리스트 4.1에서 트랜잭션 T1의 격리 레벨이 SERIALIZABLE인 경우에는 트랜잭션 T2에 의한 INSERT는 Gap Lock에 의해 블록된다. 트랜잭션 T2는 트랜잭션 T1이 완료하고 Gap Lock이 개방되기까지 INSERT할 수 없게 된다. 그림 4.4는 이러한 상황에서 Row Lock과 Gap Lock을 표현한 것이다. 그림 안에 있는 infimum과 supremum은 집합의 하한과 상한을 의미하는 가상의 행이다.

반대로 gap에 이미 행이 삽입된 경우, 그 gap을 lock하는 것과 같은 SELECT, UPDATE, DELETE는 먼저 그 gap에 행을 삽입한 트랜잭션이 완료될 때까지 블록된다. 단, Gap Lock이 의미가 있는 경우는 실제로 행을 삽입할 때까지의 시간 사이뿐이다. 일단 삽입이 완료되면 그 gap에는 이미 행이 존재한다. 삽입된 그 행은 삽입을 실행한 트랜잭션에 의해 잠기고, 트랜잭션이 COMMIT할 때까지 그 외의(READ-COMMITTED가 아닌) 트랜잭션에서는 참조도 변경도 할 수 없게 된다.

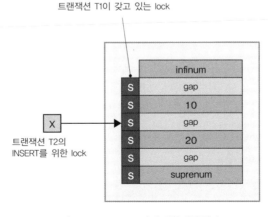

그림 4.4 Next Key Lock에 의한 팬텀 방지

## 성능 튜닝의 기본

InnoDB의 초기 설정으로 무엇보다 주의해야 할 사항을 언급해두고자 한다. 여기서 소개하는 파라미터가 왜 중요한가는 이번 장에서 이미 소개한 아키텍처를 떠올린다면 이해할 수 있을 것이다.

많은 파라미터 가운데 가장 먼저 정할 항목은 버퍼 풀의 크기, 다시 말해 innodb_buffer_pool_size이다. WAL의 항목으로도 설명한 것처럼 버퍼 풀은 데이터 파일과 로그 파일이 기록되는 순서를 조정하기 위한 버퍼이지만, 디스크 액세스를 줄이기 위한 캐시의 역할도 하고 있다. 성능면에서는 이러한 역할이 더 중요하다. 따라서 버퍼 풀이 크면 클수록 데이터를 참조할 때 불필요한 파일 접근이 줄어 성능 향상에 도움이 된다. 참조 처리를 위한 캐시로써의 효과를 기대할 수 있다.

튜닝 이론상으로는 다른 버퍼에 배정해야 하는 메모리를 제외하고는 버퍼 풀의 크기가 최대가 되도록 메모리를 할당하는 것이 좋다. 그렇게 버퍼 풀을 할당한 경우는 innodb_flush_method를 O_DIRECT로 설정해야 한다. 그렇게 하지 않으면 InnoDB에 의해 발생한 데이터 파일의 I/O를 OS가 파일 시스템에서 캐시해 버린다. 파일 시스템 캐시는 바로 크기가 커져 시스템의 빈 메모리를 손쉽게 고갈시킨다. 파일 시스템의 캐시도 불필요한 디스크 접근을 줄인다는 관점에서는 InnoDB 버퍼 풀과 같지만, InnoDB의 데이터를 캐시하는 경우에는 InnoDB 버퍼 풀을 사용하는 것이 효율면에서 유리하다. 따라서 파일 시스템 캐시가 아니라 InnoDB 버퍼 풀에 보다 많은 메모리를 할당하는 것이 바람직하다.

또한 MySQL 5.5부터 버퍼 풀의 인스턴스 수를 늘릴 수 있다. 인스턴스 수를 늘리는 의도는 주로 lock 경합을 피하기 위함이다. MySQL 서버는 멀티 스레드로 구성되어 있기 때문에 버퍼 풀의 조작에는 배타 처리가 필요하다. 동시 실행 스레드 수가 늘어나면 버퍼 풀의 뮤텍스에 대한 접근도 집중된다. 버퍼 풀을 분할해서 접근을 분산시켜서 각각의 스레드가 동시에 같은 버퍼 풀 인스턴스에 접근하는 확률을 낮추는 것이다. CPU 코어 수가 많으면 인스턴스 수를 늘리는 것을 검토해야 한다. 인스턴스 수를 결정하는 옵션은 innodb_buffer_pool_instances로, MySQL 5.7의 기본값은 8로 되어 있다.

다음으로 중요한 것이 로그 크기다. 이미 기술한 것처럼 InnoDB의 로그 파일은 크기가 고정되어 있어 같은 영역을 몇 번이고 다시 사용한다. InnoDB가 로그 파일 크기에 응하는 더티 페이지를 갖는 것은 앞에서 설명했다. 더티 페이지를 어디까지 허용할 수 있는가는 돌발적인 변경 부하에 대응할 때 매우 중요한 요소다. 로그 파일을 다 사용하고 새롭게 REDO 로그(MTR)를 생성하려면 오래된 더티 페이지가 플러시되어 체크포인트가 생성될 때까지 기다려야 한다. 변경 시 로그 파일에만 데이터를 써도 되는 경우와 비교했을 때 더티 페이지의 플러시가 필요한 경우가 훨씬 느리다. 충분히 큰 로그(innodb_log_file_size × innodb_log_files_in_group)를 갖게 해서 느린 플러시를 미룰 수 있다. 단, REDO 로그의 크기가 커지게 되면 복구 시간도 길어지는 부작용이 생기므로 무턱대고 크게 설정하는 것은 좋지 않다. 원래 더티 페이지는 버퍼 풀보다 클 수 없으므로 버퍼 풀 이상으로 REDO 로그를 크게 설정해도 의미가 없다.

하지만 느린 플러시를 뒤로 미루는 데에도 한계가 있다. 플러시의 속도보다 빠른 변경 작업이 연속으로 일어나면 더티 페이지는 계속 늘어나 REDO 로그를 다 써버리게 된다. 이런 식으로 계속해서 변경 작업이 일어나면 더티 페이지의 플러시와 체크포인트의 완료를 기다려야 한다. 다시 말해서 InnoDB가 실행할 수 있는 변경 작업의 한계 성능을 결정하는 것은 플러시의 속도 등이다. 따라서 시스템을 설계할 때 플러시의 속도가 변경 속도의 평균치를 밑돌지 않도록 유의해야 한다. 플러시를 빠른 속도로 하고자 할 때 무엇보다 중요한 것은, 고속의 디스크를 이용하는 것이다. 직설적인 얘기지만 그것이 가장 확실하다. InnoDB는 디스크에 맞춰 자동으로 플러시 속도를 조정하지 않으므로 innodb_io_capacity를 디스크의 IOPS와 유사하게 설정할 필요가 있다.

## 4.2 MySQL 5.7에서의 성능 개선점

이번 장의 서두에서 RDBMS를 육상선수에 비유했을 때 옵티마이저가 두뇌에 해당하고, InnoDB가 근육에 해당한다고 기술했다. 근육에서 가장 중요한 것은 역시 근력이다. 유연성도 중요하지만 근육이 어느 정도 힘을 낼 수 있는가는 육상선수에게 있어 최대의 관심사일 것이다. 즉, InnoDB는 성능이 가장 중요한 사항이다. 무엇보다 중요한 테마인 성능 향상부터 짚고 넘어가도록 하자.

### 4.2.1 RO 트랜잭션의 개선 ▸▸▸ 신기능 43

MySQL 5.6에서는 START TRANSACTION READ ONLY라는 구문을 지원했다. 이는 트랜잭션이 읽기 전용(Read Only, 이하 RO)임을 선언하는 것으로, 트랜잭션을 초기화할 때 변경을 위한 영역, 다시 말해 롤백 세그먼트를 할당하지 않게 한다. 이로써 참조 효율이 향상되지만, 애플리케이션이 BEGIN이나 단순한 START

TRANSACTION 대신에 이 구문을 명시적으로 실행해야 하므로 약간 수고스럽다. 또한 MySQL 5.6에서는 AUTO COMMIT 모드 시의 Non Locking인 SELECT로도 비슷한 최적화가 가능하다. AUTO COMMIT 모드이며, Non Locking인 SELECT 는 변경이 없으면 보증되기 때문이다.

그러나 애플리케이션이 하나하나 START TRANSACTION READ ONLY를 지정하거나 AUTO COMMIT 모드를 이용해야 하는 것은 좋지 않다. 그만큼 수고스럽기 때문이다. 트랜잭션 내에서 변경을 일으키지 않는 경우에는 시스템에서 비슷한 최적화가 일어났을 때 가능하면 그 영향을 받고 싶기 마련이다. MySQL 5.7에서는 AUTO COMMIT이 아니고 단순한 START TRANSACTION 또는 BEGIN에 의해 시작된 트랜잭션에 대해서도 결과적으로 변경이 일어나지 않는 경우에는 롤백 세그먼트의 할당을 생략한다. 다시 말해서 트랜잭션에 최초 변경이 일어날 때까지 롤백 세그먼트의 할당을 연기하게 된 것이다.

이러한 변경에 맞추어 트랜잭션의 관리가 조금 더 효율적으로 바뀌었다. MySQL 5.6에서는 RO 트랜잭션과 Read Write(이하 RW) 트랜잭션을 관리하기 위해 각각 개별 리스트를 사용했다. MySQL 5.7에서는 RO 트랜잭션에 원래 트랜잭션 ID를 할당하는 것을 폐지하여 RO 트랜잭션의 리스트도 필요 없게 되었다. 그 결과 RO 트랜잭션의 리스트를 조작하는 오버헤드가 없어져 효율적으로 처리하게 되었다.

단, 트랜잭션 ID가 할당되지 않으면서 SHOW ENGINE INNODB STATUS나 INFORMATION_SCHEMA의 표시가 곤란해졌다. 여기에는 RO 트랜잭션의 정보도 표시되었는데 트랜잭션 ID가 할당되지 않으면 트랜잭션을 식별할 수 없기 때문이다. 그래서 내부에서 트랜잭션 정보를 관리하는 구조체(trx_t)를 저장하는 영역의 포인터에서 산출한 적당한 값을 트랜잭션 ID 대신 사용하게 되었다. 현재의 트랜잭션 ID 카운터보다 큰 트랜잭션 ID는 가짜 ID로, 실제로는 할당되지 않은 것이다. 리스트 4.2는 SHOW ENGINE INNODB STATUS를 사용해 RO 트랜잭션을 표시한 것이다. Trx id counter보다도 훨씬 큰 트랜잭션 ID가 출력되지만 이는 가짜다.

리스트 4.2 Read Only 트랜잭션의 예

```
-----------
TRANSACTIONS
-----------
Trx id counter 4523
Purge done for trx's n:o < 4519 undo n:o < 0 state: running but idle
```

```
History list length 109
LIST OF TRANSACTIONS FOR EACH SESSION:
---TRANSACTION 421786839559792, not started
0 lock struct(s), heap size 1136, 0 row lock(s)
```

### 4.2.2 RW 트랜잭션의 개선 ▸▸▸ 신기능 44

이미 설명한 것처럼 InnoDB에서는 전체가 인덱스로, 데이터는 클러스터 인덱스에 저장한다. 따라서 변경 계열의 명령어로 인덱스를 구성하는 B+ 트리 구조가 매번 변화하는 것이다. 구체적으로는 인덱스에 새로운 페이지와 추가하거나 데이터가 줄어들어 이웃한 페이지를 합치는 등의 조작을 말한다.

B+ 트리의 구조를 변경하게 되면 데이터에 부정합이 일어나지 않고, 변경 도중에 이상한 데이터가 참조되지 않도록 배타 처리를 해야 한다. B+ 트리의 구조는 복잡하므로 그 과정에서 몇 번이고 lock을 획득하게 된다. 그 가운데 무엇보다 경합이 많은 것이 index->lock으로, 인덱스마다 하나씩 존재한다. 인덱스마다 하나밖에 없기 때문에 같은 클러스터 인덱스나 세컨더리 인덱스에 접근이 집중하면 이 lock에 병목이 발생한다.

이에 MySQL 5.7에서 제시한 해결법은 RW lock에 새로운 모드를 도입하는 것이다. 이 index->lock은 RW lock으로, 일반적인 RW lock과 마찬가지로 배타 접근(X lock)과 공유 접근(S lock)이 가능하지만 이는 MySQL 5.6까지의 이야기다. MySQL 5.7에서는 SX lock이라는 중간 모드가 새롭게 추가되었다. SX lock는 S lock과 호환성이 있어 어떤 트랜잭션이 SX lock에 걸리면 별도의 트랜잭션이 S lock을 취하는, 또는 그 반대의 접근이 가능하다. rw-lock의 호환성에 대해서는 표 4.1에 정리하였다.

종래 X lock으로 하던 처리가 일부 SX lock으로 변경되면서 S lock이 필요한 처리와의 lock 경합이 줄어 참조와 변경이 혼재하는 부하 상황에서 병렬 처리 성능이 향상되었다. 즉, index->lock의 경합이 이전보다 줄어들게 되었다. 물론 index->lock은 MySQL 5.7에서 인덱스의 배타 처리에 사용된다. 각각의 트랜잭션에서는 index->lock을 획득한 이후에 그 인덱스 트리 페이지에 순차적으로 접근한다. 이때, 각각의 페이지에 접근하기 위해서는 각 페이지에 lock이 필요하다. 어떠한 순서로 페이지에 접근해야 데드락이 걸리지 않을지 면밀하게 계산하여 SX lock에서도 문제없는 처리가 일어난다. X lock이 SX lock으로 변경되면서 lock 경합이 줄어들게 된 것이다.

|  | S-lock | SX-lock | X-lock |
|---|---|---|---|
| S-lock | O | O | X |
| SX-lock | O | X | X |
| X-lock | X | X | X |

표 4.1 rw-lock의 호환성

이러한 신기능을 사용하기 위해 사용자가 특별히 조작할 필요는 없다. RW lock 은 SQL의 lock이 아니라 InnoDB 내부에 있는 것이기 때문이다. 이런 프로세스 내부의 lock은 InnoDB에서 래치로 구별된다. 래치는 RW lock과 뮤텍스의 총 칭이다. 이후의 설명에서도 이 구별을 따르기로 한다.

### 4.2.3 리드 뷰 작성 시 오버헤드 감소 ▸▸▸ 신기능 45

InnoDB는 MVCC를 통해 과거의 데이터를 참조할 수 있으나 그렇게 하려면 어 느 시간 버전의 데이터를 참조할 것인가를 사전에 결정해야 한다.

각각의 트랜잭션(REPEATABLE-READ의 경우) 또는 쿼리(READ-COMMITTED 의 경우)가 참조할 수 있는 데이터의 스냅샷을 리드 뷰(Read View)라고 한다. 종 래 리드 뷰의 작성은 모두 trx_sys_t::mutex 래치하에서 이뤄졌다. 그 과정에 서 현재 실행 중인 트랜잭션의 리스트를 스캔해야 해서 래치 획득 중의 처리 를 계산하는 명령이 O(N)이 되는 문제가 있었다. N은 트랜잭션 리스트의 길 이로, 결과적으로 동시 실행된 트랜잭션 수가 늘어나면 리드 뷰의 작성에 걸리 는 오버헤드가 늘어났다. 특히 쿼리 각각에 리드 뷰를 작성해야 하는 READ- COMMITTED 격리 레벨에서는 그 영향이 더 컸다.

trx_sys_t::mutex는 리드 뷰를 생성하는 처리 외에, 예를 들면 트랜잭션의 리 스트 관리나 트랜잭션 ID에서 trx_t 구조체 포인터를 얻는 용도에도 필요하다 보니 접근이 집중해 병목이 일어나기 쉬웠다. 더불어 트랜잭션을 RO에서 RW로 변경하는 경우에도 trx_sys_t::mutex의 획득이 필요하다.

그래서 MySQL 5.7에서는 MVCC를 관리하기 위한 새로운 클래스를 추가하 여 리드 뷰의 작성을 매우 효율적으로 개선했다. 특히 AUTO COMMIT의 Non Locking 쿼리 실행에서 trx_sys_t::mutex를 획득하지 않아도 된다.

## 계산 복잡도

컴퓨터 프로그램의 알고리즘이 얼마나 효율적인지를 평가하는 기준으로 계산 복잡도라는 지표를 자주 사용한다. 이것은 입력이나 데이터 크기에 대해 알고리즘이 어느 정도의 계산량으로 처리를 완료하는지 나타내는 것이다. 계산량은 대략 알고리즘의 단계 수라고 생각하면 이해가 쉬울 것이다. 단계 수가 적으면 적을수록 우수한 알고리즘이라고 할 수 있다. 계산량을 평가할 때는 입력 길이에 가장 많은 영향을 끼치는 부분만 클로즈업된다. 입력의 길이를 N이라고 했을 때, 예를 들어 단계 수가 $N^2$에 비례하는 알고리즘과 $2^N$에 비례하는 알고리즘에서는 후자의 단계 수가 급격히 많아진다. 따라서 어떤 알고리즘이 $N^2$의 단계를 실행하고 나서 $2^N$ 단계를 실행하는 경우, 계산량의 정도를 비교한 후 후자만 중요하다고 판단하여 $O(2^N)$와 같이 나타낸다.

알고리즘 계산량의 평가는 순수하게 어떤 식에 비례하는지 알면 된다. 따라서 여분의 계수나 식 전체에 끼치는 영향이 적은 부분은 무시할 수 있다. 이를 나타낸 것이 계산 복잡도이며, O(식)으로 표현한다. 계산 복잡도를 보고 우수한 알고리즘인지 아닌지를 판단하는 기준은 단순한데, 다항식 시간으로 풀 수 있는 문제는 임의의 입력 길이 N에 대해서 실용적이라고 판단한다. 실용적이지 않은 알고리즘으로는 입력 길이 N에 대해 지수 함수나 다중 지수, 또는 계승의 복잡도와 같은 것을 들 수 있다.

MySQL 5.6의 리드 뷰 작성 복잡도는 O(N)이므로 우수한 알고리즘이라고 할 수 있지만, 많은 수의 스레드로 접근할 가능성이 있고, 래치에 의한 배타 처리가 한창일 때는 부족한 면이 있다. 그러한 면 때문에 가능한 한 O(1)의 알고리즘, 다시 말해 입력 길이에 상관없이 일정 시간에 종료하는 것을 개발하는 것이 바람직하다. 그렇다고 해도 이상과 현실의 차이는 커서 이상에 부합하는 개발을 하기란 상당히 어려운 일이다.

## 4.2.4 트랜잭션 관리 영역의 캐시 효율 개선 ▸▸▸ 신기능 46

이전에 언급한 trx_t 구조체에 대한 메모리 할당 효율이 개선되었다. trx_t는 트랜잭션에 관한 여러 가지 정보를 저장하는 영역으로, 트랜잭션별로 하나씩 할당된다. MySQL 5.6의 trx_t는 트랜잭션이 시작할 때 메모리를 할당하고 종료할 때 해제했다. 그 때문에 어떤 어드레스가 trx_t로 할당될지 일정하지 않았으며 메모리의 여러 부분이 사용되었다. 이때 문제가 된 것이 CPU 캐시 메모리의 효율이다. CPU에는 L1/L2/L3 등의 캐시 메모리가 탑재되어 있어 빈번하게 접근하는 데이터를 캐시하게 된다. 캐시 메모리는 메인 메모리에 비해 훨씬 빠른 속도로 접근이 가능하기 때문에 자주 접근하는 영역을 캐시에 저장하면 빠르게 처리할 수 있다.

어떤 프로그램이라도 메모리 영역의 접근 빈도에 있어서는 편향적일 수밖에 없다. 다시 말해서 빈번하게 접근하는 영역과 그렇지 않은 영역이 있다. 그러한 접근의 편향을 국소성(Locality)라고 한다. 국소성이 높은 데이터 접근에는 캐시가 아주 효율적이다. 하지만 MySQL 5.6의 trx_t처럼 국소성임에도 불구하고 랜덤의 메모리 어드레스에 할당하면 국소성의 장점을 살리지 못한다.

InnoDB의 주요한 영역인 trx_t는 MySQL 5.7에 들어와서 trx_t를 위한 메모리 영역을 풀처럼 만들어 메모리 어드레스를 반복해서 사용하게 함으로써 캐시 효율을 개선했다.

### 4.2.5 임시 테이블의 최적화 ▸▸▸ 신기능 47

MySQL에서 몇 가지 유형의 쿼리 실행 계획에서는 내부적인 임시 테이블이 필요하다. 예를 들면 Materialization이 필요한 서브쿼리나 조인 후에 filesort가 필요한 경우, 또는 GROUP BY에 인덱스를 이용할 수 없는 경우 등이 이에 해당한다.[9]

내부적인 임시 테이블의 크기가 작은 때는 MEMORY 스토리지 엔진을 사용한다. MEMORY 스토리지 엔진은 메인 메모리에 데이터를 저장하기 때문에 속도는 빠르지만 데이터 크기가 커지면 그만큼 메모리를 많이 소비한다. 그 때문에 사용할 수 있는 크기에는 제한이 있고, 그 제한에 도달하면 디스크를 기반으로 한 스토리지 엔진으로 자동 변환된다.

MySQL 5.6까지는 디스크 기반의 임시 테이블로 MyISAM 스토리지 엔진을 사용했다. 하지만 MyISAM의 아키텍처는 오래 되기도 했고 여러 가지 문제가 있었다. 대표적으로 MyISAM은 데이터를 프로세스 내에서 캐시하지 않고 파일 시스템의 캐시가 항상 정상적으로 기능한다는 것을 전제로 제작되었다. 이는 효율 면에서도 좋지 않지만 머신에 많은 메모리를 장착하고 있어도 제대로 활용할 수 없기 때문에 동시 접근 성능이 개선되지 않고 병목 가능성만 높아지게 된다.

그래서 MySQL 5.7에서는 InnoDB를 임시 테이블로 사용할 수 있게 했는데, 그렇게 되기까지 순조롭지는 않았다. 왜냐하면 InnoDB는 MVCC가 이용 가능한 ACID 트랜잭션에 대응하는 스토리지 엔진으로, 임시 테이블로 사용하려면 오버헤드가 엄청나게 커지기 때문이다. 따라서 MySQL 5.7의 InnoDB에서는 여

---

**9** 3장 참조

러 가지 최적화가 진행되었다. 최적화 내용은 주로 '임시 테이블은 손상되면 제거해도 되기 때문에 일반적인 경우에서 필요한 많은 처리를 생략할 수 있다'는 성질에 기반한 것이다. 구체적으로는 다음과 같다.

- CREATE/DROP의 오버헤드 격감
- REDO 로그를 생성하지 않음
- 행 데이터에 롤백 포인터를 갖지 않음
- 변경은 DELETE와 INSERT로 대체
- Double write를 하지 않음
- 변경 버퍼를 사용하지 않음
- 전용 테이블 스페이스(ibtmp1) 내에 저장되어 재기동할 때 재작성됨
- 페이지로의 접근에 래치를 하지 않음
- 페이지 체크썸을 하지 않음
- 테이블의 메타 데이터가 디스크에 저장되지 않음
- 테이블을 참조할 수 있는 것은 그 임시 테이블을 작성한 스레드 뿐임
- Adaptive hash index를 사용하지 않음
- ROWID는 임시 테이블마다 고유의 것을 사용[10]

이처럼 최적화한 InnoDB의 내부 임시 테이블은 아주 양호한 접근 성능을 실현하고 있다. 단일 스레드에 의한 응답 성능에서도 MyISAM에 뒤지지 않고, 동시 접근 성능에서는 MyISAM보다 확실히 높은 성능을 보여준다. MyISAM이 파일 시스템의 캐시에 의존하고 있는 것에 반해 InnoDB는 버퍼 풀을 이용할 수 있기 때문이다.

이러한 신기능을 이용하고자 할 때, 사용자가 따로 설정할 필요는 없다. 내부적인 임시 테이블에 기본적으로 InnoDB가 사용된다. 그럼에도 불구하고 MyISAM이 좋으면 internal_tmp_disk_storage_engine = MYISAM을 설정해서 임시 테이블에 MyISAM을 적용할 수 있다. 하지만 그다지 의미는 없으므로 딱히 변경할 이유는 없다.

또한 내부적인 임시 테이블은 다른 세션으로부터의 참조를 고려하지 않아 INFORMATION_SCHEMA.INNODB_TEMP_TABLE_INFO에도 정보가 표시되지 않으므로

---

10 일반적으로 테이블에 기본 키를 지정하지 않았을 때 암묵적으로 붙이는 48비트의 ROWID는, MySQL 서버별로 글로벌한 카운터에서 값을 가져온다.

주의하기 바란다. 이 정보 스키마 테이블에서 볼 수 있는 것은 CREATE TEMPORARY TABLE 명령어를 사용해 명시적으로 작성한 테이블뿐이다.

### 4.2.6 페이지 클리너 스레드의 복수화 ▸▸▸ 신기능 48

페이지 클리너 스레드는 백그라운드에서 더티 페이지의 플러시를 일으키는 스레드를 말한다. 해가 갈수록 컴퓨터에 탑재되는 CPU 코어 수가 증가하고, 메모리가 거대해지고, 스토리지도 고속화되어 왔다. 때문에 더티 페이지의 플러시는 싱글 스레드로 충분한 속도를 낼 수 없게 되었다. 이미 기술한 것처럼 변경 작업의 최종적인 성능은 플러시 속도에 따라 달라진다. 따라서 최신의 하드웨어를 최대한 활용하려면 플러시를 고속화해야 한다. 그러려면 페이지 클리너 스레드를 필수적으로 여러 개 두어야 한다.

페이지 클리너 스레드의 수는 innodb_page_cleaners 옵션으로 정한다. 이 옵션은 동적으로는 변경할 수 없으므로, 변경하기 위해서는 my.cnf 파일에 기술하여 재기동해야 한다. 기본값은 4이지만, 탑재하고 있는 CPU 수가 많은 경우에는 증가시킬 것을 검토해 보자. 단, 페이즈 클리너 스레드의 수를 innodb_buffer_pool_instances보다 큰 값으로 설정하면 innodb_page_cleaners는 자동적으로 innodb_buffer_pool_instances와 같은 값으로 변경된다. 보다 많은 수의 페이지 클리너 스레드를 사용하고 싶다면 innodb_buffer_pool_instances도 함께 변경해야 한다.

### 4.2.7 플러시 알고리즘의 최적화 ▸▸▸ 신기능 49

정식판이 막 배포된 시점의 MySQL 5.6에서는 버퍼 풀에서 더티 페이지를 찾아내기 위해 버퍼 풀을 몇 번이고 스캔하는 문제가 있었다. '정식판이 막 배포된 시점'이라는 표현을 사용한 이유는, MySQL 5.6.12에서 그와 같은 문제가 일부 완화되었기 때문이다.

더티 페이지의 플러시는 단순하게 오래된 쪽부터 순번대로 실행하는 flush list 배치 외에도 LRU 리스트의 오래된 쪽부터 순번대로 실행하는 LRU 배치, 1페이지의 빈 페이지를 확보하기 위한 플러시가 있다. 정식판 배포 당시의 MySQL 5.6에서는 플러시 대상 페이지를 찾을 때마다 리스트의 마지막부터 차례로 버퍼 풀 페이지를 더듬어 찾아야 했다. 이전에 어디까지 찾았는지 기록해놓지 않았기 때문에 같은 버퍼 풀 페이지에 몇 번이고 반복해서 접근하는 꼴이었다.

MySQL 5.6.12에서는 flush list 배치에 개선이 있었다. 그 외에도 MySQL 5.7에 들어와서는 개선이 이루어지면서 플러시를 위해 같은 페이지를 몇 번씩 스캔하는 일이 없어졌다. 또한 버퍼 풀의 인스턴스가 여러 개 있는 경우, 인스턴스별 더티 페이지 양을 균등하게 하는 개선도 추가로 이루어졌다. 이러한 효율화와 페이지 클리너 스레드의 복수화로 인해 MySQL 5.7에서는 플러시 성능이 매우 향상되었다. 플러시의 속도는 최종적으로 변경 속도의 한계치를 결정한다. 다시 말하면 MySQL 5.7의 변경 성능이 크게 향상되었다.

### 4.2.8 복구 성능의 개선 ▸▸▸ 신기능 50

MySQL 4.1에서 innodb_file_per_table가 도입되어 각각의 테이블을 개별 파일에 저장할 수 있게 되었다. 이는 매우 편리한 기능이지만, 한편으로는 복구를 늦추는 문제점이 있었다.

테이블의 데이터를 저장하는 데이터 파일은 확장자명이 .ibd인 파일로 만들어진다. InnoDB 내부에서는 각각의 데이터 파일을 개별의 테이블스페이스로 취급하여, 고유의 테이블스페이스 ID를 배정한다. MTR에 기록되는 조작에서는 테이블스페이스 ID와 페이지 ID를 조합해 어떤 부분이 변경되었는지를 표현하고 있다. 하지만 어떤 파일의 데이터를 변경해야 할지는 테이블스페이스 ID만으로는 판단할 수 없다. 따라서 MySQL 5.6까지는 기동 시 전체의 .ibd 파일을 스캔하여 그 헤더에 기록되어 있는 테이블스페이스 ID를 읽어와야 했다. 따라서 테이블 수가 많은 경우에는 그 처리량이 엄청났다.

MySQL 5.6에서는 CREATE TABLE문의 DATA DIRECTORY 구를 InnoDB에서도 지정할 수 있게 되어 상황이 더욱 악화되었다. DATA DIRECTORY 구는 이름 그대로 .ibd 파일을 작성할 디렉터리를 지정하는 것이다. DATA DIRECTORY를 지정하지 않으면 원래는 datadir 또는 innodb_data_file_path에 .ibd 파일이 만들어졌지만, DATA DIRECTORY를 지정하면 원래의 디렉터리에는 .ibd 파일의 경로를 기록한 .isl 파일만 남는다. 이는 .ibd 파일을 열기 위해 .isl 파일도 오픈해야 함을 의미하며, 이는 복구를 위한 오버헤드를 늘리는 요인이 되었다.

MySQL 5.7에서는 REDO 로그에 어떤 .ibd 파일을 변경했는지를 기록하게 되었다. REDO 로그를 보면 어떤 .ibd 파일이 변경되었는지 알 수 있으므로 기동 시에 전체의 .ibd 파일을 스캔할 필요가 없어진 것이다.

### 4.2.9 로그 파일에 대한 read-on-write의 방지 ▸▸▸ 신기능 51

InnoDB 로그 파일은 크기가 정해져 있고 재사용한다는 것은 이미 설명했다. 파일 시스템은 디스크의 블록 크기보다 작은 데이터를 파일의 중간에 쓰기 작업할 때, 일단 블록 전체를 읽어들인 후 쓰여진 데이터를 통합하여 디스크에 쓴다 (그 데이터가 캐시되어 있지 않은 경우). 그렇게 하지 않으면 쓰지 않은 부분의 데이터가 분실되기 때문이다. 그러한 조작을 read-on-write라고 한다. read-on-write가 어떻게 일어나는지를 나타낸 것이 그림 4.5다. 이 그림에서는 디스크의 블록 크기가 8KB라고 가정하고 있다.

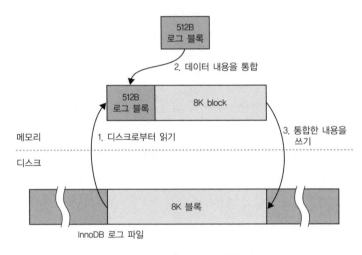

그림 4.5 read-on-write의 상황

로그의 경우는 순서대로 추가 기술되는 것이므로 write 전의 read는 불필요한 것이다. 이런 문제를 막기 위해서는 새로운 블록에 write를 일으킬 때, 블록의 일부만이 아니라 블록 크기 전체에 대해 write가 일어나게 하는 것이 좋다. 그래서 MySQL 5.7에서는 innodb_log_write_ahead_size라는 옵션을 추가해, 로그 파일로 쓰기 작업을 할 때 블록 크기만큼의 데이터가 패딩되는 것처럼 되어 있다. 데이터를 패딩하여 블록 전체를 덮어쓴 것처럼 하면 데이터 파일에서 분실되는 데이터가 없게 되므로 블록을 디스크에서 읽어 들일 필요가 없어진다. 일단 블록 전체를 써버리면 그 데이터는 파일 시스템의 캐시에 있기 때문에 패딩이 필요한 것은 블록의 경계에 도달한 경우뿐이다.

innodb_log_write_ahead_size는 로그 파일의 블록 크기인 512가 최소값으로, 512의 배수로 지정해야 한다. 최대값은 innodb_page_size(기본값은 16KB)와 같은 값으로, 기본값은 8KB다.

### 4.2.10 로그 파일의 쓰기 효율 향상 ▸▸▸ 신기능 52

로그 파일에 대한 뮤텍스(log_sys->mutex)가 필요한 처리의 효율이 개선되어, REDO 로그의 쓰기 효율이 향상되었다. 특히 innodb_flush_log_at_trx_commit = 2 의 쓰기 속도가 개선되었다. 슬레이브에서는 InnoDB의 로그 파일에서 최후 변경이 유실되어도 마스터에서 다시 읽어 들여 데이터 유실이 발생하지 않으므로, 로그 파일을 동기화할 필요 없이 innodb_flush_log_at_trx_commit = 2의 설정을 사용할 수 있는 경우가 많다. 이러한 경우에 슬레이브의 변경 속도가 개선될 가능성이 있다.

### 4.2.11 어댑티브 해시의 확장성 개선 ▸▸▸ 신기능 53

InnoDB는 등가 비교에 의한 검색을 효율화하기 위해 버퍼 풀에 자동적으로 해시 인덱스를 작성하는 어댑티브 해시 인덱스(이하 AHI)를 마련해 두었다. 해시는 O(1)로 검색이 완료되므로 B+ 인덱스의 페이지를 읽는 것보다 검색 효율이 좋다. AHI는 메모리에 만들어지는 오브젝트로, 빈번하게 접근하는 페이지에 대해 자동으로 작성된다. 인덱스 전체에 대해 해시를 작성할 필요 없이 빈번하게 접근하는 페이지에 대해서만 부분적으로 작성할 수 있다.

검색을 고속화하기 위한 AHI도 다수의 CPU 코어가 있는 시스템에서는 접근이 집중되면 lock 경합으로 인한 병목을 발생시킨다. 그래서 MySQL 5.7에서는 버퍼 풀과 마찬가지로 AHI의 인덱스를 여러 개로 분할하여 접근을 분산시킴으로써 lock 경합을 줄이고 있다. AHI의 인덱스 수는 innodb_adaptive_hash_index_parts 옵션으로 조정이 가능하며, 기본값은 8, 최대값은 512이다. 동적으로 변경할 수 있는 옵션이 아니므로 변경하기 위해서는 my.cnf에 기술한 후 MySQL 서버를 재기동해야 한다.

### 4.2.12 Memcached API의 성능 개선 ▸▸▸ 신기능 54

MySQL 5.6 버전부터 InnoDB에는 Memcached API가 테이블 데이터에 직접 접근할 수 있는 기능이 추가되었다. MySQL 서버 내부에서 Memcached 데몬을 작동하여, InnoDB와 연계하도록 한 것이다. Memcached는 지극히 간단한 KVS(Key Value Store)로, 이 인터페이스를 이용하면 초고속으로 접근할 수 있을 것으로 기대했지만 유감스럽게도 치명적인 병목이 있어서 구현할 수 없었다. Memcached API의 get 조작에 대해서도 RW 트랜잭션을 사용했기 때문이다. 하지만 MySQL 5.6.15에 들어와서 get을 RO 트랜잭션으로 처리하여 문제를 해결함으로써 성능을 개선했다.

MySQL 5.6에서는 RO 트랜잭션 자체의 성능도 향상되었고 Memcached API로부터 접근했을 때의 성능도 대폭으로 향상되어, 무려 1M QPS의 성능을 보였다는 보고도 있다.[11]

## 4.3 MySQL 5.7에서의 관리성 향상

RDBMS의 운영 관리가 간단하고 편리하다는 것은 아주 중요한 요소다. 매일 반복되는 운영에서는 RDBMS의 작은 제한에서 불편함을 느낄 수 있기 때문이다. MySQL 5.7에서 일상의 운영관리를 돕기 위해 추가된 기능을 소개하겠다.

### 4.3.1 버퍼 풀의 온라인 리사이즈 ▸▸▸ 신기능 55

운영 도중에 RDBMS 설정을 변경하게 되는 경우가 종종 있다. 이렇게 설정을 변경할 때마다 DBMS를 재기동해야 한다면 번거롭기 때문에, 최대한 재기동하지 않고 변경할 수 있게 개선하고 있다. MySQL에서도 많은 설정 변경을 온라인 상태에서 할 수 있도록 개선이 계속되고 있다.[12]

MySQL 5.7에서는 온라인 상태에서 InnoDB 버퍼 풀의 크기를 변경할 수 있게 되었다. 설정을 변경할 때는 다른 때와 마찬가지로 SET GLOBAL을 사용한다. 리스트 4.3은 온라인 리사이즈의 실행 예이다.

**리스트 4.3 버퍼 풀의 온라인 리사이즈**

```
mysql> SET GLOBAL innodb_buffer_pool_size = 100 * 1024 * 1024 * 1024;
```

이 예에서는 버퍼 풀의 크기를 100GB로 설정하고 있다. 이 명령어의 실행 자체는 순식간에 완료되지만, 실제 리사이즈는 즉각 완료되는 것이 아니라 백그라운드에서 조용하게 진행된다. 리사이즈 상황을 확인하려면 리스트 4.4와 같이 innodb_buffer_pool_resize_status 상태 변수를 출력해보면 된다.

**리스트 4.4 리사이즈의 진척 상황 확인**

```
mysql> SHOW GLOBAL STATUS LIKE 'innodb_buffer_pool_resize_status';
```

버퍼 풀의 크기는 임의로 지정할 수 없고, innodb_buffer_pool_chunk_size라는 새롭게 추가된 옵션과 버퍼 풀의 인스턴스 수의 곱의 배수로 지정해야 한

---

**11** *http://dimitrik.free.fr/blog/archives/2013/11/mysql-performance-over-1m-qps-with-innodb-memcached-plugin-in-mysql-57.html*
**12** 2장의 레플리케이션에서도 온라인 상태에서 몇 가지 설정 변경이 가능해진 것을 소개했다.

다. innodb_buffer_pool_chunk_size의 기본값은 128MB이고, 버퍼 풀 인스턴스 수의 기본값은 8이므로 1GB 단위로 크기 변경이 가능하다. 덧붙여서 innodb_buffer_pool_chunk_size도 온라인 상태에서 변경이 가능하지만, innodb_buffer_pool_chunk_size를 변경해도 chunk 수는 변하지 않으므로 버퍼 풀의 사이즈도 변경되는 것에 주의해야 한다. 버퍼 풀의 크기를 상세하게 조정하고 싶다면 innodb_buffer_pool_chunk_size를 작게 설정하는 것이 좋다.

메모리를 어느 정도 사용할지 추정하는 것은 생각보다 어렵다. 숙련된 엔지니어도 한 번에 알맞은 사용량을 맞추기는 쉽지 않다. 버퍼 풀의 크기를 온라인 상태에서 변경할 수 있게 되었으니 처음에는 대략 크기를 정해 두고 이후에 상태를 봐가면서 리소스의 사용 상태에 맞춰 조정하는 방식으로 운영하면 된다.

### 4.3.2 일반 테이블스페이스 ▸▸▸ 신기능 56

InnoDB에서는 innodb_file_per_table을 지정하여 각각의 테이블을 개별 .ibd 파일에 저장하는 것이 가능하다. .ibd 파일은 그 자체로 하나의 테이블스페이스를 구성하지만 이는 해당 테이블 전용 테이블스페이스이므로, 여러 테이블을 합쳐서 저장하는 것이 불가능했다.

MySQL 5.7에서는 innodb_file_per_table뿐 아니라 범용하게 이용할 수 있는 테이블스페이스를 작성할 수 있다. 이런 테이블스페이스를 일반 테이블스페이스라 부른다. 리스트 4.5는 일반 테이블스페이스를 작성하고 이용하는 명령어의 예이다.

**리스트 4.5 일반 테이블스페이스 이용의 예**

```
mysql> CREATE TABLESPACE ts1 ADD DATAFILE '/path/to/ssdvol/tablespace.ibd'
ENGINE INNODB;
mysql> CREATE TABLE tbl_name1 (...중략...) TABLESPACE ts1;
mysql> CREATE TABLE tbl_name2 (...중략...) TABLESPACE ts1;
```

이와 같이 일반 테이블스페이스를 이용함으로써 특정 테이블을 고속의 스토리지에 배치하는 것이 가능해졌다. 일반 테이블스페이스에서는 innodb_file_format에 영향 받지 않고 전체 포맷을 이용할 수 있다. 단, 압축 테이블을 사용한다면 CREATE TABLESPACE에서 FILE_BLOCK_SIZE를 지정해 파일 공통의 블록 크기를 지정해야 한다. 특별히 지정하지 않으면 FILE_BLOCK_SIZE는 innodb_page_size와 같아져 압축 테이블을 저장할 수 없게 된다. 표 4.2는 innodb_page_size와 FILE_BLOCK_SIZE의 관계를 정리한 것이다.

| innodb_page_size | FILE_BLOCK_SIZE | KEY_BLOCK_SIZE | 압축/비압축 |
|---|---|---|---|
| 64K | 65536 | N/A | 비압축 |
| 32K | 32768 | N/A | 비압축 |
| 16K | 16384 | N/A | 비압축 |
| | 8192 | 8 | 압축 |
| | 4096 | 4 | 압축 |
| | 2048 | 2 | 압축 |
| | 1024 | 1 | 압축 |
| 8K | 8192 | N/A | 비압축 |
| | 4096 | 4 | 압축 |
| | 2048 | 2 | 압축 |
| | 1024 | 1 | 압축 |
| 4K | 4096 | N/A | 비압축 |
| | 2048 | 2 | 압축 |
| | 1024 | 1 | 압축 |

**표 4.2** 일반 테이블스페이스의 페이지 크기

표 4.2를 보면 알 수 있듯이 일반 테이블스페이스는 innodb_page_size와 같든지 그보다 작은 FILE_BLOCK_SIZE만 지원한다. 압축 테이블을 저장하려면 innodb_page_size보다 작은 FILE_BLOCK_SIZE를 지정해야 한다. 또한 innodb_page_size가 32K 또는 64K인 경우에는 원래부터 압축 테이블을 지원하지 않으므로 주의하자.

일반 테이블스페이스는 오픈하는 파일이 하나이므로 메모리의 이용 효율이 약간 좋아지기 마련이다. 또한 파티셔닝도 지원하고 있으므로 파티션 수가 늘어난 경우에는 특별히 권장한다. innodb_file_per_table의 경우에 파티셔닝을 이용하면 다수의 파일이 작성되지만, 이는 아주 효율이 떨어지기 때문이다.

테이블스페이스의 목록을 출력하려면 INFORMATION_SCHEMA.INNODB_SYS_TABLESPACES를 사용하면 된다. 어떤 테이블이 어떤 테이블스페이스에 저장되어 있는지 검색하려면 INFORMATION_SCHEMA.INNODB_SYS_TABLES을 사용하면 좋다. 리스트 4.6은 INNODB_SYS_TABLES의 정보를 표시한 것이다.

**리스트 4.6** 일반 테이블스페이스의 정보

```
mysql> select * from INNODB_SYS_TABLES;
+----------+--------+---------+-------+-------------+------------+--------------+------------+
| TABLE_ID | NAME   | FLAG | N_COLS | SPACE | FILE_FORMAT | ROW_FORMAT | ZIP_PAGE_SIZE | SPACE_TYPE |
```

```
+-------+----------------------+-------+-------+-------+----------+-----------+-------+---------+
|    14 | SYS_DATAFILES        |     0 |     5 |     0 | Antelope | Redundant |     0 | System  |
... 중략 ...
|    56 | db/table_name        |   161 |     4 |    47 | Barracuda | Dynamic  |     0 | General |
|    67 | world/city           |    33 |     8 |    29 | Barracuda | Dynamic  |     0 | Single  |
|    68 | world/country        |    33 |    18 |    30 | Barracuda | Dynamic  |     0 | Single  |
|    69 | world/countrylanguage|    33 |     7 |    31 | Barracuda | Dynamic  |     0 | Single  |
+-------+----------------------+-------+-------+-------+----------+-----------+-------+---------+
29 rows in set (0.00 sec)
```

마지막 컬럼 SPACE_TYPE이 General인 것을 알겠는가? 중간에 있는 컬럼인 SPACE
가 테이블스페이스 ID를 표시한다. 해당하는 테이블스페이스의 정보를 얻기 위
해서는 INFORMATION_SCHEMA.INNODB_SYS_TABLESPACES를 참조하면 된다. 두 개의
테이블을 조인해서 원하는 정보를 가져와도 된다.

또한, 테이블스페이스를 조작하려면 CREATE TABLESPACE 권한이 있어야 한
다. 또 일반 테이블스페이스는 데이터 파일 복사를 통한 이행(Transportable
tablespace)을 할 수 없으므로 주의하기 바란다.

### 4.3.3 32/64K 페이지 지원 ▸▸▸ 신기능 57

InnoDB는 기본값으로 16KB의 페이지 크기를 지원하고 있다. MySQL 5.6에서
는 이보다 작은 8KB와 4KB를 지원했고, MySQL 5.7에서는 32KB와 64KB의 페
이지 크기도 지원한다. MySQL 5.6보다 오래된 버전의 MySQL에서도 페이지 크
기의 변경은 기술적으로는 가능했지만, 소스 코드를 변경하고 컴파일해야 했기
때문에 쉽지 않은 작업이었다. 또한 16KB가 표준이기 때문에 그 외의 페이지
크기는 공식적으로는 지원되지 않고 테스트가 불충분해서, 이상이 생겨도 수정
을 기대할 수 없는 등 위험을 각오해야 했다. MySQL 5.7에서는 32KB와 64KB
의 페이지 크기를 공식적으로 사용할 수 있게 되었고 옵션으로 지정하는 것도
가능해졌다.

페이지 크기를 변경하기 위해서는 innodb_page_size 옵션을 사용한다. 단, 이
옵션의 변경은 인스턴스를 설치할 때 실행해야 하므로 주의해야 한다. 동적으로
는 변경할 수 없으며 재기동을 해도 변경은 불가능하다. 또한 페이지 크기는 인
스턴스 전체에 적용되므로 테이블별로 페이지 크기를 변경하는 등 유연하게 조
정할 수는 없다. 다시 말해서 이들 페이지 크기를 실제로 활용할 수 있을지 여부
는 사용할 애플리케이션이 32KB 또는 64KB 페이지 크기에 적합한지 파악하고
있는 경우에 한정된다.

일반적으로 작은 페이지 크기는 OLTP(Online Transaction Processing)에 적합하다. 왜냐하면 페이지 내에서 데이터를 검색하기 위해서는 페이지 내부를 스캔해야 하지만, 해당 페이지에 도달하기까지 평균 페이지 크기의 약 절반에 해당하는 데이터를 스캔하게 되기 때문이다. 페이지의 I/O가 적은 쪽이, 또는 디바이스의 블록 크기에 가까운 쪽이 빨리 실행할 가능성이 높다. 큰 페이지 크기는 분석 등의 처리에 적합하다. 페이지를 가져올 때 그만큼의 오버헤드가 발생하므로 페이지 안을 연속해서 스캔하는 쪽이 효율이 좋기 때문이다. 분석 계열 서버 말고는 큰 페이지 크기를 잘 사용하지 않는다.

반대로 MySQL 5.6에서 지원되는 작은 블록 크기는 다양하게 사용할 수 있다. OLTP 용도에 적합할 뿐만 아니라 16KB보다도 블록 크기가 작은 디바이스에서는 그 I/O 성능을 최대한 활용할 수 있기 때문이다.

MySQL 5.1 이전의 버전(InnoDB Plugin을 사용하고 있지 않은 경우)에서는 1행의 최대 크기 제한이 8KB 미만이라서 큰 페이지 크기를 사용하려는 경우가 많았다. 이런 제한은 1페이지에는 2행분의 엔트리를 추가해야 하기 때문에 생겼다. 다시 말해서 1행의 최대 크기는 페이지 크기의 반 미만이어야 한다. 큰 VARCHAR나 BLOB 또는 TEXT를 사용하면 큰 데이터에는 오프로드 페이지라는 별도의 영역이 사용되지만 Antelope 포맷에서는 맨 앞의 768바이트는 원래 클러스터 인덱스의 리프 노드에 남게 된다. 따라서 그러한 컬럼이 11개 이상 있으면 1행의 최대 크기를 넘게 된다. 단, 그러한 제한은 InnoDB Plugin 또는 MySQL 5.5부터 사용이 가능해진 Barracuda 포맷(DYNAMIC 또는 COMPRESSD)을 사용하면 피할 수 있다. 이 때문에 1행의 최대 크기를 완화할 목적으로 큰 페이지 크기를 사용하려는 수요는 이제 별로 없다. Barracuda 포맷에서는 20바이트 포인터만 페이지 내에 남게 된다. 768바이트는 비교할 수 없이 작다. 또한 64KB의 페이지 크기를 사용한 경우에도 1행의 최대 크기는 16KB까지로 제한하는 점에 주의하기 바란다. 이는 행의 포맷(행 크기가 14비트로 표현되어 있는)에 기인한 제한이다.

---

### InnoDB Plugin과 데이터 파일의 포맷

32/64K 페이지 지원의 설명을 보면 InnoDB Plugin이라는 단어가 등장한다. 이는 InnoDB가 MySQL 본체와는 다른 Innobase OY라는 오라클 주식회사의 자회사에서 개발되던 때의 이름이 남아있는 것이다. Innobase OY는 일찌감치 독자적인 고기능판 InnoDB의 개발을 진행했

고, 그것이 InnoDB Plugin이다. 이름처럼 InnoDB Plugin은 플러그인으로 설치된다. MySQL의 스토리지 엔진은 이식이 가능해서, 플러그인으로 새로운 스토리지 엔진을 추가할 수 있기 때문에 그러한 인터페이스를 이용한 형태다. InnoDB Plugin의 경우, MySQL에 딸린 InnoDB를 무효화하고 그 대신 사용하도록 설계했다. 완전한 상위 호환이라고 생각해도 좋다.

InnoDB Plugin이 등장했을 당시, MySQL 서버는 MySQL AB를 매수한 썬 마이크로시스템즈가 개발했다. 그 후 오라클이 썬 마이크로시스템즈를 매수해서 InnoDB와 MySQL의 개발팀이 합쳐졌고, InnoDB를 독립적인 플러그인으로 개발할 필요가 없어졌다. 그 결과, MySQL 5.5에 원래 내장된 InnoDB가 폐지되고, InnoDB Plugin이 빌트인의 자리를 빼앗았다. 이로써 빌트인 InnoDB의 성능은 MySQL 5.5에서 극적으로 향상되었다.

하지만 InnoDB Plugin도 문제점으로 꼽히는 기능이 있는데, 바로 새로운 파일 포맷이다. 새로운 파일 포맷을 사용하면 새로운 행(테이블) 포맷을 이용할 수 있다. Antelope 포맷에서는 REDUNDANT와 COMPACT, Barracuda 포맷에서는 Antelope의 두 가지에 DYNAMIC과 COMPRESS까지 더해진 행 포맷을 이용할 수 있게 되었다. 파일 포맷의 코드명으로는 머리 문자가 알파벳 순이 되도록 생물의 이름을 사용했다. 순서대로 "A"ntelope(영양), "B"arracuda(창꼬치), "C"heetah(치타), "D"ragon(용)으로 이어져 마지막은 "Z"ebra(얼룩말)로 끝난다. 어떠한 코드명이 있는지 궁금하다면 소스 코드 trx0sys.cc를 보기 바란다.

단, MySQL 5.7에서 사용되고 있는 코드명은 최초의 2개뿐으로, innodb_file_format 옵션은 폐지 예정이다. 현재는 오래된 포맷의 데이터 파일과의 호환을 위해 남겨 놓았으며, 미래에는 Barracuda로 통일될 것이다. 유감이지만, Cheetah 이후의 코드명은 사용하는 것을 보기 힘들 것 같다.

### 4.3.4 UNDO 로그의 온라인 TRUNCATE ▸▸▸ 신기능 58

한번 커진 테이블스페이스는 축소할 수 없다. 이것은 MySQL/InnoDB를 사용할 때 큰 근심거리 중 하나다. 데이터 파일이 커져서 파일 시스템을 대부분 차지해버려 당황한 경험이 있을 것이다. innodb_file_per_table이 유효한 경우에는 특정 테이블을 삭제해서 파일 시스템에 빈 영역을 만드는 것이 가능하다. 하지만 공유 테이블스페이스인 ibdata1이 커진 경우 축소는 실질적으로 불가능하다. ibdata1를 키우는 최대 요인은 UNDO 로그(롤백 세그먼트) 사이즈이다.

UNDO 로그가 커지는 상황은 여러 가지가 있지만 대표적으로 장시간 트랜잭션이 COMMIT도 ROLLBACK도 하지 않고 실행만 하는 경우를 들 수 있다. 관리자가 트랜잭션 종료를 잊어버리면 그 트랜잭션의 리드 뷰에 필요한 UNDO 레코드를 삭제할 수 없게 된다. 다시 말해서 퍼지가 불가능해진다.

MySQL 5.7에서는 이러한 UNDO 로그가 커지는 상황을 해결할 대책을 마련했다. 심지어 MySQL 서버를 정지하지 않고도 커진 UNDO 로그를 작게 만들 수 있다.

그러려면 UNDO 로그의 전용 테이블스페이스를 작성해야 한다. InnoDB는 기본 상태에서 공유 테이블스페이스에 UNDO 로그를 작성하지만, innodb_undo_tablespaces를 지정하면 UNDO 로그용 테이블스페이스를 개별적으로 작성할 수 있다. 이 옵션의 인수는 정수값으로, 작성할 테이블스페이스 수를 지정한다. 기본값은 0이며, UNDO 로그의 전용 테이블스페이스를 만들지 않는다는 의미이다. 테이블스페이스를 작성하는 장소는 명시적으로 지정하지 않으면 datadir이 된다. I/O의 부하를 분산시키는 등의 의도가 있는 경우에는 innodb_undo_directory를 지정하는 것이 좋다. 단, 이러한 옵션은 인스턴스를 초기화할 때 지정해야 한다는 점에 주의하자. 이전에 언급한 innodb_page_size도 그랬지만 일단 운영을 시작하면 도중에 변경하는 것이 불가능하다.

또 한 가지 신경 써야 할 옵션이 있다. innodb_undo_logs이다. 이는 UNDO 로그의 개수를 결정짓는 옵션이다. MySQL 5.5에서는 innodb_rollback_segments라는 명칭을 사용했지만, MySQL 5.6에 와서 명칭을 변경했다. InnoDB에는 UNDO 로그별로 1024개의 트랜잭션까지만 동시에 실행할 수 있다. innodb_undo_logs의 기본값은 128이다. 단, MySQL 5.7에서는 32개의 UNDO 로그가 임시 테이블을 위한 테이블스페이스로 예약되어 있으므로 트랜잭션이 사용할 수 있는 UNDO 로그는 96개가 된다. 다시 말해서 96K개의 트랜잭션을 동시에 실행할 수 있다.

UNDO 로그는 innodb_undo_tablespaces가 1 이상인 경우 UNDO 로그용 테이블스페이스에 저장되지만 UNDO 로그의 수와 UNDO 로그용 테이블스페이스가 반드시 일치할 필요는 없다. 양쪽의 수가 다를 경우, UNDO 로그가 각각의 테이블스페이스에 균등하게 할당되기 때문이다. 그림 4.6은 innodb_undo_tablespaces = 4, innodb_undo_logs = 128인 경우의 UNDO 로그 할당을 나타낸 것이다.

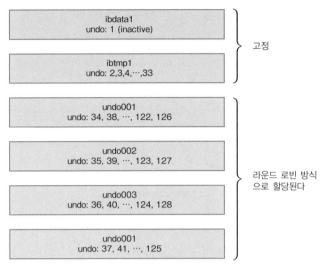

그림 4.6 UNDO 로그의 할당

UNDO 로그의 ID는 1부터 시작한다. 1번의 UNDO 로그는 고정으로, 항상 공유 테이블스페이스로 할당된다. UNDO 로그를 전용 테이블스페이스에 저장하는 경우, 1번의 UNDO 로그는 사용될 수 없으므로 UNDO 로그 때문에 테이블스페이스가 커질 걱정은 없다. MySQL 5.7에서 2~33까지 32개의 UNDO 로그는 임시 테이블용으로 예약되어 있다. 공유 스페이스의 미사용 UNDO 로그와 임시 테이블용을 합쳐 1~33까지는 통상의 트랜잭션에서 사용할 수 없다. 따라서 innodb_undo_logs = 128의 경우, 동시에 실행할 수 있는 트랜잭션 수는 95K가 된다. 34번 이후가 UNDO 로그용 테이블스페이스로 할당되지만, 할당되는 순서는 라운드 로빈 방식으로 결정된다. 4개의 테이블스페이스에 대해 95의 UNDO 로그를 할당하므로 최후의 테이블스페이스만 할당된 UNDO 로그가 다른 테이블스페이스보다 1개 적게 된다. 따라서 이런 경우 (약간이긴 하지만) 부하의 치우침이 발생할 수 있다. 각각의 테이블스페이스에 대한 부하를 완전히 균등하게 하지 않는다면 innodb_undo_logs - 33이 innodb_undo_tablespaces로 끊어지게 하면 된다. 예를 들어 innodb_undo_tablespaces = 5와 innodb_undo_logs = 128의 조합 등이 될 수 있다. innodb_undo_tablespaces의 최대값은 95로, innodb_undo_logs = 128의 경우 테이블스페이스별로 UNDO 로그가 딱 하나씩 할당된다.

innodb_undo_logs는 innodb_undo_tablespaces + 33보다 많은 것이 바람직하지만 실제로 설정할 수 없는 것은 아니다. 만일 innodb_undo_logs 쪽이 적은 경우, 사용되지 않는 테이블스페이스가 최대가 된다. 그러나 사용되지 않는 테이블스페이스는 필요하지 않으므로 그러한 설정은 바람직하지 않다.

UNDO 로그의 truncate는 UNDO 로그의 전용 테이블스페이스를 준비하는 것만으로는 수행되지 않는다. 이 기능을 활성화하려면 innodb_undo_log_truncate = ON을 설정해야 한다. 이 옵션은 동적으로 변경이 가능하므로 리스트 4.7과 같이 SET GLOBAL로 활성화할 수 있다. 항상 이 기능을 사용하고 싶으면 my.cnf에도 설정을 기술해 두자.

### 리스트 4.7 UNDO 로그 truncate의 활성화

```
mysql> SET GLOBAL innodb_undo_log_truncate=ON;
```

그런데 UNDO 로그는 대체 어떻게 truncate가 되는 것일까? 여기서 먼저 주목해야 하는 것이 innodb_max_undo_log_size 옵션이다. 이것은 각각의 UNDO 로그에 바람직한 최대 크기를 정하는 것으로, UNDO 로그가 이보다 커지면 truncate의 대상이 된다. 기본값은 1GB이다.

Truncate를 결정해도 즉각 UNDO 로그를 truncate할 수 있는 것은 아니다. 왜 냐하면 아직 필요한 UNDO 레코드가 남아있을지 모르기 때문이다. Truncate가 가능한 경우는 테이블스페이스의 UNDO 로그에 포함된 전체 UNDO 레코드의 퍼지가 끝나 테이블스페이스가 미사용 상태가 되었을 때이다. 그렇지만 새롭게 그 테이블스페이스의 UNDO 로그가 사용되면 테이블스페이스는 언제까지고 사용 상태일 것이다. 그래서 truncate를 결정하면 그 테이블스페이스의 UNDO 로그는 무효(Inactive) 상태가 되어 새로운 트랜잭션을 할당하지 않는다. 테이블스페이스가 미사용 상태가 되면 그 테이블스페이스는 다시 작성되어 초기 크기인 10MB로 돌아간다. 이것으로 극대화된 UNDO 로그에 의한 불필요한 영역을 해제할 수 있게 되었다.

Truncate를 위해서 테이블스페이스에 포함된 UNDO 로그를 유효하지 않은 상태로 바꾸면, 실행 가능한 트랜잭션의 최대값이 줄어들고, 테이블스페이스를 다시 작성하려면 I/O와 CPU 부하가 상승한다. 따라서 테이블스페이스의 truncate는 테이블스페이스가 미사용 상태가 되면 바로 실행되는 것이 아니라 퍼지 스레드가 innodb_purge_rseg_truncate_frequency에 의해 지정된 횟수만큼 기동될 때마다 실행된다. 기본값은 128로, 일반적으로는 이 값이면 충분하다. 더 빠르게 truncate를 실행하려면 이 옵션을 줄여보자.

또한, innodb_max_undo_log_size를 너무 작은 값으로 설정하지 않도록 조심하자. 너무 작은 값으로 설정하면 truncate가 빈번하게 일어나기 때문이다.

UNDO 로그는 퍼지가 해제한 영역을 재이용한다. 어떤 사고로 UNDO 로그가 너무 커져버리면 truncate를 하고 싶지만, 그에 따른 부하를 생각하면 지속적으로 truncate가 일어나는 상황을 피해야 한다.

### 4.3.5 원자 단위 TRUNCATE TABLE ▸▸▸ 신기능 59

원래 MySQL 5.6까지의 InnoDB에서 TRUNCATE TABLE은 원자 단위로 수행되지 않았다. 그래서 TRUNCATE TABLE 실행 중에 서버가 손상되면 어중간한 상태가 되어 InnoDB의 내부에서 메타 데이터와 데이터 파일의 부정합이 일어날 위험성이 있었다. 이것은 TRUNCATE TABLE로 InnoDB가 테이블을 삭제/재작성하기 때문이다. MySQL 5.7에서는 TRUNCATE TABLE이 원자 단위로 동작하도록 만들었다. 다시 말해서, TRUNCATE TABLE 실행 중에 MySQL 서버가 손상되어도 복구에 의해 truncate를 실행하기 전 또는 후로 돌아가는 것을 보증한다.

단, TRUNCATE TABLE이 원자 단위로 실행되려면 몇 가지 조건을 만족해야 한다.

- innodb_file_per_table에 의해 테이블이 .ibd 파일에 저장되어 있을 것
- 파티셔닝되어 있지 않을 것
- 전문 검색 인덱스가 없을 것
- 바이너리 로그와는 부정합이 일어날 가능성이 있음

완전하게 원자 단위의 조작이라고는 할 수 없지만 TRUNCATE TABLE의 안전성이 높아진 것만은 확실하다고 할 수 있다.

### 4.3.6 ALTER로 복사하지 않는 VARCHAR 크기의 변경 ▸▸▸ 신기능 60

오래된 MySQL에서 ALTER TABLE은 완전한 데이터의 복사가 필요했다. ALTER TABLE을 실행하면 새로운 정의의, 사용자에게 보이지 않는 임시 테이블을 작성해서 원래의 테이블에서 데이터를 모두 복사한 후, 완료되면 재명명하는 처리를 했다. 이러한 조작이 진행되는 동안 사용자는 테이블의 데이터를 참조는 할 수 있지만 변경하거나 lock을 걸 수는 없다. 다시 말해 Non Locking Read만 허용했다. 그 외의 처리는 ALTER TABLE이 종료될 때까지 금지되었으므로 변경이나 lock이 필요한 애플리케이션은 정지해 버린다. 또한 마지막에 rename하는 시점만은 배타적 접근이 된다.

먼저 MySQL 5.1의 InnoDB Plugin과 MySQL 5.5에는 Fast Index Creation 이라는 기능이 추가되었다. 이것은 인덱스를 추가할 때 새로운 정의의 테이블

을 작성하고 데이터를 완전히 복사하는 대신 인덱스만을 작성하는 아주 자연스러운 기능이다. 이로 인해 인덱스 작성에 걸리던 시간은 비약적으로 짧아졌지만 작성 중에는 마찬가지로 변경이나 lock이 불가능했다.

그래서 MySQL 5.6에서는 마침내 InnoDB에 온라인 DDL이 추가되었다. 온라인에서 테이블 정의의 변경이 실행 가능한 경우, 데이터를 복사하는 중에도 참조뿐 아니라 변경도 가능하다. 단, **ALTER TABLE**을 시작하는 시점과 종료하는 시점에는 테이블 정의의 정합성을 확보하기 위해 그 순간만 배타 처리를 일으켜 row lock이 필요한 트랜잭션과는 동시에 실행할 수 없다. 이러한 제한이 있기는 하지만 그래도 온라인 상태가 아닌 경우보다는 애플리케이션에 대한 영향이 훨씬 적어졌다. 그림 4.7은 이러한 DDL의 차이를 설명한다.

MySQL 5.6의 온라인 DDL로 충분하다고 생각할지 모르겠지만, 문제가 완전히 사라진 것은 아니다. 가장 큰 문제는 온라인 상태에서 실행할 수 있는 경우와 그렇지 않은 경우가 있다는 것이다. 온라인 상태에서 실행할 수 없는 DDL은 기존처럼 임시 테이블을 작성하여 데이터를 복사하고 마지막에 rename하는 방법으로 실행한다. 온라인 상태에서 실행할 수 없는 DDL은 다음과 같다.

- 컬럼 정의 변경
- 기본 키 삭제
- 전문 검색 인덱스 추가

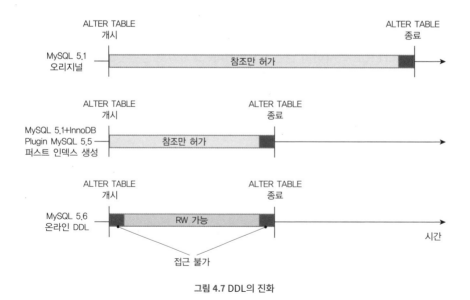

그림 4.7 DDL의 진화

MySQL 5.7에서는 컬럼 정의의 변경에 관한 제한이 일부 완화되어, VARCHAR의 크기를 늘릴 때 데이터를 복사하지 않고 정의를 변경할 수 있게 되었다. 단, 크기를 늘릴 수는 있지만 줄이지는 못한다. 예를 들면 VARCHAR(32)인 컬럼을 VARCHAR(64)로 바꾼다면 리스트 4.8과 같이 명령어를 실행한다.

**리스트 4.8 컬럼 크기를 INPLACE로 증가**

```
mysql> ALTER TABLE tbl_name ALGORITHM=INPLACE, MODIFY col VARCHAR(64) NOT NULL;
```

온라인 DDL임을 강제하고자 할 때는 ALGORITHM = INPLACE을 지정한다. 이 지정이 있으면 DDL이 온라인 상태에서 처리될 수 없는 상황에서는 명령어 실행이 실패한다. 이 지정이 없는 경우에는 온라인 수행 가능 여부에 따라 자동적으로 ALTER TABLE의 실행방식을 선택한다. 덧붙여 이전부터 있었던 COPY에 의한 ALTER TABLE은 ALGORITHM = COPY를 지정하면 된다.

VARCHAR의 크기를 늘릴 수 있지만 어떤 크기로든지 지정할 수는 없으니 주의해야 한다. 왜냐하면 VARCHAR 타입의 컬럼에는 실제의 문자열의 길이를 표시하기 위한 메타 데이터가 있어 그것이 255 바이트 이하인지 그보다 큰지에 따라 나뉘기 때문이다. 또한 VARCHAR는 65,535 바이트를 넘으면 내부적으로는 TEXT 타입이 선택되므로 그 경계를 넘어 온라인 DDL로 크기를 늘릴 수는 없다. 예를 들면 온라인 DDL로 최대 크기를 10바이트에서 100바이트로 늘릴 수 있지만, 100바이트에서 1,000바이트로 늘릴 수는 없다. 여기서 이러한 제한에 걸려 있는 크기의 단위가 바이트라는 점에 주의하자. 테이블 정의에서 VARCHAR의 크기는 문자 수를 나타내므로 컬럼의 최대 바이트 수가 얼마가 될지는 사용할 문자 코드와 문자 수로 계산해야 한다. 예를 들면 utf8mb4의 경우, 한 문자당 최대 4바이트를 소비한다. 따라서 VARCHAR(64)의 최대 바이트 수는 256이므로 VARCHAR(63)를 VARCHAR(64)로 변경하는 것은 온라인 상태에서 할 수 없다. 그러한 제한에 걸리지 않는다면 VARCHAR 크기의 변경은 실질적으로 메타 데이터를 고쳐 쓰는 것만으로 완료된다.

### 4.3.7 ALTER로 복사하지 않는 인덱스 이름의 변경 ▸▸▸ 신기능 61

MySQL 5.7에서는 ALTER TABLE 명령어로 RENAME INDEX라는 구문이 추가되어 인덱스의 이름을 바꾸는 것이 가능해졌다. 이것은 순수한 메타 데이터의 변경이므로 당연히 온라인 DDL로 실행이 가능하다. 리스트 4.9는 인덱스를 rename하는 명령어의 예이다.

리스트 4.9 인덱스의 rename

```
mysql> ALTER TABLE tbl_name RENAME INDEX ix1 TO ix_dept_mgr;
```

이전 버전에서는 이와 같은 명령어가 없어서 인덱스의 이름만 변경하는 것이 불가능했기 때문에 rename을 하기 위해서는 인덱스를 다시 작성해야 했다. 관리나 테이블 설계의 문제로 인덱스의 이름을 변경하고자 하는 경우가 있을 것이다. 그러한 경우 MySQL 5.7이라면 손쉽게 변경할 수 있다.

### 4.3.8 빠른 인덱스 작성 ▶▶▶ 신기능 62

관리자의 입장에서 ALTER TABLE 때문에 시간이 오래 걸리는 것은 골칫거리다. 애플리케이션에서 온라인 DDL이 변경 계열 쿼리 실행을 방해하는 리스크는 줄어들었지만, 데이터를 복사할 필요가 완전히 없어진 것은 아니다. 특히 인덱스를 추가하고자 할 때, 인덱스를 구성하는 B+ 트리는 새로 만드는 것이 아니라 InnoDB가 클러스터 인덱스로부터 데이터를 가져와 스스로 조립해야만 한다. 이와 같이 조작하려면 적지 않은 리소스가 필요하므로 선뜻 실행할 수는 없다.

그래서 MySQL 5.7에서는 인덱스의 작성을 빠르게 하기 위해 InnoDB용 인덱스 작성 알고리즘이 추가되었다. Sorted Index Build라는 기능인데 이 기능은 데이터를 클러스터 인덱스에서 읽어 들여 정렬한 후 세컨더리 인덱스에 벌크로 입력하는 것을 말한다. 이전까지의 인덱스 작성 방법은 클러스터 인덱스에서 1행을 읽어 들여 그때마다 세컨더리 인덱스에 엔트리를 추가하는 것이었다.[13] 세컨더리 인덱스에 저장되는 엔트리의 값이 반드시 클러스터 인덱스의 키 순서와 일치하지는 않는다. 그 때문에 클러스터 인덱스의 순번대로 행을 읽어 들여 세컨더리 인덱스에 엔트리를 추가하면 랜덤으로 접근할 수밖에 없었다. 랜덤하게 접근하면 인덱스를 뒤져서 새로운 인덱스 엔트리(인덱스 행)가 추가된 페이지를 찾아내야 한다. 새로운 페이지를 가져오는 오버헤드는 적지 않다. 특히 버퍼 풀이 작은 경우, 해당하는 행이 캐시로부터 밀려나 있을 수도 있기 때문에 디스크로부터 읽기 작업을 해야 한다. 이처럼 데이터의 국소성을 고려하지 않은 제작은 현명한 방법이라고 할 수 없다.

MySQL 5.7의 InnoDB는 ALTER TABLE로 인덱스가 추가되면, 먼저 클러스터 인덱스를 스캔해서 키를 임시 파일에 쓰기 시작한다. 다음으로 머지 소트에 의

---

[13] 퍼스트 인덱스 생성이 도입되기 전에는 새로운 인덱스를 가진 임시 테이블을 작성하고, 전체 행 데이터를 복사하는 두려운 일이었다.

해 인덱스 엔트리를 정렬하고, 그 후 키의 순서에 따라 대량으로 입력해서 세컨더리 인덱스에 엔트리를 구축한다. 머지 소트는 랜덤한 데이터에 대해서는 퀵소트보다도 떨어지지만 안정되게 정렬할 수 있는 알고리즘으로, 계산 복잡도는 키의 수 N에 대해 O(N log N)가 된다.

ALTER TABLE이 사용하는 임시 파일은, innodb_tmpdir에 지정한 디렉터리에 작성된다. 기본값은 NULL이며, 이 경우 tmpdir을 사용한다. ALTER TABLE로 사용하는 임시 파일의 크기는 아주 크므로 tmpdir이 tmpfs를 가리키고 있으면 파일 시스템을 고갈시켜 버릴 위험이 있다. 따라서 innodb_tmpdir에 의해 ALTER TABLE의 영역만 개별로 지정할 수 있다.[14]

Sorted Index Build는 인덱스 엔트리를 키 순서로 추가하는 것이 가능하므로 아주 효율적으로 데이터를 페이지에 저장할 수 있다. 현재 변경 중인 페이지가 가득 찰 때까지 인덱스 엔트리를 읽어 마지막 행이 그 페이지에 들어갈 수 없게 되면, 다음 페이지로 커서를 이동시키면 되기 때문이다. 이론상 1페이지당 불필요한 공간은 행 크기 평균값의 반 정도이다. 이처럼 지극히 효율적인 데이터의 충전율(페이지를 몇% 이용하는가)은 언뜻 아주 좋을 것처럼 보일 수도 있지만, 변경이 많은 경우 세컨더리 인덱스 입장에서는 부담이 될 수밖에 없다. 왜냐하면 그 인덱스 페이지에는 데이터를 새롭게 삽입할 여유가 없기 때문이다.

데이터를 삽입하려는 페이지에 충분한 공간이 없는 경우, 그 페이지를 두 개의 새로운 페이지에 분할(Split)하는 조작이 일어난다. 페이지의 충전율이 너무 높으면 1행을 삽입할 때마다 페이지 분할이 일어나므로 성능 면에서 좋지 않다. 세컨더리 인덱스는 행을 삽입하는 순서와 상관이 없는 경우가 많으므로 어느 페이지에 새롭게 인덱스 엔트리가 추가될지는 랜덤 액세스에 가깝다. 따라서 ALTER TABLE 실행 직후 인덱스 조작의 페이지 분할이 빈번하게 발생하는 문제가 일어난다. 변경이 전혀 없다면 문제가 없겠지만, 그런 테이블은 마스터 데이터 말고는 드물 것이다.

이러한 페이지 분할의 문제를 피하려면 Sorted Index Build를 실행할 때 페이지를 가득 채우지 않고 어느 정도 여유를 두는 것이 좋다. 그래서 MySQL 5.7에서는 innodb_fill_factor 옵션을 통해 Sorted Index Build 때의 페이지 충전율을 지정할 수 있게 했다. 기본값은 100이지만, 기본 설정으로는 쓸모가 없으므로 변

---

14 innodb_tmpdir 옵션은 MySQL 5.7.11에서 추가되었다. 따라서 MySQL 5.7.10 이전 버전에서는 이용할 수 없으므로 주의하자.

경이 많은 경우에는 75 정도로 설정하는 것이 좋다. 이 옵션은 동적으로 변경할
수 있으므로, 테이블에 따라서 충전율을 사용해도 좋다.

### 4.3.9 페이지 통합에 대한 충전율의 지정 ▸▸▸ 신기능 63

InnoDB는 DELETE나 UPDATE에 의해 페이지의 충전율이 떨어지면 이웃의 페이지
와 자동적으로 통합(merge)하려고 시도한다. 그러한 동작 때문에 일반적으로
InnoDB의 페이지 충전율을 50~100% 사이의 값으로 정한다. InnoDB 테이블의
단편화를 제거해야 하는지를 많이 물어보는데, 페이지의 충전율이 극단적으로
나빠지는 것이 아니므로 단편화 제거가 필요한 경우는 많지 않다.

문제는 페이지가 통합된 후의 충전율이다. Sorted Index Build를 언급할 때도
이야기한 것처럼 페이지의 충전율이 너무 높으면 INSERT가 페이지를 분할하므
로 문제가 된다. 페이지 통합 후의 충전율이 100%가 되면 애써 통합했는데 바로
다시 분할될 가능성이 높다. 따라서 페이지를 통합할 때에는 통합 후에 어느 정
도 여유가 있는 것이 바람직하다.

그래서 MySQL 5.7에서는 페이지의 통합을 결정하는 페이지 충전율의 문턱값
을 지정할 수 있게 했다. 페이지의 충전율이 그 문턱값을 밑도는 경우에 한해 이
웃 페이지와의 통합이 일어난다. 리스트 4.10은 페이지를 통합할 것인지 결정하
는 충전율 MERGE_THRESHOLD의 예시이다. 현 시점에서 옵션이나 SQL 구문으로는
만들지 못하므로 COMMENT로 지정해야 한다.

**리스트 4.10 페이지 통합에 대한 페이지 충전율 지정**

```
CREATE TABLE t1 (
id INT UNSIGNED NOT NULL 기본 키,
col1 INT NOT NULL,
INDEX index_col1 (col1) COMMENT='MERGE_THRESHOLD=30'
) COMMENT='MERGE_THRESHOLD=45';
```

페이지의 충전율을 지정하지 않는 경우 기본값은 50이다. MERGE_THRESHOLD는 인
덱스별, 테이블별로 지정할 수 있으며, 양쪽 모두 지정한 경우는 인덱스에 지정
한 것이 우선한다. 리스트 4.10의 예에서는 기본 키의 MERGE_THRESHOLD가 45로,
index_col1은 30이 된다.

또한 MERGE_THRESHOLD는 페이지 통합을 위한 문턱값으로, 통합 후 페이지의
충전율이 아닌 점에 주의하자. 통합 후에는 MERGE_THRESHOLD의 2배보다 높은 충
전율이 될 수도 있다. MERGE_THRESHOLD를 낮게 설정하면 통합 후의 페이지 충전
율을 확률적으로 낮출 수 있지만, 절대적으로 낮은 충전율을 보증받는 것은 아

니다. 그렇다고 통합 후의 페이지 충전율을 낮추려고 MERGE_THRESHOLD를 너무 낮추면 페이지를 저장하고 있는 데이터 파일의 사용 효율이 떨어지므로 생각해 볼 필요가 있다. MERGE_THRESHOLD는 1~50 사이의 값을 지정할 수 있다.

실제로 몇 개가 적절한가는 부하의 정도에 따라 다르다. 페이지의 충전율을 변경하는 벤치마킹을 통해 반드시 적절한 값을 찾아내도록 하자.

### 4.3.10 REDO 로그 포맷의 변경 ▸▸▸ 신기능 64

MySQL 5.7에서는 REDO 로그의 포맷이 어떤 타입인지 기술하기 위해 포맷의 버전 정보가 추가되었다. 뒤집어 생각하면 오래된 버전의 MySQL에서는 로그 파일에 REDO 로그의 포맷을 기록한 정보가 없다는 의미이다. 다시 말해서, InnoDB를 읽을 수 있으면 정상적인 포맷의 로그 파일이라고 인식한 것이다. REDO 로그에는 블록별로 체크썸이 있어서 체크썸 정보가 맞는지 여부가 로그 파일이 정상인지를 나타내는 하나의 판단 기준이었다. 변경된 것은 주로 REDO 로그의 헤더 주변 정보로, REDO 로그의 블록 크기(512바이트)는 동일하다.

이 변경에 맞춰서 체크썸의 알고리즘도 변경되었다. 이전의 버전에서 체크썸 은 독자적으로 계산했지만, MySQL 5.7에서는 CRC32를 사용한다. CRC32는 표준적인 체크썸 알고리즘이므로 CPU가 지원한다면 하드웨어 가속도 이용할 수 있어 계산이 효율적으로 처리될 것이다. 또한 체크썸의 확인을 비활성화하는 옵션도 추가되었다. 체크썸을 계산하고 싶지 않다면 innodb_log_checksums=OFF를 지정하면 된다. 당연하지만 통상적으로 데이터의 안전성이 가장 중요하므로 안이하게 OFF로 설정할 이유는 없다.

### 4.3.11 버퍼 풀을 덤프하는 비율의 지정 ▸▸▸ 신기능 65

MySQL 서버를 재기동했을 때 버퍼 풀의 캐시가 리셋되어 재기동 후의 쿼리 시간이 더 걸리는 점이 문제점으로 자주 언급된다. 재기동 직후는 버퍼 풀에 캐시된 데이터가 없기 때문에 데이터를 찾으려고 할 때마다 디스크에 접근하여 I/O를 발생시킨다. 이러한 문제를 해결하고자 주로 사용하는 방법이 재기동 후의 예열이다. 자주 접근하는 테이블의 데이터를 스캔하여 사전에 버퍼 풀에 읽어들이는 것을 말한다. 하지만 이런 수작업에 의한 예열은 여러 가지로 좋지 않다. 어떤 테이블이 주로 사용되는지를 사용자가 조사해야 하고, 같은 테이블 안에서도 빈번하게 사용되는 데이터와 그렇지 않은 데이터가 있기 때문이다. 그리고 재기동할 때마다 이런 처리를 매번 실행하는 것은 너무 수고스럽다.

그래서 MySQL 5.6에서는 버퍼 풀의 내용을 디스크에 덤프하여 재기동할 때 버퍼 풀의 내용을 복원하는 기능이 추가되었다. 이때 데이터 그 자체를 보존하는 것이 아니라 재기동하기 직전의 버퍼 풀 내용을 복원하려면 데이터 파일로부터 어떤 페이지를 로드해야 하는지에 대한 정보를 테이블스페이스 ID와 페이지 ID 형태로 기록한다. 그렇게 하면 디스크에 여분으로 보존되는 정보는 버퍼 풀 그 자체를 보존하는 것보다 훨씬 작아진다. 게다가 데이터 그 자체가 아니라 캐시할 페이지의 ID를 보존하는 것이므로 일부 실제의 버퍼 풀과 차이가 있다 해도 문제가 되지 않는다는 장점이 있다.

MySQL 5.7에서는 덤프할 페이지의 비율을 지정할 수 있게 되었다. 비율은 innodb_buffer_pool_dump_pct 옵션으로 지정한다. 기본값은 25(단위는 %)이다. InnoDB의 버퍼 풀 캐시는 LRU(Least Recently Used) 알고리즘을 사용해서 관리한다. 따라서 접근 빈도가 낮은 것은 버퍼 풀에서 밀려난다. 이는 최근에 접근한 페이지일수록 다시 접근할 가능성이 높다는 휴리스틱에 기반한 것으로, 버퍼 풀 기능을 충실하게 해내고 있다. 이런 사고를 기반으로 하면 재기동 후에 읽을 가능성이 높은 데이터는 재기동 직전에 접근한 것이라는 결론에 도달한다. LRU 리스트상의 가장 오래된 데이터는 접근하지 않고 캐시에서 밀려날 확률도 높아진다. 따라서 재기동 전에 LRU 리스트의 뒷부분에 있던 데이터의 대부분은 캐시에 읽어 들일 필요가 없을 가능성이 높다. 디스크에서 버퍼 풀로 데이터를 로드할 때 I/O 대역을 소비하므로 읽을 데이터가 적었던 적은 없다. 버퍼 풀 전체에서가 아니고 가장 핫한 상위의 데이터만을 재기동 전후에 덤프하고 로드하는 방식으로 캐시 기능의 대부분을 회복시켜 I/O 대역도 절약할 수 있다.

### 4.3.12 Double Write 버퍼가 불필요하면 자동 비활성화 ▸▸▸ 신기능 66

Double Write는 아주 단순하면서도 확실하게 파손으로부터 데이터 파일을 보호할 수 있는 방법이다. 반면 데이터 파일에 쓰는 양이 2배가 되는 문제가 있다. 한편, 파일 시스템에서는 디스크로의 쓰기가 원자 단위로 이루어지므로 그러한 경우에는 Double Write를 비활성화하는 것이 바람직하다.

MySQL 5.7에서는 리눅스에서 Fusion-io NVMFS를 이용하고 있는 경우에 한해 자동적으로 Double Write를 비활성화한다. 동등한 기능의 파일 시스템으로 Solaris ZFS 등이 거론되지만, 그것들은 자동적으로는 검출되지 않기 때문에 관리자가 skip_innodb_doublewrite 옵션을 명시적으로 지정하여 Double Write를 비활성화해야 한다.

### 4.3.13 NUMA 지원의 추가 ▸▸▸ 신기능 67

최근의 아키텍처에는 메모리 컨트롤러가 CPU에 내장되어 있어서 CPU가 여러 개 있는 경우 각각의 CPU에 메모리가 접속되어 있다. 다른 CPU에 접속된 메모리로 접근하려면 CPU에 데이터 전송을 의뢰한다. 그렇게 하면 CPU 사이의 버스(인터커넥트)를 통해 해당 데이터를 보낸다. 당연한 말이지만 어떤 CPU에서 실행되고 있는 스레드에 같은 CPU의 메모리에 접근하는 속도와 다른 CPU의 메모리에 접근하는 속도는 다르다. 이처럼 어떤 CPU에서 접근하느냐에 따라 메모리 접근 속도가 다른 시스템을 NUMA(Non-Uniform Memory Access)라고 한다. 그림 4.8은 NUMA를 나타낸 것이다. 요즘 나오는 인텔 CPU를 탑재한 머신이고 시스템에 CPU가 여러 개 있는 시스템은 NUMA라고 생각하면 된다.[15]

NUMA에서는 다른 CPU에 접속된 메모리보다 같은 CPU에 접속된 메모리에서 빠르게 접근할 수 있다. 따라서 리눅스 커널은 메모리 할당을 요구한 스레드가 실행되고 있는 CPU와 같은 CPU에 있는 메모리를 우선적으로 할당한다. 이러한 동작은 싱글 스레드로 실행되는 프로그램에서는 매우 훌륭하게 기능한다. 하지만 MySQL 서버처럼 거대한 메모리를 할당하는 멀티 스레드 프로세스에서는 금세 파탄이 난다. 하나의 스레드가 큰 크기의 메모리를 할당하려고 하면 메모리 할당이 특정 CPU의 메모리에 편중되기 때문이다. NUMA 시스템에서는 자주 Swap Insanity 문제가 보고된다. 하나의 NUMA 노드[16] 메모리를 다 써버리면 다음으로 커널이 그 NUMA 노드에 메모리를 할당할 필요가 생겼을 때, 다른 NUMA 노드에 충분한 메모리 여유 공간이 있음에도 swap을 발생시킨다는 것이다.

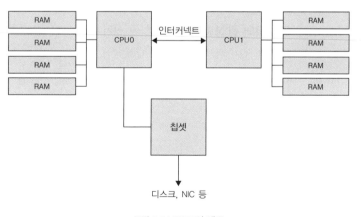

그림 4.8 NUMA의 개요

---

15 그림 4.8에는 표시하지 않았지만, 요즘 나오는 PCIe도 칩셋이 아닌 CPU 쪽에 콘트롤러가 설치되어 있다.
16 하나의 CPU와 그 CPU가 관리하고 있는 메모리를 NUMA 노드라고 부른다.

이러한 문제 때문에 종래 NUMA 시스템에서는 numactl 명령어나 리눅스 커널의 기동 옵션으로 메모리를 균일하게 할당하도록 했다. 하지만 numactl을 시켜서 mysqld를 기동하기 위해서는 mysqld_safe를 덮어써야 하고, 커널 옵션을 변경하는 것도 번거롭다. 그래서 MySQL 5.7에서는 NUMA 시스템에서 편중된 메모리 할당이 일어나지 않도록 옵션을 제공한다. innodb_numa_interleave = ON을 지정하면 모든 NUMA 노드에 균등하게 메모리 할당이 일어난다.[17] 단, innodb_numa_interleave를 사용하기 위해서는 시스템에 libnuma가 설치되어 있어야 한다. 따라서 이 옵션은 일부의 디스트리뷰션(예를 들면 RHEL)용의 패키지에서만 유효하다.

### 4.3.14 기본 행 포맷의 지정 ▸▸▸ 신기능 68

MySQL 5.1의 InnoDB Plugin 또는 MySQL 5.5에서 추가된 새로운 Barracuda 행 포맷은 기존의 방식보다 뛰어나기 때문에 오래된 행 포맷을 쓸 필요가 없다. 그럼에도 MySQL 5.6까지 CREATE TABLE 실행 시에 선택된 행 포맷이 Antelope의 COMPACT가 기본값이었다. 기본 포맷은 옵션으로 설정할 수 없기 때문에 Barracuda 행 포맷을 사용하기 위해서는 CREATE TABLE 실행 시에 ROW_FORMAT = DYNAMIC 또는 COMPRESSED를 하나하나 번거롭게 지정해야 했다.

그래서 MySQL 5.7에서는 기본 행 포맷을 지정하는 innodb_default_row_format 옵션이 추가되었다. 기본값은 DYNAMIC이며, 그 외에 COMPACT 또는 REDUNDANT를 지정할 수 있다.[18]

### 4.3.15 InnoDB 모니터의 활성화 방법 변경 ▸▸▸ 신기능 69

InnoDB 모니터의 활성화 방법이 변경되었다. InnoDB 모니터는 15초마다 SHOW ENGINE INNODB STATUS에 상당하는 정보를 에러 로그에 출력하는 기능을 말한다. 통상의 InnoDB 모니터 외에도 lock 정보를 추가한 InnoDB lock 모니터와 테이블의 정보를 표시하는 InnoDB 테이블 모니터, 테이블스페이스의 정보를 표시하는 InnoDB 테이블스페이스 모니터가 있다. 후자 2개는 정보 스키마에서도 동등한 정보를 얻을 수 있기 때문에 MySQL 5.7에서는 폐지되었다.

MySQL 5.6까지는 InnoDB(lock) 모니터를 활성화하기 위해 CREATE TABLE

---

**17** 원고 집필 시점의 버전에서는 Bug #80288이 있어, 데비안에서는 libnuma에 의한 메모리 할당이 일어나지 않는다. 데비안 사용자는 버그 수정이 완료되기를 기다려야 한다.
**18** COMPRESSED는 제한이 많아서 기본값으로는 지정할 수 없다.

명령어를 사용했다. 임의의 정의를 가지고 있는 innodb_monitor 또는 innodb_lock_monitor 테이블을 ENGINE = INNODB[19]로 작성하면 InnoDB 모니터가 활성화되었다. 리스트 4.11은 MySQL 5.6에서 InnoDB lock 모니터를 활성화하는 명령어의 예이다.

**리스트 4.11 MySQL 5.6에서 InnoDB lock 모니터 활성화**

```
mysql> CREATE TABLE innodb_lock_monitor (a int) ENGINE INNODB;
```

모니터를 끄기 위해서는 DROP TABLE 명령어를 사용하든지 혹은 MySQL 서버를 재기동하면 된다. 이 인터페이스는 솔직히 촌스럽다. 기탄없이 의견을 말하자면 UI로서는 최악이다.

　MySQL 5.7에서는 이러한 화석같은 UI가 개선되어 시스템 변수로 ON/OFF 전환이 가능해졌다. MySQL 5.7에서 InnoDB lock 모니터를 활성화하기 위한 명령어를 리스트 4.12에서 볼 수 있다.

**리스트 4.12 MySQL 5.7에서 InnoDB lock 모니터를 활성화하기**

```
mysql> SET GLOBAL innodb_status_output_locks = ON;
mysql> SET GLOBAL innodb_status_output = ON;
```

리스트 4.12의 첫 번째 명령어는 출력되는 정보를 InnoDB lock 모니터로 할지를 결정하는 것이다. ON으로 하면 InnoDB lock 모니터가 되고 OFF로 하면 통상의 InnoDB 모니터가 된다. 이 옵션을 활성화하면 에러 로그에 기록되는 출력뿐 아니라 SHOW ENGIND INNODB STATUS의 출력도 InnoDB lock 모니터로 변경된다. 두 번째 명령어에서 실제로 InnoDB lock 모니터를 활성화하고 있다. InnoDB 모니터는 출력되는 데이터 크기가 크기 때문에 항상 사용하는 것은 추천하지 않는다. 게다가 MySQL 5.7에서는 InnoDB lock 모니터보다 편리한 InnoDB Metrics나 정보 스키마, 성능 스키마가 있으므로 InnoDB 모니터를 사용할 일이 적어졌다. 그런 의미에서 활성화 방법이 너무 늦게 변경되었다고 본다.

### 4.3.16 정보 스키마의 개선 ▶▶▶ 신기능 70

MySQL 5.7에서는 정보 스키마에서 지금까지 InnoDB가 대응하지 않았던 테이블이 InnoDB의 정보를 정확하게 표시하게 되었다.

---

**19** ENGINE=INNODB의 '='는 생략이 가능하다.

### INFORMATION_SCHEMA.TABLES

MySQL 5.7에 와서는 테이블의 최종 변경 일시를 나타내는 update_time 컬럼이 InnoDB에서도 표시된다. MySQL 5.6까지는 InnoDB가 이 컬럼을 지원하지 않아 항상 NULL을 출력했다.[20] update_time의 정보는 디스크에는 보존되지 않고 재기동하면 없어지므로 주의해야 한다.

### INFORMATION_SCHEMA.FILES

INFORMATION_SCHEMA.FILES에 데이터 파일과 테이블스페이스의 정보가 표시되도록 바뀌었다. INFORMATION_SCHEMA에는 INNODB_SYS_TABLESPACES가 있어서 이 테이블에서 데이터 파일의 정보를 얻을 수 있지만, 이름을 보면 알 수 있듯이 이것은 InnoDB 전용 테이블이다. 한편, FILES는 스토리지 엔진에 존재하지 않는 정보 스키마로, MySQL Cluster에서 디스크 테이블스페이스를 사용하고 있는 경우에도 데이터 파일의 참조가 가능하게 되었다. 기호에 따라 구분하여 사용하면 좋을 것이다.

### INFORMATION_SCHEMA.INNODB_TEMP_TABLE_INFO

MySQL 5.7에서 추가된 기능으로 InnoDB에 작성한 임시 테이블의 목록을 표시한 정보 스키마 테이블이다. 임시 테이블은 TABLES 테이블에서도 검색할 수 없고, 다른 세션의 테이블은 보이지 않으므로 볼 수 있는 방법이 없었다. 이 정보 스키마 테이블에서 전체의 임시 테이블을 파악할 수 있게 되어 관리성이 향상되었다.

### INFORMATION_SCHEMA.INNODB_SYS_VIRTUAL

MySQL 5.7에서 추가된 정보 스키마 테이블로, 생성 컬럼(Generated Column)의 정보를 표시하기 위한 것이다. 생성 컬럼에 대해서는 6장에서 설명할 것이다.

## 4.4 투과적 페이지 압축 ▸▸▸ 신기능 71

효율적인 테이블 데이터의 압축은 데이터베이스 관리자가 정말로 원하는 기능이다. 압축된 포맷의 테이블(이하 압축 테이블) 자체는 MySQL 5.1+InnoDB Plugin 시대부터 있었지만 압축하면 성능 악화가 크고, 사용 방법이 제멋대로여서 그렇게 좋지 않았다. 그래서 등장한 것이 MySQL 5.7의 투과적(transparent)

---

**20** InnoDB는 MVCC와 같은 요소들 때문에 최종 변경 시점을 정의하는 것이 애매하지만, 일단 COMMIT한 시점을 최종 변경 일시로 정의하고 있다.

페이지 압축 기능이다. 이 방식은 MySQL 5.6까지의 압축 테이블과는 다르다. 두 테이블의 차이를 알려면 먼저 오래된 방식의 압축 테이블에 대해 알아야 한다.

### 4.4.1 압축 테이블

압축 테이블은 MySQL 5.1+InnoDB Plugin에서 Barracuda 포맷이 등장하면서 처음 사용할 수 있었다. 압축 테이블은 CREATE TABLE 실행 시에 ROW_FORMAT = COMPRESSED를 지정하여 작성할 수 있다. 이 포맷에서 InnoDB는 원래의 페이지를 압축하고 보다 작은 크기의 페이지로 변환한 후 디스크에 저장한다. 압축된 페이지는 통상의 페이지와 마찬가지로 버퍼 풀에 캐시된다. 그러나 그대로는 행 데이터에 접근할 수 없어서 압축 풀기(Decompress)를 수행해야 한다. 압축이 풀린 데이터는 통상의 페이지와 같은 포맷이 되어 그 페이지에 존재하는 데이터로 접근할 수 있다. 이러한 모양새를 표현한 것이 그림 4.9이다.

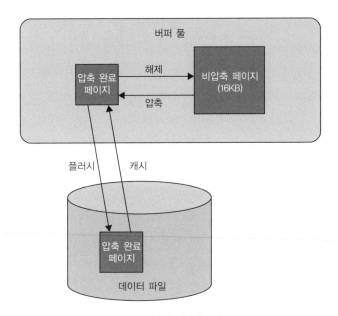

그림 4.9 압축된 페이지로 접근

그림을 보면 디스크에는 압축이 완료된 페이지만 존재하므로 디스크의 소비량이 꺾인다. 한편, 버퍼 풀은 통상의(압축 해제된 비압축의) 페이지가 더해져 압축 완료된 페이지를 계속 유지해야 하므로 추가로 오버헤드가 발생한다. 이들 페이지는 LRU에 의해 캐시에서 밀려나기도 하지만, 압축 해제된 페이지가 캐시에 있는 동안은 압축 페이지를 캐시에서 밀어내지 않는다는 제약이 있다. 따라서 이 오버헤드는 불가피한 부분으로, 압축 테이블의 메모리 사용 효율은 통상의 테이블보다 나빠진다.

압축된 페이지의 크기는 CREATE TABLE 실행 시에 KEY_BLOCK_SIZE 옵션으로 지정한다. 리스트 4.13은 압축 테이블을 작성하는 SQL문의 예이다.

**리스트 4.13 압축 테이블의 작성**

```
mysql> CREATE TABLE tbl_name (...중략...) ENGINE InnoDB
-> ROW_FORMAT=COMPRESSED KEY_BLOCK_SIZE=4;
```

KEY_BLOCK_SIZE는 1KB 블록의 개수를 정의하는 것이다. 리스트 4.13의 예에서 블록 크기는 4KB이다. 압축 테이블은 일반 테이블스페이스에도 작성할 수 있지만, 그런 경우는 테이블의 KEY_BLOCK_SIZE와 테이블스페이스의 FILE_BLOCK_SIZE가 일치해야 한다.

데이터의 편차에 따라 압축해도 데이터가 1페이지 안에 들어오지 않을 수 있다. 그러한 상황은 '압축 실패'이며, InnoDB는 페이지를 분할하고 다시 압축을 시도한다. KEY_BLOCK_SIZE가 너무 작으면 분할이 빈번하게 일어나므로 주의해야 한다. MySQL 5.6에서는 이러한 부분이 튜닝되어 압축의 실패가 빈번하게 발생하면 자동으로 압축 전의 페이지 충전율을 낮추게 했다. 압축 전 페이지의 데이터가 적지 않다면 압축 후의 데이터 크기도 줄어들게 될 것이다. 페이지의 충전율을 낮출지는 인덱스별로 압축 실패가 어느 정도 발생했는지 통계에 따라 결정한다.

만일 압축의 실패율이 innodb_compression_failure_threshold_pct보다 커지면 압축 전의 페이지 충전율이 약 1% 낮아진다. 압축의 실패율이 innodb_compression_failure_threshold보다 커질 때마다 충전율은 떨어져 최종적으로는 (100 - innodb_compression_pad_pct_max)까지 낮아진다.

또한 MySQL 5.6에서는 압축율을 조정하기 위해 innodb_compression_level 옵션이 추가되었다. 압축율의 레벨은 1~9로 지정 가능하며, 기본값은 zlib와 같은 6이다. 공간 효율을 보다 높이고자 하는 경우에는 높은 레벨을 지정하면 된다. 또한 이전 버전에서는 페이지가 압축되면 그 내용 전체를 반드시 REDO 로그에 기록해야 했다. 이것은 시스템에 설치되어 있는 zlib의 버전이 복구 전후에 변경되어도 괜찮도록 한 장치이지만, REDO 로그의 소비 속도는 극단적으로 높아진다. 이처럼 이전 형태의 압축 테이블을 사용하는 경우는 로그 크기를 크게 설정할 필요가 있다. MySQL 5.6에서는 압축 후의 페이즈를 REDO 로그에 쓸지 여부를 innodb_log_compressed_pages 옵션으로 결정할 수 있게 되었다. 기본값은 ON이며, 이전과 마찬가지로 작동하지만 zlib의 버전이 변하지 않는다고 하면 OFF로 설정해도 상관없다.

### 4.4.2 투과적 페이지 압축

압축 테이블의 대략적인 구조에 대해 설명했지만, MySQL 5.7에서 추가된 투과적 페이지 압축의 구조는 압축 테이블 방식과는 완전히 다르다. 투과적 페이지 압축으로 일어나는 압축 단위는 페이지다. 이전 형태의 압축 테이블에서 압축한 페이지는 InnoDB가 책임지고 관리하고, 압축으로 어느 정도의 데이터 크기가 줄어들 수 있는지까지도 모두 InnoDB가 맡았다. 투과적 페이지 압축에서 데이터의 압축과 해제는 InnoDB가 하지만 페이지 크기는 압축을 하지 않는 경우와 완전히 동일하고 데이터 크기의 절약에 대해서는 파일 시스템의 기능을 사용한다. 투과적 페이지 압축의 구조는 그림 4.10과 같다.

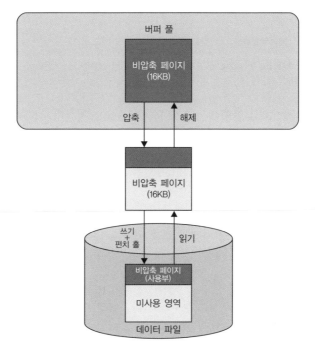

그림 4.10 투과적 페이지 압축

이와 같은 구조가 왜 데이터 사용량을 줄이는 것일까? 사실 파일 시스템에는 사용하지 않은 영역에 대해 그 영역의 값이 0이라고 판정하고 실제로는 디스크상의 영역을 할당하지 않는 Sparse File이라는 것이 있다. 투과적 페이지 압축은 Sparse File의 기능에 의존하여 리눅스에서는 NVMFS, XFS(커널 2.6.38 이후), ext4(커널 3.0 이후), btrfs(커널 3.7 이후) 등으로 이용이 가능하다. Sparse File에 구멍을 뚫는 조작을 펀치 홀이라 부르며, 리눅스에서는 `fallocate(2)`로 실행할 수 있다. 미사용 영역에 구멍을 뚫게 되면 그 영역이 디스크에서 해제된다. 단, 해제되는 영역은 파일 시스템의 블록별로 이루어지므로 작은 블록 크기를 선택해야 한다.

윈도우에서도 Sparse File을 이용할 수 있지만, NTFS가 해제 가능한 블록 사이즈가 작지 않기 때문에 현 시점에서는 그다지 혜택이 없다. 적어도 NTFS로 포맷할 때에 클러스터 크기를 기본값인 4KB에서 512B로 변경해야 한다.

투과적 페이지 압축을 사용하려면 `CREATE TABLE`을 실행할 때 `COMPRESSION` 옵션을 지정하기만 하면 된다. 파일 시스템이 Sparse File에 대응하고 있다면 자동으로 압축이 일어난다. 리스트 4.14는 투과적 페이지 압축을 이용한 테이블을 작성하는 예이다.

**리스트 4.14 투과적 페이지 압축을 이용한 테이블 작성**

```
mysql> CREATE TABLE tbl_name (...중략...) ENGINE InnoDB
-> COMPRESSION='lz4';
```

`COMPRESSION` 옵션으로 압축에 이용할 알고리즘을 지정한다. zlib와 lz4라는 두 가지 방식으로 지정할 수 있다. zlib의 경우 `innodb_compression_level`에 의해 압축 레벨이 조정된다.

투과적 페이지 압축의 최대 장점은 성능 개선이다. 투과적 페이지 압축은 오버헤드가 적고, 이전 형태의 압축 테이블보다 여러 면에서 성능이 개선되었다. 전체를 InnoDB가 관리했던 이전의 압축 테이블과는 다르게 투과적 페이지 압축에서는 압축이 끝난 페이지를 위해 버퍼 풀을 가져오는 경우가 없다.[21] 또한 변경 시 압축 실패에 의한 페이지 분할도 일어나지 않는다. 압축에 의한 I/O가 줄어 무압축 때보다도 빨라지는 경우가 있다. 32KB 또는 64KB의 페이지 사이즈라면 압축율의 향상도 관찰할 수 있다. 실제로 어느 정도 성능이 개선되었는가는 사용하는 하드웨어나 데이터의 질 또는 쿼리에 의해 달라지므로 일률적으로 말할 수는 없다. 반드시 직접 벤치마킹을 해서 확인해보기 바란다.

투과적 페이지 압축의 단점으로는 압축이 Sparse File에 존재하므로 파일 시

---

[21] 원래 압축이 완료된 페이지를 위해 버퍼 풀의 리스트를 관리하는 데 따르는 오버헤드도 있다.

스템이 단편화를 일으키기 쉬워진다는 점을 들 수 있다. 미사용 영역은 파일 할당이 해제된 후 다른 영역에서 재사용된다. 따라서 데이터 파일상에서는 연속한 영역으로 보여도 디스크상에서는 띄엄띄엄 저장되어 순차적인 접근 속도는 오히려 느려진다. 요즘 나오는 IOPS가 높은 SSD라면 데이터 파일이 불연속이어도 악영향이 없을지 모르겠지만 HDD에서는 절망적이므로 사용을 삼가는 것이 좋다.

Sparse File은 데이터를 복사할 때에도 주의가 필요하다. 실제로 디스크상의 영역은 할당되어 있지 않지만 데이터는 모두 0[22]이라고 판정하기 때문에 read는 가능하다. 따라서 단순히 파일을 복사하면 복사 후의 파일에 빈 값 대신 0으로 채워진 영역이 나올 수 있으므로 데이터 크기가 늘어난다. 백업을 한다든지 다른 머신으로 데이터 파일을 옮기고자 하는 경우에는 주의가 필요하다. rsync에 의한 복사라면 --sparse 옵션을 붙이는 방식으로 Sparse File을 처리할 수 있다.

또한 투과적 페이지 압축에는 다음과 같은 제한사항이 있다.

- 공유 테이블스페이스에서는 이용할 수 없다.
- 일반 테이블스페이스에서는 이용할 수 없다.
- 공간 인덱스에서는 이용할 수 없다.

사용하는 디스크가 고속의 SSD이면서 파일 시스템이 Sparse File을 지원하고, 데이터 크기가 커질 것을 알고 있다면 투과적 페이지 압축의 이용을 검토해보자. 정도와 데이터의 질에 따라 다르겠지만 데이터 크기는 확실히 줄일 수 있을 것이다. 단, 압축율은 파일 시스템의 블록 크기에 의존하므로 투과적 페이지 압축을 사용하는 경우에는 파일 시스템의 포맷부터 튜닝할 필요가 있다.

## 4.5 전문 인덱스의 개선

원래 InnoDB에는 전문(full text) 인덱스가 설치되어 있지 않고 전문 검색이 필요한 경우에는 MyISAM을 쓰는 것이 당연하게 여겼다. 그러나 전문 검색만을 위해서 트랜잭션에 대응하지 않는 MyISAM을 사용하는 것은 좋은 방법이 아니다. 데이터에 부정합이 발생할지도 모르고, 손상 시에 데이터를 못쓰게 될 가능성도 있다. 그 때문에 MyISAM에서 할 수 있는 것은 InnoDB에서도 할 수 있도록 하기 위해 MySQL 5.6부터 전문 인덱스가 추가되었다. 단, InnoDB의 전문 인덱스

---

**22** 공백 부분은 바이트의 값이 모두 0으로 보인다.

는 MySQL 5.6 단계에서는 여러 가지 제한이 있어 특별히 한국어 환경에서는 쓸 만한 것이 아니었다.

MySQL 5.7에서는 이 부분이 대폭 개선되었다.

### 4.5.1 Pluggable 파서의 지원 ▸▸▸ 신기능 72

전문 검색에서 필요한 인덱스의 종류는 전치 인덱스다. 이것은 각각의 어구가 어떤 행의 어떤 포지션에 등장할 것인지를 나타내는 것이다. 이런 인덱스를 작성하려면 원래의 행 데이터에서 어구를 추려내야 한다. 전문 검색을 위해 이용하는 전치 인덱스를 전문 인덱스라고 부른다.

MySQL 5.6의 InnoDB에는 독자적인 전문 파서가 탑재되어 있었는데, MyISAM과 동일하게 공백이나 콤마, 마침표 등의 종료 문자를 이용해서 단어로 분해하는 방식이다. 물론 이런 방식으로는 한국어용 전문 인덱스는 작성할 수 없다. 한국어의 문장을 처리하기에는 기능이 부족하기 때문이다.[23]

MyISAM에는 사용자가 독자적으로 파서를 탑재할 수 있는 기능이 있어서 따라서 사용자는 문자열을 단어로 분해하는 파서를 직접 탑재할 수 있었다. InnoDB에는 그러한 인터페이스가 없어 한국어 전문 검색은 할 수 없었지만, MySQL 5.7에서는 인터페이스가 개선되어 파서를 변경할 수 있게 되었다.

### 4.5.2 NGRAM 파서와 MeCab 파서의 탑재 ▸▸▸ 신기능 73

한국어나 일본어 등의 전문 검색을 이용하는 경우, 영문과 같은 공백으로 구별되는 언어와는 다른 방식으로 단어를 추출할 필요가 있다. 그래서 주로 사용되는 것이 NGRAM과 형태소 분석 방식이다.

NGRAM은 문자열을 N 문자마다 잘라 전문 인덱스를 작성하는 방식이다. N은 단어를 자르는 문자의 크기를 지정하며, 두 글자는 BIGRAM, 세 글자는 TRIGRAM이라고 부른다. 예를 들어 '안녕하세요'라는 관용구의 경우, '안녕','녕하','하세','세요'라는 4개 부분으로 분해된다. 물론 원래부터 5문자로 의미를 내는 단어를 그것보다 짧은 어구로 잘랐을 때 언어로써 의미가 있는 무언가를 얻어내지는 못한다. 검색에 필요한 인덱스의 구축이 가능해지는 것뿐이다. 이런 방식이 쓸모 있는 경우는 두 개 이상의 관용구로 구성된 문장을 잘라낼 때뿐이다. 또한 한국어에는 나누는 부분을 변경하면 의미가 변해버리는 경우도 있다.

---

**23** 한국어뿐 아니라 일본어나 중국어도 처리할 수 없다.

예를 들면 '날아가다가'라는 어구로부터는 '아가'라는 단어가 추출되지만 때때로 '아'라는 문자와 '가'라는 문자가 함께 붙어있는 것만으로 '아가'를 검색할 때 이 문장이 검색되는 것은 의도한 바가 아니다. NGRAM은 전체를 아우르긴 하지만 의미가 없는 부분 문자열이나 의미가 변해버리는 부분 문자열이 포함되므로 검색 노이즈가 많다는 문제점이 있다.

한편, 불필요한 부분을 줄여 검색의 정밀도를 높일 수 있는 방법으로 형태소 분석이 있다. 이 방식은 사전을 이용해 문자열의 문법을 해석하고, 드러난 단어를 추출하는 기술이다. 단어를 몽땅 꺼내기 때문에 낭비가 적고 인덱스의 사이즈가 작아진다. 사전을 이용하기 때문에 의미가 없는 어구가 포함될 걱정이 없다. 단점은 단어를 끌어내는 능력의 한계이다. 사전에 등록되어 있지 않은 단어는 끌어낼 수 없으며, 잘못된 표기가 많은 문장에서는 어디에서 구간을 나누면 좋을지 인간도 판별이 곤란한 경우가 있기 때문이다. 예를 들면 '칠전사거리'라고 모두 붙여 쓴 텍스트가 '칠전 사거리'를 의미하는지 '칠전사 거리'를 의미하는지 문법만으로는 판단할 수가 없다. 전후의 문맥을 본다면 알 수 있을지 모르겠지만, 문맥까지 고려한 파서는 현존하지 않는다.

이와 같이 각각의 방식은 일장일단이 있어 용도에 맞게 사용하는 것이 좋다. MySQL 5.7에는 NGRAM과 형태소 분석, 두 가지의 파서가 탑재되어 있다. 형태소 분석에는 오픈 소스의 형태소 분석 엔진인 MeCab이 이용된다.[24] NGRAM 파서 플러그인은 기본으로 설치되어 있다. MeCab 파서 플러그인은 설치가 필요하지만, MySQL 5.7의 바이너리 패키지에 첨부되어 있으므로 설정 파일의 변경과 명령어로 설치가 가능하다.

MeCab 파서를 설치하기 위해서는 먼저 최초에 `mecabrc`라는 파일을 편집하여 MeCab이 이용할 사전의 장소를 지정해야 한다. 사전 파일도 패키지 내에 포함되어 있으므로 이용하면 된다. 리스트 4.15는 `mecabrc`의 설정 예이다.

**리스트 4.15 mecabrc의 설정 예**

```
shell> cat /usr/local/mysql/lib/mecab/etc/mecabrc
dicdir = /usr/local/mysql/lib/mecab/dic/ipadic_utf-8
```

다음으로 `my.cnf`를 변경하여 MeCab용 설정을 추가한다. 리스트 4.16은 옵션 설정의 예이다. `mecab_rc_file`에 이전에 편집한 `mecabrc` 파일의 장소를 설정한다. 단, 이 옵션은 MeCab 파서 플러그인을 설치하지 않은 상태에서는 인식되지 않으므로

---

**24** *http://taku910.github.io/mecab/*

loose 접두사를 붙일 필요가 있다. 또 innodb_ft_min_token_size로 추출할 어구의 최소 크기도 설정해야 한다. 한국어에는 한 문자로 된 단어도 있으므로 1 또는 2를 설정해 두는 것이 좋다. 설정한 후에 MySQL 서버를 재기동하자.

**리스트 4.16 my.cnf에 추가하는 MeCab용 옵션**

```
[mysqld]
loose_mecab_rc_file=/usr/local/mysql/lib/mecab/etc/mecabrc
innodb_ft_min_token_size=1
```

다음으로 플러그인을 설치한다. 설치는 INSTALL PLUGIN 명령어로 한다. 리스트 4.17에서 명령어의 실행 예를 볼 수 있다. 바이너리판 패키지라면 libpluginmecab.so는 포함되어 있으므로 lib/plugin에 있을 것이다. 인스톨이 완료되면 SHOW PLUGINS 명령어를 실행해 mecab이 표시되는지 확인하자.

**리스트 4.17 MeCab 파서 플러그인 설치**

```
mysql> INSTALL PLUGIN mecab SONAME 'libpluginmecab.sc';
```

플러그인의 설치가 완료되면 테이블을 작성해보자. 사용할 파서를 지정하기 위해서는 리스트 4.18과 같이 WITH PARSER 구를 지정한다.

**리스트 4.18 전문 인덱스 내장 테이블의 작성 예**

```
mysql> CREATE TABLE fttest (
-> a SERIAL,
-> b VARCHAR(100),
-> FULLTEXT(b) WITH PARSER mecab
-> ) CHARACTER SET utf8;
```

전문 검색의 구문은 기존과 마찬가지로 MATCH~AGAINST를 지정한다. 리스트 4.19는 MeCab 파서에 의한 일본어 전문 검색의 예이다. 아무래도 MeCab은 'この先'와 '生きのこるには'를 별도의 문구로 판단하고 있는 것 같다.

**리스트 4.19 전문 검색의 예**

```
mysql> insert into fttest (b) values ('この先生きのこるには'),('ここではきものをぬけ');
Query OK, 3 rows affected (0.00 sec)
Rows matched: 3  Changed: 3  Warnings: 0

mysql> select * from fttest where match (b) against ('きもの');
+---+------------------------------+
| a | b                            |
+---+------------------------------+
| 2 |ここではきものをぬけ          |
+---+------------------------------+
```

```
1 rows in set (0.00 sec)

mysql> select * from fttest where match (b) against ('先生');
empty set (0.00 sec)

mysql> select * from fttest where match (b) against ('この先');
+---+--------------------------------+
| a | b                              |
+---+--------------------------------+
| 1 | この先生きのこるには             |
+---+--------------------------------+
1 rows in set (0.00 sec)
```

그런데 이 전문 인덱스에는 어떠한 어휘가 저장되어 있는 것일까? 그것을 알기 위해서는 정보 스키마를 볼 필요가 있지만, 전문 인덱스용의 정보 스키마는 하나의 테이블 정보밖에 제공하지 않는다. 정보를 표시하기 전에 대상의 테이블을 innodb_ft_aux_table에 등록할 필요가 있다. 테이블명의 지정은 문자열로 하지만, SQL의 표기와는 다르게 'DB명/테이블명'과 같은 형태로 슬래시(/)로 구획 지을 필요가 있다. 리스트 4.20은 리스트 4.19에서 INSERT한 두 개 행의 인덱스 내용이다.

### 리스트 4.20 전문 인덱스의 내용 표시

```
mysql> SET GLOBAL innodb_ft_aux_table = 'test/fttest';
Query OK, 0 rows affected (0.00 sec)

mysql> SELECT * FROM INFORMATION_SCHEMA.INNODB_FT_INDEX_CACHE;
+-----------+--------------+-------------+-----------+--------+----------+
| WORD      | FIRST_DOC_ID | LAST_DOC_ID | DOC_COUNT | DOC_ID | POSITION |
+-----------+--------------+-------------+-----------+--------+----------+
| きもの     |            3 |           3 |         1 |      3 |       12 |
| ここ       |            3 |           3 |         1 |      3 |        0 |
| この       |            2 |           2 |         1 |      2 |        0 |
| で         |            3 |           3 |         1 |      3 |        6 |
| に         |            2 |           2 |         1 |      2 |       24 |
| ぬげ       |            3 |           3 |         1 |      3 |       24 |
| のこる     |            2 |           2 |         1 |      2 |       15 |
| は         |            2 |           3 |         2 |      2 |       27 |
| は         |            2 |           3 |         2 |      3 |        9 |
| を         |            3 |           3 |         1 |      3 |       21 |
| 先         |            2 |           2 |         1 |      2 |        6 |
| 生き       |            2 |           2 |         1 |      2 |        9 |
+-----------+--------------+-------------+-----------+--------+----------+
12 rows in set (0.00 sec)
```

정보 스키마에는 리스트 4.20에 있는 INNODB_FT_INDEX_CACHE 외에도 비슷한 이름의 INNODB_FT_INDEX_TABLE이라는 것이 있다. 이 두 개의 테이블 컬럼 정의는 완전하게 같아서 전문 인덱스의 캐시와 테이블에서 각각 데이터를 가져온다. `INNODB_FT_INDEX_CACHE` 캐시 내의 엔트리에 있고 `INNODB_FT_INDEX_TABLE`은 실체의 엔트리에 있다. 전문 인덱스는 행을 삽입한 시점에서는 변경되지 않고, 데이터가 먼저 캐시에 저장된다. 캐시의 상한 크기는 하나의 전문 인덱스당 `innodb_ft_cache_size`, 서버 전체에서 `innodb_ft_total_cache_size`에 의해 설정된다. 기본값은 각각 `8000000`, `640000000`으로 되어 있다. 쿼리의 결과는 실체와 캐시 양쪽의 데이터를 통합한 결과를 반환한다.

이 캐시는 전문 인덱스의 변경 처리를 고속화하기 위한 것으로 다음과 같은 시점에 인덱스 본체에 통합된다.

- 캐시가 가득 찼을 때
- `OPTIMIZE TABLE` 실행 시
- MySQL 서버의 셧다운 시
- MySQL 서버가 손상된 경우, 재기동 후에 처음으로 전문 인덱스에 접근했을 때

`OPTIMIZE TABLE`은 약간 주의가 필요해서, 통상의 `OPTIMIZE TABLE`로는 전문 인덱스 캐시의 관리가 일어나지 않는다. 전문 인덱스의 관리가 일어나려면 `SET GLOBAL innodb_optimize_fulltext_only=ON`을 사전에 실행해야 한다. 거꾸로 `ON`의 경우는 일반적으로 `OPTIMIZE TABLE`에 해당하는 처리가 실행되지 않는 점에 주의해야 한다.

### 4.5.3 전문 검색의 최적화 ▶▶▶ 신기능 74

MySQL 5.7에는 전문 검색을 고속화하기 위한 최적화가 몇 가지 추가되었다. 이는 InnoDB의 전문 인덱스 자체의 성능이 향상되었다기보다는 옵티마이저가 개선되어 InnoDB가 불필요한 일을 하지 않게 되었다는 의미다. 예를 들어 불필요한 랭킹에 의한 정렬을 배제한다든지, 랭킹 최상위와 최하위만 가져오면 해결되는 케이스가 검출된다든지 하는 것이다. 옵티마이저가 전달한 힌트를 InnoDB가 해석하고, 최적화 계획을 세우는 구조가 되었다.

이런 신기능의 혜택을 받기 위해 사용자가 특별히 무언가를 할 필요는 없다. 이전과 마찬가지로 쿼리를 실행하면 자동적으로 최적화가 이루어져 이전보다 불필요한 작업을 줄인 검색이 실행되도록 바뀌었다.

**Mroonga 스토리지 엔진**

오라클 외부에서 개발된 Mroonga라는 스토리지 엔진이 있다. 이것은 Groonga라는 오픈 소스의 컬럼 스토어 기능을 탑재한 전문 검색 엔진을 MySQL에서 조작할 수 있도록 한 것이다. Groonga는 트랜잭션을 가지고 있지 않기 때문에, Mroonga에서도 트랜잭션은 이용할 수 없다. Wrapper 모드라는 데이터를 InnoDB에 저장하는 모드도 존재하지만, 트랜잭션을 롤백하면 인덱스에 부정합이 일어나는 등의 제한이 있어 주의가 필요하다. 그렇지만 Mroonga는 아주 고속의 검색 성능을 가지고 있기 때문에 전문 검색에 특화된 애플리케이션을 개발하고자 하는 경우에는 특별히 쓸모가 있을 것이다. MySQL 5.7에서 InnoDB의 전문 검색이 개선되었다고는 해도 검색 성능은 아직 멀어서 Mroonga와는 비교할 수 없다. 아직 써본 적이 없다면 이번 기회에 Mroonga를 평가해 보는 것은 어떨까?

http://mroonga.org/

## 4.6 공간 인덱스의 지원 ▸▸▸ 신기능 75

MySQL 5.7의 InnoDB에서는 공간 인덱스(Spatial Index)를 지원한다. 공간 인덱스는 그 이름처럼 공간 데이터 타입(Spatial Data Type)을 고속으로 검색하기 위해 사용되는 인덱스를 말한다. 공간이라고 하지만 2차원까지만 처리할 수 있으며, 데이터의 표현 방식은 지리정보 시스템(Geographic Information System 또는 GIS)의 오픈 규격인 OpenGIS를 기반으로 한다. OpenGIS의 데이터를 작성하려면 ST_GeometryFromText()라는 함수에 문자열의 인수를 부여한다. 인수는 OpenGIS 방식만 사용할 수 있다. 리스트 4.21은 공간 데이터 타입의 컬럼에 인덱스를 작성하고, 그 후에 행을 삽입해 추출하는 예이다.

리스트 4.21 공간 데이터의 삽입과 추출

```
mysql> CREATE TABLE t (id SERIAL, g GEOMETRY NOT NULL, SPATIAL INDEX(g));
mysql> INSERT INTO t (g) VALUES (ST_GeometryFromText('POINT(100 100)'));
mysql> SELECT ST_AsText(g) FROM t;
+----------------+
| ST_AsText(g)   |
+----------------+
| POINT(100 100) |
+----------------+
1 row in set (0.00 sec)
```

리스트 4.21에는 CREATE TABLE문에 SPATIAL INDEX(g)로 공간 인덱스를 작성해 놓았다. g의 데이터 타입은 GEOMETRY로, 이것은 임의의 타입의 공간 데이터를 저장할 수 있는 것을 의미한다. MySQL이 지원하는 공간 데이터 타입은 다음과 같다.

- POINT
- LINE
- POLYGON
- GEOMETRY

POINT, LINE, POLYGON은 각각 점, 선, 면을 나타내는 데이터 타입이다. 또한 이들 데이터 타입의 복수 버전인 다음의 데이터 타입도 이용할 수 있다.

- MULTIPOINT
- MULTILINESTRING
- MULTIPOLYGON
- GEOMETRYCOLLECTION

이러한 데이터에 일반적인 방법인 B+ 트리로는 인덱스를 작성할 수 없다. 그래서 R 트리 데이터 구조를 자주 이용한다. R 트리의 R은 Rectangle(구형)의 머리글자로, 구형을 단위로 공간 데이터를 정리한다. R 트리의 인덱스로는 먼저 공간 데이터를 MBR(Minimum Bounding Rectangle)로 변환한다. 이것은 그 도형이 인접할 수 있는 최소의 직사각형이다. MBR의 예는 그림 4.11과 같다.

삼각형      타원      복잡한 다각형

그림 4.11 MBR의 예

MBR을 생성하고 나면 각각의 직사각형 함수를 기반으로 인덱스를 작성한다. 그림 4.12는 R 트리의 예이다.

R 트리를 해석할 때의 포인트는 근처에 있는 여러 개의 MBR을 포함시켜 더 큰 MBR을 형성한 후, 부모 노드로 삼는다는 점이다. 예를 들어 그림 4.12에서는 R1, R2, R3를 동시에 포함한 구형 R10이 만들어져 부모 노드가 되었다. 다시 말

해서 부모 노드는 자식 노드 전체에 대한 MBR이 되는 것이다. 그림 4.12에서는 R1, R2, R3는 R10에 인접하고 있지 않은 것처럼 보이나, 이것은 선이 겹치면 보기가 어려워져서 그런 것이다. 실제로는 인접하고 구형의 선은 겹쳐 있다.

R 트리를 검색할 때는 뿌리 노드부터 차례로 노드를 검색해 나간다. 그 노드에 포함된 전체의 엔트리에 대해 포함관계가 있는지를 확인하는 것이다. R 트리 인덱스를 사용한 검색은 MBRContains(), MBRWithin() 또는 ST_Contains(), ST_Within() 함수에 사용할 수 있다. 리스트 4.22는 인덱스를 사용한 검색의 실행 예이다.

**리스트 4.22 공간 인덱스를 사용한 쿼리의 예**

```
SELECT id, ST_AsText(g)
FROM t
WHERE ST_Contains( ST_GeomFromText('POLUGON((0 0,150 0,150 150,0 150,0 0))'), g)
```

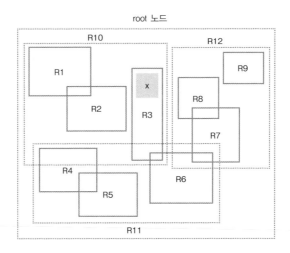

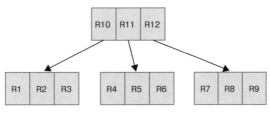

그림 4.12 R 트리의 예

ST_Contains()는 첫 번째 인수로 지정된 도형이 두 번째 인수의 도형을 완전히 포함하고 있는 경우에 참이 된다. ST_Within()은, ST_Contains()와 인수의 의미가 반대가 된다. MBRContains()나 MBRWithin()은, MBR에서만 판정을 수행하는 버전의 함수다. 공간 데이터 타입을 처리하는 함수는 다른 것들도 여럿 있지만 ST_로 시작하는 것은 도형의 타입에 기반해 판정하며, MBR로 시작하는 것은 MBR이 판정한다.[25]

ST_GeomFromText()는 문자열에서 공간 데이터를 생성하는 함수이다. 문자열의 포맷은 WKT(Well Known Text) 형식이다. 공간 데이터를 나타내는 포맷으로는 WKB(Well Known Binary)도 있으며, 설명은 생략하지만 이것들도 MySQL에서 처리할 수 있다.

### 4.6.1 GIS 함수의 명명 규칙 정리 ▸▸▸ 신기능 76

공간 인덱스에 대하여 설명한 김에 MySQL 5.7에 포함된 GIS 함수의 개선점에 대해서도 설명하겠다.[26]

첫 번째로 GIS 함수의 명명 규칙을 정리했다. GIS 함수에는 ST_라는 접두어가 붙는 것과 MBR이라는 접두어가 붙는 것이 있지만 어느 것도 붙지 않는 것들도 있다. 이런 함수는 도형의 타입에 기반해 판정되는지, 다시 말해 ST_와 같은 동작을 하는지, 아니면 MBR에 의해 판정되는지 제각각 달라 정리가 되지 않는다. 그래서 MySQL 5.7에서는 ST_나 MBR이 붙지 않은 GIS 함수는 폐지할 예정이다. ST_나 MBR의 접두어가 붙지 않은 함수에 대해서는 잊어버려도 상관없다. 명확하게 접두어로 지정할 수 있기 때문이다. 단, Point()나 LineString(), Polygon()과 같은 새롭게 Geometry를 생성하는 함수는 Geometry 동료 함수를 판정하는 것이 아니므로 어느 쪽의 접두어도 붙이지 않는다. 또한 ST_PointN()이나 PointN()과 같이 ST_ 접두어를 갖는 버전과 갖지 않는 버전이 같은 용도로 처리되는 것들도 여러 개 존재한다. 이것들은 판정을 위한 함수가 아니므로 MBR이라는 접두어가 붙지 않는다.

### 4.6.2 GIS 함수의 리팩터링 ▸▸▸ 신기능 77

GIS 함수의 기능은 MySQL 독자적인 제작을 고집하지 않고 Boost[27]를 이용하고 있다. 이로 인해 가장 영향을 받는 것은 MySQL을 사용할 때가 아니라 소스 코

---

25 덧붙여서 ST_라는 접두어는 Spatial Type의 첫 글자에서 유래한다.
26 GIS 그 자체는 InnoDB의 기능은 아니지만, 신기능이 그렇게 많지 않아 함께 설명하는 것이 좋겠다고 판단했다.
27 C++의 오픈소스 라이브러리

드로부터 빌드할 때가 아닐까? 배포된 MySQL의 소스 코드 패키지에는 Boost가 포함되어 있는 것과 그렇지 않은 것이 공존한다. 후자를 사용하는 경우 Boost를 시스템에 미리 설치하든지 빌드 시에 다운로드해야 한다.

CMake 실행 시에 특별히 옵션을 지정하지 않는다면 시스템에 Boost가 설치되어 있는 경우는 그것을 이용하면 된다. 단, MySQL 5.7에서는 꽤 새로운 버전이 필요하므로 시스템에 설치되어 있는 버전으로 빌드할 수 없는 경우도 많다. 그러면 CMake가 리스트 4.23과 같이 에러를 출력하면서 종료된다. 버전 1.59가 필요한데 버전 1.56이 설치되어 있다는 에러다.

리스트 4.23 Boost의 버전 에러

```
shell> cmake ...
-- Running cmake version 3.3.1
... 생략 ...
-- Found /usr/include/boost/version.hpp
-- BOOST_VERSION_NUMBER is #define BOOST_VERSION 105600
CMake Warning at cmake/boost.cmake:266 (MESSAGE):
 Boost minor version found is 56 we need 59
... 생략 ...
```

버전이 맞지 않는다고 해서 걱정할 필요는 없다. MySQL 5.7에서는 CMake의 옵션을 두 가지 붙이면 자동적으로 Boost를 다운로드할 수 있도록 했다. 리스트 4.24에서 확인할 수 있다.

리스트 4.24 cmake 옵션 사용 예

```
shell> cmake .. -DDOWNLOAD_BOOST=ON -DWITH_BOOST=$HOME/my_boost
... 생략 ...
-- Downloading boost_1_59_0.tar.gz to /home/hoge/my_boost
-- [download 0% complete]
-- [download 1% complete]
... 생략 ...
-- [download 100% complete]
-- cd /home/hoge/my_boost; tar xfz /home/hoge/my_boost/boost_1_59_0.tar.gz
-- Found /home/hoge/my_boost/boost_1_59_0/boost/version.hpp
-- BOOST_VERSION_NUMBER is #define BOOST_VERSION 105900
... 생략 ...
```

-DWITH_BOOST는 이미 다운로드한 것이 있다면 그 디렉터리를 지정하는 옵션이지만, -DDOWNLOAD_BOOST = ON과 조합할 경우에는 다운로드할 디렉터리명이 된다. 지정하지 않으면 에러가 발생하므로 주의하기 바란다. 당연히 다운로드를 위해서는 인터넷 접속이 필요하다. 또한 Boost는 크기가 큰 라이브러리이기 때문에 다운로드를 하는 데 약간 시간이 걸린다.

### 4.6.3 GeoHash 함수 ▸▸▸ 신기능 78

지도상의 어떤 장소인가를 나타내는 포맷에 GeoHash라는 것이 있다. GeoHash
는 Base32로 인코딩된 문자열로 표현되지만, 본질적으로는 하나의 수치이다. 둘
이 아닌 하나의 수로 지도상의 위치를 가리키는 포인트인 것이다.

　GeoHash는 그리니치 자오선(경도 0)과 적도(위도 0)를 기준으로 해서 지도
상의 위치를 나타내지만, 그 표현 방법은 약간 독특하다. GeoHash를 수치, 그
리고 이진수로 변환했을 때, 최상위 비트부터 차례로 평가한다. 최상위 비트란
그리니치 자오선보다 동쪽에 있는지 서쪽에 있는지를 표시한 비트로, 1은 동, 0
은 서를 나타낸다. 2비트째는 적도보다 북인가 남인가를 나타낸 것으로, 1이 북,
0이 남이다. 그리고 3비트째는 선택된 영역을 다시 중앙을 기준으로 동서로 나
눠 어느 쪽에 있는가를 나타낸다. 이처럼 비트 열로 동서 또는 남북으로 차츰 나
누는 방식으로 지구상의 특정 장소를 표현한다. 그림 4.13은 4비트로 세계가 어
떻게 분할되어 있는가를 나타낸 것이다. 4비트를 사용하면 $2^4 = 16$이므로 세계
를 16 분할하여 어떤 지역에 속하는가를 표현할 수 있다. 이 그림에서는 세계를
대략적으로 구분해 놓았지만 자리수가 늘어나면 늘어날수록 범위를 세세하게
표현할 수 있다.

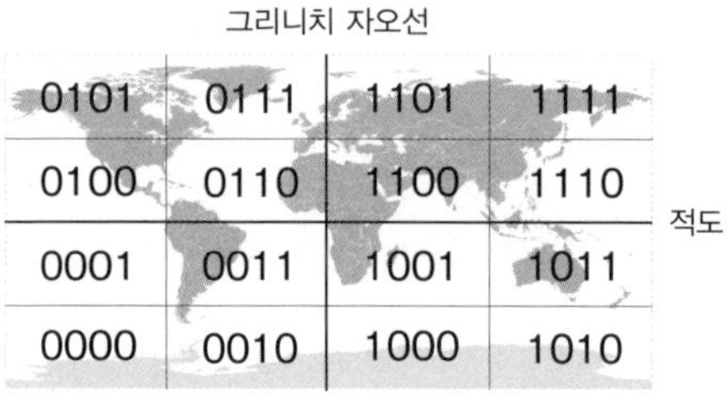

그리니치 자오선

| 0101 | 0111 | 1101 | 1111 |
| 0100 | 0110 | 1100 | 1110 |
| 0001 | 0011 | 1001 | 1011 |
| 0000 | 0010 | 1000 | 1010 |

적도

그림 4.13 GeoHash의 시각적 이미지

GeoHash는 경도와 위도를 기반으로 한 표현 방법이므로 하나의 GeoHash 값
에 의해 표현되는 지역의 면적은 적도 바로 아래에서는 간격이 넓고, 북극과 남
극에서는 좁아지는 점에 주의하자. GeoHash가 31비트라면 적도 바로 아래에서
는 경도, 위도를 나타내는 비트는 각각 16비트와 15비트가 되므로, 특정할 수 있
는 지역의 한 변의 길이는 1km 미만(40000/216)이 된다. 마찬가지로, 51비트라
면 1m 미만이 되어 거의 핀포인트로 지구상의 위치를 특정할 수 있을 것이다.
GeoHash는 Base32이므로 1문자당 5비트를 나타낸다. 그러므로 51비트를 저장
하기 위해서는 11문자가 필요하다. 그 정도로 정밀할 필요가 없다면 조금 적은

문자 수로도 문제가 없을 것이다. 애플리케이션의 요건에 맞춰 최적의 문자수를 선택해야 할 것이다.

리스트 4.25는 GeoHash를 구하는 함수의 실행 예이다. 인수에는 경도, 위도, 그리고 생성된 GeoHash의 자릿수를 지정한다. 이 예에서는 도쿄도청의 경도/위도로 GeoHash를 구하고 있다. ST_PointFromGeoHash() 함수를 사용하면 GeoHash에서 GIS 데이터로 변환하는 것도 가능하다. GeoHash는 문자열이므로 통상의 B+ 트리 인덱스에 값을 저장할 수 있다. 쓸데없는 데이터가 없으므로 아주 간결한 포맷이라고 할 수 있다. 또한 GeoHash에서는 최상위 비트에서 점차 범위를 축소해 나가므로 값이 가까운 두 개의 GeoHash는 지리적으로도 가까운 장소를 가리킨다. LIKE 구를 사용해 어떤 지역의 정보를 수집한다든지 몇 문자까지 일치하는가에 따라 지리적인 근접도를 평가하는 등의 사용도 가능하다.

**리스트 4.25 도쿄도청의 GeoHash**

```
mysql> select ST_GeoHash(139.6921007, 35.6896342, 11);
+------------------------------------------+
| ST_GeoHash(139.6921007, 35.6896342, 11) |
+------------------------------------------+
| xn774c0ejy5                              |
+------------------------------------------+
1 row in set (0.00 sec)
```

이처럼 GeoHash를 생성하거나 해독하기 위한 함수가 MySQL 5.7에서 추가되었다.

### 4.6.4 GeoJson 함수 ▸▸▸ 신기능 79

공간 데이터를 표현하기 위해서는 WKT나 WKB를 사용하지만 이것들은 Well Known이라는 이름과 달리 친숙한 포맷은 아닐 수 있다. 그래서 최근에는 GeoJson이라는 포맷도 사용하고 있다. 리스트 4.26은 GeoJson으로 표기한 예이다. ST_GeomFromGeoJson()이라는 함수로 GeoJson을 GIS 데이터로 변환하고 있다.

**리스트 4.26 도쿄도청의 GeoJson을 GeoHash로 변환**

```
mysql> SELECT ST_GeoHash(
    ->          ST_GeomFromGeoJson('{
    '>          "type": "Point",
    '>          "coordinates": [139.6921007, 35.6896342]}'
    ->          ), 11) AS LOCATION;
+------------+
```

```
| LOCATION   |
+------------+
| xn774c0ejy5 |
+------------+
1 row in set (0.00 sec)
```

GeoJson의 좋은 점은 JSON에 의한 표현이라는 것뿐이다. 기능 면에서 WKT나 WKB와 다른 점이 별로 없어서 GeoJson을 사용해야만 할 이유는 없다. 취향에 맞춰 JSON을 사용하면 된다.

### 4.6.5 새로운 함수의 추가 ▸▸▸ 신기능 80

MySQL 5.7에서는 표 4.3에 정리한 함수들이 추가되었다.

| 함수명 | 설명 |
| --- | --- |
| ST_Distance_Sphere | 지구를 구면이라고 했을 때 두 점 간의 표면 위 거리를 계산 |
| ST_MakeEnvelope | 두 개의 점에서 그 두 점을 대각선으로 하는 장방형을 작성 |
| ST_IsValid | 공간 데이터 형태의 타당성을 판정 |
| ST_Validate | 공간 데이터의 형태가 타당한지 여부를 판정한 다음 타당하면 그대로, 그렇지 않으면 NULL을 반환 |
| ST_Simplify | 공간 데이터에서 여분의 요소를 빼고 최적화 |
| ST_Buffer_Strategy | MySQL 5.7에서는 ST_Buffer의 방식을 지정할 수 있게 되었는데, 그 방식을 생성하는 함수 |

**표 4.3** 새로운 GIS 함수 목록

이 책에서 GIS 함수 전체를 설명하지는 않을 것이다. 상세하게 알고 싶다면 매뉴얼을 참고하도록 하자. 참고로 ST_Distance_Sphere() 함수는 지구를 완전한 구로써 계산하지만 잘 알고 있는 것처럼 지구는 완전한 구가 아니라 단면이 타원인 구다. 따라서 실제의 거리와는 오차가 있다는 점에 주의하자.

## 4.7 각종 기본값의 변경

MySQL 5.7에서는 InnoDB 설정의 기본값도 여러 가지로 변경되었다. 새롭게 설치된 뛰어난 기능을 활용한다든지 보다 최신의 하드웨어에 맞춘 설정이 기본값이 되었다.

### 4.7.1 innodb_file_format : Antelope → Barracuda ▸▸▸ 신기능 81

데이터 파일 포맷의 버전이 Antelope에서 Barracuda로 변경되었다. 오래된 버전의 MySQL에서 DYNAMIC 또는 COMPRESSED 행 포맷을 사용하려면 데이터 파일의 포맷을 Barracuda로 지정해야 했지만, MySQL 5.7에서는 Barracuda가 기본값이 되었으므로 특별히 설정을 추가하지 않아도 이러한 행 포맷을 사용할 수 있다. 이번 장에서는 기본 행 포맷을 지정할 수 있게 되었다는 것을 설명했지만, 그것을 지정하는 innodb_default_row_format 옵션도 DYNAMIC이 기본값이다.

또한 이 옵션은 폐지 예정이므로 향후에는 Antelope 포맷을 사용할 수 없을 것이다.

### 4.7.2 innodb_buffer_pool_dump_at_shutdown : OFF → ON ▸▸▸ 신기능 82

셧다운할 때 버퍼 풀의 내용을 덤프할지 여부를 결정하는 옵션이다. MySQL 5.7에서는 이 기능이 기본으로 활성화되었다. 덤프하는 페이지의 비율을 결정하는 innodb_buffer_pool_dump_pct 옵션이 도입되었으므로, 전체의 버퍼 풀 페이지를 덤프하는 경우와 비교했을 때 적은 자원으로 어느 정도 효과를 기대할 수 있다.

### 4.7.3 innodb_buffer_pool_load_at_startup : OFF → ON ▸▸▸ 신기능 83

셧다운 시의 덤프가 활성화된 것에 맞추어 기동 시의 예열도 활성화되었다. 관리자가 직접 예열하는 귀찮은 운영과 이별하게 된 것이다.

### 4.7.4 innodb_large_prefix : OFF → ON ▸▸▸ 신기능 84

Antelope 포맷에서는 인덱스 접두어의 최대 크기가 767바이트까지로 제한되어 있었다. 인덱스 접두어는 복합(멀티 컬럼) 인덱스의 첫 번째 또는 마지막 컬럼을 의미한다. Barracuda 포맷에서는 3,072바이트까지 완화되었지만, 제한을 해제하기 위해서는 innodb_large_prefix를 ON으로 설정해야 한다. MySQL 5.7에서는 보다 제한이 적은 설정이 기본값이 되었다. 또한 이 옵션은 폐지 예정이다. 장래의 버전에서는 옵션이 없어지고 항상 ON인 상태로 동작하게 될 것이다.

### 4.7.5 innodb_purge_threads : 1 → 4 ▸▸▸ 신기능 85

퍼지 스레드의 수가 1에서 4로 늘어났다. 최근의 CPU는 코어 수가 많으므로 퍼지의 성능도 기대할 수 있다.

또한 MySQL 5.7에서 페이지 클리너 스레드의 수를 지정할 수 있다는 것은 이번 장에서 이미 설명했다. 이 또한 많은 CPU 코어를 활용하고 변경 성능을 향상시키기 위한 설정이다.

### 4.7.6 innodb_strict_mode : OFF → ON ▸▸▸ 신기능 86

테이블 작성 시 무효한 조합이 있는 경우, InnoDB strict 모드가 ON으로 되어 있으면 에러를 반환한다. OFF의 경우 경고가 발생하긴 하지만 테이블은 작성된다. 경고를 무시하면 의도치 않은 정의의 테이블을 사용하게 되어 애플리케이션에 악영향을 끼칠 수 있으므로 MySQL 5.7에서는 기본값이 보다 안전한 ON으로 변경되었다. 무효한 조합이란 다음과 같은 것들이다.

- innodb_file_per_table = 0으로 압축 테이블을 작성하고자 한 경우
- innodb_file_format = Antelope로 압축 테이블을 작성하고자 한 경우
- 압축 테이블이 아닌 테이블에서 KEY_BLOCK_SIZE를 지정한 경우
- 32KB 또는 64KB의 페이지 크기로 압축 테이블을 작성하고자 한 경우

## 4.8 새로운 InnoDB 활용법

MySQL 5.7의 InnoDB는 성능과 기능 양면에서 훌륭한 진화를 보여주고 있다. 특별히 성능 개선 부분에서는 DBA나 개발자가 따로 고려하지 않아도 혜택을 받는 경우가 많다. 다시 말해서 무언가 특별한 설정을 하지 않아도 MySQL 5.7로 업그레이드하면 성능 개선 효과를 얻을 수 있는 부분이 많다.

거기에 하드웨어의 특성에 맞춘 튜닝까지 더해졌다. RDBMS의 성능 향상을 위해 하드웨어가 가진 리소스를 똑똑하게 사용하는 것은 아주 중요한 과제다. 많은 CPU 코어, 풍부한 메모리, 고성능의 디스크라는 최신의 하드웨어도 그 성능을 끌어내야만 가치가 있는 것이다. 아무리 좋은 자원을 갖고 있어도 제대로 사용할 수 있어야 한다. 최신의 하드웨어를 구입했다면 MySQL의 버전도 반드시 업그레이드하도록 하자.

전문 인덱스나 공간 인덱스와 같은 새로운 도구까지 접수한 InnoDB는 성능면에서 점점 빈틈이 사라져 활용할 수 있는 분야가 넓어지고 있다. 전지전능한 스토리지 엔진으로 진화를 계속하고 있다.

# 5장

# 성능 스키마와 sys 스키마

매일 열의를 가지고 데이터베이스를 대하는 DBA에게 있어 데이터베이스의 상황을 아는 것은 지상 명제다. 이전부터 MySQL에는 각종 SHOW 명령어나 정보 스키마, 에러 로그 등이 있어 그 나름의 정보 수집이 가능했다. 그러나 완벽한 정보 수집 도구는 존재하지 않는다. 정보 수집 도구는 항상 충분하지 않고, 새로운 도구를 기다리게 된다. 그래서 MySQL 5.5부터는 성능 스키마 구조가 추가되어 버전이 올라갈 때마다 진화하고 있다. 이번 장에서는 MySQL 5.7에서의 성능 스키마의 개선점과 성능 스키마와 연계하여 다양한 정보를 볼 수 있는, sys 스키마라는 새로 추가된 정보 수집 툴에 대해서도 소개하고자 한다.

## 5.1 성능 스키마란

성능 스키마(performance-schema)는 그 이름처럼 주로 성능에 관계된 정보를 수집하는 도구다. 왜 성능을 측정하는 데 전용 도구가 필요한 것일까? 두말할 필요도 없이 성능이 RDBMS에 있어서 중요한 과제 중 하나이기 때문이다. 기능이 충분한가, 사용하기 쉬운가, 안정적인가도 중요하지만 성능이 충분히 나오지 않으면 그 RDBMS는 쓸모 없다고 해도 과언이 아니다. 충분한 성능이 나오는지 여부는 애플리케이션의 사활이 걸린 문제다. 업무 애플리케이션이 충분히 빠른 속도로 동작하지 않으면 업무 효율에 영향을 끼칠 뿐만 아니라 웹 서비스가 빠른 속도로 처리되지 않으면 사용자는 떠나버릴 것이다.

　RDBMS 운영 중에 성능 저하는 빈번하게 발생한다. 애플리케이션 가동 초반에는 양호한 성능을 보여도 사용자나 데이터가 늘어나거나 쿼리를 잘못 고치는 등의 영향으로 응답 속도가 악화된다. 이때 원인을 어떻게 찾아내야 할까? 성능의 퇴화는 RDBMS 입장에서 보면 에러는 아니다. 정상적으로 동작한 결과, 여러 가지 요인에 의해 때때로 시간이 걸리는 것에 지나지 않는다. 명확한 에러의 징후는 아니므로 성능 퇴화의 원인을 단정하기는 어렵다. 그렇기 때문에 성능 데이터를 다양한 각도에서 해석할 필요가 있고, 뛰어난 도구가 필요하다.

성능 스키마는 성능을 위한 도구로, 아주 상세한 데이터를 얻을 수 있다. 정보의 수집은 소스 코드의 곳곳에 박혀 있는 기기를 통해 일어난다. 기기는 많은 수가 여러 곳에 흩어져 있어서 전체 기기에서 데이터를 수집하게 되면 오버헤드가 상당히 커진다. 그러나 대상 데이터를 추린다면 오버헤드도 적게 처리된다. 성능 스키마는 정보 스키마처럼 테이블을 통해 데이터를 수집한다. 성능 데이터의 수집 방법과 표시 방법을 통일함으로써 성능을 수집하는 코드를 쓰기가 쉬워졌다. 그렇기 때문에 버전이 높아지면서 수집되는 정보가 충실해져, MySQL 5.7에서는 기기의 수가 MySQL 5.6의 두 배 정도까지 늘어났다.

## RDBMS를 버리고 NoSQL을 써야 할 것인가

성능이 좋지 않다고 하면 "확장성이 우수한 NoSQL을 써야 한다"고 말하는 사람들이 있다. 하지만 그것은 경솔한 생각이다. 확실히 애플리케이션에 필요한 데이터 모델이 단순하다면 NoSQL로 옮기기가 쉽고, 그렇게 함으로써 성능이 향상되는 경우도 있다. 그러나 실제로 그렇지 않은 경우가 압도적으로 많다. SQL이 가진 기능을 필요한 경우가 많기 때문이다.

예를 들어 RDBMS에서 조인을 실행하면 느리기 때문에 애플리케이션에서 조인에 해당하는 처리를 하도록 제작했다는 말을 들은 적이 있다. 하지만 잘 생각해보자. RDBMS 이상으로 조인을 빠르게 실행할 수 있는 소프트웨어가 있는가? 원래부터 조인을 수행하기 위해서는 여러 개의 테이블 결합을 위한 행 데이터가 필요하다. 최종적으로 행 접근을 일으키는 양은, RDBMS에서 조인을 실행하든 애플리케이션 쪽에서 하든 다르지 않다. 그뿐 아니라 RDBMS에서 실행하면 최적화가 일어나 행 접근이 적게 수행될 수도 있다. 애플리케이션 쪽에서 조인해서 RDBMS의 CPU 부하를 대신 떠맡을 수 있다고 생각할 수도 있지만, 그런 여지가 필요하다면 MySQL의 레플리케이션으로 부하를 분산하는 쪽이 훨씬 간단하다. 게다가 RDBMS에서의 조인은 역사가 길고, 버그도 수정되었으며 튜닝 또한 계속되고 있다. 그것과 동등한 처리를 하게 만든다는 것은 불가능에 가깝다. 원래부터 SELECT를 하나 사용하면 되는 처리를 도대체 얼마나 많은 양의 코드로 만드는 것일까. 정말 쓸데없는 일이다.

'약은 약사에게'라는 말처럼, 조인은 RDBMS에 맡기는 것이 가장 현명하다. 뛰어난 조인을 그렇게 간단히 만들 수 있다면 RDBMS의 개발자가 훨씬 먼저 만들지 않았겠는가. 서브쿼리도 UNION도, 트랜잭션, 인덱스, 보안, 제약도 모두 마찬가지다. RDBMS에는 데이터 관리에 관한 여러 가지 예지가 집결되어 있다.

또 하나, 대규모가 되면 RDBMS는 쓸모 없다는 의견도 틀렸다는 것을 지적해 두고자 한다. 이것은 세계 최대의 SNS인 Facebook 등의 IT계의 거인이 MySQL를 이용하고 있다는 것만 보아도 자명하다. 그들은 다른 종류의 데이터베이스도 같이 사용하고 있지만, RDBMS가 필요한 곳에는 RDBMS를 사용하고 있다. 당신이 관여하고 있는 프로젝트는 Facebook의 상식조차 통용되지 않을 만큼의 거대한 데이터베이스가 필요한가?

## 5.1.1 성능 스키마의 콘셉트 및 구조

성능 스키마는 `mysqld`의 곳곳에 숨어있는 기기의 코드를 통해 데이터를 채집한다. 가동 중인 프로그램에서 최소한의 오버헤드로 동적인 데이터를 수집한다는 점은 DTrace나 리눅스의 SystemTap 등과 비슷하다. 그러나 이러한 도구들이 데이터를 출력하거나 집계하기 위해 데이터를 영구적으로 보존하는 반면, 성능 스키마는 데이터를 버퍼에 쌓아둔다. 버퍼의 성능 데이터는 사용자의 요청이 있을 때 출력된다. 요청은 `performance_schema` 데이터베이스에 있는 테이블로의 쿼리 형태로 일어난다. 이 테이블은 성능 스키마 전용의 스토리지 엔진으로 만들어서, 통상의 테이블과 동일하게 접근할 수 있으므로 SQL을 활용하여 여러 가지를 가공할 수 있다. 성능 스키마는 기기별로 ON/OFF의 지정이 가능하고, 데이터 수집을 하기 전에 ON으로 해둘 필요가 있다. 성능 스키마의 구조를 나타낸 것이 그림 5.1이다.

그림 5.1은 아주 간단하게 그린 것이다. MySQL 서버 프로세스(mysqld)의 여러 가지 구성요소들에서 데이터를 수집한다는 개념을 이해하기 바란다. 그림에서는 하나의 큰 집계용 데이터 영역인 성능 스키마가 있는 것처럼 보이지만, 실제로 그런 것은 아니다. 큰 공유 메모리 영역에 데이터를 모으려고 하면 배타 처리에 따른 오버헤드가 발생하므로 스레드 로컬의 영역을 사용하든지 해서 배타적 처리가 필요하지 않도록 하고 있다. 또한 수집되는 데이터는 컨슈머라는 분류를 기반으로 정리된다.

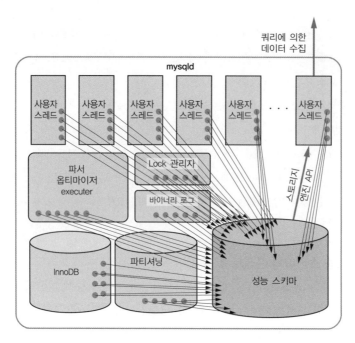

그림 5.1 성능 스키마의 구조

## 5.1.2 정보 스키마와의 차이점

성능 스키마는 테이블을 통해 여러 가지 정보를 수집한다는 점에서 정보 스키마
와 비슷하다. 하지만 용도나 구조는 아주 다르다. 표 5.1에 성능 스키마와 정보
스키마의 차이를 정리했다. 비슷하지만 확실하게 다른 지점을 알 수 있겠는가?

| | 성능 스키마 | 정보 스키마 |
|---|---|---|
| 주요 목적 | 성능 데이터의 수집 | 메타 데이터의 수집 |
| 애플리케이션 | 성능 개선 | 감시 도구이자 관리 도구 |
| 도입된 버전 | 5.5 | 5.0 |
| SQL 표준 | 아님(MySQL 독자 기능) | 맞음 |
| 설치방법 | 스토리지 엔진으로 설치 | 정보 스키마 API |
| 데이터 수집 시점 | mysqld 내부에서 코드를 실행할 때마다 | 정보 스키마 테이블 접근 시 |
| 통상적인 오버헤드 | 있음 | 없음 |
| 출력에 의한 오버헤드 | 적음 | 많음 |
| 유사 툴 | DTrace/SystemTap | 각종 SHOW 명령어 |

표 5.1 정보 스키마와의 차이

성능 스키마는 성능 데이터 수집이 목표로, 풍부한 데이터를 가능한 한 작은 오버헤드로 수집하기 위해 노력한다. 한편 정보 스키마는 특정 시점의 데이터베이스 상태, 다시 말해 메타 데이터를 수집하며 오버헤드는 비교적 크다. 정보 스키마는 SQL 표준으로 정해진 것이지만, 성능 스키마는 MySQL 독자 기능이다. 다른 RDBMS 제품에도 성능 데이터를 수집하는 구조가 있지만 MySQL에서는 스토리지 엔진 구조를 살려 만들었다.

## 5.2 성능 스키마의 사용 방법

성능 스키마의 사용법을 간단하게 설명하겠다. 데이터의 수집은 performance_schema 데이터베이스에 있는 각종 테이블에서 이뤄진다. 이용자는 필요한 데이터가 정확하게 수집되도록 준비해 두어야 한다.

### 5.2.1 성능 스키마의 활성화

MySQL 5.6 이후 버전에서는 성능 스키마가 기본으로 활성화되어 있다. 따라서 활성화하기 위해 기동 옵션 등을 지정할 필요가 없다. 또한 성능 스키마의 테이블은 performance_schema 데이터베이스에 저장되어 있지만, 이들도 설치할 때 작성되므로 사용자가 준비할 필요는 없다. 단, performance_schema 데이터베이스는 사용자가 삭제할 수 있으므로 실수로 삭제한 경우는 복구해야 한다. 복구는 mysql_upgrade 명령어로 실행할 수 있다.

### 5.2.2 수집 데이터의 설정

성능 데이터를 수집하려면 몇 가지의 단위나 각도에서 데이터 수집을 활성화할 필요가 있다. 기본 상태에서도 수집되는 데이터가 있지만, 아주 일부이므로 목적에 맞게 사용자가 활성화해야 하는 경우가 많다. 처음부터 전체의 데이터 수집을 활성화하면 오버헤드가 엄청나게 커지므로 쿼리 실행에도 지장을 주게 된다. 따라서 기본값에서는 최소한의 것들만 활성화해놓았다.

  성능 데이터 수집의 활성화/비활성화는 동적으로 performance_schema 데이터베이스에 있는 설정용 테이블을 UPDATE하면 일어난다. 현재의 설정값은 SELECT로 설정용 테이블에서 데이터를 읽어서 확인할 수 있다. 설정을 위한 테이블을 표 5.2에 정리해 놓았다. 이들 테이블은 휘발성으로, 재기동하면 변경 내용이 없어진다는 점에 주의하자.

| 테이블명 | 설명 |
|---|---|
| setup_instruments | 기기별로 데이터 수집의 ON/OFF를 전환할 수 있다. 기기는 여러 개가 있으므로 이 테이블은 행수가 많다. |
| setup_objects | 테이블 등의 오브젝트별로 데이터 수집의 ON/OFF를 전환할 수 있다. |
| setup_consumers | 컨슈머별로 데이터 수집의 ON/OFF를 전환할 수 있다. |
| threads | 현재 실행 중인 스레드의 목록을 표시한다. 스레드별로 데이터 수집을 OFF로 설정할 수 있다. |
| setup_actors | 사용자별, 호스트별로 스레드의 데이터 수집 기본값을 설정한다. |
| setup_timers | 컨슈머별로 사용할 타이머를 선택한다. |

표 5.2 성능 스키마 설정용 테이블

그럼 성능 데이터 수집의 활성화, 비활성화에 대해 자세히 살펴보자.

## 각 기기의 ON/OFF 설정

성능 스키마의 데이터 수집 시 기기 하나하나마다 ON/OFF 전환이 가능하다. 설정은 setup_instruments 테이블로 한다. 기기의 수는 아주 많은데, 집필 시점에 설치한 MySQL 5.7.11에서는 무려 1,013개의 기기가 존재했다. 기기의 의미를 정확히 파악하기 위해서는 소스 코드를 보고 어떤 시점에서 데이터를 수집하고 있는지 이해할 필요가 있어, 전체의 기기를 사용하려면 상당한 숙련이 필요하다. 기기의 이름은 슬래시(/)로 구분된 path와 같은 형식으로 되어 있다. 리스트 5.1은 setup_instruments에서 하나의 기기 정보를 표시하고 있는 예이다.

리스트 5.1 기기의 예

```
mysql> SELECT * FROM setup_instruments LIMIT 1;
+------------------------------------------+---------+-------+
| NAME                                     | ENABLED | TIMED |
+------------------------------------------+---------+-------+
| wait/synch/mutex/sql/TC_LOG_MMAP::LOCK_tc | NO      | NO    |
+------------------------------------------+---------+-------+
1 row in set (0.00 sec)
```

setup_instruments 테이블을 사용하려면 기기의 명명 규칙을 이해할 필요가 있다. 기기의 이름, 즉 리스트 5.1의 실행 결과에서 NAME 컬럼은 슬래시로 구간이 나뉘어 있지만 가장 오른쪽의 항목 이외에는 카테고리를 표시한 것으로, 더 왼쪽에 있는 항목이 큰 카테고리가 된다. 이번 예에서는 wait가 가장 큰 카테고리

이고 그 서브 카테고리가 synch, 그 다음의 서브 카테고리가 mutex다.[1]

리스트 5.1은 TC_LOG_MMAP 클래스의 LOCK_tc 뮤텍스 lock을 기다릴 때 데이터를 수집하는 기기이다. TC_LOG_MMAP이나 LOCK_tc는 MySQL 서버의 소스 코드에 기술되어 있는 클래스명과 변수명으로, 이들의 동작을 이해하기 위해서는 소스 코드를 해독할 필요가 있다. 시간을 할애해서 반드시 도전해보자. 각각의 카테고리에 어느 정도의 기기가 존재하는가는 리스트 5.2처럼 쿼리로 확인할 수 있다.[2]

**리스트 5.2 카테고리별 기기의 수**

```
mysql> SELECT SUBSTRING_INDEX(NAME,'/',1) AS category, COUNT(1)
    -> FROM setup_instruments
    -> GROUP BY SUBSTRING_INDEX(NAME,'/',1);
+-------------+----------+
| category    | COUNT(1) |
+-------------+----------+
| idle        |        1 |
| memory      |      376 |
| stage       |      128 |
| statement   |      193 |
| transaction |        1 |
| wait        |      314 |
+-------------+----------+
6 rows in set (0.00 sec)
```

하나 더 아래의 카테고리까지 보고 싶다면 SUBSTRING_INDEX(NAME,'/',1)의 숫자를 1에서 2로 변경하면 된다. 그보다 더 아래의 카테고리를 보고 싶으면 숫자를 키워 나가면 된다. 표 5.3에 각 카테고리의 대략적인 의미를 정리했다. 버전이 올라가면서 카테고리가 늘어나고 있음을 알 수 있다.

| 카테고리 | 도입 버전 | 설명 |
| --- | --- | --- |
| wait | 5.5 | I/O 조작이나 래치 등 대기가 발생하는 조작에 대한 기기 |
| idle | 5.6 | idle 상태를 측정하기 위한 기기 |
| stage | 5.6 | SQL 실행의 각 단계에 대한 기기 |
| statement | 5.6 | SQL문별 기기 |
| transaction | 5.7 | 트랜잭션 전체에 대한 기기 |
| memory | 5.7 | 메모리의 할당과 해제에 대한 기기 |

표 5.3 기기의 카테고리

---

1  이러한 포맷에 대해 정규화되어 있지 않다는 비판이 있을 수 있다. 이런 지적은 맞지만, 성능 스키마는 어디까지나 데이터 수집을 위한 도구이므로, 데이터베이스 설계의 아름다움은 우선순위가 아니다. 애플리케이션을 위한 데이터를 저장하는 것이 아니므로 실용적이기만 하면 된다.

2  리스트 5.2는 MySQL 5.7에서 가져온 예이지만, MySQL 5.5와 MySQL 5.6에서도 실행이 가능하다.

setup_instruments 테이블의 변경은 각각 기기를 지정해서 변경해도 괜찮지만 흥미가 있는 카테고리별로 ON/OFF를 전환하는 것이 실용적이다. 리스트 5.3은 파티셔닝 메모리 할당에 관한 기기를 사용하는 예이다.

**리스트 5.3 파티셔닝 메모리 할당 측정**

```
mysql> UPDATE setup_instruments
-> SET ENABLED='Yes', TIMED='Yes'
-> WHERE NAME LIKE 'memory/partition/%';
```

활성화는 UPDATE 명령어로 실행되므로 SQL의 문법 범위라면 어떠한 방법으로도 조건의 지정이 가능하다. ENABLED를 Yes로 하면 기기를 호출한 횟수를 측정한다. TIMED를 Yes로 하면 타이머에서 수집한 값을 사용해 처리에 걸린 시간을 측정할 수 있다. 단, 타이머로 접근하는 방식은 이후에도 설명하겠지만 오버헤드가 크므로 주의해야 한다.

### 컨슈머의 ON/OFF

기기가 데이터를 수집하는 포인트라고 한다면, 컨슈머는 데이터를 소비하기 위한 구조로, 비유한다면 데이터를 임시 보관하기 위한 장소다. 각각의 컨슈머는 성능 스키마에 테이블로 구현되어 있다. 어떠한 컨슈머가 존재하는지는 setup_consumers 테이블을 보면 쉽게 알 수 있다. 번거로운 점은 각각의 컨슈머에는 상하 관계가 있어서 상위의 컨슈머가 활성화되지 않으면 하위의 컨슈머는 정보 수집을 할 수 없다는 점이다.

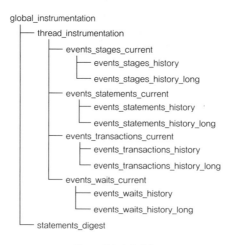

**그림 5.2 컨슈머의 계층 구조**

global_instrumentation 컨슈머가 최상위에 있는데, 이것이 ON으로 설정되어 있지 않으면 다른 컨슈머는 모두 무효가 된다. 다음 계층이 스레드별, 다이제스트별 컨슈머이며, 스레드의 하단에는 스코프별 컨슈머가 4개 있다. 각각의 컨슈머의 의미를 표 5.4에 정리했다.

| 컨슈머 이름 | 스코프 | 설명 |
|---|---|---|
| events_stages_current | 스테이지 | 각각의 스테이지를 대상으로 한 컨슈머. 스테이지란 각 SQL의 실행 계층. SQL의 종류에 따라 어떠한 스테이지가 실행되는지가 달라진다. |
| events_statements_current | SQL문 | 하나의 SQL문별 컨슈머 |
| events_transactions_current | 트랜잭션 | 트랜잭션 전체를 대상으로 한 컨슈머 |
| events_waits_current | 기기 | 하나의 기기를 기다리고 있는 사이에 집계되는 컨슈머 |

표 5.4 스레드 단위의 컨슈머

이들 4개의 컨슈머에는 같은 이름의 테이블이 있고, 그 테이블로 데이터가 제공될지 여부를 setup_consumers 테이블로 설정한다. 데이터를 수집하기 위한 테이블과 컨슈머의 관계가 단순히 1:1은 아니지만, 그 점에 대해서는 이후에 기술하겠다. 리스트 5.4는 SQL문별로 집계하는 컨슈머를 활성화하는 명령어이다.

**리스트 5.4 SQL별 측정을 활성화**

```
mysql> UPDATE setup_consumers SET ENABLED='YES'
-> WHERE NAME LIKE 'event_statements%';
```

데이터를 집계하는 테이블 이름은 _current로 끝나는 것과 _history, 또는 _history_long으로 끝나는 것들이 있다. 이것들은 이벤트의 이력을 보관해 두기 위한 것으로, _history는 스레드별 이력을, _history_long은 MySQL 서버 전체의 이력을 참조할 수 있도록 한다. 보존되는 이력의 수는 기동 옵션으로 설정 가능하며, 기본값은 _history 컨슈머는 10, _history_long 컨슈머는 100~10000 사이에서 자동으로 조정된다. 조정된 결과의 개수는 SHOW GLOBAL VARIABLES LIKE 'perf%schema%hist%size'로 확인할 수 있다.

그림 5.2와 같이 4종류의 컨슈머 각각에 _current, _history, _history_long이라는 3개의 변형이 있다. 이들 테이블은 컨슈머명과 테이블명이 같아서 알기 쉽지만, 그 외의 테이블에서는 어떤 컨슈머를 활성화하면 데이터를 수집할 수 있는지 알기 어렵다. 이 점에 대해서는 이후 테이블을 소개할 때 설명할 것이다.

## 기기와 컨슈머의 관계성

표 5.3에서 소개한 기기의 카테고리와 표 5.4의 컨슈머 중에서 4개의 이름이 비슷하다는 것을 눈치챘는가? 사실 방대한 수의 기기 대부분은 하나의 컨슈머에 데이터를 제공하도록 되어 있다. 예를 들면 wait 카테고리의 기기는 events_waits_current 등의 컨슈머에 데이터를 제공하게 된다. stage, statement, transaction 카테고리의 기기도 마찬가지다. 이들 기기는 컨슈머와 N:3의 관계라는 점에 주의하자. 왜 1이 아니라 3일까? 컨슈머에는 _current, _history, _history_long이라는 3개의 변형이 각각 존재하기 때문이다.

단, N:3이라는 관계성이 엄격한 것은 아니다. 다른 카테고리, 다시 말해 idle과 memory에 대응하는 컨슈머는 없다. 또한 표 5.4에 제시한 4종류의 컨슈머에 대응하는 테이블 외의 테이블에도 데이터를 제공하는 기기가 있다.

이처럼 기기, 컨슈머, 테이블의 관계가 애매한 것은 개발의 유연성을 위해서이다. 엄격한 규칙을 설정하지 않아서 사용자가 이해하기 어렵지만, MySQL 서버 개발자에게는 미래에 쉽게 확장하고 수집할 수 있는 데이터를 늘리는 것과 연결된 문제이다.

## 다이제스트 컨슈머

그림 5.2의 맨 아래를 보면 statements_digest 컨슈머가 있다. 이 컨슈머는 thread_instrumentation의 하위에 배치되어 있어서 다른 컨슈머와 독립하여 계측할 수 있다. 다이제스트가 낯선 사람도 많을 테니 여기서 조금 설명하고 넘어가자.

MySQL 5.6 이후의 버전에서는 SQL문의 종류별로 성능 데이터를 집계하는 구조가 되었다. 그래서 SQL문을 판정할 때에 사용되는 것이 다이제스트로, 32자리의 16진수 문자열로 나타낸다. 다이제스트를 이용하면 리터럴 값만 다른 SQL문을 같다고 판정할 수 있다. 예를 들면 리스트 5.5에 있는 두 개의 SELECT는 다이제스트가 같다.

**리스트 5.5 다이제스트가 같은 두 개의 쿼리**

```
SELECT col1, col2 FROM t1
WHERE col3 = 'abc' AND col4 = 100;

SELECT col1, col2 FROM t1 WHERE
col3 = 'xyz' AND col4 = 999;
```

덧붙여서 리스트 5.5의 쿼리는 일부러 개행의 위치를 비켜서 쓰고 있다. 개행의 위치가 달라도 SQL문에 대한 구문은 같기 때문이다. 이처럼 다이제스트는 SQL문의 모양새가 아닌 SQL 구문에 기반해 계산된다. 다이제스트를 계산하는 루틴은 파서[3]에 편입되어 있어서, 파서의 구문 해석 결과를 이용해 계산한다. 파서는 부여 받은 SQL문을 해석하는 동시에 콤팩트한 포맷의 문자열로 변환하여 버퍼에 일시적으로 보관한다. 이때 생성된 문자열을 다이제스트 텍스트라고 부른다. 다이제스트 텍스트용 버퍼 크기는 변경이 가능하며, 기본값은 1,024바이트이다. 다이제스트 텍스트에 MD5 해시를 취한 것이 다이제스트이다. MD5 해시의 길이는 16바이트(128비트)이므로 16진수로는 32자리수가 된다.

다이제스트 컨슈머는 ON이 기본이며 성능에 문제가 있는 쿼리를 찾아내는 데 아주 쓸모가 있다. 느린 쿼리 로그를 해석하는 것보다도 훨씬 빨리 문제가 있는 쿼리를 찾아낼 수 있는 경우가 많다.

### 오브젝트의 ON/OFF

setup_objects 테이블을 사용하면 각종 오브젝트별로 데이터 수집을 ON/OFF로 전환할 수 있다. 기본값으로는 정보 스키마와 성능 스키마를 제외한 전체 오브젝트에 대해서 데이터 수집이 활성화되어 있다. 특정 오브젝트만 추적하고 싶다면 일단 전체 오브젝트에 대한 데이터 수집을 OFF로 하고, 그 다음에 개별적으로 ON으로 하는 방식을 사용하면 된다.[4]

setup_objects 테이블로 지정할 수 있는 오브젝트로는 다음과 같은 유형이 있다.

* TABLE
* FUNCTION
* PROCEDURE
* TRIGGER
* EVENT

예를 들면 db1에 있는 테이블만을 추적하고자 한다면 리스트 5.6과 같이 setup_objects 테이블을 변경하면 된다.

---

3 구문 해석기
4 그렇다고 하더라도, 후에 기술할 각종 서머리 테이블에는 오브젝트별로 집계 데이터를 정리한 것이 있으므로 그것을 사용하면 특별히 ON/OFF를 조정하지 않아도 특정 오브젝트만의 데이터를 가져올 수 있다.

**리스트 5.6 특정 테이블만을 추적**

```
mysql> UPDATE setup_objects SET ENABLED='No', TIMED='No';
mysql> INSERT INTO setup_objects
-> VALUES ('TABLE','db1','%','Yes','Yes');
```

리스트 5.6을 실행하고 나면, db1 소속 테이블에는 스키마와 테이블의 조합이 '%.%'의 룰과, 'db1.%'를 모두 만족하게 된다. 하지만 걱정할 필요는 없다. 여러 개의 룰이 히트한 경우에는 보다 구체적인 쪽, 다시 말해서 와일드카드가 적은 쪽이 우선된다. '%.%'와 'db1.%' 중에서는 후자가 더 구체적이므로 우선도가 높다. 기본값으로는 정보 스키마와 성능 스키마에 대한 데이터 수집이 무효로 되어 있으나, 이것도 와일드카드의 우선순위가 낮은 것을 이용해서 설정된다.

### 스레드의 ON/OFF

데이터 수집은 현재 스레드별로 ON/OFF를 전환할 수 있게 되었다. 자세한 설명은 생략하지만 threads 테이블을 변경해서 동적으로 각 스레드의 데이터 수집을 조절할 수 있다. 하지만 스레드는 필요에 따라 작성과 파기가 반복되는 것이다. 어떤 스레드에 대한 데이터 수집을 ON/OFF해도 클라이언트가 절단하면 설정도 지워져 없어지고, 같은 사용자가 재접속한 경우에는 재설정해야 한다. 그때 쓸모 있는 것이 setup_actors 테이블이다. 이 테이블을 이용하면 사용자 계정별로 스레드의 초기 상태를 설정할 수 있다. 특정 사용자의 데이터만을 수집하고자 하는 경우에 편리하다. ENABLED와 HISTORY 컬럼은 각각 YES나 NO로 동작을 설정한다. ENABLED는 _current 접미사를 가진 컨슈머에 대해, HISTORY는 _history 접미사를 가진 컨슈머에 대해 각각 ON/OFF를 전환할 수 있게 되었다.

### 5.2.3 수집할 데이터의 결정 방법

지금까지 기기, 컨슈머, 오브젝트, 스레드별로 데이터 수집의 ON/OFF를 전환하는 방법을 소개했는데, 최종적으로 데이터 수집이 일어나는 것은 어떤 경우일까? 여기에는 명확한 답이 있다. 전체 조건이 ON인 경우에만 데이터 수집이 일어난다. 예를 들면 오브젝트별 데이터 수집을 활성화해도 원래부터 데이터를 수집하는 기기가 ON으로 되어 있지 않으면 데이터를 채취할 수 없으며, 컨슈머가 ON이 아니면 데이터를 수집해 둘 수 없다. 기본적으로 오브젝트 정보는 정보 스키마와 성능 스키마 이외의 것에 대해서, 그리고 스레드 정보는 전체에 대해서 수집하도록 설정되어 있으므로 사용자가 직접 변경하지 않으면 기본적으로는 정보를 수집한다. 컨슈머에는 계층 관계가 있다는 점에도 주의하자.

### 타이머의 선택

성능 스키마에서는 이벤트의 실행에 걸린 시간 등을 계측하기 위한 타이머가 사용된다. 타이머의 종류는 몇 가지가 있는데, 컨슈머별로 어떤 타이머를 사용할 것인지 선택할 수 있다. 타이머를 사용할지 말지, 다시 말해서 경과시간을 측정할 것인가 여부를 기기별 또는 오브젝트별로 설정할 수 있다. 타이머의 종류는 컨슈머별로 있지만 ON/OFF의 단위는 기기 또는 오브젝트별이라는 차이가 있으므로 주의하기 바란다. ON/OFF는 setup_instruments 또는 setup_objects 테이블의 TIMED 컬럼으로 바꾸게 되어 있다.

타이머 종류의 선택은 setup_timers 테이블로 한다. performance_timers 테이블에는 사용할 수 있는 타이머의 종류가 저장되어 있다. 표 5.5는 사용할 수 있는 타이머의 종류를 정리한 것이다.

| 타이머명 | 정밀도 | 오버헤드 |
|---|---|---|
| CYCLE | 클록 주파수에 따름 | 최소 |
| NANOSECOND | 1/1000000000 초 | 작음 |
| MICROSECOND | 1/1000000 초 | 작음 |
| MILLISECOND | 1/1000 초 | 작음 |
| TICK | 약 1/100 초 | 큼 |

표 5.5 성능 스키마에서 사용할 수 있는 타이머 목록

왜 타이머의 종류를 설정할 수 있게 만들었을까? 타이머별로 정밀도나 오버헤드가 모두 다르기 때문이다. CYCLE은 가장 정밀도가 높고 오버헤드도 적지만, 클록 주파수에 따라 값이 변동한다. 타이머의 정밀도나 오버헤드의 크기는 시스템에 따라 달라지므로 먼저 performance_timers 테이블을 확인하기 바란다. 특히 오버헤드는 설정에 따라 다르며 performance_timers 테이블의 TIMER_OVERHEAD 컬럼에서 참조할 수 있는 오버헤드는 타이머의 값을 가져오는 데 필요한 대략의 클록 수로 표현된다.

setup_timers 테이블의 기본값은 표 5.6과 같다. 실제로는 기본값을 변경할 필요가 없을 것이다.

### 기동 옵션에 의한 컨슈머 지정

performance_schema 데이터베이스에 존재하는 각종 설정용 테이블은 유지되지 않고, 재기동하면 설정이 기본으로 리셋된다. MySQL 서버를 재기동할 때마다

설정을 고치는 것은 번거로운 일이므로 옵션으로 컨슈머의 유/무효를 전환할 수 있다. 기본으로는 다음의 5개 옵션이 ON으로 되어 있으며, 대응하는 컨슈머가 활성화되어 있다.

| 이름 | 타이머명 |
|---|---|
| idle | MICROSECOND |
| wait | CYCLE |
| stage | NANOSECOND |
| statement | NANOSECOND |
| transaction | NANOSECOND |

**표 5.6 타이머의 기본 설정**

- performance_schema_consumer_global_instrumentation
- performance_schema_consumer_thread_instrumentation
- performance_schema_consumer_events_statements_current
- performance_schema_consumer_events_statements_history
- performance_schema_consumer_statements_digest

이것들 외에도 컨슈머를 활성화하는 옵션들이 있는데, 이 책에서는 설명을 생략하지만 마찬가지로 performance_schema_consumer로 시작되는 이름들이다.

## 5.3 성능 스키마의 테이블

MySQL 5.7 버전의 performance_schema 데이터베이스에는 무려 87개의 테이블이 존재한다. 설정용 테이블이 7개, 실질적으로 사용되지 않는 것들이 2개 있어서, 그것들을 제외하면 78개의 데이터 수집용 테이블이 있다. 표 5.8에 MySQL 5.7의 성능 스키마를 정리해 두었다. 각각의 테이블이 어떤 버전에서 추가되었는지도 알기 쉽게 정리했다. 참고로 버전이 올라가면서 정의가 변한(컬럼이 늘어난) 테이블도 있지만, 그에 대해서는 별도로 기술하지 않았다. 컨슈머의 예는 그 테이블의 데이터를 수집하는 데 최소한으로 필요한 컨슈머를 기술하고 있다. 컨슈머는 계층형으로 이루어져 있으므로 적어놓은 것보다 상위의 컨슈머도 활성화되어 있어야 한다. 컨슈머가 비어 있는 것은 특별히 컨슈머를 활성화하지 않아도 데이터의 수집이 가능하다는 뜻이다.

또한 이들 테이블은 TRUNCATE로 데이터를 리셋하는 것이 가능하므로, 데이터
를 리셋하고자 할 때 편리하다. 데이터 리셋이 반드시 필요하지는 않다. 리셋하
지 않아도 데이터의 증가를 추적하면 특별히 곤란할 것은 없기 때문이다.

## 5.4 각종 성능 스키마 테이블의 개요

78개의 데이터 수집용 테이블을 사용하는 것은 분명히 어렵다. 어떤 정보가 어
떤 테이블에 저장되어 있는가를 떠올리는 것만으로도 수고스럽다. 이후 버전에
서는 지금보다 테이블이 더 늘어날 것이다. 그렇게 되면 어떤 문제가 발생했을
때 어떤 테이블을 쓸지 판단하는 것이 점점 더 어려워질 것이다. 그래서 어떤 때
에 어떤 테이블을 써야 하는지 간단하게 소개하고자 한다.

### 5.4.1 이벤트 테이블

각종 컨슈머로 수집한 _current, _history, _history_long으로 끝나는 이름의 테
이블들이다. 각각 현재의 이벤트, 스레드별 N개의 이력, 서버 전체에서 N개의
이력을 보유하고 있는 테이블이다. 컨슈머와 이름이 같은 것으로 보아 데이터
수집이 기본임을 알 수 있다. 특히 _current 테이블은 서버 내부의 래치 경합을
조사할 때 편리하지만, 전체의 래치에 기기가 설치되어 있지는 않으므로 만능은
아니다.

### 5.4.2 요약 테이블

요약 테이블은 각각의 요소별로 가져온 통계 데이터를 저장한 테이블이다. 요
약 테이블은 테이블명에 _summary가 포함되어 있는 것으로 판별이 가능하고, 테
이블명을 통해 무엇을 기준으로 집계했는지를 알 수 있다. 예를 들면 events_
waits_summary_by_account_by_event_name 테이블은 대기 상태에 대해 계정별,
이벤트명별로 집계한 것이다. MySQL의 계정은 사용자명과 호스트명의 조합이
므로, events_waits_summary_by_account_by_event_name 테이블에 들어있는 데
이터는 대기 상태의 통계 데이터를 GROUP BY USER, HOST, EVENT_NAME 상당의 처
리를 적용해서 집계한 데이터라고 생각하면 된다.

요약 테이블에서 가장 주목해야 하는 것은 events_statements_summary_by_
digest이다. 다이제스트별로 수집한 행 수나 실행시간 등 여러 가지 통계 정보
를 보유하고 있어서 느린 쿼리를 찾아낼 때 아주 쓸모 있다.

또한 요약 테이블에는 이벤트 테이블과 같은 카테고리(event_로 시작하는 것) 이외의 테이블도 존재하며, 아주 유용하다. 예를 들면 테이블별로 접근 통계를 모아 표시하는 table_io_waits_summary_by_table, 파일별로 I/O 상황을 집계하는 file_summary_by_instance 테이블, 메모리의 할당 상황을 추적하는 memory_summary_global_by_event_name 테이블 등이 특히 유용하다.

요약 테이블에서 데이터를 집계하기 위해서는 그에 대응한 컨슈머와 기기도 활성화할 필요가 있다는 점에 주의하기 바란다. 어떤 기기를 활성화해야 할 것인가는 카테고리[5]로 대략 판별할 수 있다. 예를 들어 메모리의 할당이라면 memory 카테고리의 기기를 활성화하면 된다.

### 5.4.3 인스턴스 테이블

파일명에 _instance 접미어가 있는 테이블은 인스턴스 테이블이라고 부른다. 여기서 인스턴스는 추적 중인 기기의 인스턴스를 말한다. 예를 들면 뮤텍스라도 서버를 초기화할 때 생성되어 종료할 때까지 파기되지 않는 것도 있는 반면, 테이블 등 오브젝트의 라이프 사이클에 맞춰 생성과 파기를 반복하는 것도 있다. 인스턴스 테이블을 보면 추적 중인 인스턴스가 얼마나 존재하는지 알 수 있다.

아마 대부분의 사용자에게는 인스턴스 테이블이 별로 필요치 않을 수도 있다. 하지만 prepared statement의 인스턴스를 나타내는 prepared_statements_instances 테이블은 좀 특별하다. 현 시점에서 서버에 존재하는 prepared statement를 조감할 수 있으므로 해제를 잊지 않았는지, 그 때문에 메모리가 쓸데없이 소비되고 있는지 여부를 확인하는 데 사용할 수 있다. prepared_statements_instances 테이블은 인스턴스 테이블로 분류되어 있어 성능의 분석에 필요한 여러 가지 통계 데이터도 가져올 수 있다.

### 5.4.4 lock 테이블

metadata_locks와 table_handles 테이블은 테이블별 메타 데이터 lock과 테이블 lock을 해석하는 데 유용하다. 특히 metadata_locks 테이블은, FLUSH TABLE WITH READ LOCK으로 얻은 global read lock의 정보를 표시할 수 있어서 편리하다.

---

5  표 5.3 참조

### 5.4.5 상태 변수 테이블

상태 변수 테이블은 SHOW GLOBAL STATUS 명령어 등으로 표시되는 각종 상태 변수의 데이터를 서버 전체(글로벌), 현재의 세션, 현재 존재하는 스레드별, 계정(사용자+호스트)별 누적, 사용자별 누적, 호스트별 누적 등으로 구분하여 표시할 수 있다. 예를 들면 애플리케이션별, 역할별로 사용자 계정을 나눈 경우에 어떤 애플리케이션이 큰 부하를 발생시키고 있는가 등을 해석할 때 유용하다.

단, Com_으로 시작하는 각종 SQL 명령어가 몇 번 실행되었는가를 표시하는 데이터, 상태 변수 테이블에는 저장되지 않는다. 왜냐하면 그러한 정보는 statement 컨슈머에서 훨씬 상세하게 확인할 수 있기 때문이다.

그 외의 상태 변수는 어떤 컨슈머에도 소속되어 있지 않다. 상태 변수는 처음부터 스레드별로 보유하고 있는 정보이므로 상태 변수를 확인하기 위해서 활성화해야 하는 기기도 없다.

### 5.4.6 레플리케이션 정보 테이블

2장에서 소개한 것처럼, MySQL 5.7에서는 성능 스키마를 사용해서 레플리케이션의 상태를 확인할 수 있다. 각각의 테이블의 의미에 대해서는 표 2.1을 참조하기 바란다.

### 5.4.7 그 외

성능 스키마에서는 성능 해석을 위한 데이터 이외에도 여러 가지의 잡다한 데이터를 확인할 수 있다. 여기서는 자세한 설명은 생략한다. 표 5.8을 보기 바란다. 또한 어떠한 데이터를 가져올 수 있는지는 실제로 테이블에 접근해서 확인해 보자.

### 5.4.8 테이블의 접근 권한

성능 스키마의 각종 테이블에서 데이터를 가져오기 위해서는 performance_schema 데이터베이스 내의 테이블에 대한 SELECT 권한이 필요하다. 또한 데이터를 리셋(TRUNCATE TABLE 실행)하기 위해서는 DROP 권한이, 설정을 위해서는 UPDATE 권한이 필요하다. 이들 3개의 권한을 사용자에게 부여하려면 리스트 5.7과 같이 GRANT 명령어를 실행하면 된다.

리스트 5.7 성능 스키마의 접근 권한 부여

```
mysql> GRANT SELECT, UPDATE, DROP ON
-> performance_schema.* TO username@hostname;
```

## 5.5 MySQL 5.7에서 추가된 테이블과 기기

서론이 꽤 길어지긴 했지만, MySQL 5.7에서 도입된 성능 스키마의 개선점을 살펴보자. 우선 수집할 수 있는 정보가 늘어났다는 점부터 짚고 가겠다.

개선점의 핵심 가운데 하나는 뭐니 뭐니 해도 테이블이 새롭게 추가된 것이다. 테이블의 데이터와 기기는 세트라고 할 수 있으므로, 테이블의 종류가 늘어난 만큼 기기도 늘어났다고 보면 된다. 추가된 테이블은 표 5.8에 일목요연하게 정리해 놓았지만 여기에서 대략 살펴보자.

### 5.5.1 메모리 할당과 해제 ▸▸▸ 신기능 87

memory_summary_global_by_event_name 테이블 등의 요약 테이블이 추가되어 메모리 할당을 추적할 수 있게 되었다. 메모리 할당은 서버 내부적으로 일어나지만, 어떤 기능이나 오브젝트가 메모리를 많이 소비하고 있는지 찾아낼 수 있다. 서버 실행 중에 RSS[6]가 증가하는 경우가 자주 있는데 MySQL 5.6까지는 그 원인을 찾아낼 방법이 없었다. 구체적으로 설명하면 MySQL이 단순히 구조상의 문제로 메모리를 많이 사용하고 있는지, 메모리 할당을 줄이기 위해서는 어떤 옵션을 조정해야 하는지, 아니면 메모리 부족이 발생했는지, 또는 libc 내부에서 보류되고 있는지 판단할 수 없었다. MySQL 5.7에서는 메모리의 할당과 해제를 추적할 수 있게 되어서 할당했는데 해제가 되지 않은 메모리가 어떤 것인지, 대처법은 무엇인지 구체적으로 알아낼 수 있다.

　메모리 추적을 위한 기기는 기본으로 활성화되어 있으므로, 추적하려면 기동 옵션에 리스트 5.8과 같이 써주면 된다.[7]

**리스트 5.8 메모리 추적을 위한 기기를 활성화하는 옵션**

```
performance_schema_instrunment = 'memory/%=ON'
```

### 5.5.2 테이블 lock, 메타 데이터 lock ▸▸▸ 신기능 88

MySQL 5.6까지는 이미 걸린 테이블의 lock 정보나 메타 데이터의 lock 정보를 볼 수 없었다. 따라서 lock의 경합에 의해 처리가 멈춰버리거나 성능이 저하되는 문제를 해석할 수 없었다. 현재 걸려 있는 lock에 대해서는 각각 table_handles, metadata_locks 테이블로부터 정보를 볼 수 있다. 통계 정보는 대기 상

---

6　Resident set size
7　%는 와일드카드다.

태의 요약 테이블(events_waits_summary*)에서 얻을 수 있다. 대응하는 기기는 각각 wait/lock/table/sql/handler와 wait/lock/metadata/sql/mdl로, 기본으로 테이블 lock만 활성화되어 있다.

wait/lock은 SQL의 각종 lock에 관한 기기의 카테고리로, 래치의 카테고리는 wait/synch로 되어 있다.

### 5.5.3 저장 프로그램 ▸▸▸ 신기능 89

저장 프로그램을 추적하기 위한 테이블이 추가되었다. 이 테이블로 저장 프로그램의 실행 개시/종료 시점과 그 저장 프로그램의 내부에서 실행된 쿼리의 통계 정보를 집계할 수 있다. 대상이 되는 저장 프로그램은 저장 프로시저, 스토어드 함수, 트리거 그리고 이벤트 스케줄러이다.

스토어드 함수의 추적이 가능하게 된 것은 획기적인 일이다. 스토어드 함수가 쿼리 전체의 통계 정보에서 어느 정도의 행 접근을 일으키는지 추려서 보여주기가 쉽지 않았다. 하지만 이제부터는 성능 스키마를 통해 각각의 스토어드 함수별 효율을 일목요연하게 볼 수 있다.

### 5.5.4 트랜잭션 ▸▸▸ 신기능 90

슬로우 쿼리 로그에 느린 쿼리로 기록되어 있지 않지만 왠지 모르게 변경의 응답 속도가 느려졌다면 하나의 트랜잭션이 자잘한 변경 계열 쿼리를 많이 실행하고 있는 것일지 모른다. 문제는 도대체 어떤 트랜잭션이 느린지 알 수 없다는 것이다. 느린 트랜잭션을 찾아내지 못하면 튜닝할 수가 없다.

MySQL 5.6까지는 트랜잭션별로 통계 데이터를 수집하는 기능이 없었다. 그래서 문제가 있는 트랜잭션을 찾아내기 위해서는 수고가 필요했다. 하지만 MySQL 5.7에서는 트랜잭션별로 응답시간을 집계할 수 있으므로 시간을 잡아먹는 트랜잭션을 간단하게 찾아낼 수 있다.

트랜잭션의 추적은 기본으로는 비활성화되어 있다. setup_consumers로 트랜잭션 관계의 컨슈머를 활성화하고 거기에 transaction이라는 기기를 활성화할 필요가 있다. 또한 트랜잭션을 추적하기 위해서는 GTID를 활성화해야 한다. 트랜잭션에 이름을 붙이지 않으므로, GTID를 가지고 내용을 찾아낼 수밖에 없기 때문이다. 트랜잭션이 실제로 어떠한 처리를 일으키는지는 GTID와 바이너리 로그를 비교하여 판별할 필요가 있다.

### 5.5.5 Prepared Statement ▸▸▸ 신기능 91

MySQL 5.7에서는 서버에 존재하는 prepared statement의 목록을 볼 수 있게 되었다. `prepared_statements_instances` 테이블을 통해서 prepared statement 별 호출 횟수나 각종 통계도 검색할 수 있다. `EXECUTE` 명령어의 실행은 다이제스트로도 추적이 가능하며, 서버가 전체의 통계 데이터라는 관점으로 볼 때 그 정도면 충분하다.

prepared statement의 추적이 진가를 발휘하는 때는 성능 데이터를 확인할 때가 아니라 현재 서버상에 존재하는 prepared statement를 확인할 때다. prepared statement는 메모리를 적지 않게 사용하므로, 커넥션 풀을 사용해서 접속을 돌려 쓰는 환경에서 해제를 놓치게 되면 메모리 소비량이 늘어난다. 그러한 해제를 생략한 prepared statement를 발견할 때 편리하다.

### 5.5.6 사용자 변수 ▸▸▸ 신기능 92

prepared statement와 마찬가지로 사용자 변수도 세션별로 작성하는 오브젝트로, MySQL 5.6까지는 추적할 수 없었다. `user_variables_by_thread` 테이블은 세션별로 정의된 사용자 변수를 보여준다. 리스트 5.9는 사용자 변수를 출력하는 예이다. prepared statement의 경우와 마찬가지로 불필요한 것이 남아있는지 확인할 때 유용하다.

**리스트 5.9 사용자 변수의 확인**

```
mysql> SET @x = 'test';
Query OK, 0 rows affected (0.00 sec)

mysql> select * from user_variables_by_thread;
+-----------+---------------+----------------+
| THREAD_ID | VARIABLE_NAME | VARIABLE_VALUE |
+-----------+---------------+----------------+
|        27 | x             | test           |
+-----------+---------------+----------------+
1 row in set (0.00 sec)
```

### 5.5.7 상태 변수, 시스템 변수 ▸▸▸ 신기능 93

MySQL 5.7에서는 상태 변수를 여러 가지 기준으로 집계할 수 있게 되었다. 또한 `SHOW GLOBAL VARIABLES` 명령어로 표시되는 시스템 변수를 볼 수 있는 테이블도 추가되었다. 서버 전체, 현재 세션뿐 아니라, 세션별로 설정을 볼 수 있어서 각 세션이 독자적으로 설정을 변경했는지 추적할 수 있다.

성능 스키마에 새롭게 테이블이 추가되면서, 이전부터 정보 스키마에 있던 다음의 테이블에서는 정보를 가져올 수 없게 되었다. 이들 테이블로 접근한다고 해도 정보를 검색할 수 없고, 경고가 반환될 것이다.

- GLOBAL_STATUS
- GLOBAL_VARIABLES
- SESSION_STATUS
- SESSION_VARIABLES

이들 테이블과 동일한 정보는 성능 스키마에서 가져올 수 있다. 자세한 내용은 표 5.8을 보자. MySQL 5.6과 마찬가지로 정보 스키마에 있는 이들 테이블로 접근하려면 글로벌한 시스템 변수 show_compatibility_56을 ON으로 설정할 필요가 있다.[8] 다음 버전에서 이 시스템 변수는 삭제될 예정이고 정보 스키마의 테이블도 권장하지 않으므로 장래 버전에서는 삭제될 것이다.

또한 show_compatibility_56 시스템 변수는 SHOW [GLOBAL] STATUS와 SHOW [GLOBAL] VARIABLES 명령어의 출력에도 영향을 준다. show_compatibility_56 시스템 변수가 OFF인 경우, 몇몇 상태 변수 또는 시스템 변수가 표시되지 않으므로 주의해야 한다.

### 5.5.8 SX lock ▸▸▸ 신기능 94

InnoDB의 개선으로써 래치의 동시 접근 성능을 개선하기 위해 S lock과 X lock의 중간적인 모드인 SX lock이 추가되었다.[9] 그것에 맞춰 SX lock를 추적하기 위한 기기도 추가되었다. 기기는 wait/synch/sxlock 카테고리에 있으므로 SX lock을 추적하려면 켜도록 한다. 이름에서 알 수 있듯이 컨슈머는 event_waits_current와 이력에 대응한다.

### 5.5.9 스테이지의 진척 ▸▸▸ 신기능 95

event_stages_current 테이블에 WORK_COMPLETED와 WORK_ESTIMATED라는 두 개의 컬럼이 추가되었다. 이것은 각각 현재 스테이지의 진척을 나타내는 것으로, 현재의 스테이지를 완료하기 위한 업무의 총량을 WORK_ESTIMATED, 현재 완료한

---

8 또한 이 시스템 변수는 MySQL 5.7에만 있다.
9 신기능 44

업무의 양을 WORK_COMPLETED에 나타낸다. 업무량의 단위는 규정되어 있지 않고, 진척은 WORK_COMPLETED와 WORK_ESTIMATED의 비율로 계산하면 된다.

　진척이라고 해서 어떠한 처리든 표시하는 것이 아니라, 시간이 걸릴 것이 예상되는 처리만을 대상으로 한다. 구체적으로는 ALTER TABLE과 버퍼 풀의 로드가 진척 데이터의 대상이 된다. ALTER TABLE로는 ALGORITHM = INPLACE와 ALGORITHM = COPY가 있지만 양쪽 다 진척이 표시된다. 단, ALGORITHM = INPLACE의 경우 ALTER TABLE은 단일의 스테이지가 아닌 복수의 스테이지에 분할되어 있으므로 주의해야 한다. InnoDB의 머지 소트를 사용한 인덱스를 작성[10]할 경우는 다음과 같은 스테이지로 세분해 처리된다.

- stage/innodb/alter table (read PK and internal sort)
- stage/innodb/alter table (merge sort)
- stage/innodb/alter table (insert)
- stage/innodb/alter table (flush)
- stage/innodb/alter table (log apply index)
- stage/innodb/alter table (flush)
- stage/innodb/alter table (end)

ALTER TABLE 전체의 진척 정보도 알면 좋겠지만 현 시점에서는 스테이지별로만 진척이 보고된다. 단순하게 현재 스테이지의 진척율이 100%가 되면 ALTER TABLE도 끝난다고 생각할 수는 없으므로 주의하기 바란다. 이전에는 ALTER TABLE에 걸리는 시간을 예측하는 것이 어려웠지만, MySQL 5.7에서는 진척을 실시간으로 보여주어서 언제 끝날지 모르는 불안은 해소되었다.

## 5.6 성능 스키마의 성능 개선 등

성능 데이터를 수집하려다가 오히려 오버헤드가 성능 저하를 불러올 수 있으므로 운영 환경의 시스템에서는 사용할 수가 없다. 그래서 성능 스키마에 대해서도 오버헤드를 줄이는 개선이 계속해서 이루어졌다.

### 5.6.1 메모리의 자동 확장 ▸▸▸ 신기능 96

MySQL 5.6까지는 성능 스키마가 사용하는 메모리는 기동 시에 할당되고, 그 이후에는 추가 할당이 없었다. 동적인 할당과 해제가 일어나지 않는 것은 오버헤

---

10 신기능 62 참조

드 측면에서 유리하지만, 다음과 같은 문제가 있었다.

- 할당되었음에도 불구하고 사용되지 않는 영역이 많다.
- 할당된 것보다 많은 메모리가 필요한 경우가 있다.

후자의 경우, 기기에서 데이터를 수집할 수 없게 되기 때문에 성능 데이터가 버려지게 된다. 정확한 계측을 할 때 데이터의 결손은 골칫거리다. 그래서 MySQL 5.7에서는 성능 스키마가 사용하는 메모리 영역을 자동으로 확장할 수 있게 했다. 그렇게 위의 두 가지 문제가 해소되면서 불필요한 메모리 할당이 없어졌고, 한편으로 필요한 경우에는 메모리를 확장할 수 있게 됐다.

MySQL 5.6에서도 기본적으로는 별의별 옵션을 이용해 필요한 메모리 크기를 예측하여 할당할 버퍼의 크기를 자동으로 계산할 수 있게 했다. 하지만 예측이 완벽하지 않아서 위와 같은 문제가 발생하는 것이다. 자동 추정으로는 대응이 불가한 위의 문제도 자동 확장이라면 아무 문제 없이 대응할 수 있다. 단, 메모리가 확장된 이후에 자동으로 해제되는 것이 아니므로 주의해야 한다. 전체의 버퍼 크기는 자동으로 확장되도록 기본값이 설정되어 있다. 크기를 나타내는 옵션(performance-schema-*-size)의 기본값은 -1로, 자동 확장됨을 나타낸다. 고정 길이로 하는 것도 가능하지만, 그럴 경우 데이터가 분실될 수 있다. 데이터가 분실된 횟수는 SHOW GLOBAL STATUS LIKE 'perf%lost'로 알 수 있다.

자동 확장을 하면 메모리 사용량이 신경 쓰이긴 하지만 SHOW ENGINE performance_schema STATUS로 확인이 가능하다. 가장 마지막 행인 performance_schema.memory가 메모리의 합계 크기를 나타낸다. 그 외에 .memory로 끝나는 행은 각각의 컨슈머나 기기의 인스턴스에 할당된 메모리를 나타내므로, 메모리 사용을 증가시킨 원인을 밝혀내는 것이 가능하다.

### 5.6.2 테이블 I/O 통계의 오버헤드 감소 ▸▸▸ 신기능 97

MySQL 5.6에서는 t2에서 1행이 패치될 때마다 테이블 I/O 통계를 계산했지만, MySQL 5.7에서는 t1에서 패치한 1행에 매칭하는 t2 행 전체를 합쳐서 계산한다. 예를 들면, t1에서 패치된 행이 10행이라고 하면, t2는 t1의 1행에 대해서 평균 10행이 매치하므로 10×10=100행이 패치된다. MySQL 5.6에서는 t1에서 10행, t2에서 100행 전체에 접근할 때, 110회 테이블 I/O 통계를 계산할 필요가 있었다. MySQL 5.7에서는 t1의 1행에 대한 t2의 통계 정보를 한번만 계산하면 되므로 통계 정보를 계산하는 것은 10+10=20회가 된다.

또한 MySQL 5.7에서는 테이블 I/O 통계 정보를 저장하는 영역의 데이터 구조를 연구해서 메모리의 소비도 줄였다.

## 5.7 추가된 옵션과 기본값의 변경

MySQL 5.7에서 추가된 옵션과 현존하는 옵션의 기본값이 변경된 것들을 짚어보자.

### 5.7.1 statement의 이력 활성화 ▸▸▸ 신기능 98

MySQL 5.7에서는 statement의 이력(events_statements_history) 컨슈머가 기본으로 활성화되었다. 이 컨슈머는 스레드별로 N개(기본으로는 10개)의 statement를 이력으로 보관한다. performance-schema-consumer-events-statements-history 옵션이 대응한다.

### 5.7.2 새로운 컨슈머나 기기를 위한 옵션

MySQL 5.7에서는 새롭게 컨슈머나 기기가 추가되었기 때문에 그에 대한 옵션도 추가되었다. 예를 들면 트랜잭션 관계의 컨슈머나 메모리 소비, 메타 데이터 lock, 저장 프로그램, prepared statement 등을 추적하는 기기의 인스턴스 수의 최대치를 결정하는 설정이다. 그렇게 중요한 것은 아니므로 상세한 설명은 생략한다.

## 5.8 sys 스키마 ▸▸▸ 신기능 99

MySQL 5.7에서는 여러 가지 정보를 수집하는 툴인 sys 스키마가 새롭게 추가되었다. sys 스키마는 신기능 중 하나로 취급해도 되나 싶을 정도로 큰 신기능이다. MySQL의 관리 스타일을 극적으로 바꿀 수 있으므로 MySQL을 다룬다면 꼭 체크해두어야 한다.

### 5.8.1 sys 스키마란

sys 스키마는 원래 MySQL과는 다른 프로젝트에서 개발된 도구였다. MySQL 5.6 또는 MySQL 5.7에서 이용할 수 있는 sys 스키마의 소스 코드는 서버와는 별도로 GitHub에 공개되어 있다.

*http://github.com/mysql/mysql−sys*

MySQL 5.6은 GitHub에서 소스 코드를 가져와 설치해도 되지만, MySQL Workbench에서 설치하는 것이 훨씬 간단하다. 그림 5.3은 MySQL Workbench의 왼쪽 화면이다. [MANAGEMENT], [INSTANCE], [PERFORMANCE] 항목을 볼 수 있다. [PERFORMANCE]-[Performace Reports]를 클릭하면, 아직 sys 스카마가 설치되어 있지 않은 서버에서는 화면 중앙에 'Install Helper' 버튼이 표시된다. 클릭하면 sys 스키마가 설치된다. 단, MySQL 5.6에서는 MySQL 5.7과 비교했을 때 사용할 수 있는 기능이 약간 적으므로 주의하기 바란다.

그림 5.3 MySQL Workbench의 화면 캡처

sys 스키마의 실체는 편리한 뷰나 저장 프로그램의 집합체이다. 이번 장에서 소개한 성능 스키마는 아주 풍부한 데이터를 얻을 수 있어서 전문가에게는 편리한 도구지만, 초심자나 중급자에는 약간 어려운 면도 있다. 그래서 성능 스키마에서 주로 가져오는 정보를 사용자가 쓰기 편리한 형태로 가공한 것이 sys 스키마의 여러 가지 뷰라고 할 수 있다.

MySQL 5.7 릴리즈 시점에서는 sys 스키마에 100개의 뷰와 47개의 저장 프로그램이 들어 있었다. 그것들을 모두 설명하기에는 내용이 방대하므로, 여기서는 쓸모 있는 몇 가지 뷰와 프로시저만 소개하겠다.

## 5.8.2 metrics 뷰

metrics 뷰는 SHOW GLOBAL STATUS와 INFORMATION_SCHEMA.INNODB_METRICS를 합친 내용을 가져온다.

INNODB_METRICS를 간단히 살펴보자. INNODB_METRICS는 InnoDB가 가지고 있는 통계 정보를 수집하는 용도로, MySQL 5.6에서 추가되었다. 그렇게 많이 알려지지 않은 기능이지만, InnoDB 내부의 상세한 데이터를 가져올 수 있다. INNODB_METRICS는 기능의 방향성이 성능 스키마와 중복되지만, 성능 스키마는 완전하게 InnoDB의 전모를 파악할 수 없으므로 INNODB_METRICS 테이블을 사용해서 데이터를 보완할 필요가 있다. INNODB_METRICS 테이블에서는 SHOW ENGINE INNODB STATUS에는 나오지 않는 각종 통계 정보를 가져올 수 있다. 따라서 통계적인 해석을 할 때는 SHOW ENGINE INNODB STATUS보다 INNODB_METRICS를 사용하는 것이 유리하다.

성능 통계 정보를 수집하면 오버헤드가 생기는 것은 INNODB_METRICS의 경우도 마찬가지다. 따라서 INNODB_METRICS도 수집할 수 있는 정보의 전부가 처음부터 활성화되어 있는 것이 아니라 자주 사용되는 정보만 활성화되어 있다. 통계 데이터의 수집을 활성화하려면, innodb_monitor_enable 옵션 또는 시스템 변수를 사용한다. 리스트 5.10은 트랜잭션 관련의 통계 데이터를 활성화하는 명령어다.

**리스트 5.10 트랜잭션 통계 데이터의 활성화**

```
mysql> SET GLOBAL innodb_monitor_enable = 'module_trx';
```

이 옵션으로 통계 데이터를 활성화하는 단위는 카운터별, 카운터의 패턴 매치에 의해 선택된 모듈별, 또는 한꺼번에 전체 변경 중에서 선택할 수 있다. 이와 관련하여 INNODB_METRICS의 카운터와 모듈은 각각 성능 스키마의 기기와 컨슈머와 같은 것이다.

INNODB_METRICS를 사용할 때 약간 귀찮은 점은 모듈명을 지정해야 한다는 것이다. INNODB_METRICS 테이블에는 subsystem 컬럼이 있고, 이것이 대략 모듈에 해당하는데, subsystem명과 모듈명이 일치하지 않아 하나하나 변환해야 한다.[11] 모듈명과 subsystem명의 대응은 표 5.7에 정리해 놓았다.

데이터의 수집을 비활성화하는 innodb_monitor_disable, 카운터 값을 리셋하

---

11 양쪽의 이름을 일치시키지 못한 것은, 말하기 조심스럽지만 실수가 아닐까? 그렇다고는 하더라도 채집할 수 있는 데이터는 매우 유용하므로 불편하지만 참고 사용하자.

는 innodb_monitor_reset, 카운터 값뿐 아니라 그 외의 값도 리셋하는 innodb_monitor_reset_all과 같은 시스템 변수도 있으므로 구별하여 사용하기 바란다. 덧붙여서 이러한 옵션은 my.cnf에 작성해 두는 것이 가능하다. 상시 모니터링하려는 것이 있다면 my.cnf에 작성해 두자.

| 모듈명 | 서브 시스템 |
| --- | --- |
| module_metadata | metadata |
| module_lock | lock |
| module_buffer | buffer |
| module_buf_page | buffer_page_io |
| module_os | os |
| module_trx | transaction |
| module_purge | purge |
| module_compress | compression |
| module_file | file_system |
| module_index | index |
| module_adaptive_hash | adaptive_hash_index |
| module_ibuf_system | change_buffer |
| module_srv | server |
| module_ddl | ddl |
| module_dml | dml |
| module_log | recovery |
| module_icp | icp |

표 5.7 INNODB_METRICS의 모듈명

INNODB_METRICS는 통계 데이터를 수집할 수 있는 훌륭한 도구지만, 서버 전체의 통계 데이터를 해석하고자 할 때는 결국 SHOW GLOBAL STATUS도 필요하기 때문에 해당 정보도 동시에 가져올 수 있도록 만들어졌다.

### 5.8.3 user_summary 뷰

사용자별로 쿼리의 응답이나 파일 접근 등의 통계 정보를 목록으로 표시한다. 어떤 사용자가 가장 바쁜가 등의 정보를 이 뷰를 통해 일목요연하게 볼 수 있다.

이 뷰에는 x$ 접두어가 붙어 있는 x$user_summary라는 이름의 변종이 존재하지만, sys 스키마의 뷰에는 x$가 있는 것이 있고 없는 것이 있다. x$가 없는 것은 사람이 보고 이해하기 쉽게 큰 수치로 포맷된 것이다. 시간은 밀리초/초/분과 같은 단위, 데이터 크기는 KiB/MiB/GiB와 같은 단위가 추가되어 숫자는 적정한 자리수까지 줄여놓았다. x$가 있는 것들은 가공하지 않은 수치만 가져올 수 있다. 감시 도구에서 표시할 때와 같이 가공이 필요 없는 경우에는 x$로 시작하는 것을 사용하는 것이 좋다.

또한 user_summary에는 제공하는 정보면에서도 몇 가지 변동이 있다. 그 가운데서도 user_summary_by_statement_latency는 사용자별의 행 접근 상세까지 알수 있으므로 편리하다.

### 5.8.4 innodb_lock_waits 뷰

InnoDB의 행 lock을 해석할 때는 INFORMATION_SCHEMA에 있는 3개의 테이블, INNODB_LOCKS, INNODB_LOCK_WAITS, INNODB_TRX를 결합하여 어떤 트랜잭션이 어떠한 트랜잭션을 기다리게 하고 있는가를 알아내는 것이 정석이다. 이들 3개의 테이블을 결합하는 쿼리를 매번 기술하는 것은 번거롭다. 그래서 편리하게 사용할 수 있도록 만든 것이 innodb_lock_waits 뷰이다. 행 lock을 해석하려면 먼저 이 뷰를 보도록 하자.

### 5.8.5 schema_table_lock_waits 뷰

테이블 lock에 의한 경합을 검출할 때는 schema_table_lock_waits 뷰가 편리하다. 이 뷰는 MySQL 5.7에서 등장한 성능 스키마의 metadata_locks 테이블을 사용하여 테이블 lock의 경합을 알아낸다. 아쉽게도 현 시점에서는 FLUSH TABLES WITH READ LOCK에 의한 global read lock과의 경합은 추적할 수 없다. global read lock에 의한 다른 처리의 방해 상황에 대해서는 metadata_locks 테이블을 직접 참조하기 바란다.

### 5.8.6 schema_table_statistics 뷰

테이블별 행 접근과 I/O의 통계 데이터를 표시한다. 접근이 집중하고 있는 테이블을 알아내는 데 편리하다. 행 접근뿐 아니라 I/O에 대한 통계도 가지고 있으므로, I/O를 대량으로 발생시키는 테이블을 알아낼 때 사용하면 편리하다.

### 5.8.7 diagnostics 프로시저

서버상의 여러 가지 정보를 수집해서 지원 센터에 문의한다. 이때 편리한 것이 diagnostics 프로시저다. 이 프로시저는 sys 스키마나 성능 스키마, 정보 스키마를 활용해서 여러 가지 정보를 일괄적으로 가져온다. 인수로는 아래의 3개를 취한다.

- in_max_runtime INT UNSIGNED
- n_interval INT UNSIGNED
- in_auto_config ENUM('current','medium','full')

인수는 각각 diagnostics 프로시저를 실행하는 최대 시간, 정보 수집의 간격, 수집할 정보의 종류를 나타낸다. 기본값은 각각 60, 30, current로, 30초마다 최대 60초, 다시 말해 2회 출력한다. in_auto_config의 각 값의 의미는 각각 다음과 같다.

- current: 현재 유효한 기기와 컨슈머에서만 데이터 수집
- medium: 몇 개의 기기와 컨슈머를 활성화하여 데이터 수집
- full: 전체 기기와 컨슈머를 활성화하여 데이터 수집

간격을 두고 데이터를 수집하는 이유는 단 한번의 스냅샷으로 가져온, 다시 말해 서버가 기동한 이후의 누적값은 성능을 해석하는 데 쓸모가 없기 때문이다. 성능 해석을 위해서는 통계 데이터의 변화에 주목해야 한다. 1분 또는 1초 사이에 어떠한 조작이 얼마나 일어났는지, 그것이 문제가 있을 때와 없을 때 어떻게 달라지는지를 보고 분석해야 문제를 구별할 수 있기 때문이다.

### 5.8.8 ps_setup_save 프로시저

현재 성능 스키마의 설정을 임시 테이블에 보존한다. 이 프로시저는 diagnostics 프로시저에서도 내부적으로 사용되므로, full이나 medium을 설정하여 컨슈머와 기기를 추가로 활성화한 경우에도 정보 수집이 끝나면 원래의 설정으로 자동 복귀하게 되어 있다. 이 프로시저는 인수를 하나 받는다. 인수는 정수값으로, 설정을 보존할 때까지의 타임아웃을 의미한다. 음수를 지정하면 타임아웃 없이 계속해서 기다리게 된다.

이 프로시저에서는 임시 테이블로 바뀔 때 바이너리 로그에 기록하지 않기 때문에 실행을 하려면 SUPER 권한이 필요하다. 그러므로 내부적으로 이 프로시저

를 호출하는 diagnostics 프로시저를 사용하는 데에도 SUPER 권한이 필요하다.

임시 테이블에서 설정을 돌려놓을 때는 ps_setup_reload_saved 프로시저를 사용한다. 이 프로시저는 인수가 없다. 또한, 설정의 보존장소가 임시 테이블이라는 점에 주의하자. 다시 말해 세션이 만료되면 저장했던 설정은 없어진다.

### 5.8.9 ps_setup_enable_consumer 프로시저

성능 스키마의 컨슈머를 활성화한다. 인수는 컨슈머 이름의 일부이다. 리스트 5.11은 이 프로시저의 실행결과이다.

**리스트 5.11 프로시저에 의한 컨슈머 활성화**

```
mysql> call ps_setup_enable_consumer('wait');
+--------------------+
| summary            |
+--------------------+
| Enabled 3 consumers |
+--------------------+
1 row in set (0.00 sec)
```

이름에 wait을 포함하고 있는 컨슈머는 3개로, 이 프로시저 호출에 의해 활성화된다. 이 프로시저와 세트로 사용하는 ps_setup_disable_consumer라는 프로시저도 있다. 이것은 컨슈머를 비활성화하기 위한 것이다. 컨슈머의 활성화/비활성화 전환은 setup_consumers 테이블을 UPDATE하면 가능하지만, UPDATE 명령을 여러 번 실행하는 것보다는 이 프로시저를 사용하면 좀 더 편리하다.

### 5.8.10 ps_setup_enable_instrument 프로시저

ps_setup_enable_consumer와 비슷하지만, 이것은 기기의 ON/OFF를 전환하는 프로시저이다. ps_setup_enable_consumer와 마찬가지로, 인수에는 기기의 이름의 일부를 지정한다. 비활성화하는 ps_setup_disable_instrument라는 프로시저도 있다. 컨슈머보다도 기기의 ON/OFF가 훨씬 번거로우므로 이 프로시저를 더 자주 사용하게 될 것이다.

### 5.8.11 list_add 함수

콤마로 구분한 텍스트를 조작하는 저장 함수이다. 이 함수는 콤마로 구분된 리스트에 새로운 요소를 추가한다. 반대로 리스트에서 요소를 삭제하는 list_drop이라는 저장 함수도 있다. 이들 함수는 SQL 모드와 같이 콤마로 구분하는 값을 조작할 때 편리하다. 리스트 5.12는 SQL 모드에서 `ONLY_FULL_GROUP_BY`만 없애는 예이다.

**리스트 5.12 리스트 조작에 의한 SQL 모드의 변경**

```
mysql> SET sql_mode=sys.list_drop(@@sql_mode, 'ONLY_FULL_GROUP_BY');
```

## 5.9 MySQL 5.7에서 성능 데이터를 활용하는 방법

MySQL 5.7이 되면서 MySQL의 정보 수집은 새로운 차원에 도달했다고 할 수 있다. 성능 스키마의 효율이 개선되어, 오버헤드를 그렇게까지 신경 쓰지 않아도 되므로 보다 간단하게 정보를 수집할 수 있게 되었다.

하지만 풍부한 정보력을 갖게 된 대신 정보를 수집하는 방법이 복잡해졌다. 이 문제에 대한 해결책으로 sys 스키마가 도입되어, 풍부한 정보를 직관적으로 단순하게 활용할 수 있게 되었다. 이러한 도구들을 활용하여 MySQL 서버를 낱낱이 알 수 있게 되길 바란다.

| 테이블명 | 도입 | 설명 | 컨슈머 | 구분 |
|---|---|---|---|---|
| accounts | 5.6 | 접속한 사용자 계정의 정보 | | 기타 |
| cond_instances | 5.5 | 추적하고 있는 상태 변수의 정보 | global_ instrumentation | 인스턴스 |
| events_stages_current | 5.6 | 현재 스테이지 | events_stages_ current | 이벤트 |
| events_stages_history | 5.6 | 스레드별로 갖고 있는 N개의 스테이지 이력 | event_stages_ history | 이벤트 |
| events_stages_history_ long | 5.6 | 서버 전체에서 갖고 있는 N개의 스테이지 이력 | event_stages_ history_long | 이벤트 |
| events_stages_summary_ by_account_by_event_ name | 5.6 | 계정별, 이벤트별 스테이지 통계 | global_ instrumentation | 요약 |
| events_stages_summary_ by_host_by_event_name | 5.6 | 호스트별, 이벤트별 스테이지 통계 | global_ instrumentation | 요약 |
| events_stages_summary_ by_thread_by_event_name | 5.6 | 스레드별, 이벤트별 스테이지 통계 | global_ instrumentation | 요약 |
| events_stages_summary_ by_user_by_event_name | 5.6 | 사용자별, 이벤트별 스테이지 통계 | global_ instrumentation | 요약 |

| | | | | |
|---|---|---|---|---|
| events_stages_summary_<br>global_by_event_name | 5.6 | 이벤트별 서버 전체의<br>스테이지 통계 | global_<br>instrumentation | 요약 |
| events_statements_<br>current | 5.6 | 현재 statement | events_<br>statements_<br>current | 이벤트 |
| events_statements_<br>history | 5.6 | 스레드별로 갖고 있는<br>N개의 statement 이력 | events_<br>statements_<br>history | 이벤트 |
| events_statements_<br>history_long | 5.6 | 서버 전체에서 갖고 있는<br>N개의 statement 이력 | events_<br>statements_<br>history_long | 이벤트 |
| events_statements_<br>summary_by_account_by_<br>event_name | 5.6 | 계정별, 이벤트별<br>statement 통계 | thread_<br>instrumentation | 요약 |
| events_statements_<br>summary_by_digest | 5.6 | 다이제스트별<br>statement 통계 | statements_<br>digest | 요약 |
| events_statements_<br>summary_by_host_by_<br>event_name | 5.6 | 호스트별, 이벤트별<br>statement 통계 | thread_<br>instrumentation | 요약 |
| events_statements_<br>summary_by_program | 5.7 | 저장 프로그램별<br>statement 통계 | global_<br>instrumentation | 요약 |
| events_statements_<br>summary_by_thread_by_<br>event_name | 5.6 | 스레드별, 이벤트별<br>statement 통계 | thread_<br>instrumentation | 요약 |
| events_statements_<br>summary_by_user_by_<br>event_name | 5.6 | 사용자별, 이벤트별<br>statement 통계 | thread_<br>instrumentation | 요약 |
| events_statements_<br>summary_global_by_<br>event_name | 5.6 | 이벤트별 서버 전체의<br>statement 통계 | global_<br>instrumentation | 요약 |
| events_transactions_<br>current | 5.7 | 현재 트랜잭션 | events_<br>transactions_<br>current | 이벤트 |
| events_transactions_<br>history | 5.7 | 스레드별로 갖고 있는<br>N개의 트랜잭션 이력 | events_<br>transactions_<br>history | 이벤트 |
| events_transactions_<br>history_long | 5.7 | 서버 전체에서 갖고 있는<br>N개의 트랜잭션 이력 | events_<br>transactions_<br>history_long | 이벤트 |

| | | | | |
|---|---|---|---|---|
| events_transactions_ summary_by_account_by_ event_name | 5.7 | 계정별, 이벤트별 트랜잭션 통계 | thread_ instrumentation | 요약 |
| events_transactions_ summary_by_host_by_ event_name | 5.7 | 호스트별, 이벤트별 트랜잭션 통계 | thread_ instrumentation | 요약 |
| events_transactions_ summary_by_thread_by_ event_name | 5.7 | 스레드별, 이벤트별 트랜잭션 통계 | thread_ instrumentation | 요약 |
| events_transactions_ summary_by_user_by_ event_name | 5.7 | 사용자별, 이벤트별 트랜잭션 통계 | thread_ instrumentation | 요약 |
| events_transactions_ summary_global_by_ event_name | 5.7 | 이벤트별 서버 전체의 트랜잭션 통계 | global_ instrumentation | 요약 |
| events_waits_current | 5.5 | 현재 대기 상태 | events_waits_ current | 이벤트 |
| events_waits_history | 5.5 | 스레드별로 갖고 있는 N개의 대기 상태 이력 | events_waits_ history | 이벤트 |
| events_waits_history_ long | 5.5 | 서버 전체에서 갖고 있는 N개의 대기 상태 이력 | events_waits_ history_long | 이벤트 |
| events_waits_summary_ by_account_by_event_ name | 5.6 | 계정별, 이벤트별 대기 상태 통계 | thread_ instrumentation | 요약 |
| events_waits_summary_ by_host_by_event_name | 5.6 | 호스트별, 이벤트별 대기 상태 통계 | thread_ instrumentation | 요약 |
| events_waits_summary_ by_instance | 5.5 | 인스턴스별 대기 상태의 통계 | global_ instrumentation | 요약 |
| events_waits_summary_ by_thread_by_event_name | 5.5 | 스레드별, 이벤트별 대기 상태 통계 | thread_ instrumentation | 요약 |
| events_waits_summary_ by_user_by_event_name | 5.6 | 사용자별, 이벤트별 대기 상태 통계 | thread_ instrumentation | 요약 |
| events_waits_summary_ global_by_event_name | 5.5 | 이벤트별 서버 전체의 대기 상태 통계 | global_ instrumentation | 요약 |
| file_instances | 5.5 | MySQL 서버 기동 후 접근한 파일의 정보 | global_ instrumentation | 인스턴스 |
| file_summary_by_event_ name | 5.5 | 이벤트별 파일 I/O 통계 | global_ instrumentation | 요약 |
| file_summary_by_instance | 5.5 | 인스턴스별 파일 I/O 통계 | global_ instrumentation | 요약 |

| | | | | |
|---|---|---|---|---|
| global_status | 5.7 | 글로벌 상태 변수 정보 | | 상태 변수 |
| global_variables | 5.7 | 글로벌 시스템 변수 정보 | | 시스템 변수 |
| host_cache | 5.6 | 호스트 캐시의 내용 | | 그 외 |
| hosts | 5.6 | 호스트별 접속 수 통계 | | 그 외 |
| memory_summary_by_account_by_event_name | 5.7 | 계정별, 이벤트별 메모리 통계 | thread_instrumentation | 요약 |
| memory_summary_by_host_by_event_name | 5.7 | 호스트별, 이벤트별 메모리 통계 | thread_instrumentation | 요약 |
| memory_summary_by_thread_by_event_name | 5.7 | 스레드별, 이벤트별 메모리 통계 | thread_instrumentation | 요약 |
| memory_summary_by_user_by_event_name | 5.7 | 사용자별, 이벤트별 메모리 통계 | thread_instrumentation | 요약 |
| memory_summary_global_by_event_name | 5.7 | 이벤트별 서버 전체의 메모리 통계 | global_instrumentation | 요약 |
| metadata_locks | 5.7 | 메타 데이터 lock의 정보 | global_instrumentation | lock |
| mutex_instances | 5.5 | 추적 중인 뮤텍스 정보 | global_instrumentation | lock |
| objects_summary_global_by_type | 5.6 | 오브젝트별 통계 정보 | global_instrumentation | 요약 |
| performance_timers | 5.5 | 이용 가능한 타이머 정보 | | 설정 |
| prepared_statements_instances | 5.7 | 추적 중인 prepared statement 정보 | global_instrumentation | 인스턴스 |
| replication_applier_configuration | 5.7 | 레플리케이션 SQL 스레드의 설정 정보 | | 레플리케이션 |
| replication_applier_status | 5.7 | 레플리케이션 SQL 스레드의 상태 | | 레플리케이션 |
| replication_applier_status_by_coordinator | 5.7 | 코디네이터별 SQL 스레드의 상태 | | 레플리케이션 |
| replication_applier_status_by_worker | 5.7 | 워커별 SQL 스레드의 상태 | | 레플리케이션 |
| replication_connection_configuration | 5.7 | 레플리케이션 I/O 스레드의 설정 정보 | | 레플리케이션 |
| replication_connection_status | 5.7 | 레플리케이션 I/O 스레드의 상태 | | 레플리케이션 |
| replication_group_member_stats | 5.7 | 미사용(미래를 위해 예약) | | 레플리케이션 |

| | | | | |
|---|---|---|---|---|
| replication_group_members | 5.7 | 미사용(미래를 위해 예약) | | 레플리케이션 |
| rwlock_instances | 5.5 | 추적하고 있는 RW lock의 정보 | global_instrumentation | 인스턴스 |
| session_account_connect_attrs | 5.6 | 현재 로그인 중인 계정에 대한 클라이언트의 속성 정보 | | 그 외 |
| session_connect_attrs | 5.6 | 클라이언트의 속성 정보 | | 그 외 |
| session_status | 5.7 | 현재 세션의 상태 변수 | | 상태 변수 |
| session_variables | 5.7 | 현재 세션의 시스템 변수 | | 시스템 변수 |
| setup_actors | 5.6 | 설정용 테이블(스레드의 초기 상태) | | 설정 |
| setup_consumers | 5.5 | 설정용 테이블(컨슈머) | | 설정 |
| setup_instruments | 5.5 | 설정용 테이블(기기) | | 설정 |
| setup_objects | 5.6 | 설정용 테이블(오브젝트) | | 설정 |
| setup_timers | 5.5 | 설정용 테이블(타이머) | | 설정 |
| socket_instances | 5.6 | 추적 중인 소켓 정보 | global_instrumentation | 인스턴스 |
| socket_summary_by_event_name | 5.6 | 소켓의 종류별 통계 정보 | global_instrumentation | 요약 |
| socket_summary_by_instance | 5.6 | 소켓의 인스턴스별 통계 정보 | global_instrumentation | 요약 |
| status_by_account | 5.7 | 계정별 상태 변수 | | 상태 변수 |
| status_by_host | 5.7 | 호스트별 상태 변수 | | 상태 변수 |
| status_by_thread | 5.7 | 스레드별 상태 변수 | | 상태 변수 |
| status_by_user | 5.7 | 사용자별 상태 변수 | | 상태 변수 |
| table_handles | 5.7 | 테이블 lock 정보 | global_instrumentation | lock |
| table_io_waits_summary_by_index_usage | 5.6 | 인스턴스별 테이블 I/O 대기 통계 정보 | global_instrumentation | 요약 |
| table_io_waits_summary_by_table | 5.6 | 테이블별 I/O 대기 통계 정보 | global_instrumentation | 요약 |
| table_lock_waits_summary_by_table | 5.6 | 테이블별 테이블 lock 통계 정보 | global_instrumentation | 요약 |
| threads | 5.5 | 설정용 테이블(스레드) | | 설정 |

| user_variables_by_thread | 5.7 | 스레드별 사용자 변수 정보 | 그 외 |
|---|---|---|---|
| users | 5.6 | 사용자 목록 | 그 외 |
| variables_by_thread | 5.7 | 스레드별 시스템 변수 | 시스템 변수 |

표 5.8 성능 스키마 테이블 목록

# 6장

# JSON 데이터 타입

NoSQL이라는 단어가 널리 알려진 지도 이미 오래 되었다. NoSQL 중에서도 도큐먼트형 데이터베이스(또는 문서저장소(document store))는 인기가 높아 사용해볼까 하고 생각하는 사람들이 많다. 하지만 도큐먼트형 데이터베이스는 상당히 조심해서 사용하지 않으면 데이터가 흩어져버리는 문제가 발생한다. 스키마가 없는 만큼 저장할 데이터의 구조에 세심한 주의를 기울여야 한다. 또한 이 데이터베이스에는 트랜잭션이 없으므로, 한번 문제가 발생하면 돌이킬 수 없다.

이렇게 다루기 어려운 도큐먼트형 데이터베이스임에도 인기가 있는 데는 이유가 있다. 매일같이 변화하는 요건에 따라 데이터 설계도 변화해야 한다는 필요성 때문이다. 그래서 그러한 요구를 가능한 한 수용하고자 각종 RDBMS 제품은 JSON 타입의 지원을 시작하고 있다. MySQL에서는 5.7부터 JSON 타입이 추가되었다. RDBMS에는 강력한 트랜잭션과 데이터 모델이 있고, 데이터를 부정합으로부터 지켜 애플리케이션의 운영을 편하게 해준다. 그러한 RDBMS의 기능이 주는 장점은 누리면서 JSON의 유연성을 활용하고 싶은 두 가지 요구사항을 만족시켜 주는 것이 RDBMS에 의한 JSON 타입 지원이다.

## 6.1 JSON이란

JSON(JavaScript Object Notation)은 구조화된 데이터를 표현하기 위한 기법 중 하나다. 자바스크립트라면 자바스크립트 문법의 서브셋을 사용해 데이터를 표현하기 위해 eval 함수를 호출해서 쉽게 값을 해석할 수 있다. 또한 JSON은 구조가 단순해서 다른 언어에서도 처리하기가 아주 쉽다. JSON을 하나하나 소개하려면 내용이 너무 길어지므로, 간단한 것들만 정리하겠다.

크게 나누어 JSON에는 다음의 두 가지 구조가 있다.

- 키와 값의 짝을 가진 오브젝트
- 요소가 맨 앞부터 순서대로 열거된 배열

각각의 값의 예는 리스트 6.1과 같다.

**리스트 6.1 JSON의 예**

■ 오브젝트
```
{"Name": "서울시","PrefId": 13}
```

■ 배열
```
["경기도","충청도","경상도"]
```

오브젝트는 중괄호({}) 안에 콤마 구분자로 값을 쌍으로 열거한 것으로, 한 쌍을 멤버라고 부른다. 멤버는 콜론(:)의 좌우에 값을 기술하여, 각각 '키'와 '값'의 관계가 된다. 오브젝트의 키는 문자열만 넣을 수 있고, 값은 문자열, 숫자, boolean 값, 오브젝트, 배열, null 가운데 하나가 들어간다. 문자열은 큰따옴표로 감싼다. 숫자값에는 정수 또는 부동소수점을 사용할 수 있지만, 사용할 수 있는 것은 10진수 뿐이다. boolean 값은 true 또는 false이다. Null은 자바스크립트의 null로, SQL의 NULL이 아니므로 주의하자.

배열은 각괄호([]) 안에 요소를 차례대로 열거하여 기술한다. 배열의 요소도 오브젝트와 마찬가지로 문자열, 숫자, boolean 값, 오브젝트, 배열, null 가운데 하나가 된다. JSON에 기술할 수 있는 요소를 표 6.1에 정리했다.

| 요소 | 샘플 |
|---|---|
| 문자열 | "서울시", "인용구\"를 포함한 텍스트" |
| 숫자 | 123, 1.0, 1.23456789e8 |
| Boolean 값 | true, false |
| 오브젝트 | {"key": "value", ...} |
| 배열 | [123, "string", ...] |
| null | null |

표 6.1 JSON에서 표현할 수 있는 데이터의 종류

요소로 오브젝트나 배열을 갖는 것이 가능하다는 것은, 중첩 구조가 가능하다는 뜻이다. JSON은 중첩 구조로 복잡한 데이터 구조를 표현할 수 있다. 하지만 반드시 오브젝트나 배열을 사용해야 한다는 의미는 아니다. 문자열이나 숫자만으로도 유효한 JSON 도큐먼트이다.

오브젝트는 일반적인 프로그래밍 언어에서 사용하는 해시와 같은 것이다. 해시이므로 요소 간에 순서는 없다. 다시 말해서 순서가 달라져도 같은 키와 값의 쌍을 가지고 있으면 같은 값이라고 판단한다. 예를 들면 다음 2개의 오브젝트는 같은 값이다.

- {"Name": "서울시", "PrefId": 13}
- {"PrefId": 13, "Name": "서울시"}

한편, 배열은 순서에 의미가 있기 때문에 순서가 다르면 다른 값이다.

이처럼 JSON은 아주 간단한 기법으로 중첩 구조를 갖고 있는 복잡한 데이터를 표현할 수 있어서 많은 개발자에게 인기를 얻고 있다. 특히, 브라우저에서 움직이는 자바스크립트 프로그램과 데이터를 교환하기가 쉽다는 점은 큰 장점이다.

## 6.2 JSON 타입의 지원 ▸▸▸ 신기능 100

MySQL 5.7에 JSON 타입이 추가되었다. 이것은 데이터 타입으로 JSON을 지정할 수 있다는 의미이다. 리스트 6.2는 JSON 타입을 포함한 테이블의 정의이다.

**리스트 6.2 JSON 타입을 포함한 테이블의 정의**

```
mysql> CREATE TABLE jsondoc (document JSON);
```

JSON 타입이 지원된다고 해도 스토리지 엔진에 전용의 새로운 데이터 타입이 추가된 것은 아니다. MySQL이 문자열로 부여된 JSON 데이터를 해석해 바이너리 형식으로 변환한 다음 스토리지 엔진에 저장하는 방식이다. 스토리지 엔진에서 처리하는 방식은 BLOB와 동일하다. 단, 단순하게 문자열을 저장하는 것이 아니라 내부에서 적절한 포맷으로 변환하는 방식으로, JSON 데이터의 구조를 보유하면서 JSON 데이터 요소에 효율적으로 접근할 수 있도록 발전한 것이다. 리스트 6.3은 JSON 타입의 컬럼을 가진 테이블에 행을 삽입하는 예이다.

리스트 6.3 JSON 데이터의 삽입

```
mysql> INSERT INTO jsondoc (document)   VALUES
    -> ('[1,"a","X",true]'),
    -> ('{"one": 1,"two": 2,"three": 3}'),
    -> ('[1, 2, [3, 4], 5, {"key": "val"}]'),
    -> ('{"object": {"one": 1}, "array": [1, 2, "3"]}');
Query OK, 4 rows affected (0.02 sec)
Records: 4  Duplicates: 0  Warnings: 0

mysql> SELECT * FROM jsondoc;
+-------------------------------------------------+
| document                                        |
+-------------------------------------------------+
| [1, "a", "X", true]                             |
| {"one": 1, "two": 2, "three": 3}                |
| [1, 2, [3, 4], 5, {"key": "val"}]               |
| {"array": [1, 2, "3"], "object": {"one": 1}}    |
+-------------------------------------------------+
4 rows in set (0.00 sec)
```

SELECT로 가져온 결과의 마지막 행이 INSERT했을 때와 달라진 것을 확인할 수 있다. 그러나 이것은 출력되는 모양의 문제로, 표시의 순서는 다르지만 JSON의 값으로는 같다. INSERT 시에 바이너리 형식으로 변환 후 저장되었지만, 출력할 때는 텍스트 형식으로 다시 변환되었고 결과적으로 오브젝트 멤버의 기술 순서만 손실된 것이다. JSON 오브젝트에는 순서가 없어서 이처럼 순서가 바뀌어 표시되는 경우가 있으므로 주의하자.

내부적으로 JSON의 바이너리 형식으로 포맷하여 저장해야 하기 때문에 JSON의 데이터 형식에 맞지 않으면 저장되지 않는다. 예를 들면, 괄호의 수가 맞지 않는다든지, 오브젝트의 키에 문자열 이외의 값을 사용했다든지 하는 경우는 JSON 타입의 컬럼에 저장할 수 없다.

명시적으로 JSON 데이터를 작성하고자 하는 경우에는 CAST 함수를 사용한다. 리스트 6.4는 CAST 함수를 사용한 JSON 데이터가 같은 값인지 아닌지를 판정하는 쿼리이다. 오브젝트의 요소를 지정하는 순서가 달라도 JSON 데이터로는 같은 값[1]이 되는 것을 알 수 있다.

리스트 6.4 CAST 함수로 JSON 데이터 작성

```
mysql> SELECT CAST('{"one":1,"two":2}' AS JSON) =
    -> CAST('{"two":2, "one":1}' AS JSON) AS IS_EQUAL;
+----------+
| IS_EQUAL |
```

---

[1] MySQL에서 참은 1, 거짓은 0.

```
+-----------+
|         1 |
+-----------+
1 row in set (0.01 sec)
```

MySQL 5.7에서는 JSON 분석을 위해 RapidJSON[2] 라이브러리를 사용하고 있다.

## 6.3 각종 JSON 조작용 함수 ▸▸▸ 신기능 101

JSON 데이터 타입을 지원한다고 해도 단순하게 데이터를 저장하거나 꺼내는 것만으로는 의미가 없다. JSON 데이터를 가공하거나 검색하는 등의 조작이 가능해야 JSON 데이터를 활용할 수 있다. JSON은 관계형 모델과는 다른 데이터 모델을 갖기 때문에 SQL 본래의 구문만 가지고는 제대로 처리되지 않는다. 따라서 MySQL 5.7에서는 JSON 데이터 타입 지원에 맞추어 JSON을 조작할 수 있는 각종 함수를 마련해 두었다. JSON 데이터를 조작하는 함수를 표 6.2에 정리했다.

| 함수의 용법 | 설명 |
|---|---|
| JSON_ARRAY([val[, val] …]) | 인수를 사용해 JSON 배열을 작성한다. |
| JSON_ARRAY_APPEND(json_doc, path, val[, path, val] …) | JSON 도큐먼트 내 배열에 요소를 추가한다. |
| JSON_ARRAY_INSERT(json_doc, path, val[, path, val] …) | JSON 도큐먼트 내 배열의 특정 위치에 요소를 삽입한다. |
| JSON_CONTAINS(json_doc, val[, path]) | JSON 도큐먼트가 인수로 지정된 값을 갖고 있는지 판정한다. |
| JSON_CONTAINS_PATH(json_doc, one or all, path[, path] …) | JSON 도큐먼트가 인수로 지정된 값을, 인수로 지정된 경로에 갖고 있는지 판정한다. |
| JSON_DEPTH(json_doc) | JSON 도큐먼트의 경로 깊이를 반환한다. |
| JSON_EXTRACT(json_doc, path[, path] …) | JSON 도큐먼트에서 요소를 추출한다. |
| JSON_INSERT(json_doc, path, val[, path, val] …) | JSON 도큐먼트 내의 오브젝트에 멤버를 추가한다. |
| JSON_KEYS(json_doc[, path]) | JSON 도큐먼트 내의 오브젝트에서 키를 배열로 추출한다. |

2 *http://rapidjson.org*

| JSON_MERGE(json_doc, json_doc[,json_doc] …) | 2개 이상의 JSON 도큐먼트를 통합한다. |
|---|---|
| JSON_LENGTH(json_doc[, path]) | JSON 도큐먼트 그 자체 또는 지정된 경로에 있는 요소의 길이를 반환한다. |
| JSON_OBJECT([key, val[, key, val] …]) | 인수를 사용해 JSON 오브젝트를 작성한다. |
| JSON_QUOTE(json_val) | 인수를 JSON의 문자열로 인용한다. |
| JSON_REMOVE(json_doc, path[, path] …) | JSON 도큐먼트에서 요소를 삭제한다. |
| JSON_REPLACE(json_doc, path, val[, path, val] …) | JSON 도큐먼트 내의 요소를 별도의 요소로 치환한다. |
| JSON_SEARCH(json_doc, one or all, search_str[, escape_char[, path] …]) | JSON 도큐먼트 내의 요소를 검색하고, 경로를 반환한다. |
| JSON_SET(json_doc, path, val[, path, val] …) | JSON 도큐먼트 내의 오브젝트에 값을 설정한다. |
| JSON_TYPE(json_val) | JSON 도큐먼트에서 추출한 요소의 데이터 타입을 반환한다. |
| JSON_UNQUOTE(val) | JSON 도큐먼트의 인용을 삭제하고, 통상의 문자열로 변환한다. |
| JSON_VALID(val) | 문자열이 JSON으로써 타당한지를 판정한다. |

표 6.2 JSON 데이터를 조작하는 함수 목록

함수의 목록만으로는 파악하기 어려울 테니 JSON 데이터를 조작하는 몇 가지 예를 살펴보자.

JSON 데이터는 CAST 함수로 작성해도 되지만, 배열이나 오브젝트를 쉽게 작성할 수 있는 함수도 있다. 문자열을 파싱하는 것보다 비용이 저렴하고, 무엇보다도 애플리케이션에서 문자열을 동적으로 조립하는 것에 맞추어 SQL 인젝션의 리스크를 줄이는 것이 가능하다. 리스트 6.5는 JSON_ARRAY 함수를 사용해서 JSON 배열을 작성하는 예이다.

리스트 6.5 JSON 배열의 작성

```
mysql> SELECT JSON_ARRAY(1,2,'x',NULL);
+--------------------------+
| JSON_ARRAY(1,2,'x',NULL) |
+--------------------------+
| [1, 2, "x", null]        |
+--------------------------+
1 row in set (0.00 sec)
```

리스트 6.5에서는 테이블을 지정하고 있지 않아서 SELECT로 지정한 데이터를

1행만 검색하는 모양새가 되었지만[3], 실제 테이블을 활용해서 JSON 데이터를 작성하는 것도 가능하다. 리스트 6.6은 테이블의 데이터를 이용해서 JSON 오브젝트를 작성한 예이다. 데이터베이스 서버에서 직접 JSON 값을 받고자 할 때 사용하면 편리하다.

**리스트 6.6 JSON 오브젝트의 작성**

```
mysql> SELECT JSON_OBJECT('CountryCode', Code, 'CountryName', Name, 'GNP', GNP)
    -> FROM Country WHERE Code LIKE 'J%';
+--------------------------------------------------------------------+
| JSON_OBJECT('CountryCode', Code, 'CountryName', Name, 'GNP', GNP) |
+--------------------------------------------------------------------+
| {"GNP": 6871, "CountryCode": "JAM", "CountryName": "Jamaica"}      |
| {"GNP": 7526, "CountryCode": "JOR", "CountryName": "Jordan"}       |
| {"GNP": 3787042, "CountryCode": "JPN", "CountryName": "Japan"}     |
+--------------------------------------------------------------------+
3 rows in set (0.01 sec)
```

이처럼 JSON 데이터를 함수로 작성하면 함수를 조합해서 사용할 수 있어서 편리하다. 리스트 6.7은 JSON_ARRAY와 JSON_OBJECT를 중첩해서 사용한 예이다.

**리스트 6.7 JSON 데이터 작성 함수의 중첩**

```
mysql> SELECT JSON_OBJECT('Code', Code,
    -> 'Info', JSON_OBJECT('Props',
    -> JSON_OBJECT('CountryName', Name,
    -> 'Capital', (SELECT Name FROM City WHERE Id = Capital)),
    -> 'Number', JSON_ARRAY(IndepYear, GNP, Population)))
    -> AS doc FROM Country WHERE Code = 'JPN';
+--------------------------------------------------------------------------------------------------------+
| doc                                                                                                    |
+--------------------------------------------------------------------------------------------------------+
| {"Code": "JPN", "Info": {"Props": {"Capital": "Tokyo", "CountryName": "Japan"}, "Number": [-660, 3787042, 126714000]}} |
+--------------------------------------------------------------------------------------------------------+
1 row in set (0.01 sec)
```

이러한 조작을 문자열로 하려면 엄청난 일이 된다. JSON 함수를 사용하는 최대 장점은 이러한 JSON 구조를 함수에서 확인하고 적절한 처리를 수행해 준다는 점이다.

다음으로 JSON 도큐먼트의 데이터를 검색하는 예를 살펴보자. 리스트 6.7과 같은 함수를 사용하여 JSON 도큐먼트를 생성하고, world.Country 테이블의 전체 행을 jsonCountry라는 JSON 타입의 컬럼 하나만 있는 테이블에 저장했다고 하자. 그 테이블에서 CountryName이 Japan인 데이터를 검색해보려고 한다. 그

---

3 오라클 데이터베이스에서의 DUAL 테이블로부터의 검색이다.

SQL을 리스트 6.8에서 볼 수 있다.

**리스트 6.8 테이블 내의 JSON 도큐먼트를 검색**

```
mysql> CREATE TABLE jsonCountry (doc JSON);
mysql> INSERT INTO jsonCountry SELECT JSON_OBJECT(…중략…) FROM Country;
mysql> SELECT * FROM jsonCountry WHERE JSON_EXTRACT(doc, '$.Info.Props.CountryName') = 'Japan';
+-----------------------------------------------------------------------------------------------+
| doc                                                                                           |
+-----------------------------------------------------------------------------------------------+
| {"Code": "JPN", "Info": {"Props": {"Capital": "Tokyo", "CountryName": "Japan"}, "Number": [-660, 3787042, 126714000]}} |
+-----------------------------------------------------------------------------------------------+
1 row in set (0.01 sec)
```

JSON_EXTRACT 함수는 JSON 도큐먼트에서 데이터를 뽑아내는 함수이다. 두 번째 인수는 JSON 내의 path를 지정한다. JSON 타입은 중첩 구조, 다시 말해서 계층형 트리 구조로 되어 있기 때문에 요소를 나타내려면 path를 지정하는 것이 편리하다. JSON 내의 path는 다음과 같은 규칙으로 지정할 수 있다.

- 달러 기호($)는 JSON 도큐먼트 전체를 나타낸다.
- 오브젝트의 멤버는 마침표(.)로 이어서 기술한다.
- 배열의 요소는 각괄호([])에 요소의 인덱스를 지정한다.
- .*는 오브젝트 전체의 멤버를 나타낸다.
- [*]는 배열의 전체 요소를 나타낸다.
- **은 path에 대한 와일드카드로, 일치하는 요소를 모두 배열로 반환한다.

**은 어떤 면에서는 편리해 보이지만, 배열을 반환하는 것이 약간 성가시다. 배열의 요소에 접근하려면 먼저 JSON_EXTRACT를 사용해서 요소를 추출해야 하기 때문이다.

리스트 6.9는 어딘가에 있는 오브젝트의 CountryName 키가 Japan인 행을 반환하는 쿼리이다. 배열에서 요소를 가져오기 위해 JSON_EXTRACT가 한번 더 사용되고 있다.

**리스트 6.9 와일드카드의 사용 예**

```
mysql> SELECT * FROM jsonCountry
-> WHERE JSON_EXTRACT(JSON_EXTRACT(data, '$**.CountryName'), '$[0]') = 'Japan';
```

변경할 때도 데이터의 검색과 마찬가지로 path를 사용해 JSON 도큐먼트 내의 어떤 요소를 갱신할지 지정한다. 리스트 6.10은 배열의 2번째 요소 오브젝트인

Props 멤버 오브젝트에 LocalName이라는 새로운 멤버를 추가한 예이다. JSON에는 스키마가 없으므로, 특정 행에 마음대로 새로운 데이터 구조를 추가해도 에러가 발생하지 않는다. 스키마가 없다는 것은 어떤 경우에서는 편리한 반면, 수습이 안 되는 경우가 발생할 가능성도 있다.

**리스트 6.10 요소의 추가**

```
mysql> UPDATE jsonCountry
-> SET data = JSON_SET(data, '$[1].Props.LocalName', '日本')
-> WHERE JSON_EXTRACT(data, '$[1].Props.CountryName') = 'Japan';
Query OK, 1 rows affected (0.00 sec)
Rows matched: 1  Changed: 1  Warnings: 0
```

## 6.4 JSON용 path 지정 연산자 ▸▸▸ 신기능 102

JSON_EXTRACT는 JSON 도큐먼트 내의 데이터를 검색하기 위한 기본적인 기능을 가지고 있지만, 매번 이 함수명을 입력해야 해서 약간 귀찮다. 그래서 MySQL 5.7에서는 JSON_EXTRACT에 해당하는 결과를 가져오는 단축키로 -> 연산자를 지원한다. 이 연산자를 사용하면, 리스트 6.8의 SQL문은 리스트 6.11과 같이 기술할 수 있다. 리스트 6.8과 비교했을 때 확실히 깔끔해진 것을 볼 수 있다.

**리스트 6.11 -> 연산자의 사용**

```
mysql> SELECT * FROM jsonCountry WHERE data -> '$[1].Props.CountryName' = 'Japan';
```

이 연산자는 JSON_EXTRACT의 단축키이지만, JSON_EXTRACT와는 달리 반환된 JSON 도큐먼트에 -> 연산자를 한번 더 적용해 값을 가져오지는 못한다. -> 연산자의 왼쪽에는 컬럼명을 지정해야 한다는 구문 규칙이 있기 때문이다. 리스트 6.9에서는 JSON_EXTRACT가 두 번 사용되었지만, 이런 경우를 대신하려고 ->를 두 번 쓸 수 없다.

## 6.5 JSON 데이터의 비교 ▸▸▸ 신기능 103

JSON 도큐먼트 그 자체, 또는 JSON으로부터 가져온 값을 정렬한다든지, 다른 데이터 타입의 값과 비교하는 경우를 생각해보자. 사실, JSON_EXTRACT 같은 함수는 JSON 값을 반환하는 함수이지만, 지금까지 소개한 샘플에서는 JSON 타입과 다른 데이터 타입이 직접 비교되고 있다. JSON_EXTRACT과 같은 기능을 하는 -> 연산자도 마찬가지다. 리스트 6.11에서는 -> 연산자의 반환값, 다시 말해 JSON 값과 문자열이 직접 비교되고 있지만, 대체 왜 비교가 성립하는 것일까? 자동적으로 데이터 타입의 변환이 일어나기 때문이다. 자동적인 형 변환은 오래된 MySQL 사용자라면 친숙할 것이다. MySQL 5.7에서는 JSON 타입에 대해서도 이런 자동 변환을 실행할 수 있게 되었다.

JSON과 다른 데이터 타입을 비교하는 경우, 다른 데이터 타입을 JSON으로 변환한 후에 비교한다고 생각하면 된다. 그러므로 비교 결과는 JSON 간의 비교라고 생각하면 된다. JSON 데이터 내에는 전체의 문자를 식별해야 하기 때문에 문자 코드는 utf8mb4를 사용하고 있다. 대조 순서는 utf8mb4_bin이며 모든 문자를 다르다고 판정한다. 물론, 대문자와 소문자는 구별한다. 리스트 6.12는 대문자와 소문자를 다르게 인식한 예이다.

**리스트 6.12 JSON 데이터에 대한 문자열과 소문자의 구별**

```
mysql> SELECT 'lower case', CAST('"a"' AS JSON) = 'a' AS result
    -> UNION
    -> SELECT 'upper case', CAST('"a"' AS JSON) = 'A';
+------------+--------+
| lower case | result |
+------------+--------+
| lower case |      1 |
| upper case |      0 |
+------------+--------+
2 rows in set (0.00 sec)
```

utf8mb4를 사용하면 한국어나 일본어도 사용할 수 있다. 대조 순서가 utf8mb4_bin이므로, 그림 문자도 물론 구별한다. 일본어의 스시(寿司)와 맥주(ビール)는 다른 문자가 된다. 이 상황을 리스트 6.13에서 볼 수 있다.[4]

**리스트 6.13 스시(寿司)와 맥주(ビール)의 판정**

```
mysql> SELECT CAST(JSON_QUOTE(CAST(UNHEX('F09F8DA3') AS CHAR)) AS JSON) =
    -> CAST(JSON_QUOTE(CAST(UNHEX('F09F8DBA') AS CHAR)) AS JSON) AS sush_eq_beer;
+--------------+
| sush_eq_beer |
+--------------+
|            0 |
+--------------+
1 row in set (0.00 sec)
```

---

[4] MySQL에는 흔히 '스시와 맥주'라 부르는 문제가 있다. 이것은 MySQL의 Unicode에서 binary collation으로 해서 코드 포인트로 비교하지 않으면 스시 그림과 맥주 그림을 같은 값으로 판정해버리는 문제를 말한다. 여기서는 스시와 맥주의 그림문자를 각각 코드 포인트로 설정하고 있는 점에 주의하자. *http://blog.kamipo.net/entry/2015/03/23/093052*

JSON 도큐먼트의 비교는 =, <=>, <>, !=, <, <=, >, >=의 각종 연산자로 할 수 있다. IN과 BETWEEN은 아직 지원하지 않는다. 또한 어떠한 비교를 할 수 있는가는 JSON 도큐먼트의 내용에 따라 달라지며, JSON의 데이터 타입에 따라 비교방법도 달라진다. 다른 데이터 타입, 예를 들면 배열과 스칼라 숫자[5] 간 비교가 가능하며, 현재의 처리에 따라 일단 결과는 반환하지만 그 결과는 의미가 없다(배열과 숫자의 비교 결과에 어떤 의미가 있겠는가?). 비교는 같은 데이터 타입끼리 해야 한다는 점을 명심하자. 단, 리스트 6.11의 예처럼 MySQL의 자동 변환에 의해 결과적으로 같은 데이터 타입이 된다고 하면 문제는 없다.

이후에는 데이터 타입별로 비교 결과가 어떻게 되는지 짚어보자.

### 6.5.1 숫자

숫자의 경우는 숫자의 크기로 비교 결과가 정해진다. 리스트 6.14는 스칼라 숫자 간의 비교이다.

**리스트 6.14 숫자의 비교**

```
mysql> SELECT CAST('777' AS JSON) > 1234;
+----------------------------+
| CAST('777' AS JSON) > 1234 |
+----------------------------+
|                          0 |
+----------------------------+
1 row in set (0.00 sec)
```

### 6.5.2 문자열

스칼라 문자열의 경우에는 utf8mb4_bin의 대조 순서에 따라 비교한다. 리스트 6.15는 문자열의 비교이다. ASCII에서는 소문자 쪽이 나중이므로(코드 포인트의 값이 큼), 이와 같은 결과를 출력한다.

**리스트 6.15 문자열의 비교**

```
mysql> SELECT CAST('"abc"' AS JSON) > 'XYZ';
+------------------------------+
| CAST('"abc"' AS JSON) > 'XYZ' |
+------------------------------+
|                            1 |
+------------------------------+
1 row in set (0.00 sec)
```

---

5 배열도 오브젝트도 아닌 단일의 값이라는 의미

### 6.5.3 Boolean

Boolean 값의 경우는 true > false가 된다.

### 6.5.4 배열

배열은 처음의 요소부터 순서대로 비교된다. 요소의 길이가 다르지만, 짧은 쪽의 요소가 모두 긴 쪽의 요소와 일치하고 있는 경우에는 긴 쪽이 크다고 판정한다.

배열의 비교가 같은 값(equal)이 되는 것은 배열의 길이가 같고, 요소가 모두 같은 경우에 한한다.

리스트 6.16은 배열 간의 비교이다.

**리스트 6.16 배열 간 비교**

```
mysql> SELECT 'test1' AS TEST,
    -> CAST('[1,2,3]' AS JSON) > CAST('[1,3,2]' AS JSON) AS RESULT
    -> UNION
    -> SELECT 'test2',
    -> CAST('[1,2,3]' AS JSON) > CAST('[1,2]' AS JSON);
+-------+--------+
| TEST  | RESULT |
+-------+--------+
| test1 |      0 |
| test2 |      1 |
+-------+--------+
2 rows in set (0.00 sec)
```

### 6.5.5 오브젝트

오브젝트는 전체 멤버의 키와 값이 같은 경우에 한하여 같은 값이라는 판정을 내린다. JSON 오브젝트끼리 부등호로 비교하는 게 논리적으로 맞지 않아 보이지만, 왜인지 Boolean 값이 결과로 반환된다. 현재의 실행으로는 다음과 같은 판정을 하고 있다.

- 멤버 수를 비교한다. 다른 경우에는 멤버가 적은 쪽이 작다고 판정된다.
- 멤버 수가 같은 경우에는 요소를 차례대로 비교한다.
- 비교할 2개의 오브젝트에서 멤버를 가져와 비교한다.
  - 멤버를 가져오는 순서는 키의 문자수가 적은 순, 문자수가 같은 경우는 바이트열로 키를 비교하여 작은 순서대로 가져온다.
  - 2개 멤버의 키 값이 같지 않은 경우 문자열로 비교해서 작은 쪽이 오브젝트의 비교에서도 작은 값이 된다.

- 2개의 키 값이 같은 경우 멤버의 값을 비교해서 두 값이 다르면 그것이 오
  브젝트의 비교 결과가 된다.
- 비교한 멤버가 같은 경우, 다음 멤버를 가져와 비교한다.
- 전체의 멤버가 같으면 두 개의 오브젝트를 같은 값이라고 판정한다.

이러한 비교 알고리즘에서 중요한 것은 마지막 한 줄까지, 다시 말해 2개의 오
브젝트가 같은지 여부를 판정한다는 것이다. 그 외의 경우에는 이러한 비교를
통해 오브젝트 값의 대소를 결정하는 것은 논리적으로 의미가 없다. 멤버의 수
로 비교하는 것이 납득하지 못할 부분은 아니지만, 왜 키의 길이가 짧은 쪽이 먼
저 비교되는 것인가, 왜 키의 길이가 짧은 쪽이 작은 값이라고 할 수 있는 것인
가, 왜 멤버를 전부 보지 않고 특정 멤버만으로 대소를 결정하는가 하는 부분은
만들어지길 그렇게 만들어졌다고 밖에는 말할 수가 없다. 오브젝트는 등가 비교
외에는 하지 않도록 조심하자.

### 6.5.6 날짜/시각

MySQL 5.7의 JSON 데이터는, MySQL의 날짜/시각의 데이터 타입으로 작성된
경우에 한해 다른 날짜/시각과 비교할 수 있다. 이것은 문자열을 parse해서 작
성한 JSON 데이터에는 없는 특별한 동작이다. 리스트 6.17은 문자열을 parse한
경우와 일단 DATE 타입으로 캐스트한 후 JSON으로 캐스트한 경우를 비교해서 차
이를 보여주는 것이다. 문자열의 경우에는 하이픈(-)이 슬래시(/)보다 작아 부
등호의 결과는 거짓이 된다. 일단 날짜 타입으로 변경한 경우에는, 정상적으로
날짜끼리의 비교가 일어난다.[6]

**리스트 6.17 날짜의 비교**

```
mysql> SELECT 'str' AS type,
    -> CAST('"2016-02-29"' AS JSON) > CAST('"2016/02/28"' AS JSON) AS result
    -> UNION ALL SELECT 'date',
    -> CAST(CAST('2016-02-29' AS DATE) AS JSON) > CAST(CAST('2016/02/28' AS
DATE) AS JSON);
+------+--------+
| type | result |
+------+--------+
| str  |      0 |
| date |      1 |
+------+--------+
2 rows in set (0.00 sec)
```

6 덧붙여서, MySQL이 인식하고 있는 데이터 타입이 무엇인가는 JSON_TYPE 함수를 사용하면 확인 가능하다. 생
각한 결과가 나오지 않았다면 데이터 타입을 확인해 보면 좋다.

### 6.5.7 BLOB/BIT

BLOB나 BIT는 바이트 열 그대로 JSON 데이터와 비교된다. 이 또한 MySQL에서 BLOB나 BINARY에서 직접 JSON 타입이 작성된 경우에 한정된 특별한 동작이다. 리스트 6.18은 BLOB와 JSON을 비교하는 예이다. 1행은 0x12345를 BLOB 컬럼에 삽입해서 BLOB 값을 JSON으로 대입한 것, 2행은 0x12345 값을 JSON 타입으로 직접 삽입한 것이다. 비교 결과가 달라진 점에 주목하자.

**리스트 6.18 JSON 타입과 BLOB 타입의 비교**

```
mysql> CREATE TABLE jsonblob (j JSON, b BLOB);
Query OK, 0 rows affected (0.04 sec)

mysql> INSERT INTO jsonblob VALUES (NULL, 0x12345);
Query OK, 1 row affected (0.01 sec)

mysql> UPDATE jsonblob SET j = CAST(b AS JSON);
Query OK, 1 row affected (0.01 sec)
Rows matched: 1  Changed: 1  Warnings: 0

mysql> INSERT INTO jsonblob VALUES (CAST(0x12345 AS JSON), 0x12345);
Query OK, 1 row affected (0.01 sec)

mysql> SELECT j, j=b, JSON_TYPE(j) FROM jsonblob;
+----------------------+------+--------------+
| j                    | j=b  | JSON_TYPE(j) |
+----------------------+------+--------------+
| "base64:type252:ASNF" |    1 | BLOB         |
| "base64:type16:ASNF"  |    0 | BIT          |
+----------------------+------+--------------+
2 rows in set (0.00 sec)
```

솔직히 BLOB의 동일성을 비교하는 것은 어렵다. 리스트 6.18에서 JSON 데이터는 base64 인코딩으로 표시되어 있지만, 이것은 저장되어 있는 데이터가 인코딩되어 있다는 것이 아니라, 단순하게 표시할 때 인코딩된 것뿐이다. type252나 type16과 같은 것은 MySQL 내부 데이터 타입의 코드로, BLOB나 BIT를 나타내고 있다. 이들 데이터 타입의 종류도 JSON 컬럼에 저장되어 있으며, 비교는 이 데이터 타입에 관해서도 이루어진다. 그 때문에 BLOB나 BIT과 비교하려면 원래의 데이터 타입을 포함해서 완전하게 일치해야 한다. 리스트 6.18에서는 비교의 결과, 1행째는 같은 값, 2행째는 일치하지 않는 값으로 판정되어 있다. 1행째는 b 컬럼을 CAST한 것, 2행째는 0x12345를 직접 CAST한 것이다. 2행째가 일치하지 않는 것은 JSON 칼럼에 저장되어 있는 데이터 타입이 다르기 때문이다.

이처럼 BLOB와 JSON의 비교에서는 내부적인 데이터 타입도 신경 써야 해서 아주 번거롭다. 일부러 BLOB를 JSON으로 변환하여 수고스러운 일을 늘리지 말자.

### 6.5.8 JSON 도큐먼트로의 변환

JSON과 그 외의 데이터 간의 변환에 대한 규칙을 표 6.3에 정리해 두었다. 이 규칙은 CAST로 데이터를 변환할 때의 것이지만, 자동 변환의 경우도 이 규칙에 따른다. 특히 자동 변환은 의도하지 않은 동작의 원인이 되기 쉬우므로, 변환이 어떻게 동작하는지 확실하게 파악해 두자.

| 데이터 타입 | 다른 데이터타입 → JSON | JSON → 다른 데이터 타입으로 |
| --- | --- | --- |
| 문자열(utf8, utf8mb4, ascii) | 파싱된 JSON 데이터로 변환 | JSON 데이터에서 utf8mb4 문자열로 직렬화 |
| 문자열(상기 이외의 문자코드) | utf8mb4로 변환 후에 파싱되어 JSON 데이터로 변환 | JSON 데이터에서 utf8mb4 문자열로 직렬화된 후 문자 코드가 변환 |
| Geometry | ST_AsGeoJSON()에 의해 변환 | CAST 함수는 Geometry로의 변환을 지원하지 않음 |
| 숫자, Boolean, 날짜, 시각, BLOB 등 | 스칼라 값의 JSON 도큐먼트 생성 | 변환 가능한 경우만 변환. 그렇지 않은 경우 NULL을 반환 |
| NULL | NULL(JSON이 아님) | JSON에서 NULL로의 변환은 존재하지 않음 |

표 6.3 JSON 데이터의 자동 변환 규칙

### 6.5.9 소트

JSON 컬럼을 ORDER BY에 지정해서 정렬하는 것도 가능하다. 리스트 6.19는 JSON 컬럼을 사용해 정렬한 예이다. 현 시점에서 정렬은 스칼라 값에 대해서만 지원한다. NULL이 맨 앞으로 오고 스칼라가 아닌 값은 나중에 배치된다. 이런 예로는 '$.id'라는 path의 요소를 가져와 정렬 키로 사용하고 있다. JSON에는 스키마가 없으므로 요소가 존재하는지 여부는 불명확하며, 원래 타입의 지정조차 할 수 없으므로 같은 타입의 데이터가 반환되어 나온다는 보장이 없다. 생각하지 못한 결과가 나오지 않도록 충분히 주의하자.

리스트 6.19 JSON 컬럼에 의한 정렬의 예

```
mysql> CREATE TABLE jsondoc (document JSON);
Query OK, 0 rows affected (0.04 sec)
```

```
mysql> INSERT INTO jsondoc VALUES
    -> ('{"id": 123, "val": [1,2,3]}'),
    -> ('{"id": 999, "str": "test"}'),
    -> ('{"id": 7, "val": 7}'),
    -> ('{"no-id": "id doesn\'t exist"}'),
    -> ('{"id": [1,2,3], "val": "wrong type"}');
Query OK, 5 rows affected (0.01 sec)
Records: 5  Duplicates: 0  Warnings: 0

mysql> SELECT document->'$.id' AS id, document FROM jsondoc ORDER BY
document->'$.id';
+-----------+--------------------------------------+
| id        | document                             |
+-----------+--------------------------------------+
| NULL      | {"no-id": "id doesn't exist"}         |
| 7         | {"id": 7, "val": 7}                   |
| 123       | {"id": 123, "val": [1, 2, 3]}         |
| 999       | {"id": 999, "str": "test"}            |
| [1, 2, 3] | {"id": [1, 2, 3], "val": "wrong type"} |
+-----------+--------------------------------------+
5 rows in set, 1 warning (0.00 sec)

mysql> SHOW WARNINGS;
+---------+------+----------------------------------------------------------------------------+
| Level   | Code | Message                                                                    |
+---------+------+----------------------------------------------------------------------------+
| Warning | 1235 | This version of MySQL doesn't yet support 'sorting of non-scalar JSON values' |
+---------+------+----------------------------------------------------------------------------+
1 row in set (0.00 sec)
```

## 6.6 생성 컬럼 ▸▸▸ 신기능 104

검색이나 정렬을 빠르게 하려면 인덱스가 필요한데, 그것은 JSON 타입도 마찬가지다. 오히려 인덱스를 사용할 수 없게 되면 충분한 검색 성능을 얻지 못하고 데이터베이스로써도 쓸모 없게 된다. 문제는 어떻게 JSON 데이터에 대한 인덱스를 작성할 것인가이다.

RDBMS에서 사용할 수 있는 인덱스는 여러 가지가 있다. MySQL에서 사용할 수 있는 것으로는 B+ 트리 인덱스, R 트리 인덱스, 전치 인덱스가 있지만 JSON은 어떤 인덱스에도 적합하지가 않다. 원래 JSON 타입의 데이터는 사용자가 구조를 자유롭게 결정할 수 있어서 타입을 제한하여 인덱스를 작성하는 것은 맞지 않다. 그러한 문제를 해결하기 위해 MySQL 5.7에 생성 컬럼[7]이라는 기능을 추가했다. 이것은 한 컬럼의 값이 다른 컬럼의 값에 의해 자동적으로 계산되는 기

---

7  오라클 데이터베이스(11g부터)에서는 가상 컬럼이라고 부르는 기능. *http://www.oracle.com/technetwork/jp/articles/11g-schemamanagement-084211-ja.html*

능이다. 생성 컬럼은 JSON에 한정된 기능이 아니라 범용적으로 사용할 수 있는 기능이지만, JSON 데이터는 생성 컬럼이 있어야 유용하게 쓸 수 있으므로 여기에서 설명하고자 한다.

### 6.6.1 생성 컬럼의 작성

CREATE TABLE 명령어로 테이블 정의과 동시에 생성 컬럼을 작성하는 것도 가능하고, 이후에 ALTER TABLE 명령어로 추가하는 것도 가능하다. 필요한 구문은 데이터 타입을 지정한 이후에 AS라는 서식을 추가하는 것뿐이다.[8] AS 구는 NOT NULL 제약이나 인덱스 지정보다도 앞에 배치해야 한다. 리스트 6.20은 3개의 수치로 날짜를 생성하는 예이다.

**리스트 6.20 생성 컬럼의 예**

```
mysql> CREATE TABLE gcdate (
    -> y INT,
    -> m INT,
    -> d INT,
    -> gdate DATE AS (CAST(CONCAT(y,'-',m,'-',d) AS DATE)) VIRTUAL NOT NULL
    -> );
Query OK, 0 rows affected (0.04 sec)

mysql> INSERT INTO gcdate (y, m, d) VALUES (2016, 2, 29);
Query OK, 1 row affected (0.01 sec)

mysql> SELECT * FROM gcdate;
+------+------+------+------------+
| y    | m    | d    | gdate      |
+------+------+------+------------+
| 2016 |    2 |   29 | 2016-02-29 |
+------+------+------+------------+
1 row in set (0.00 sec)
```

생성 컬럼의 모양새는 통상의 컬럼처럼 보이지만, 직접 값을 입력한다든지 변경할 수 없다는 점이 다르다. 생성 컬럼의 값은 정의할 때 지정된 식에 따라서 자동적으로 생성된다(그래서 생성 컬럼이라고 한다). 생성 컬럼을 INSERT나 UPDATE에 포함시키는 것도 가능하지만 반드시 DEFAULT를 지정해야 한다. 그것 이외의 값을 지정한 경우에는 에러를 발생시킨다. 생성 컬럼의 값을 사용해, 다시 별도의 생성 컬럼을 작성하는 것도 가능하지만, 그런 경우는 컬럼을 정의하는 순서에 제한이 따른다. 참조되는 쪽의 생성 컬럼은 참조하는 컬럼보다 앞에 정의되

---

8 단순히 AS라고 쓰는 것뿐 아니라, GENERAATED ALWAYS AS라고 기술하는 것도 가능하지만, 글자수가 늘고 생성 컬럼을 명확히 기술할 수 있는 것 이상의 의미는 없다.

어 있어야 한다. 이때 앞이라는 것은 시간의 전후를 의미하는 것이 아니라, 컬럼이 표시되는 순서를 말한다. 리스트 6.21은 리스트 6.20의 테이블에 컬럼을 추가하는 SQL문으로, 현존하는 생성 컬럼에서 별도의 생성 컬럼 값을 작성하는 예이다.

**리스트 6.21 생성 컬럼의 CASCADE**

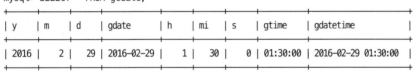

```
mysql> ALTER TABLE gcdate
    -> ADD h INT,
    -> ADD mi INT,
    -> ADD s INT,
    -> ADD gtime TIME AS (MAKETIME(h, mi, s)),
    -> ADD gdatetime DATETIME AS (TIMESTAMP(gdate, gtime));

Query OK, 1 row affected (0.10 sec)
Records: 1  Duplicates: 0  Warnings: 0

mysql> UPDATE gcdate SET h=1, mi=30, s=0;
Query OK, 1 row affected (0.01 sec)
Rows matched: 1  Changed: 1  Warnings: 0

mysql> SELECT * FROM gcdate;
+------+----+----+------------+------+------+------+----------+---------------------+
| y    | m  | d  | gdate      | h    | mi   | s    | gtime    | gdatetime           |
+------+----+----+------------+------+------+------+----------+---------------------+
| 2016 |  2 | 29 | 2016-02-29 |    1 |   30 |    0 | 01:30:00 | 2016-02-29 01:30:00 |
+------+----+----+------------+------+------+------+----------+---------------------+
1 row in set (0.00 sec)
```

생성 컬럼을 작성할 때 중요한 것은, 식의 결과가 고정된 결과값을 출력해야 한다는 점이다. 그러므로 생성 컬럼에서는 변하는 값을 생성하는 함수는 사용할 수 없다. 비결정성의 값을 생성하는 함수로는 다음과 같은 것들을 들 수 있다.

- UUID()
- CONNECTION_ID()
- NOW()
- RAND()

또한 식의 내부에서는 서브쿼리나 사용자 변수, 사용자 정의 함수, 스토어드 함수 등도 사용할 수 없다. 언제 누가 테이블의 데이터를 변경해도 하나의 데이터로부터는 같은 값을 생성해야 하기 때문이다. 우선 JSON의 조작에서는 문제가 없으므로 그 점은 안심하기 바란다.

단, JSON에서 문자열을 가져오는 생성 컬럼은 JSON_UNQUOTE를 이용해야만 하는 점에 주의하자. JSON의 문자열을 그대로 평가하게 되면 큰따옴표("")가 포함되기 때문이다. 리스트 6.22는 JSON에서 문자열을 가져오는 생성 컬럼의 예이다.

**리스트 6.22 JSON을 이용한 생성 컬럼**

```
mysql> CREATE TABLE gclabels (
->doc JSON,
->label VARCHAR(20) AS (JSON_UNQUOTE(JSON_EXTRACT(doc, '$.label'))));
```

작성한 생성 컬럼은 정보 스키마에 있는 **INNODB_SYS_VIRTUAL** 테이블에서 메타 데이터를 참조할 수 있다. 그러나 이 테이블에는 생성 컬럼을 작성한 테이블의 테이블 ID와 컬럼의 포지션 등이 숫자로 저장되어 있으므로, 테이블명이나 컬럼명 등을 출력하려면 다른 테이블과 조인해야 한다. 리스트 6.23은 그러한 조인을 사용한 쿼리의 예이다.

**리스트 6.23 생성 컬럼의 메타 데이터의 예**

```
mysql> SELECT
    -> t.TABLE_ID,
    -> FLOOR(v.pos / (1<<16)) - 1 AS vcol_no,
    -> v.pos % (1<<16) - 1 AS col_no,
    -> v.base_pos,
    -> t.NAME AS TABLE_NAME,
    -> c1.NAME AS virtual_col_name,
    -> c2.NAME AS base_col_name
    -> FROM
    -> INNODB_SYS_VIRTUAL v
    -> JOIN INNODB_SYS_TABLES t ON v.TABLE_ID = t.TABLE_ID
    -> JOIN INNODB_SYS_COLUMNS c1 ON c1.TABLE_ID = t.TABLE_ID AND c1.pos = v.pos
    -> JOIN INNODB_SYS_COLUMNS c2 ON c2.TABLE_ID = t.TABLE_ID AND c2.pos = v.base_pos
    -> ORDER BY TABLE_ID, col_no;
```

| TABLE_ID | vcol_no | col_no | base_pos | TABLE_NAME | virtual_col_name | base_col_name |
|---|---|---|---|---|---|---|
| 637 | 0 | 2 | 2 | test/gcdate | gdate | d |
| 637 | 0 | 2 | 1 | test /gcdate | gdate | m |
| 637 | 0 | 2 | 0 | test /gcdate | gdate | y |
| 637 | 1 | 6 | 5 | test /gcdate | gtime | h |
| 637 | 1 | 6 | 4 | test /gcdate | gtime | s |
| 637 | 1 | 6 | 3 | test /gcdate | gtime | mi |
| 637 | 2 | 7 | 0 | test /gcdate | gdatetime | mi |
| 637 | 2 | 7 | 3 | test /gcdate | gdatetime | y |
| 637 | 2 | 7 | 2 | test /gcdate | gdatetime | h |
| 637 | 2 | 7 | 5 | test /gcdate | gdatetime | d |
| 637 | 2 | 7 | 1 | test /gcdate | gdatetime | s |
| 637 | 2 | 7 | 4 | test /gcdate | gdatetime | m |
| 1687 | 0 | 0 | 0 | test /gclabels | label | doc |

```
13 rows in set (0.00 sec)
```

## 6.6.2 VIRTUAL vs. STORED

생성 컬럼은 기본적으로는 데이터를 실제로 저장하지 않고, 행에 접근할 때마다 값을 재계산한다. 한편, 계산이 끝난 데이터를 보존하는 것도 가능하다. 후자의 경우는 AS(식)의 뒤에 STORED 키워드를 쓰면 된다. 기본 동작은 VIRTUAL이다. 두 방식은 각기 장단점이 있다. 각 방식의 특징을 표 6.4에 비교했다.

표 6.4를 보면 알 수 있듯이 VIRTUAL과 STORED의 트레이드오프는 명확하다. 데이터 크기의 효율을 취할 것인가, CPU의 효율을 취할 것인가의 문제인데 CPU가 어느 정도 소비될지는 식의 내용에 달려 있으므로, 단순한 경우는 VIRTUAL, 복잡하면 STORED라고 판단해도 무방하다. 단, 실제로 어느 쪽이 빠를지, 또는 메모리 소비에 문제가 없을지 여부 등은 부하에 달려 있으므로 확실하게 벤치마크를 해서 확인하는 것이 좋다.

또한 VIRTUAL과 STORED에서는 사용할 수 있는 인덱스도 다르다. VIRTUAL의 경우 B+ 트리의 세컨더리 인덱스를 작성할 수 있지만, 그 외의 종류의 인덱스는 작성할 수 없다. 다른 종류의 인덱스가 필요한 경우에는 STORED를 써야 한다.

VIRTUAL은 외부 키 제약에서도 사용할 수 없으므로 주의가 필요하다. 또한 생성 컬럼에 대해 외부 키 제약을 걸 때는 다음과 같은 제한이 있다.

- STORED 생성 컬럼에는 ON DELETE SET NULL, ON UPDATE SET NULL, ON UPDATE CASCADE 등을 지정할 수 없다.
- VIRTUAL 생성 컬럼에는 ON DELETE SET NULL, ON UPDATE SET NULL, ON UPDATE CASCADE 등의 외부 키 제약이 지정된 컬럼을 기반으로 생성할 수 없다.

| 항목 | VIRTUAL | STORED |
| --- | --- | --- |
| 방식 | 컬럼에 접근할 때에 값을 계산한다. | 계산한 값을 실제로 저장해 둔다. |
| 접근 속도 | 약간 떨어짐 | 빠름 |
| CPU 소비 | 크다 | 작다 |
| 메모리 소비 | 작다 | 크다 |
| 디스크 소비 | 작다 | 크다 |
| 기본값 | Yes | No |
| 세컨더리 인덱스 | Yes | Yes |
| 클러스터 인덱스 | No | Yes |
| R 트리 인덱스 | No | Yes |

| 전문 인덱스 | No | Yes |
|---|---|---|
| 외부 키 참조 | No | Yes |
| 외부 키 피참조 | No | Yes |

표 6.4 VIRTUAL vs STORED의 비교

## 6.6.3 JSON 데이터의 인덱스

JSON 타입에 직접 인덱스를 작성할 수는 없지만, 다른 데이터 타입을 가진 생성 컬럼이라면 인덱스를 작성하는 것이 가능하다. 인덱스의 종류는 B+ 트리일 수도 있고, STORED라면 R 트리나 전문, 클러스터 인덱스도 가능하다. 리스트 6.24는 JSON 타입의 컬럼에서 INT 타입의 컬럼을 생성하고, 인덱스를 작성하는 방식을 나타낸 것이다. STORED를 지정하지 않아서 intval 컬럼은 VIRTUAL 생성 컬럼이다. VIRTUAL에 세컨더리 인덱스가 작성되어 있다. EXPLAIN의 실행 결과를 보면 type이 ref로 나와 있어서 인덱스가 사용되었음을 알 수 있다.

리스트 6.24 JSON 컬럼에서 생성한 INT 컬럼에 대한 인덱스

```
mysql> CREATE TABLE jsondoc (
    -> doc JSON,
    -> intval INT AS (JSON_EXTRACT(doc, '$.val')),
    -> INDEX(intval));
Query OK, 0 rows affected (0.06 sec)

mysql> INSERT INTO jsondoc(doc) VALUES
    -> (JSON_OBJECT('val', 123, 'key', 'test')),
    -> (JSON_OBJECT('val', 234, 'foo', 'bar'));
Query OK, 2 rows affected (0.01 sec)
Records: 2  Duplicates: 0  Warnings: 0

mysql> EXPLAIN SELECT doc FROM jsondoc
    -> WHERE JSON_EXTRACT(doc, '$.val') = 123\G
*************************** 1. row ***************************
           id: 1
  select_type: SIMPLE
        table: jsondoc
   partitions: NULL
         type: ref
possible_keys: intval
          key: intval
      key_len: 5
          ref: const
         rows: 1
     filtered: 100.00
        Extra: NULL
1 row in set, 1 warning (0.00 sec)
```

생성 컬럼에 인덱스를 사용할 때 조심할 것은, 생성 컬럼의 식과 쿼리에 표현한 식이 완전히 같아야 한다는 점이다. 식의 계산 결과가 같다고 해도, 옵티마이저가 알아서 인식하지는 않는다. 예를 들면, 리스트 6.24에서 SELECT문 WHERE 구의 조건을 JSON_EXTRACT(doc, '$.val') + 0 = 123으로 하면, 인덱스는 사용할 수 없게 된다.

### 6.6.4 생성 컬럼과 제약

개인적으로 편리하다고 생각하는 생성 컬럼의 사용법은 제약과의 연계다. 생성 컬럼에는 NOT NULL 제약이나 일회성 제약을 걸어야 하고 데이터 타입도 매치해야 하기 때문이다. 리스트 6.20에서는 3개의 수치로부터 DATE 타입을 생성하고 있으므로, 유효하지 않은 날짜는 자동적으로 변경한다. 리스트 6.25는 윤년을 인식하고 있는 예이다. 2015년에는 2월 29일이 없으므로 에러가 발생하지만, 2016년 2월 29일은 문제없이 저장할 수 있다. 단, SQL 모드에 ALLOW_INVALID_DATES가 설정되어 있으면, 유효하지 않은 날짜도 저장할 수 있다는 점에 주의하자.

**리스트 6.25 유효하지 않은 날짜를 인식하는 생성 컬럼**

```
mysql> INSERT INTO gcdate(y, m, d) VALUES (2015, 2, 29);
ERROR 1292 (22007): Incorrect datetime value: '2015-2-29'

mysql> INSERT INTO gcdate(y, m, d) VALUES (2016, 2, 29);
Query OK, 1 row affected (0.01 sec)
```

물론 JSON 데이터를 사용한 생성 컬럼에서도 이러한 제약은 쓸모가 있다. JSON 데이터는 스키마가 없으므로 구조는 자유분방하지만, 생성 컬럼과 제약을 사용해서 어느 정도 구조에 제한을 설정할 수 있다.

예를 들어 생성 컬럼과 NOT NULL 제약을 사용하면, 데이터가 존재함을 보증할 수 있다. 리스트 6.26의 예에서 전체 JSON 도큐먼트는 오브젝트여야 하고, id 멤버가 필요한 데다가 ISBN 멤버는 길이 1 이상의 배열이어야 한다.

**리스트 6.26 JSON 데이터에 제약을 걸기**

```
mysql> CREATE TABLE jbooks (
    -> data JSON,
    -> id  BIGINT AS (JSON_EXTRACT(data, '$.id')) STORED NOT NULL PRIMARY KEY,
    -> isbn VARCHAR(13) AS (JSON_UNQUOTE(JSON_EXTRACT(data, '$.ISBN[0]'))) NOT NULL,
    -> INDEX(isbn));
```

생성 컬럼과 제약의 조합은 무수하게 존재한다. MySQL에는 CHECK 제약이 없으므로 복잡한 제약을 표현하기는 힘들지만, MySQL 5.7에서는 생성 컬럼을 사용할 수 있는 경우도 많지 않을까? 특별히 JSON 데이터에 어떤 규칙을 설정하고자 할 때에는 유용할 것이다.

## 6.7 지리 정보의 응용

이번 장에서 소개한 JSON 함수나 생성 컬럼은 공간 데이터를 처리할 때도 아주 편리하게 사용할 수 있다. 공간 데이터는 WKT 등을 써서 표현해야 하고, 테이블에서 값을 부를 때도 GIS 함수를 사용해 WKT로 변환하는 등 수고스러운 작업이 많다.[9] 그래서 GeoJSON 함수를 사용해 데이터를 JSON으로 기록하고, 동시에 geometry 컬럼을 생성해서 R 트리 인덱스를 작성하는 조작이 가능하다.

　GeoJSON은 지리 정보를 기술하는 포맷으로 인기가 많아서 이전부터 GeoJSON을 많이 사용했다. 따라서 GeoJSON을 포함시키는 것이 바람직하다. 리스트 6.27은 JSON 도큐먼트에서 geometry 데이터를 생성하는 예이다.

**리스트 6.27 geometry 오브젝트의 생성**

```
mysql> CREATE TABLE gcgeo (
    -> geomjson JSON,
    -> geom GEOMETRY AS (ST_GeomFromGeoJson(geomjson),1,0) STORED NOT NULL,
    -> SPATIAL INDEX(geom));
Query OK, 0 rows affected (0.05 sec)

mysql> INSERT INTO gcgeo (geomjson)
    -> VALUES ('{"type": "Feature",
    '> "properties": {"Location": "Tokyo Metropolitan Government headquarters"},
    '> "geometry": {"type": "Point", "coordinates": [139.6921007, 35.6896342]}}');
Query OK, 1 row affected (0.01 sec)

mysql> SELECT geomjson->'$.properties.Location' FROM gcgeo
    -> WHERE ST_Contains(ST_MakeEnvelope(Point(139,35), Point(140,36)), geom);
+-------------------------------------------------+
| geomjson->'$.properties.Location'               |
+-------------------------------------------------+
| "Tokyo Metropolitan Government headquarters"    |
+-------------------------------------------------+
1 row in set (0.00 sec)
```

GeoJSON에서는 WKT에는 없는 속성을 기술하는 것이 허용된다. 속성에는 어떠한 데이터를 기술해도 된다. 리스트 6.27은 지리 정보 검색과 연동해서 속성

---

**9** 지리 정보에 대해 자세히 알아보려면 4.6 절을 참고할 것. GIS나 WKT의 설명도 같은 절에 있다.

을 추출하는 방법을 보여준다.

GeoJSON에서 GeoHash로 연계하는 것도 가능하다. R 트리는 컬럼이 **NOT NULL**이어야 하는 제약이 있고, 생성 컬럼도 **STORED**여야 한다. GeoHash는 아무런 제약도 없으므로 간단하게 처리할 수 있다. 리스트 6.28은 GeoHash에 연계하는 예이다.

**리스트 6.28 GeoHash의 생성**

```
mysql> CREATE TABLE gcgeo (
    -> geomjson JSON,
    -> geohash CHAR(10) AS (ST_GeoHash(ST_GeomFromGeoJson(geomjson),10)),
    -> INDEX(geohash));
Query OK, 0 rows affected (0.05 sec)

mysql> INSERT INTO gcgeo (geomjson)
    -> VALUES ('{"type": "Feature",
    '> "properties": {"Location": "Tokyo Metropolitan Government headquarters"},
    '> "geometry": {"type": "Point", "coordinates": [139.6921007, 35.6896342]}}');
Query OK, 1 row affected (0.01 sec)

mysql> SELECT geomjson->'$.properties.Location' FROM gcgeo
    -> WHERE geohash LIKE CONCAT(ST_GeoHash(POINT(139.7, 35.7), 4), '%');
+-------------------------------------------------+
| geomjson->'$.properties.Location'               |
+-------------------------------------------------+
| "Tokyo Metropolitan Government headquarters"    |
+-------------------------------------------------+
1 row in set (0.00 sec)
```

---

### 옵티마이저 트레이스와 JSON 함수

JSON이라고 하면, JSON 형식의 EXPLAIN이나 옵티마이저 트레이스를 떠올리는 사람도 많을 것이다. EXPLAIN에 다른 종류의 질의를 입력할 수는 없으므로 JSON 함수와는 조합할 수 없지만, 옵티마이저 트레이스라면 가능하다. 그러나 옵티마이저 트레이스를 JSON 함수로 해석해도 그다지 의미는 없다. 왜냐하면 JSON 함수를 경유하게 되면 들여쓰기가 완전히 파기되기 때문이다. 다음의 실행결과는 3장에서 언급한 옵티마이저 트레이스로부터 -> 연산자를 사용해 요소를 출력하고 있는 예이다.

```
mysql> SELECT TRACE->'$**.attached_conditions_summary'
    -> FROM information_schema.OPTIMIZER_TRACE\G
*************************** 1. row ***************************
TRACE->'$**.attached_conditions_summary': [[{"table": "'Country'",
"attached": "('Country'.'Capital' is not null)"}, {"table": "'City'",
"attached": "('City'.'CounrtyCode' = 'Country'.'Code')"}, {"table":
"'CountryLanguage'", "attached": null}]]
```

1 row in set (0.00 sec)

이와 같이 아주 긴 1행이 되어버려 아주 보기가 힘들다. 옵티마이저 트레이스는 그대로 보는
것이 더 좋다.

## 6.8 MySQL을 문서 저장소로 이용 ▸▸▸ 신기능 105

집필 시점에서는 아직 정식으로 공개되지 않았지만, MySQL을 마치 문서 저장
소(document store)처럼 사용하기 위한 기능이 개발 중이다. 원고 집필 시점의
최신 버전인 MySQL 5.7.12에서는 새롭게 프로토콜을 제공하는 플러그인이 함
께 패키징되었다. 문서 저장소로 사용하는 기능 자체는 정식 배포 전이므로 운
영환경에서 바로 적용할 수 없지만, 이후에는 사용이 가능할 것 같다.

이후에는 MySQL을 문서 저장소로 이용할 때의 구조와 순서에 대해 간단히
해설하겠다. SQL에서 JSON을 조작하는 것은 확실히 번거로운 작업이므로, 순
수하게 JSON의 저장 장소로 사용한다면 SQL보다 편리할 것이다.

### 6.8.1 X DevAPI

MySQL 5.7.12에서 MySQL 서버 패키지에 X Plugin 컴포넌트가 추가되었다. 이
것은 MySQL에 제 3의 프로토콜[10]을 추가하는 것으로, X Protocol이라 부른다.
X Protocol은 구글이 개발한 Protocol Buffers라는 도구를 사용해서 작성한 것
으로 이식성이 높다고 알려져 있다. MySQL 5.7.12와 동시에 공개된 드라이버
로는 Connector/J, Connector/Net, Connector/Node.js에서 X Protocol을 지원
하고 있고 이러한 프로토콜을 사용하기 위한 함수군이 X DevAPI로 공개되었다.
다시 말해서 X Protocol을 사용하려면 서버 쪽에서는 X Plugin이, 클라이언트
쪽에서는 X DevAPI가 탑재된 드라이버가 필요하다.

X DevAPI는 도큐먼트 스토어로 MySQL을 사용하는 데 필요한 기능이 대략
설치되어 있다. 게다가 관계형 데이터베이스로 사용할 구조도 준비되어 있다.
O/R 매퍼 스타일의 API 외에 MySQL 서버로 SQL을 직접 송신하는 기능도 있다.
O/R 매퍼 스타일의 API는 애플리케이션에서 간단한 조작을 할 때 편리할 것이
다. 단, 현 시점에서는 하나의 테이블에 대한 조작만 가능해서 조인 및 서브쿼리
에 상당하는 처리를 할 수 없으므로 관계형 모델을 구현하기는 힘들다. 또한 프

---

**10** 제2의 프로토콜로는 이미 memcached 플러그인이 존재한다.

로토콜 레벨로 비동기 API를 준비해 두어 높은 처리량이나 응답속도가 필요한 애플리케이션에서 손쉽게 사용할 수 있다. 단순한 처리를 대량으로 실행하고자 하는 요구에 최적화되어 있다고 할 수 있다.

리스트 6.30은 자바용 드라이버를 사용해 도큐먼트를 변경하는 샘플 코드이다. 리스트 6.30을 실행하려면 리스트 6.29에 있는 SQL을 사전에 실행해야 한다. X DevAPI는 거대한 API이므로 상세하게 설명하기에는 이 책의 범주를 크게 벗어난다. 간단한 해설만 하고 매듭짓고자 하니 분위기만 이해하고 넘어가자.[11]

**리스트 6.29 샘플 컬렉션의 준비**

```
mysql> UPDATE jsonCountry SET doc =
-> JSON_SET(doc, '$._id', JSON_EXTRACT(doc, , '$.Code'));
Query OK, 239 row affected (0.06 sec)
Rows matched: 239  Changed: 239  Warnings: 0

mysql> ALTER TABLE jsonCountry ADD _id VARCHAR(32)
-> AS (JSON_UNQUOTE(JSON_EXTRRACT('doc', '$._id')))
-> STORED NOT NULL;
Query OK, 239 row affected (0.23 sec)
Records: 239  Duplicates: 0  Warnings: 0

mysql> ALTER TABLE jsonCountry ADD UNIQUE (_id);
Query OK, 0 row affected (0.23 sec)
Records: 0  Duplicates: 0  Warnings: 0
```

**리스트 6.30 자바용 드라이버에서 도큐먼트 데이터베이스로 MySQL을 사용**

```
import com.mysql.cj.api.x.*;
import com.mysql.cj.x.json.*;
import com.mysql.cj.x.MysqlxSessionFactory;

class XDevAPITest
{
  final static String conUrl = "mysql:x://localhost:33060/world?user=myuser&pass
word=mypass";

  XSession mySession;

  XDevAPITest()
  {
    // Connect to server on localhost
    mySession = new MysqlxSessionFactory().getSession(conUrl);
  }

  DbDoc fetchCountry(String code)
  {
    return mySession.getSchema("world").
```

---

**11** X DevAPI에 대해 상세하게 알고 싶다면 공식 매뉴얼에 있는 X DevAPI User's Guide를 참조하기 바란다.

```
      getCollection("jsonCountry").
      find("$.Code == :code").
      bind("code", code).
      execute().
      fetchOne();
}

void modifyCountryGNP(String code, Integer gnp)
{
  mySession.getSchema("world").
    getCollection("jsonCountry").
    modify("$.Code == :code").
    set("$.Info.Number[2]", gnp).
    bind("code", code).
    execute();
}

Row selectCountryTable(String code)
{
  return mySession.getSchema("world").getTable("Country").
    select("Name, GNP, Capital").
    where("Code == :code").
    bind("code", code).
    execute().
    fetchOne();
}

public void run()
{
  // Start transaction
  mySession.startTransaction();

  try{
    // Fetch document
    com.mysql.cj.x.json.DbDoc doc = fetchCountry("JPN");
    // Retrieve a single value from document
    DbDoc myInfo = (DbDoc)doc.get("Info");
    JsonArray myNumbers = (JsonArray)myInfo.get("Number");
    Integer gnp = ((JsonNumber)myNumbers.get(2)).getInteger();
    // Modify document
    modifyCountryGNP("JPN", gnp - 1);
    // Print document
    System.out.println(doc);
    // Select from a table
    Row row = selectCountryTable("JPN");
    System.out.println(row.getString("Name"));
    // Commit transaction
    mySession.commit();
    } catch(Exception e) {
      // Handle error
      System.out.println(e.toString());
      }
    mySession.close();
}
```

```
  public static void main(String args[])
  {
    XDevAPITest test = new XDevAPITest();
    test.run();
  }
}
```

리스트 6.29에서 조작하고 있는 jsonCountry 테이블은 리스트 6.8에서 작성한 것이다. 리스트 6.29에서는 _id라는 유일한 값을 갖는 요소를 도큐먼트에, 그리고 그 값을 생성 컬럼으로 빼낸 것을 추가하고 있다. _id 컬럼에는 유니크 인덱스가 걸려있다. 이것은 X DevAPI를 통해 문서 저장소로 테이블에 접근할 때에 필요한 제한 사항이다. _id는 최대 32문자까지만 허용한다. 또한 도큐먼트를 저장하는 컬럼의 이름은 doc여야 한다.

X DevAPI에는 문서 저장소로 사용하는 경우와 관계형 모델, 다시 말해 SQL로는 다른 오브젝트를 통해 데이터에 접근하는 경우가 있다. 대략 처리의 흐름을 설명하면, 드라이버에서 XSession 인스턴스를 취하고 XSession 인스턴스에서 Schema 인스턴스를, Schema 인스턴스에서 Collection 또는 Table 인스턴스를 취해 각종 조작을 수행한다. 리스트 6.30에서는 실제로는 jsonCountry로 작성한 테이블에 Collection 클래스의 인스턴스를 통해 접근하고 있으며, 데이터의 소스가 된 Country 테이블에는 Table 클래스의 인스턴스를 통해 접근하고 있다. 이 두 개의 테이블에 대한 조작을 1회의 트랜잭션으로 실행하고 있다. 도큐먼트 타입의 처리와 SQL 타입의 처리가 동일한 트랜잭션 내에서 실행할 수 있다는 것이 무엇보다 큰 장점이다.

표 6.5는 문서 저장소와 SQL 메서드의 차이를 정리한 것이다. 각각 대응하는 개념을 가진 메서드가 존재하므로 용도에 맞춰 사용하기 바란다.

| SQL | 도큐먼트 타입 |
| --- | --- |
| gettable | getCollection |
| Insert | add |
| Select | find |
| Update | modify |
| Delete | remove |

표 6.5 도큐먼트 타입과 SQL 메서드의 대응

원고 집필 시점(MySQL Connector/J 6.0.2)에는 조인, `UNION,` 서브쿼리 등에 상당하는 쿼리가 X DevAPI의 쿼리 빌더에 탑재되지 않았다. SQL을 직접 실행하는 형식의 API도 있으므로, 이들 조작이 필요한 경우는 SQL을 직접 실행해야 한다. 대단히 단조로운 처리가 아닌 한, 관계형 모델의 필수 항목인 조인 및 `UNION,` 서브쿼리도 필요하므로 이러한 기능이 만들어지기 전까지는 SQL을 직접 실행해야 할 것이다. 또한 자바에서 X DevAPI을 조작하려면 프로토콜의 자바 프로그램인 `protobuf.jar`를 `CLASSPATH`에 등록해야 하니 주의하기 바란다.

## 6.8.2 MySQL Shell

MySQL Shell은 X DevAPI를 사용해 MySQL 서버에 접근할 수 있게 하는 CLI 툴이다. 문서 저장소로 MySQL을 이용하는 경우, 애플리케이션에서 드라이버를 통해 접속하여 온라인 상태로 처리하는 방법 이외에 대화형으로 X DevAPI의 동작을 확인한다든지 스크립트로 배치 처리를 하는 경우도 있다. 그럴 때 유용한 것이 MySQL Shell이다. MySQL Shell은 자바스크립트와 파이썬, 그리고 SQL을 지원한다. MySQL 서버 제품 자체에 탑재된 것이 아니라, 독립된 툴로 개발된 것이다. X DevAPI를 사용해 애플리케이션을 개발할 때에는 MySQL Shell도 함께 이용하는 것이 좋다.[12] 리스트 6.31은 MySQL Shell의 대화형 사용의 예이다. `Collection`과 `Table`의 표시 형식이 다른 점에 주목하기 바란다.

**리스트 6.31 MySQL Shell을 사용해서 데이터에 접근**

```
shell> mysqlsh --url myuser:mypass@localhost:33060 world
... 중략 ...
Currently in JavaScript mode. Use \sql to switch to SQL mode and execute queries.
mysql-js> db.getCollection('jsonCountry').
        ... find("$.Code == :code").
        ... bind('code', 'JPN').
        ... execute().
        ... fetchOne();
        ...
{
  "Code": "JPN",
  "Info": {
    "Numbers": [
      -660,
      3787042,
      126713961
    ],
    "Props": {
```

---

[12] 단, 원고 집필 시점에 파이썬은 아직 드라이버 쪽에서 X DevAPI가 지원되지 않고(현재는 지원 가능), 자바스크립트는 Node.js용 드라이버와 미묘하게 동작이 다르므로 주의해야 한다.

```
      "Capital": "Tokyo",
      "CountryName": "Japan"
    }
  }
  "_id": "JPAN"
}
mysql-js> db.getTable('City').
    ... select(['Name', 'District', 'Population', 'CountryCode']).
    ... where('countrycode = :cc').
    ... orderBy(['Name']).
    ... limit(5).
    ... bind('cc', 'JPN').
    ... execute();
    ...
```

```
+---------------+-----------+------------+-------------+
| Name          | District  | Population | CountryCode |
+---------------+-----------+------------+-------------+
| Abiko         | Chiba     |     126670 | JPN         |
| Ageo          | Saitama   |     209442 | JPN         |
| Aizuwakamatsu | Fukushima |     119287 | JPN         |
| Akashi        | Hyogo     |     292253 | JPN         |
| Akishima      | Tokyo-to  |     106914 | JPN         |
+---------------+-----------+------------+-------------+
```

5 rows in set (0.00 sec)

MySQL X DevAPI도 MySQL Shell도 현 시점에서는 정식판이 아니고, 기능적으로나 품질적으로 아직 만족스런 수준에는 도달하지 못했다. X Plugin은 MySQL 서버 본체와는 다른(보다 빠른) 사이클로 개발되는 구조이므로, 다음 버전의 등장을 기다리지 않고도 새로운 진화를 기대할 수 있을 것이다.

## 6.9 JSON 타입의 용도

관계형 모델은 만능이 아니다. 따라서 다른 데이터 모델을 사용하고자 하는 요구도 있을 것이고 이때 다른 데이터 모델을 선택하는 것도 나쁘지 않다. JSON 타입으로 데이터를 저장하고 싶거나 이후 빈번하게 구조가 변화할 가능성이 높은 데이터를 저장해야 한다면 JSON을 선택하는 것도 좋은 선택이다.

단, RDBMS에서는 관계형 모델에 부합하는 DB 설계를 우선해야 한다. 만능이 아니라고 하지만 RDBMS는 역시 관계형 모델의 처리가 장점이기 때문이다. JSON 타입이 편리하다고 해서 그것만 사용해서는 RDBMS의 저력을 활용할 수 없다. 역설적이기는 하지만, JSON 타입을 사용할지 여부를 판단하려면 먼저 관계형 모델을 적용할 수 있는가 여부를 먼저 판단해야 한다. 관계형 모델로 처리할 수 없다면, 또한 JSON 타입이 적절한 경우라면 반드시 이용해 보기 바란다.

# 파티셔닝

파티셔닝은 RDBMS의 기능에서 가장 괴로운 것 중 하나이다. 속도 향상을 돕는 다고 알려진 것에 비해 효과는 없고, 파티셔닝 때문에 오히려 성능이 떨어지는 경우도 많다. 그런데도 파티셔닝을 사용하고자 하는 사람이 아예 없어지지 않는 다. 『SQL 안티 패턴』[1]에서는 무엇이든 인덱스를 붙이고 싶어하는 '인덱스 샷건' 이라는 안티 패턴이 소개되어 있지만, '파티션 샷건'이라고 불러도 좋을 정도로 사용하고 있는 사람들도 있다. 당연히 그런 식의 사용은 안티 패턴이다.

## 7.1 파티셔닝의 개요

앞에서 괴롭다고 말했다고 해서 파티셔닝이 아주 쓸모없다는 뜻은 아니다. 인덱 스와 마찬가지로 물리적인 접근을 최적화하기 위한 수단으로 파티셔닝을 할지 여부는 애플리케이션 개발자의 선택에 달려있다. 파티셔닝이 유효한 경우를 판 별하기 위해서는 파티셔닝이란 무엇인지, 어떠한 기능을 지원하고 있는지, 그리 고 어떠한 제한이 있는지를 정확하게 이해해야 한다. 그 다음에 쓸모가 있는지 없는지를 판별하는 것이 중요하다. 이번 장에서는 파티셔닝의 기본을 설명하고 MySQL 5.7에서 도입된 개선점을 소개하고자 한다.

### 7.1.1 기본 콘셉트

MySQL에서는 버전 5.1부터 파티셔닝을 지원하고 있다. 따라서 이미 파티셔닝 을 사용하고 있는 사람도 많을 것이다. 여기서는 파티셔닝에 대해 해설할 예정

---

1 『SQL AntiPatterns』(2011, 인사이트)

이지만, 아주 기본적인 내용만 간추리고자 한다.

파티셔닝은 인덱스와 마찬가지로 물리적인 접근을 최적화하기 위한 수단의 하나다. 인덱스는 B+ 트리 등의 구조를 사용해서 목적한 행을 빨리 끄집어내기 위한 것이다.

검색 속도 향상은 B+ 트리의 데이터 구조가 가진 특성에 따른 것으로, 쿼리가 가져오는 데이터 크기가 작은 경우에 특히 큰 효과를 발휘한다. 한편, 파티셔닝은 데이터의 내용 등에 따라 데이터 저장 영역을 나누는 방식으로, 검색할 데이터의 크기를 작게 하는 것이다. 대량의 데이터에 접근해야 할 때 테이블 전체를 스캔하는 것이 아니라 특정 파티션만 스캔하면 접근할 행수를 대폭 줄일 수 있다. 이처럼 인덱스와 파티셔닝은 구조가 완전히 다르므로 쿼리에 접근하는 데이터의 성질에 따라 전문 분야가 달라진다. 또한 파티셔닝과 인덱스가 상반되는 것은 아니므로 같이 사용할 수 있다. 테이블을 파티셔닝했을 때의 구조를 그려보면 그림 7.1과 같다.

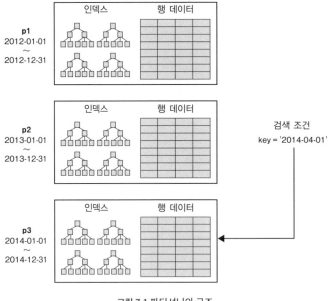

그림 7.1 파티셔닝의 구조

그림 7.1을 보면 각각의 파티션에 B+ 트리가 존재한다. 이 B+ 트리는 파티션 내의 데이터에 대한 인덱스로, 다른 파티션의 데이터는 검색할 수 없다. 이처럼 각각의 파티션만을 대상으로 하는 인덱스를 로컬 인덱스라고 부른다. 반면 테이블 전체, 다시 말해 전체 파티션을 대상으로 한 인덱스를 글로벌 인덱스라고 부른다. MySQL은 글로벌 인덱스를 지원하지 않는다.

### 7.1.2 파티셔닝의 종류

파티셔닝은 행별로 저장 장소를 바꿀 수 있는 수평 파티셔닝, 컬럼별로 저장 장소를 바꿀 수 있는 수직 파티셔닝이 있다. MySQL 서버가 지원하고 있는 것은 수평 파티셔닝뿐이다. 컬럼별로 저장 장소를 바꾸는 유형은 컬럼 타입 데이터베이스나 컬럼스토어 타입, 컬럼지향형 등으로, OLTP에는 적합하지 않고 대부분 테이블의 특정 컬럼에 대한 집계 처리 등에 활용한다. MySQL은 온라인 처리에 주로 사용하는 RDBMS이므로, 사용할 수 있는 파티셔닝의 종류를 수평 파티셔닝으로 제한한다.

수평 파티셔닝은 키 값에 따라서 저장 장소의 파티션을 결정한다. 파티셔닝에 사용되는 키를 파티션 키라고 부른다. 파티션 키는 컬럼의 값을 직접 지정해도 상관없고, 함수를 실행한 결과로 해도 관계없다. 파티션 키의 결과에 따라 저장 장소를 달리하지만 그 방식에는 몇 가지 종류가 있다. MySQL에 탑재된 파티셔닝 방식을 정리하면 표 7.1과 같다.

| 방식 | 파티션 키의 타입 | 설명 |
|---|---|---|
| RANGE | 숫자 | 파티션별로 값의 범위를 지정한다. 파티션 키는 식으로 표현하는 것이 가능하고, 평가 결과는 숫자여야만 한다. 예를 들면 DATE 타입에서 YEAR 함수 등에 의해 숫자로 변환하는 식이다. |
| RANGE COLUMNS | 숫자, DATETIME, VARCHAR 등 | RANGE와 유사하지만, 식을 평가한 결과가 아니라 컬럼 값 그 자체를 기반으로 파티션을 결정한다. 복수의 컬럼을 지정하는 것이 가능하고, 데이터 타입은 숫자로 제한하지 않는다. |
| LIST | 숫자 | 파티션별로 값의 리스트를 지정한다. RANGE와 마찬가지로 파티션 키는 식의 결과를 이용한다. 식의 평가 결과는 정수여야 한다. |
| LIST COLUMNS | 숫자, DATETIME, VARCHAR 등 | LIST와 유사하지만, 컬럼의 값을 직접 사용하는 점이 다르다. RANGE COLUMNS와 마찬가지로 복수의 컬럼을 지정하는 것이 가능하고, 데이터 타입은 숫자로 제한하지 않는다. |
| HASH/LINEAR HASH | 숫자 | 파티션 키와 파티션 수의 여분에 따라 저장할 파티션을 결정하는 방식 |
| KEY/LINEAR KEY | BLOB 외 | 파티션 키에서 PASSWORD 함수를 사용해 계산한 값에 파티션 수의 여분을 계산하여 저장할 파티션을 결정하는 방식 |

표 7.1 MySQL 파티셔닝의 방식

HASH와 KEY에는 각각 LINEAR HASH와 LINEAR KEY라는 변종이 있다. 이것은 저장할 파티션을 선택하기 위한 연산에 비트 연산을 사용해 좀더 빠르게 만든 것이다. 여분을 사용하는 것보다 비트 연산을 사용하는 쪽이 빠르게 동작한다. LINEAR HASH와 LINEAR KEY에서는 파티션 개수 이상의 자연수 중 가장 작은 2의 거듭제곱(자연수 누승)을 구한다. 2의 거듭제곱이란 임의의 자연수 n에 대해 $2^n$으로 표현되는 수를 말한다. 예를 들어 파티션 수가 6이면, 6 이상으로 최소의 2의 거듭제곱은 $2^3 = 8$이다. 이 수가 V, 파티션 키의 값이 E라면 그 행이 속할 파티션은 다음와 같이 계산할 수 있다.

```
p = E & (V -1)
```

만일 p가 파티션 수 이상일 경우에는, 거기에 다음의 계산식으로 속할 파티션을 결정한다.

```
p = p & (V/2 - 1)
```

예를 들어 파티션 수가 6이면 V는 8이 되어, 파티션 키 E가 999인 경우는 속할 파티션이 다음과 같이 결정된다.

```
p = 1000 & (8 - 1)
  = 7
```

※ 7은 파티션 수 이상

```
p = 7 & (8 / 2 - 1)
  = 3
```

두 번째의 계산이 필요한 경우 그 계산 결과는 특정의 숫자만 나오는 점에 주의하기 바란다. 예를 들어 파티션 수가 6이면 두 번째의 계산이 필요하게 되는 건 첫 번째의 계산 결과가 6 또는 7인 경우로, 그 경우 두 번째의 계산 결과는 2 또는 3이 된다. 그 이외의 파티션은 두 번째의 계산이 필요한 경우에는 사용되지 않으므로 파티션에 할당될 데이터 양에 편중이 발생할 것이다.

이러한 문제에 대한 유일한 대책은 파티션 수를 2의 거듭제곱(2, 4, 8, 16…)으로 선택하는 것이다. 그 경우 첫 번째 계산 결과가 파티션 수 이상이 될 수 없기 때문에 두 번째 계산이 필요 없어진다. 불필요한 계산을 할 필요도 없고 데이터도 여러 파티션에 균등하게 나뉘어 저장되는 것이다.

### 7.1.3 파티션의 가지치기

파티셔닝된 테이블에 대한 쿼리에서 무엇보다 중요한 것은 파티션의 가지치기 (Partition Pruning)가 되었는가이다. 가지치기란 검색 조건과 대조한 결과 접근할 필요가 없는 파티션을 검색 대상으로부터 제외하는 것을 말한다. 이렇게 접근해야 하는 행을 줄이고, 쿼리를 효율화하는 것이 파티셔닝의 이점이다.

리스트 7.1의 테이블과 쿼리를 보자. EXPLAIN의 실행 결과에 partitions: p5라는 표기를 통해 p5만 검색 대상이 된 것을 알 수 있다. 왜 이 쿼리는 p5만 검색하면 되는 걸까? WHERE 구에서 지정한 start_date의 범위에서 도출된 추론에 의한 것이다.

**리스트 7.1 파티션의 가지치기 예**

```
mysql> CREATE TABLE price_list_history (
    -> item_id INT,
    -> price DECIMAL(10,0),
    -> start_date DATE,
    -> PRIMARY KEY (item_id, start_date))
    -> PARTITION BY RANGE COLUMNS (start_date)
    -> (PARTITION p1 VALUES LESS THAN ('2016-01-01'),
    -> PARTITION p2 VALUES LESS THAN ('2016-02-01'),
    -> PARTITION p3 VALUES LESS THAN ('2016-03-01'),
    -> PARTITION p4 VALUES LESS THAN ('2016-04-01'),
    -> PARTITION p5 VALUES LESS THAN ('2016-05-01'),
        … 중략 …
    -> PARTITION p12 VALUES LESS THAN ('2016-12-01'),
    -> PARTITION pmax VALUES LESS THAN MAXVALUE);
Query OK, 0 rows affected (0.24 sec)

mysql> INSERT INTO price_list_history VALUES
    -> (1, 1000, '2016-04-01'), (1, 1000, '2016-04-20'),
    -> (2, 1000, '2016-01-01'), (2, 1000, '2016-08-01');
Query OK, 4 rows affected (0.01 sec)
Records: 4  Duplicates: 0  Warnings: 0

mysql> EXPLAIN SELECT MAX(price) FROM price_list_history
    -> WHERE item_id = 1 AND start_date >= '2016-04-01'
    -> AND start_date < '2016-05-01'\G
*************************** 1. row ***************************
           id: 1
  select_type: SIMPLE
        table: price_list_history
   partitions: p5
         type: range
possible_keys: PRIMARY
          key: PRIMARY
      key_len: 7
          ref: NULL
         rows: 2
     filtered: 100.00
        Extra: Using where
1 row in set, 1 warning (0.01 sec)
```

파티셔닝에 의한 검색의 고속화는, 가지치기가 효율적일 때만 효과가 있다. 가지치기가 효율적이지 않을 경우 오히려 검색이 느려진다는 것은 이미 알려진 사실이다. 리스트 7.2는 리스트 7.1과 같은 테이블에 대한 쿼리이지만, 가지치기가 효율적이지 않은 유형이다. 파티션 키를 쿼리 내에서 지정하지 않았기 때문이다. 이런 경우에는 전체 파티션에 접근해야 해서 쿼리의 오버헤드가 파티션을 하지 않은 경우보다 늘어난다. 특히 파티션 수가 많으면 많을수록 치명적이다.

**리스트 7.2 가지치기가 효율적이지 않은 쿼리의 예**

```
mysql> EXPLAIN SELECT MAX(price) FROM price_list_history
    -> WHERE item_id = 1\G
*************************** 1. row ***************************
           id: 1
  select_type: SIMPLE
        table: price_list_history
   partitions: p1,p2,p3,p4,p5,p6,p7,p8,p9,p10,p11,p12,pmax
         type: ref
possible_keys: PRIMARY
          key: PRIMARY
      key_len: 4
          ref: const
         rows: 2
     filtered: 100.00
        Extra: NULL
1 row in set, 1 warning (0.00 sec)
```

이 샘플은 극히 적은 수의 행밖에 처리하지 않으므로 가지치기가 효율적이든 그렇지 않든 쿼리의 응답시간이 순간이지만, 행 수가 많아지면 많아질수록 가지치기의 효과는 커진다.

## 7.1.4 파티션의 물리적 레이아웃

기본 설정에서는 `innodb_file_per_table`이 유효하게 설정되어 있으므로, InnoDB 테이블은 파티션별로 하나의 `.ibd` 파일을 작성한다. 파티션별로 `.ibd` 파일을 별도의 디스크에 배치하면 부하 분산이나 디스크 용량의 증가를 노릴 수 있다. 그렇게 하려면 파티션별로 `DATA DIRECTORY`를 지정해야 한다. `DATA DIRECTORY`의 지정은 MySQL 5.6부터 가능해졌다. `INDEX DIRECTORY`라는 구문도 존재하지만, 이것은 InnoDB에서는 지원하지 않으므로 주의하자. 리스트 7.3은 파티션별로 데이터의 저장 장소를 달리하는 예이다.

**리스트 7.3 DATA DIRECTORY의 지정**

```
mysql> CREATE TABLE price_list_history (
```

```
    -> item_id INT,
    -> price DECIMAL(10,0),
    -> start_date DATE,
    -> PRIMARY KEY (item_id, start_date))
    -> PARTITION BY RANGE COLUMNS (start_date)
    -> (PARTITION p1 VALUES LESS THAN ('2016-01-01')
    ->     DATA DIRECTORY = '/data1',
    -> PARTITION p2 VALUES LESS THAN ('2016-02-01')
    ->     DATA DIRECTORY = '/data2',
    … 이하 생략 …
```

한 개 파티션이 하나의 파일인 경우, 파티션 수가 많아지게 되면 파일을 열고 닫는 데 걸리는 오버헤드가 증가한다. 그러한 경우에는 4장에서 설명한 일반 테이블스페이스를 이용하면 좋다. 테이블스페이스는 테이블 전체에서 같은 것을 지정할 수도 있고 파티션별로 지정하는 것도 가능하다. 그로 인해 데이터 파일 수를 줄이고, I/O의 부하 분산이나 디스크 용량 증가 등의 효과를 얻을 수 있다. **DATA DIRECTORY**에서는 파티션별로 .ibd 파일을 작성하기 때문에 파티션 수에 맞춰 파일 수도 많아진다. 일반 테이블스페이스라면 복수의 파티션을 합쳐 저장할 수 있으므로 파일 수가 늘어나지 않는다. 리스트 7.4에 파티션별로 테이블스페이스를 지정하고 있다. 테이블스페이스는 테이블보다 먼저 작성해 두자.

**리스트 7.4 테이블스페이스의 지정**

```
mysql> CREATE TABLE price_list_history (
    -> item_id INT,
    -> price DECIMAL(10,0),
    -> start_date DATE,
    -> PRIMARY KEY (item_id, start_date))
    -> PARTITION BY RANGE COLUMNS (start_date)
    -> (PARTITION p1 VALUES LESS THAN ('2016-01-01')
    ->     TABLESPACE tsdisk_1,
    -> PARTITION p2 VALUES LESS THAN ('2016-02-01')
    ->     TABLESPACE tsdisk_2,
    … 이하 생략 …
```

## 7.1.5 테이블 설계 시 유의점

MySQL 5.7의 시점에서는 여전히 글로벌 인덱스가 지원되지 않는다. 글로벌 인덱스가 없어서 곤란한 점은 유일성 제약이다. 로컬 인덱스에서는 구조상 다른 파티션에 어떤 값이 있는지 알 수 없기 때문에 인덱스를 사용해서 유일성을 확인할 수 없다. 테이블 전체에서 값이 유일한지 여부를 검출하기 위해서는 글로벌 인덱스가 필요하기 때문이다.

파티셔닝된 테이블이라고 해도 기본 키나 유니크 인덱스를 작성하는 것은 가능하다. 그러나 MySQL 5.7에는 로컬 인덱스밖에 없기 때문에 큰 제약이 있다. 파티션 키를 산출하는 데 사용할 컬럼은 모두 기본 키 또는 유니크 인덱스에 포함되어 있어야 하기 때문이다. 어떤 테이블 내의 모든 기본 키와 유니크 인덱스에 공통으로 들어있는 컬럼이 없는 경우에는 파티셔닝을 할 수 없다. 리스트 7.1에서 사용한 price_list_history 테이블에서는 start_date 컬럼을 파티션 키로 사용하고 있지만, 이 컬럼은 기본 키 (item_id, start_date)에 포함되어 있다는 점에 유의하기 바란다. price 컬럼은 기본 키에 포함되어 있지 않으므로 이 컬럼을 사용해서는 파티셔닝할 수 없다.

또한 파티셔닝된 테이블은 외부 키 제약에 포함될 수 없다. 이것은 자식 테이블인지 부모 테이블인지 여부에 관계없는 제한이다. 외부 키 제약이 필요한 경우는, 유감이지만 파티셔닝은 포기하자.

파티셔닝으로 얼마나 성능이 향상될지는 해봐야 알 수 있다. 가지치기가 효율적이지 않은 경우에는 오버헤드 때문에 오히려 성능이 저하된다. 파티셔닝을 한 후에 반드시 벤치마크를 실시해 성능이 향상되었는지 확인하자.

## 7.2 파티셔닝 관련 신기능

파티셔닝에 대해서 간단하게 살펴보았으니, MySQL 5.7에서 추가된 신기능을 살펴보자.

### 7.2.1 ICP 지원 ▸▸▸ 신기능 106

ICP(Index Condition Pushdown)는 세컨더리 인덱스를 사용해 테이블로 접근하는 최적화 방법 가운데 하나다. ICP 자체는 MySQL 5.6에서 추가된 기능이지만, 파티셔닝된 테이블에서는 이용이 불가능했다. MySQL 5.7에서는 그 제한이 없어졌다. 이후에 ICP에 대해서도 간단하게 설명할 것이다.

ICP가 설치되기 전 MySQL에서는, 멀티 컬럼 인덱스를 이용할 때 그 인덱스에 포함된 컬럼을 왼쪽(다시 말해 먼저 정의된 것)부터 차례대로 남김없이 지정해야만 인덱스를 사용해 검색할 수 있다. 예를 들어, 3개의 INT 컬럼으로 구성된 (col1, col2, col3)라는 세컨더리 인덱스가 있다고 했을 때 이 인덱스를 사용하기 위해서 col1부터 차례로 검색 조건을 지정해야 했다. 게다가 오른쪽의 컬럼을 인덱스의 조건으로 사용하려면, 그 컬럼보다 왼쪽에 있는 컬럼을 등가 비교해야 했다. WHERE col1 = 1 AND col2 = 2 AND col3 < 10와 같은 검색조건이라면 이

세컨더리 인덱스를 사용해서 해결하는 것이 가능하다.

하지만, `WHERE col1 = 1 AND col3 < 10`이라는 검색 조건에서는 col2가 등가 비교에 사용되지 않기 때문에 col3 < 10이라는 조건에는 인덱스가 사용되지 않아 이전의 경우보다 검색 효율이 악화된다. 이 경우, 일단 스토리지 엔진에서 행 데이터를 가져온 다음, executer가 스토리지 엔진 쪽에서 사용하지 않은 검색 조건(이 경우는 col3 < 10)을 새로이 적용한다. 행 데이터에 접근하는 것은 훨씬 비용이 높다.

이 `WHERE col1 = 1 AND col3 < 10`이라는 검색 조건에 인덱스를 적용하려면 (col1, col3) 인덱스가 필요하다. 이 인덱스라면 도중에 빈 컬럼이 없으므로 인덱스로 대상을 좁힐 수 있게 된다.

그러나 모든 컬럼의 조합에 대해 빈틈없이 인덱스를 정의하면, 인덱스 파악도 어려울뿐더러 변경 성능도 희생해야 한다. 그래서 그러한 빈틈이 있더라도 스토리지 엔진 쪽에서 행을 추리고 행 데이터에 불필요한 접근을 줄일 수 있도록 스토리지 엔진에 검색 조건을 전달하는 구조가 나왔다. 그것이 ICP다. `WHERE col1 = 1 AND col3 < 10`이라는 검색 조건에 대해서 ICP를 사용한 경우와 사용하지 않은 경우의 차이는 그림 7.2와 7.3을 비교해보면 알 수 있다. ICP를 사용한 쪽이 행에 대한 접근이 적으므로 효율적이다.

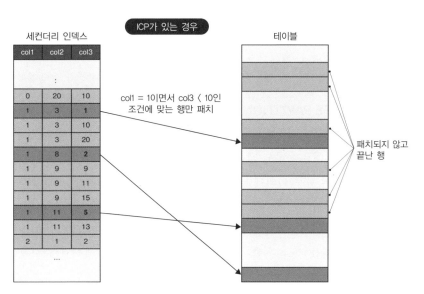

그림 7.2 ICP가 있는 경우의 검색 효율

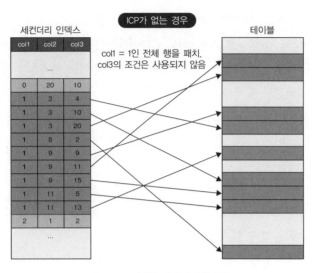

그림 7.3 ICP가 없는 경우의 검색 효율

### 7.2.2 HANDLER 명령어 지원 ▸▸▸ 신기능 107

HANDLER 명령어는 MySQL의 독자적 명령어로, 스토리지 엔진을 직접 조작하기 위한 낮은 수준의 명령어이다. SELECT보다도 오버헤드가 낮다고 하지만, 그것은 아주 간단한 검색에 한한다. MySQL 5.6까지는 파티셔닝된 테이블에 HANDLER 명령어가 지원되지 않았다. MySQL 5.7에서는 파티셔닝되어 있어도 HANDLER 명령어를 이용할 수 있다. 원래부터 사용할 수 있는 명령어의 종류가 빈약해 그다지 쓸 일은 없을 것이다. 상세한 설명은 생략한다.

### 7.2.3 EXCHANGE PARTITION··· WITHOUT VALIDATION ▸▸▸ 신기능 108

MySQL 5.6에서는 파티셔닝되지 않은 테이블 전체의 데이터와 파티셔닝된 테이블의 한 파티션의 내용을 바꿔 넣는 EXCHANGE PARTITION을 지원한다. 2개의 테이블은 파티셔닝의 유무 이외에는 완전히 정의가 같고, 게다가 외부 키 제약이 없어야 했다. 파티셔닝된 테이블 사이에서 직접 파티션을 교환하는 것은 할 수 없지만, 사이에 파티셔닝되지 않은 중간 테이블을 끼워 넣으면 다른 테이블에 낮은 비용으로 데이터를 이동할 수 있다. 오래된 데이터를 아카이브하는 식의 작업을 할 때 편리하다.

리스트 7.1의 price_list_history와 같은 구조를 가진 price_list_archive, 그리고 같은 구조지만 파티셔닝되어 있지 않은 price_list_tmp라는 테이블이 있다고 하자. 리스트 7.5는 가장 오래된 파티션 p1을 price_list_history에서 price_list_archive로 이동하는 예이다.

**리스트 7.5 파티션 데이터의 이동**

```
mysql> TRUNCATE TABLE price_list_tmp;
Query OK, 0 rows affected (0.04 sec)
mysql> ALTER TABLE price_list_history
    -> EXCHANGE PARTITION p1
    -> WITH TABLE price_list_tmp;
Query OK, 0 rows affected (0.17 sec)

mysql> ALTER TABLE price_list_tmp
    -> EXCHANGE PARTITION p1
    -> WITH TABLE price_list_archive;
Query OK, 0 rows affected (0.11 sec)

mysql> ALTER TABLE price_list_history
    -> DROP PARTITION p1;
Query OK, 0 rows affected (0.17 sec)
Records: 0  Duplicates: 0  Warnings: 0
```

파티셔닝되지 않은 테이블에 들어있는 데이터는, 이동할 파티션의 정의에 부합해야 한다. price_list_archive는 RANGE COLUMNS 파티셔닝으로, p1은 start_date가 '2016-01-01'보다도 작은 값의 집합이다. 기본값인 EXCHANGE PARTITION에서는 파티셔닝되어 있지 않은 출발지의 테이블에 파티션의 정의에 맞지 않는 데이터가 들어있지는 않은지 1행씩 데이터를 읽어 확인한다. 파티션 전체의 데이터를 스캔하기 때문에 이 조작은 비용이 아주 높다.

그래서 MySQL 5.7에서는 출발할 테이블의 데이터 확인을 하지 않도록 하는 WITHOUT VALIDATION이 추가되었다. 이 옵션을 사용하는 경우에는, 사용자가 범위 외의 데이터가 들어있지 않다는 것을 보증해야 한다. 위 예에서는 도중에 다른 트랜잭션에 의해 price_list_tmp 테이블이 변경되지 않았다면 파티션의 범위를 벗어난 데이터가 포함되지 않는다. 그러므로 행 데이터를 체크할 필요는 없다. 불필요한 처리를 하지 않는다면 이보다 좋은 것은 없다. 리스트 7.6은 WITHOUT VALIDATION의 사용 예이다.

**리스트 7.6 행 데이터를 확인하지 않는 파티션 데이터의 이동**

```
mysql> ALTER TABLE price_list_tmp
    ->  EXCHANGE PARTITION p1
    ->  WITH TABLE price_list_archive
    ->  WITHOUT VALIDATION;
Query OK, 0 rows affected (0.10 sec)
```

### 7.2.4 InnoDB에 최적화된 파티셔닝 설치 ▸▸▸ 신기능 109

이 기능을 설명하기 위해서는 설치에 관한 약간 촌스런 이야기를 할 필요가 있다. 이런 설명이 필요 없다면 건너뛰어도 된다. 결론부터 말하면, MySQL 5.7에서는 InnoDB 전용의 파티셔닝 엔진이 설치되어 메모리 사용 효율이 비약적으로 향상되었다. 이후에 상세하게 설명할 것이다.

MySQL 5.6까지의 파티셔닝은 메모리의 사용 효율이 좋지 않았다. MySQL의 스토리지 엔진 API에서는 테이블에 접근할 때마다 handler 클래스에서 파생한 클래스의 인스턴스를 작성할 필요가 있다. 이 파생 클래스는 InnoDB나 MyISAM 등의 스토리지 엔진에 접근하기 위한 핸들로, 테이블별, 스레드별로 작성해야 한다. 자기 결합을 하는 등, 같은 쿼리 내에서 같은 테이블을 여러 번 참조하는 경우에는 handler 인스턴스가 매번 하나씩 필요하다. 스토리지 엔진은 handler의 파생 클래스를 설치할 필요가 있는데, InnoDB의 경우는 ha_innobase, MyISAM의 경우는 ha_myisam이라는 방식으로 되어 있다. 스토리지 엔진의 기능만 설치해도 handler 클래스는 꽤 크다. 파티셔닝된 테이블도 내부적으로는 스토리지 엔진으로 설치되어 있으며, 그 파생 클래스인 ha_partition으로 되어 있다.

ha_partition은 테이블로 접근했을 때에 적절한 파티션을 지정하고 그 파티션과 데이터를 처리하는 등의 중개자 역할을 담당한다. 거기에 MySQL 5.6에서 부하 파티션에 접근하면 각 파티션의 스토리지 엔진에 대응한 handler(의 파생 클래스의) 인스턴스를 생성해 나간다. 이를 위해 파티션의 수가 방대해지면 그만큼 많은 handler 인스턴스가 필요해져 메모리를 많이 소비하는 원인이 되었다.

그래서 MySQL 5.7에서는 다음의 두 가지가 개선되었다.

• 파티셔닝에 관계하는 로직의 분리
• InnoDB 전용의 파티셔닝 엔진 설치

파티셔닝에 관한 각종 로직, 예를 들면 파티션의 선정 등이 ha_partition에서 별도의 클래스로 이동했다. 그 결과, MySQL 5.6과 MySQL 5.7에서는 ha_partition 클래스의 상속에 리스트 7.7과 같은 차이점이 있다.

리스트 7.7 ha_partition 클래스의 차이

```
■ MySQL 5.6의 경우
class ha_partition :public handler
{
```

```
… 생략 …
};
```

■ MySQL 5.7의 경우

```
class ha_partition :
  public handler,
  public Partition_helper,
  public Partition_handler,
{
… 생략 …
}
```

파티셔닝을 위해 필요한 로직의 대부분은 `Partition_helper`와 `Partition_handler` 2개의 클래스로 전환되었다. InnoDB 전용의 파티셔닝 엔진인 `ha_innopart` 클래스는 리스트 7.8과 같이 정의해 놓았다.

**리스트 7.8 ha_innopart 클래스의 정의**

```
class ha_ ha_innopart :
  public ha_innobase,
  public Partition_helper,
  public Partition_handler,
{
… 생략 …
}
```

이 클래스가 ha_innobase 클래스를 상속하고 있다는 점에 주목하기 바란다. ha_partition과는 달리 사이에 handler 인스턴스가 없어도 InnoDB로 이 클래스에 직접 접근할 수 있다. 쓸데없는 handler 클래스가 불필요해져 사용할 메모리가 대폭 줄어들었다.

MySQL 5.6에서 MySQL 5.7로 업그레이드할 때 MySQL 5.6에서 작성된 ha_partition 테이블은 mysql_upgrade 명령어를 실행하면 새로 설치된다. mysql_upgrade 명령어는 서버로 로그인한 후 ha_partition의 테이블에 대해 ALTER TABLE … UPGRADE PARTITIONING 명령어를 실행한다. 이 명령어는 .frm 파일을 덮어쓰면 바로 완료한다.

### 7.2.5 이동 가능한 테이블스페이스에 대한 대응 ▸▸▸ 신기능 110

MySQL 5.6에서는 InnoDB의 테이블스페이스의 이행이 가능해졌다. 이는 물리적인 파일을 다른 서버로 복사하는 방식으로, 데이터의 이행이 가능해졌다는 것이다. 약간 보충하자면, innodb_file_per_table이 ON일 때 작성한 테이블별 .ibd 파일은 데이터 파일로, 그 파일들이 모여 하나의 테이블스페이스를 구성한다.

테이블스페이스의 이행은 .ibd 파일을 대상으로 하며, 일반 테이블스페이스나 공유 테이블스페이스(ibdata1)는 대상이 아니다. 파일을 복사해서 테이블 데이터를 이동하는 방식의 장점은 성능 면에서 찾을 수 있다. mysqldump로 이행하는 것보다 성능 면에서 훨씬 유리하다.

MySQL 5.6의 시점에서는 파티셔닝되지 않은 일반 InnoDB 테이블만이 대상으로, 파티셔닝된 테이블에 대해서는 테이블스페이스로 이행할 수 없었다. 따라서 어떻게든 이행하고 싶을 때에는 일단 EXCHANGE PARTITION을 사용해 특정 파티션을 일반 InnoDB 테이블로 변환하고 그 후에 복사하는 순서를 밟았다. 이런 방법은 단계가 많이 늘어나므로 수고스럽고 시간도 걸릴 수밖에 없다. 하지만 MySQL 5.7에서는 파티셔닝된 테이블을 직접 다른 서버로 이행하는 것이 가능해졌다.

이후에 테이블스페이스의 이행 순서를 간단하게 소개하겠다.

먼저 이행 목적지인 서버에 이행 출발지의 테이블과 완전히 같은 정의의 테이블을 작성하고, 테이블스페이스를 삭제한 다음 데이터 파일을 수용할 준비를 해둔다.

```
mysql> CREATE TABLE price_list_history (
… 중략 …
Query OK, 0 rows affected (0.69 sec)

mysql> ALTER TABLE price_list_history DISCARD TABLESPACE;
Query OK, 0 rows affected (0.22 sec)
```

다음으로 이행 출발지 서버에서 이행할 테이블의 데이터 파일을 복사할 준비를 한다.

```
mysql> FLUSH TABLE price_list_history FOR EXPORT;
Query OK, 0 rows affected (0.00 sec)
```

이 명령어를 통해 이 테이블의 더티 페이지는 모두 디스크로 플러시되어 데이터 파일의 메타 데이터가 저장된 .cfg 확장자를 갖는 파일이 작성된다. 그와 동시에 테이블에는 공유 lock이 걸려 일시적으로 변경할 수 없는 상태가 된다. 공유 lock은 UNLOCK TABLE 명령어로 해제된다. 파티셔닝된 테이블에서 .ibd 파일은 파티션별로 작성되므로, .cfg도 파티션별로 하나씩 작성된다. 명령어가 완료되면 .ibd 파일과 .cfg 파일을 이행 목적지인 서버에 복사한다.

```
shell> scp price_list_history#P#*.{ibd, cfg} user@host:/path/to/datadir/dbname
```

사용자명이나 호스트명, 데이터베이스 디렉터리 path 등은 적절히 바꿔 넣도록
하자. 복사가 완료되면 데이터 파일을 걷어 치우자.

```
mysql> ALTER TABLE price_list_history IMPORT TABLESPACE;
Query OK, 0 rows affected (1.45 sec)
```

마지막으로 이행 출발지인 서버에서 테이블 lock을 잊지 말고 해제해야 한다.

```
mysql> UNLOCK TABLES;
Query OK, 0 rows affected (0.00 sec)
```

이것으로 이행 작업이 완료되었다. 파티셔닝된 테이블도 이행 작업의 순서는 파
티셔닝되지 않은 경우와 차이가 없다. .ibd와 .cfg 파일의 수가 많고 적음의 차
이 정도다.

## 7.3 MySQL 5.7에서 파티셔닝의 용도

MySQL 5.7의 파티셔닝은 스토리지 엔진으로 InnoDB를 이용하는 경우 오버헤
드가 많이 감소되어서 쓰기 쉽다. 특히 메모리의 사용이 줄었다. ICP가 서포트
되므로 쿼리의 성능도 향상될 것이다. EXPLAIN 명령어에도 기본적으로 파티션
정보가 들어있어서 가지치기의 효율성에 대해 검토하지 않고 넘어갈 위험이 줄
어들었다. EXCHANGE PARTITION과 WITHOUT VALIDATION을 병용할 수 있게 되어
파티션의 유지 관리도 용이해졌다. MySQL 5.6과 비교했을 때 확실하게 발전하
고 있다고 볼 수 있다. 파티셔닝이 적절한 경우에는 외면하지 말고 사용해 보자.

그러나 이번 장 앞에서 기술한 것처럼 파티셔닝은 원래 처리가 어렵다. 가지
치기가 효율적이지 않은 경우에는 오버헤드가 늘어나 장점이 없고, 외부 키 제
약도 사용할 수 없다. 게다가 MySQL에는 글로벌 인덱스가 구현되어 있지 않아
서 기본 키나 유니크 인덱스에도 제한이 있다. 정말로 파티셔닝을 하는 것이 옳
은 선택인지 고려한 후 애플리케이션의 부하를 시뮬레이션한 벤치마크를 통해
사용할지 여부를 판단하자.

# 8장

# 보안

IT 시스템은 해마다 그 중요성을 더해가고 있고 이에 맞춰 시스템에 요구하는 보안 요건도 점점 엄격해지고 있다. 보안이 중요한 것은 RDBMS에서도 예외가 아니다. MySQL 5.7에서도 각종 보안 강화를 위한 신기능이 추가되었다. 반드시 새로운 기능을 활용해 보안을 강화하고, 안전하게 데이터베이스 서버를 운영하기 바란다.

## 8.1 MySQL 보안 모델

MySQL의 보안에 대해 이해하기 위해서는, 먼저 MySQL이 어떠한 구조로 접근 관리를 하고 있는지 이해해야 한다. 여기서는 MySQL의 보안 관련 기본 구조에 대해 설명하겠다.

### 8.1.1 사용자 계정

MySQL은 클라이언트/서버 방식의 소프트웨어로, 불특정 다수의 원격 호스트가 접속한다. 따라서 MySQL 서버가 의도하지 않은 조작을 받아들이지 않도록 해야 한다. 클라이언트/서버 방식의 소프트웨어의 보안에서 중요한 것은, 서버가 허가한 사용자만 접근하도록 하는 것이다. 그래서 사용자 계정으로 인증하고, 거기에 통신 경로를 보호하는 방법으로 부정한 제삼자의 접근을 막는다. 이번 절에서는 MySQL 사용자 계정에 대해 설명할 것이다. 통신 경로 보호에 대해서는 다음 절에서 설명하겠다. SQL 인젝션 등과 같이 허가된 사용자 계정에 의해 공격을 받는 사례도 있지만, 사용자 계정을 확실히 운영하는 것이 보안의 대원칙임에는 변함이 없다.

사용자 계정을 정확하게 운영하기 위해서는 MySQL 사용자 계정에 대해 정확하게 이해해야 한다. MySQL 사용자 계정에서 무엇보다 주의해야 할 점은 계정이 사용자명과 호스트의 세트로 구성되어 있다는 점이다. 여기서 말하는 호스트란, 접속하고자 하는 클라이언트의 호스트를 말한다. MySQL에서는 같은 사용자명이 있어도 클라이언트의 호스트가 다르면 다른 사용자 계정으로 인식한다. MySQL의 사용자 계정은 호스트를 식별하므로, 다음과 같은 모양이 된다.

사용자명@호스트

호스트 자리에는 호스트명이든 IP 주소든 어느 쪽을 지정해도 상관없다. 사용자명과 호스트가 조합되어 있어서 번거롭기는 하지만, 사용자명을 공백 처리해서 임의의 사용자에 매치한다는 의미로 호스트 와일드카드를 사용할 수 있다.[1] 와일드카드는 호스트 전체에 적용할 수도, 일부에만 적용할 수도 있다. 와일드카드는 퍼센트 기호(%)를 사용한다. 와일드카드 사용을 포함한 MySQL 사용자 계정의 예를 표 8.1에 정리했다.

| 사용자 계정 | 설명 | 우선순위 |
|---|---|---|
| appuser@appserver.example.com | 사용자명은 공란이 아니고, 호스트에 와일드카드를 지정하지 않았다. | 1 |
| ''@appserver.example.com | 특정 호스트에서 임의의 사용자명으로 접속을 받는다. | 2 |
| appuser@app%.example.com | app%..example.com에 일치하는 호스트에서 appuser 사용자의 접속을 받는다. | 3 |
| ''@app%..example.com | app%..example.com에 일치하는 호스트에서 임의의 사용자명에 의한 접속을 받는다. | 4 |
| appuser@% | 임의의 호스트에서 appuser 사용자의 접속을 받는다. | 5 |
| ''@% | 사용자명도 호스트명도 임의로 한다. | 6 |

표 8.1 MySQL 사용자 계정의 예

와일드카드를 사용하면, 하나의 사용자명과 호스트의 조합이 복수의 계정에 해당하는 경우가 있다. 여러 개의 계정에 매치한다면 보다 구체적인 쪽, 다시 말해서 와일드카드가 적은 쪽이 우선한다. 또한 사용자명과 호스트 중에서는 호스트가 우선한다. 다시 말해 사용자명이 공란이지만 호스트가 임의가 아닌 계정과, 사용자명이 설정되어 있지만 임의의 호스트를 쓰는 계정이 있다면 후자 쪽이 우

---

[1] 임의의 문자열과 일치하는 것을 나타내는 문자.

선순위가 높은 것이다. 표 8.1은 이러한 룰에 맞추어 우선순위가 높은 순서로 기술해 놓았다. 구체적인 예를 언급하면, appserver.example.com이라는 호스트에서 appuser라는 사용자명으로 접속하면 첫 번째 계정이 채택된다. 같은 호스트에서 별도의 사용자명으로 접속을 하면 2번째의 계정이 되고 완전히 다른 도메인의 호스트에서 appuser라는 사용자명으로 접속하면 5번째의 계정이 된다. 와일드카드를 사용하는 경우에는, 이렇듯 최초에 매치된 것을 사용한다.

덧붙여서 IP 주소는 호스트명보다도 우선순위가 높다. IP 주소로도 와일드카드는 사용할 수 있지만 IP 주소는 전방 일치, 즉 와일드카드가 마지막 부분에 와야 하므로 추천하지는 않는다. 예를 들어, 192.168.1.%라는 식의 와일드카드를 사용하면 192.168.1.badhost.example.com이라는 호스트도 일치해 위험하다. 대신 192.168.1.0/255.255.255.0으로 설정하면 확실하게 서브넷의 호스트에서 접근을 제한할 수 있다.

## 8.1.2 MySQL의 권한

사전에 허가된 사용자 계정만 접근한다고 해도, 부정 접근의 위험이 없다고는 할 수 없다. SQL 인젝션의 가능성도 있고, 계정을 도난 당할 수도 있다. 이런 위험에서 데이터를 보호하기 위해 각각의 사용자 계정이 실행할 수 있는 조작을 최소한으로 하는 것이 바람직하다. 그렇게 하면 만에 하나 계정을 도난당해도 피해가 커지는 것을 막을 수 있기 때문이다. 표 8.2와 표 8.3에 MySQL이 제공하는 권한을 정리해 놓았다.

이 책에서는 각각의 권한에 대해서 자세한 설명은 하지 않는다. 자세하게 알고 싶다면 매뉴얼을 참고하자. 권한을 부여할 때는 리스트 8.1과 같이 GRANT 명령어를 사용한다.

| 권한명 | 대상 | 종류 | 설명 |
| --- | --- | --- | --- |
| CREATE | 데이터베이스, 테이블, 인덱스 | DDL | 데이터베이스, 테이블, 테이블 작성에 동반하는 인덱스의 작성 |
| CREATE TEMPORARY TABLE | 임시 테이블 | DDL | 임시 테이블의 작성 |
| INDEX | 테이블 | DDL | 현존하는 테이블에 인덱스 작성과 삭제 |
| REFERENCES | 테이블 | DDL | 외부 키 제약의 작성 |
| ALTER | 테이블 | DDL | 테이블 정의의 변경 |

| | | | |
|---|---|---|---|
| DROP | 데이터베이스, 테이블, 뷰 | DDL | 데이터베이스, 테이블, 뷰의 삭제 |
| CREATE VIEW | 뷰 | DDL | 뷰의 작성 |
| SHOW VIEW | 뷰 | DDL | 뷰의 정의 확인 |
| EVENT | 이벤트 스케줄러 | DDL | 이벤트 스케줄러의 작성, 삭제, 변경 |
| TRIGGER | 트리거(테이블) | DDL | 트리거의 작성, 삭제, 변경, 실행 |
| CREATE ROUTINE | 스토어드 루틴 | DDL | 스토어드 루틴의 작성 |
| ALTER ROUTINE | 스토어드 루틴 | DDL | 스토어드 루틴의 변경, 삭제 |
| EXECUTE | 스토어드 루틴 | DML | 스토어드 루틴의 실행 |
| LOCK TABLES | 데이터베이스 | DML | 테이블 lock 확인 |
| SELECT | 테이블, 컬럼 | DML | 테이블의 참조 |
| INSERT | 테이블, 컬럼 | DML | 테이블에 행 추가 |
| UPDATE | 테이블, 컬럼 | DML | 테이블 행의 변경 |

표 8.2 MySQL이 제공하는 권한 (1)

| 권한명 | 대상 | 종류 | 설명 |
|---|---|---|---|
| DELETE | 테이블 | DML | 테이블에서 행의 삭제 |
| FILE | 서버 | 관리 | 호스트의 임의의 파일에 접근 |
| CREATE TABLESPACE | 서버 | 관리 | 테이블스페이스의 작성, 삭제, 변경 |
| CREATE USER | 서버 | 관리 | 사용자 작성, 변경, 삭제, RENAME, 모든 권한의 삭제 |
| PROCESS | 서버 | 관리 | SHOW PROCESSLIST와 SHOW ENGINE… STATUS의 실행 |
| PROXY | 서버 | 관리 | 다른 사용자의 권한을 빌려씀 |
| RELOAD | 서버 | 관리 | FLUSH 명령어의 실행 |
| REPLICATION SLAVE | 서버 | 관리 | 레플리케이션 슬레이브 실행 |
| REPLICATION CLIENT | 서버 | 관리 | 레플리케이션용 관리 명령어 실행 |
| SHOW DATABASE | 서버 | 관리 | 서버에 있는 데이터베이스를 리스트업 |
| SHUTDOWN | 서버 | 관리 | 서버 정지 |
| SUPER | 서버 | 관리 | 각종 관리 업무의 실행 |
| USAGE | 서버 | - | 어떤 권한도 부여하지 않음. 서버 로그인이나 DUAL 테이블 접근 가능 |
| ALL | 서버 | - | 모든 권한을 부여 |

표 8.3 MySQL이 제공하는 권한 (2)

**리스트 8.1 GRANT 명령어의 실행 예**

```
mysql> GRANT SELECT, INSERT, UPDATE ON app1db.* TO appuser@appclient;
Query OK, 0 rows affected (0.00 sec)
```

권한을 부여할 때 중요한 것은 영향이 큰 권한을 사용자에게 무턱대고 부여하지 않는 것이다. 특히 관리계 명령어에 대한 권한과 DDL에 대한 권한은 데이터베이스 관리자나 배치 처리 사용자 계정에만 부여하는 것이 바람직하다. 이 중에서도 특별히 위험한 것은 FILE 권한이다. mysqld 프로세스를 실행하는 사용자(유닉스 계열 OS라면 보통 mysql)가 접근할 수 있는 임의의 파일에 접근할 수 있기 때문이다.

표 8.2와 표 8.3에는 굳이 기재하지 않았지만, GRANT 명령어를 실행할 때에 WITH GRANT OPTION 구문을 지정하면 GRANT 권한이 부여된다. 이것은 자기가 가지고 있는 권한을 다른 사용자에게 부여할 수 있는 권한이다. 악용됐을 때의 영향도 물론 크지만, 다른 사용자에게 권한의 관리를 맡기는 것은 관리가 미흡해질 수 있다는 것이기도 하다. GRANT 옵션의 운용은 신중하게 고려해야 한다.

또한 MySQL에서는 전통적으로 GRANT 명령어를 실행했을 때, 권한을 부여받을 사용자가 존재하지 않으면 사용자 계정을 자동으로 만든 후에 권한을 부여한다. MySQL 5.7에서는 이런 사용 방법은 권장하지 않는다.[2] 이후의 내용을 잘 살펴보고 GRANT 명령어를 실행하기 전에는 먼저 CREATE USER 명령어를 사용해 대상 사용자 계정을 작성하는 습관을 들여야 할 것이다.

### 8.1.3 권한 테이블

MySQL 사용자가 가진 각종 권한에 대한 정보는 mysql 데이터베이스 안에 있는 테이블에 저장되어 있다. 이들 시스템 테이블을 권한 테이블(Grant table)이라고 부른다. 표 8.4에 권한 테이블의 목록을 정리했다.

| 테이블명 | 설명 |
| --- | --- |
| user | 로그인 정보와 서버 전체에 대한 권한 정보 |
| db | 데이터베이스별 권한 정보 |
| tables_priv | 테이블별 권한 정보 |

---

2 이전 버전에서도 SQL 모드로 NO_AUTO_CREATE_USER을 지정하면, GRANT 명령어로 사용자 계정의 작성을 금지할 수 있었다.

| | |
|---|---|
| columns_priv | 컬럼별 권한 정보 |
| procs_priv | 스토어드 루틴에 대한 권한 정보 |
| proxies_priv | 권한의 프락시에 관한 정보 |

**표 8.4 권한 테이블 목록**

권한 테이블에는 사용자 계정별 권한 정보가 저장되어 있어서, MySQL 서버를 시작할 때 읽어들여 고속으로 접근할 수 있도록 데이터가 메모리에 캐시된다. 이들 테이블을 직접 변경해서 사용자 계정의 권한을 변경할 수도 있지만, 테이블을 변경해도 메모리의 캐시에 즉시 반영되는 것은 아니다. 변경을 반영하려면 FLUSH PRIVILEGES 명령어를 실행해야 한다. FLUSH PRIVILEGES를 실행하려면 RELOAD 권한이 필요하다.

권한 관리를 위해 권한 테이블을 직접 조작하는 방식은 추천하지 않는다. 권한 데이터를 적절하게 읽기 위해서는 전체 권한 테이블의 정보가 정합성을 갖고 있어야 한다. 권한을 관리하기 위해서는 GRANT나 REVOKE등의 전용 명령어를 사용하는 편이 안전하다. 이들 테이블은 mysqldump 등을 사용해서 백업을 한다든지 다른 서버로 사용자 계정을 옮길 때 쓸모가 있다.

### 8.1.4 인증 플러그인

MySQL 5.5에서는 MySQL 서버의 인증 부분을 여러 가지의 타입으로 바꿀 수 있다. 플러그인을 기술하기 위한 API가 정의되어, 인증 방식을 바꿔 넣도록 하고 있다. 오라클이 제공하는 외부 인증 플러그인을 표 8.5에 정리해 놓았다.

| 통칭 | 플러그인명 | 상용판만 해당 | 도입 버전 | 설명 |
|---|---|---|---|---|
| MySQL 네이티브 패스워드 인증 플러그인 | mysql_native_ password | | 4.1 | MySQL 4.1부터 사용되고 있는 패스워드 해시를 사용한 인증 방식 |
| 오래된 MySQL 네이티브 패스워드 인증 플러그인 | mysql_old_ password | | - | MySQL 4.0 이전의 패스워드 해시를 사용한 인증 방식. 해시의 강도가 약해서 MySQL 5.7에서 삭제 |
| SHA256 인증 플러그인 | sha256_password | | 5.6 | SHA-256을 패스워드 해시로 이용한 인증 방식. mysql_native_password보다도 해시의 강도가 강함 |
| PAM 인증 플러그인 | authentication_ pam | O | 5.5 | PAM 인증을 이용한 방식 |

| 윈도우 네이티브 인증 플러그인 | authentication_ windows | O | 5.5 | 윈도우 OS 인증을 이용한 방식 |
|---|---|---|---|---|
| 로그인 없는 인증 플러그인 | mysql_no_login | | 5.7 | 로그인시키지 않는 사용자용. 스토어드 루틴 실행용 사용자 등에 사용 |
| 클라이언트 사이드 평문 인증 플러그인 | mysql_clear_ password | | 5.5 | 실행문을 서버로 송신하는 클라이언트의 플러그인. 서버 사이드는 다른 인증 방식을 사용. 패스워드의 도청을 막기 위해 통신 경로의 보호가 필요 |
| 소켓 피어 인증서 인증 플러그인 | auth_socket | | 5.5 | 유닉스 도메인 소켓으로부터 클라이언트의 사용자 정보를 읽어 MySQL 사용자명과 일치하면 인증하는 방식 |

**표 8.5 외부 인증 플러그인 목록**

기본값과 다른 인증 방식을 사용하는 경우에는 CREATE USER 명령어로 사용자를 작성할 때, WITH 구문으로 플러그인 이름을 지정한다. 리스트 8.2는, SHA-256 인증 플러그인을 사용해서 사용자 계정을 작성하는 예이다.

**리스트 8.2 SHA-256 인증 플러그인의 이용**

```
mysql> CREATE USER newuser@localhost INDENTIFIED WITH sha256_password;
Query OK, 0 rows affected (0.19 sec)

mysql> SET PASSWORD FOR newuser@localhost = 'newpassword' ;
Query OK, 0 rows affected (0.03 sec)
```

이 사용자 계정을 사용해서 MySQL 서버에 접속하려면 클라이언트 쪽도 SHA-256 인증 플러그인을 지원하고 있어야 한다. 또한 SHA-256 인증 플러그인을 이용하려면, SSL 접속을 하든지 클라이언트가 서버의 RSA 공개 키를 갖고 있어야 한다.[3] SHA-256 인증 플러그인의 사용법에 대해서는 이 책에서는 다루지 않으니 매뉴얼을 참조하도록 하자.

인증 플러그인을 위한 API는 확실히 규정해 놓아서, 사용자가 독자적으로 인증 부분을 작성할 수도 있다. 만일 현재의 인증 방식으로 만족하지 못하는 특별한 요구가 있다면 인증 플러그인을 직접 개발할 수 있다.

## 8.1.5 프락시 사용자

프락시 사용자(proxy user)란, 다른 사용자의 권한을 대리로 행사하는 사용자를 말한다. 프락시 사용자에게는 각종 오브젝트에 접근하기 위한 구체적인 권한은

---

3 그러므로 서버 쪽에서는 사전에 RSA의 키 쌍을 생성해 두어야 한다.

부여되어 있지 않고, **PROXY** 권한만 부여된다. 권한을 배치 받는 사용자를 프락시 대상 사용자(proxied user)라 부른다. 다시 말해서 프락시 사용자를 사용해 로그인한 사용자는 프락시 대상 사용자와 같은 권한을 갖게 되는 것이다.

일반적으로는 프락시 사용자를 이용할 때는 외부 인증 플러그인을 같이 사용해야 한다. 오라클이 제공하는 외부 인증 플러그인으로는 유닉스 계열의 시스템에서 이용 가능한 PAM 인증 플러그인과 윈도우의 네이티브 인증용 플러그인이 있는데, 이들은 상용판에서만 이용할 수 있다.[4]

리스트 8.3은 PAM 인증 플러그인을 이용해서 프락시 사용자를 작성하는 예이다. PAM 인증은 여러 종류의 소프트웨어에서 이용할 수 있는 인증 프레임워크로, 리눅스를 포함한 유닉스 계열 OS에서 이용할 수 있다. 원래는 썬 마이크로시스템즈가 제창했으나 후에 CDE[5]의 인증 프레임워크가 되었다. PAM은 현재도 유닉스 계열 OS의 데스크톱 환경 사용자 인증에 사용되고 있다. 따라서 MySQL에서 PAM 인증 플러그인을 사용하려면, 시스템에 PAM이 설치되어 있어야 한다. 많은 시스템 도구(예: sudo나 polkit, sshd, X 디스플레이 매니저 등)은 PAM을 이용하고 있으므로 특별한 이유가 없으면 인스톨되어 있을 것이다. PAM 인증 플러그인은 상용판만 제공하는 기능이고 커뮤니티판에는 들어있지 않으므로 주의하기 바란다.

**리스트 8.3 프락시 사용자의 작성 예**

```
mysql> install plugin authentication_pam soname 'authentication_pam.so' ;
Query OK, 0 rows affected (0.02 sec)

mysql> CREATE USER developer@localhost INDENTIFIED BY 'somepassword' ;
Query OK, 0 rows affected (0.00 sec)

mysql> GRANT ALL ON appdev.* to developer@localhost ;
Query OK, 0 rows affected (0.00 sec)

mysql> CREATE USER ''@'' INDENTIFIED WITH authentication_pam
    -> AS 'mysql, appdev=developer' ;
Query OK, 0 rows affected (0.00 sec)

mysql> GRANT PROXY ON 'developer'@'localhost' TO ''@'' ;
Query OK, 0 rows affected (0.00 sec)
```

---

**4** 인증 플러그인에는 인터페이스가 정의되어 있으므로 마음만 먹으면 누구라도 독자적인 플러그인을 만들 수 있다.

**5** Common Desktop Environment. 20여 년 전에 배포된 OpenVM과 유닉스 계열의 데스크톱 환경. 원래는 상용 소프트웨어였지만, 2012년에 LGPLv2+가 부여되어 자유롭게 쓸 수 있는 소프트웨어가 되었다.

여기서 사용자 계정이 ''@''로 되어 있는 것은, 기본 프락시 사용자를 의미하고, 임의의 로그인 사용자 계정과 매치한다. 임의의 로그인 사용자는 ''@'' 계정에 기술되어 있는 정보를 보고, 적절한 프락시 대상 사용자와 매핑된다. 매핑의 내용은 AS 구문으로 지정한다. 리스트 8.3의 예에서는 AS 'mysql, appdev=developer'로 되어 있다. 문자열의 맨 앞에 있는 mysql은 서비스명으로, 자세한 것은 나중에 설명하겠다. 매핑은 appdev=developer 부분이다. 이것은 appdev 그룹에 속한 사용자가 developer 사용자에 매핑되었다는 것을 가리킨다. 여기서 말하는 그룹이란 OS의 사용자 계정이 속한 그룹을 말한다. PAM 인증 플러그인을 통해 사용자가 속한 그룹의 정보를 가져온다. 리스트 8.3의 예는 단일 매핑이 일어나고 있지만 같은 요령으로 다른 그룹의 사용자를 별도의 프락시 대상 사용자(예: wheel 그룹을 root@localhost)에 매핑시킬 수도 있다. 여러 개의 매핑을 기술할 때는 각각의 매핑을 콤마로 구분하여 열거한다. OS의 사용자 계정에는 여러 그룹을 할당할 수 있다. 그 때문에 잠재적으로 여러 개에서 사용하고 있는 그룹에 매치할 가능성이 있지만, 처음에 매치한 그룹이 사용된다.

AS 구문 맨 앞의 mysql이라는 문자열은 PAM 인증에서 사용하는 서비스명이다. 이것은 /etc/pam.d/mysql의 내용에 의해 인증이 일어나는 것을 나타낸다. PAM의 설정 파일의 내용은 OS(리눅스에서는 디스트리뷰션)의 종류 또는 PAM 내부에서 어떠한 인증 방식을 사용하는가에 따라 달라진다. 예를 들어 필자가 애용하고 있는 젠투 리눅스에서는 리스트 8.4와 같이 기술하면 OS 로그인 시의 인증이 사용된다. 다른 OS에서는 설정이 다르기 때문에 자세한 내용은 OS의 매뉴얼 등을 참조하기 바란다.

**리스트 8.4 Gentoo Linux의 /etc/pam.d/mysql의 예**

```
#%PAM-1.0
auth       include system-login
account    include system-login
```

PAM 인증 플러그인에서는 OS(또는 다른 모듈이 제공하는 사용자 계정)와 같은 사용자명으로 로그인해야 한다. 또한 클라이언트 사이드 실행문 인증 플러그인을 사용해야 한다. 리스트 8.5는, mysql 명령어를 사용한 로그인의 실행 예이다.

**리스트 8.5 mysql 명령어에 의한 로그인 예**

```
shell> mysql -u myuser -p --enable-cleartext-plugin
Enter password:
```

이 설정으로 MySQL 서버에 로그인하면, 서버 쪽에서는 프락시 사용자 ''@''에 의해 PAM 인증을 사용해 인증이 일어나고, 그 후 그룹명과의 매칭에 의해 적절한 프락시 대상 사용자가 선택된다. 여기서 myuser는 appdev 그룹에 속해 있다고 하자. 그러면 리스트 8.3에 있는 CREATE USER문의 AS 구문에 써있는 대로 appdev 그룹의 사용자는 developer 사용자에 매핑되고, myuser 사용자명으로 로그인했음에도 불구하고 developer@localhost의 권한을 얻는다. 로그인할 때 지정한 사용자, 프락시 사용자, 프락시 대상 사용자에 각각 다른 사용자가 세팅된 형태를 리스트 8.6에 제시한다.

**리스트 8.6 로그인 사용자, 프락시 사용자, 실제 사용자의 예**

```
mysql> SELECT USER(), @@proxy_user, CURRENT_USER();
+-----------------+--------------+---------------------+
| USER()          | @@proxy_user | CURRENT_USER()      |
+-----------------+--------------+---------------------+
| myuser@localhost | ''@''       | developer@localhost |
+-----------------+--------------+---------------------+
1 row in set (0.00 sec)
```

이처럼 프락시 사용자는 외부 인증 플러그인을 통해 얻은 정보를 이용해 사용자 계정을 매핑한다. MySQL 5.7에서는 로컬의 사용자라고 해도 프락시 사용자를 이용할 수 있게 되었다.

### 8.1.6 통신 경로의 보호

MySQL에서는 통신 경로의 보호를 위해 TLS/SSL(이하 SSL)에 의한 암호화를 지원하고 있다. 종래 SSL의 설정은 조금 번거로웠으나 MySQL 5.7부터 순서가 아주 간략해졌다. 이 부분은 이후에 구체적으로 순서를 밟아가며 설명하겠다.

사용자 인증과 권한을 어느 정도 적절히 운용하고 있어도, 통신 경로에서 유출이나 조작을 당하게 되면 아무 소용이 없다. 사설망을 이용하는 경우 등 통신 경로의 보호가 필요 없는 경우도 있지만, 그렇지 않은 경우에는 암호화에 의한 보호가 필수 항목이다.

### 8.1.7 암호화 함수

MySQL 서버에는 애플리케이션이 암호화나 복호화를 위한 함수도 준비되어 있다. 이 함수를 사용해 독자적으로 암호화하면 데이터의 안정성을 높일 수 있다. 함수를 어떻게 활용할지는 애플리케이션에 따라 다르다. 예를 들면 신용카드 번호 등 아주 중요한 정보를 저장해야 하는 경우, 사전에 암호화해두면 만에 하나 데이터를 도난 당한 경우에도 공격한 사람의 손에 정보를 쥐어주게 되는 위험이 줄어든다.

상용판 MySQL Enterprise Server에는 비대칭(공통 키) 암호화 알고리즘을 위한 함수가 제공되고 있다. 키의 길이는 기본적으로는 1024 비트로, 최장은 RSA의 경우 16KiB, DSA의 경우 10,000바이트까지 가능하다.

### 8.1.8 감사 플러그인

MySQL에는 버전 5.5부터 감사용 플러그인을 추가하기 위한 API가 마련되어 있다. 상용판에서만 이용할 수 있는 MySQL Enterprise Audit Log Plugin이라는 감사 로그 플러그인이 존재하지만, 감사 플러그인 API를 사용하면 커뮤니티판에서도 독자적으로 감사용 프로그램을 추가할 수 있다. 플러그인 개발 비용을 지불할 수 없다면 상용판을 이용하는 것이 좋다.

MySQL Enterprise Audit Log Plugin에서는 사용자의 로그인 또는 쿼리의 실행을 로그에 기록할 수 있다. 로그는 XML 형식으로 되어 있으며, 프로그램을 사용해 검색이나 가공이 용이하다. 이 플러그인 자체는 MySQL 5.5부터 사용할 수 있었지만 MySQL 5.6에 와서 기능이 확충되었으며, 계정이나 이벤트의 종료 상태에 따라 필터링할 수 있게 되었다. 특히, MySQL 5.6.20에 와서 크게 기능이 추가되었는데, MySQL Enterprise Audit Log Plugin을 이용하면 그 버전보다도 새로운 기능을 사용할 수 있다.

---

#### 성능 스키마에 의한 감사

감사 로그까지는 필요 없어도, 예상 외의 사용자에 의한 로그인이 있는지, 또는 각각의 사용자가 예상 외의 조작을 하고 있지 않은지를 감사하고자 하는 경우가 있을 것이다. 이럴 때 편리하게 사용할 수 있는 것이 성능 스키마, 또는 성능 스키마를 활용한 sys 스키마의 각종 테이블이다. 예를 들어 performance_schema.accounts 테이블을 보면 각각의 사용자가 몇 번 로그인했는지 알 수 있다. 또한 sys.user_summary에서는 접속 수와 더불어 쿼리 실행에 관한 통계 등도 볼 수 있다. 문제가 발생했을 때 언제부터 발생했는지 확인하기 위해서라도 sys.user_summary 등을 정상적으로 기록해서, 언제라도 시스템에 대한 변화를 조사할 수 있도록 준비해 두어야 할 것이다.

## 8.2 사용자 계정에 대한 변경

MySQL의 보안 모델에 대해 살펴보았으니 이제 MySQL 5.7의 신기능에 대해 살펴보자.

### 8.2.1 외부 인증 없이도 프락시 사용자 이용 가능 ▸▸▸ 신기능 111

프락시 사용자는 여러 사용자에 대해 같은 사용자 권한을 부여할 수 있으므로 여러 권한들을 묶어 놓은 롤(Role)처럼 사용할 수 있어 편리하다. MySQL 5.5와 MySQL 5.6에서는 프락시 사용자를 이용할 때 외부 인증 플러그인을 함께 사용해야 했다. MySQL 5.7에서는 이런 제한이 없어져, 외부 인증 플러그인을 이용하지 않아도 프락시 사용자가 기능을 사용할 수 있게 되었다.

　MySQL 네이티브 패스워드 인증 플러그인의 사용자를 프락시 사용자 자격으로 이용하는 방법을 소개하겠다.

　먼저, 외부 인증 이외의 사용자가 로그인했을 때 프락시 사용자가 되도록 설정을 변경할 필요가 있다. 변경해야 하는 옵션은 check_proxy_users와 mysql_native_password_proxy_users 두 가지이다. 전자는 서버 전체에서 외부 인증하지 않은 사용자에 대해 프락시 사용자 자격으로 이용을 허가하는 것, 후자는 MySQL 네이티브 패스워드 인증 플러그인의 사용자에게 프락시 사용자 자격으로 이용을 허가하는 것이다. 기본값은 OFF로 되어 있으나, 양쪽 모두 ON으로 바꾸지 않으면 네이티브 인증의 사용자가 프락시 사용자 자격으로 이용할 수 없다. 이것들은 SET GLOBAL 명령어를 사용해 동적으로 변경할 수 있다. 리스트 8.7에서 설정 변경의 예를 볼 수 있다. SHA256 인증 플러그인의 경우는, sha256_password_proxy_users 옵션을 활성화하자. 항상 프락시 사용자를 허가하고 싶다면 my.cnf을 수정해서 재부팅을 해도 설정이 사라지지 않도록 하자.

**리스트 8.7 네이티브 인증 사용자가 프락시 자격으로 이용하기 위한 설정 변경**

```
mysql> SET GLOBAL check_proxy_users = ON;
Query OK, 0 rows affected (0.00 sec)

mysql> SET GLOBAL mysql_native_password_proxy_users = ON;
Query OK, 0 rows affected (0.00 sec)
```

다음으로 프락시 대상 사용자와 프락시 사용자를 작성한다. 그 구문을 리스트 8.8에서 볼 수 있다. 프락시 대상 사용자가 developer@localhost이고 프락시 사용자가 proxytest@localhost이다.

**리스트 8.8 네이티브 인증에 의한 프락시/프락시 대상 사용자 작성**

```
mysql> CREATE USER developer@localhost IDENTIFIED BY 'somepassword';
Query OK, 0 rows affected (0.01 sec)

mysql> GRANT ALL ON appdev.* TO developer@localhost;
Query OK, 0 rows affected (0.00 sec)

mysql> CREATE USER proxytest@localhost IDENTIFIED BY 'somepassword';
Query OK, 0 rows affected (0.00 sec)

mysql> GRANT PROXY ON developer@localhost TO proxytest@localhost;
Query OK, 0 rows affected (0.00 sec)
```

proxytest@localhost로 로그인하고 로그인 사용자, 프락시 사용자, 실제 사용자를 검색하면 리스트 8.9와 같이 된다.

**리스트 8.9 사용자 정보의 표시**

```
mysql> SELECT USER(), @@proxy_user, CURRENT_USER();
+---------------------+----------------------+---------------------+
| USER()              | @@proxy_user         | CURRENT_USER()      |
+---------------------+----------------------+---------------------+
| proxytest@localhost | 'proxytest'@' localhost ' | developer@localhost |
+---------------------+----------------------+---------------------+
1 row in set (0.00 sec)
```

프락시 사용자는 같은 권한을 가진 사용자가 여럿 존재하는 경우에 편리하다. 사용자 수가 늘어나면 사용자 계정의 관리, 특히 권한의 변경이 복잡해져서 같은 계정을 여러 사용자가 공유하고픈 유혹에 사로잡힐지 모른다. 그렇지만 프락시 사용자를 사용한다면 하나의 사용자 권한을 여러 사용자에 부여할 수 있으므로 수고가 크게 줄어든다. 권한을 변경하고자 하는 경우는 하나의 사용자 권한만 변경하면 끝난다.

### 8.2.2 ALTER USER 명령어의 개선 ▸▸▸ 신기능 112

MySQL 5.6에서는 ALTER USER 명령어가 추가되었다. 그러나 이 명령어는 기한이 지나면 사용자 계정의 패스워드를 사용하지 못하게 하는 기능 밖에 없어서 그 외의 사용자 관리에는 쓸 수가 없었다.

　MySQL 5.7부터 ALTER USER 명령어에 새로운 기능이 추가되었다. 패스워드의 기한 설정 외에 인증 플러그인, 패스워드, SSL의 설정, 계정의 lock 상태, 리소스 제한, 프락시 사용자의 매핑을 변경할 수 있게 되었다. 리스트 8.10은 인증 플러그인을 변경하는 명령어다.

리스트 8.10 **ALTER USER** 명령어의 예

```
mysql> ALTER USER myuser@localhost IDENTIFIED WITH 'auth_socket';
Query OK, 0 rows affected (0.00 sec)
```

MySQL 5.6 이전 버전에서는 같은 정보를 변경하기 위해서는 사용자를 재생성하거나 mysql.user 테이블을 직접 편집하는 방법밖에 없었다. 시스템 테이블을 직접 편집하려면 리스크가 따른다. ALTER USER 명령어가 대폭으로 개선된 덕에 표준적인 방법으로 안전하게 사용자 계정의 설정을 변경할 수 있게 되었다. 또한 ALTER USER 명령어를 실행하려면 CREATE USER 권한이 필요하다.

### 8.2.3 SET PASSWORD 명령어의 사양 변경 ▸▸▸ 신기능 113

MySQL 5.6 이전 버전에서는 SET PASSWORD 명령어의 인수에 PASSWORD 함수를 사용해 생성한 해시 문자열을 전달하는 형식이었다. 이것은 mysql.user 테이블에 저장되는 값이 해시값이라는 점에서 기인한 것이다.[6] MySQL 5.6까지 SET PASSWORD 명령어는 리스트 8.11과 같은 서식이었다.

리스트 8.11 오래된 서식의 SET PASSWORD 명령어

```
mysql> SET PASSWORD = PASSWORD('newpassword');
```

MySQL 5.7에서는 오래된 서식도 사용할 수 있지만, 리스트 8.12와 같이 PASSWORD 함수가 없는 서식도 지원한다. 오래된 서식밖에 없는 MySQL 5.6에서는 PASSWORD 함수를 빠뜨리면 에러가 발생했다. 그 때문에 mysql.user 테이블에 해시화하기 전의 문자열이 저장될 걱정은 없어졌지만, 약간 당황스러울 수 있다.[7]

   MySQL 5.7에서는 PASSWORD 함수 없이도 해시 값이 저장되도록 바뀌어서 약간이지만 타이핑이 편해졌다.

리스트 8.12 새로운 서식의 SET PASSWORD 명령어

```
mysql> SET PASSWORD = 'newpassword';
```

단, MySQL 5.7에서 PASSWORD 함수가 없는 서식에 익숙해져 버리면, 오래된 버전에서도 무심코 새로운 버전의 명령어를 실행할 수 있으므로 주의하자.

---

6  MySQL 서버는 패스워드를 직접 저장하는 것은 하지 않고 해시값만을 보유하고 있다. 네이티브 인증에서는 클라이언트에서 보내온 해시값이 일치하면 로그인이 허가된다.
7  MySQL 5.7에서는 ALTER USER 명령어로 패스워드를 변경하는 것이 가능해졌으므로, 혼란을 피하려면 항상 이 명령어를 사용하는 것도 방법일 수 있다.

### 8.2.4 CREATE/DROP USER에 IF [NOT] EXISTS 추가 ▶▶▶ 신기능 114

CREATE USER 명령에 IF NOT EXISTS 구문이, DROP USER 명령어에 IF EXISTS 구문이 지원된다. 명령어의 예는 리스트 8.13과 같다.

**리스트 8.13 CREATE USER IF NOT EXISTS의 예**

```
mysql> CREATE USER IF NOT EXISTS myuser@localhost
    -> IDENTIFIED BY 'mypassword';
```

이 새로운 구문을 이용하면 사용자 계정이 존재하지 않는 경우에만 새롭게 사용자 계정을 작성하거나 사용자 계정이 존재하는 경우에만 계정을 삭제하는 조작이 가능해졌다. 이로써 배치 등으로 사용자 계정을 작성하는 것이 쉬워졌다.

### 8.2.5 패스워드 기한 설정 ▶▶▶ 신기능 115

MySQL 5.7부터 패스워드의 기한을 설정할 수 있게 되었다. MySQL 5.6까지는 ALTER USER 명령어로 사용자 계정의 패스워드를 기한 만료하는 것이 가능했지만, 실제로 일수로 설정해 자동적으로 기한을 만료시키는 사용 방식은 쓸 수 없었다.

기한이 지난 계정은 로그인은 돼도 패스워드를 변경할 때까지 다른 조작을 할 수 없게 된다. 그때 리스트 8.14와 같은 에러가 반환된다. 당연히 애플리케이션으로 접속한 경우의 조작도 받아주지 않으므로 주의가 필요하다. 기한이 만료된 계정은 mysql CLI를 사용해 로그인한 후, SET PASSWORD 또는 ALTER USER 명령어로 패스워드를 변경할 수 있다. 패스워드를 변경하면 부여된 권한에 따른 각종 조작을 실행할 수 있게 되므로, 1820 에러를 만나더라도 당황하지 말자.

**리스트 8.14 기한 만료 사용자에 의한 에러**

```
mysql> SHOW DATABASES;
ERROR 1820 (HY000): You must reset your password using ALTER USER statement
before executing this statement.
```

1820 에러가 나오는 상태를 샌드박스 모드라고 부른다. 샌드박스 모드에 의한 접속을 허가할지 말지는 MySQL 서버와 클라이언트의 설정에 달려있다. MySQL 5.7에서는 disconnect_on_expired_password 옵션이 추가되어서, 이것에 의해 클라이언트 접속 시의 반응이 달라지게 되었다. 기본값은 ON으로, 다음에 기술할 조건을 가진 클라이언트를 제외하고는 샌드박스 모드에 의한 접속은 허가하지 않는다. 다시 말해 바로 차단된다. disconnect_on_expired_password =

ON의 경우라고 해도, MYSQL_OPT_CAN_HANDLE_EXPIRED_PASSWORDS 플래그가 유효한 클라이언트는 접속할 수 있다. mysql CLI는 배치 모드가 아닌 이상, 이 플래그를 mysql_options 함수로 지정해서 접속하도록 되어 있다. 통상의 인터랙티브 모드에서라면 샌드박스 모드에 의한 접속이 가능하다.

패스워드의 기한 설정에는 ALTER USER 명령어를 사용한다. 리스트 8.15는 200일의 기한을 설정하는 예이다. 기한은 일수로밖에 지정할 수 없다. 일수로는 1 이상의 정수값만 넣을 수 있고, 1일보다 짧은 기한은 설정할 수 없다.

**리스트 8.15 사용자 계정에 기한 설정**

```
mysql> ALTER USER myuser@localhost PASSWORD EXPIRE INTERVAL 200 DAY;
Query OK, 0 rows affected (0.00 sec)
```

EXPIRE 다음의 INTERVAL 이후를 생략하면, 패스워드는 즉시 기한만료가 된다. PASSWORD EXPIRE NEVER을 지정하면 패스워드의 기한이 해제된다. 기한 만료를 일으키고 싶지 않은 경우에는 PASSWORD EXPIRE NEVER을 지정하면 좋을 것이다. PASSWORD EXPIRE 구문은 CREATE USER 실행 시에도 지정할 수 있다. 관리자가 일시적인 패스워드로 사용자 계정을 작성하고, 사용자가 처음 로그인했을 때 패스워드를 변경하도록 강제하고자 할 경우에 편리하다.

CREATE USER 실행 시에는 새로운 계정의 패스워드 기한으로 default_password_lifetime 옵션 값이 적용된다. 이 옵션은 MySQL 5.7에서 추가된 것으로, 기본값은 0이다. 0은 패스워드의 기한 만료가 일어나지 않음을 나타낸다. MySQL 5.7의 최초 정식판인 MySQL 5.7.10에서는 default_password_lifetime 옵션의 기본값이 360으로 되어 있었다. 이로 인해 MySQL 5.7.10의 초기 상태로 작성된 사용자 계정은 작성 후 360일이 경과된 시점에 자동적으로 기한이 만료되어버렸다. 이러한 동작은 종래의 버전과는 크게 다른 것으로, 커뮤니티의 요구[8]에 의해 MySQL 5.7.11에서는 자동으로 기한 만료가 되지 않도록 default_password_lifetime의 기본값이 0으로 변경되었다. MySQL 5.7.10을 사용하고 있는 경우에는 패스워드의 기한 만료에 주의하도록 하자. 또한 가능하면 MySQL 5.7.10보다 최신 버전을 사용하기 바란다. 패스워드 기한의 기본값의 개선 이외에도 많은 버그 수정이 포함되어 있기 때문이다.

---

8 Oracle ACE의 다나카가 등록한 Bug #77277를 보자.

### 8.2.6 사용자의 LOCK/UNLOCK ▸▸▸ 신기능 116

사용자 계정을 사용할 수 없도록 하고 싶지만 설정은 남겨놓고 싶을 때 편리한
기능이 사용자 계정의 lock 기능이다. 사용자 계정이 lock되면 그 계정으로는
로그인할 수 없게 된다. 사용자 계정을 lock하기 위해서는 리스트 8.16과 같이
ALTER USER 명령어를 실행한다.

**리스트 8.16 사용자 계정의 lock**

```
mysql> ALTER USER myuser@localhost ACCOUNT LOCK;
Query OK, 0 rows affected (0.00 sec)
```

lock에 걸린 사용자 계정으로 로그인하려고 하면 리스트 8.17과 같이 에러로 인
해 로그인에 실패하고 만다.

**리스트 8.17 Lock된 사용자 계정에 의한 로그인 실패**

```
shell> mysql -u myuser -p
Enter password:
ERROR 3118 (HY000): Access denied for user 'myuser'@'localhost'. Account is locked.
```

이 상태는 사용자 계정을 unlock할 때까지 계속된다. 사용자 계정을 unlock하
기 위해서는 리스트 8.16의 ALTER USER 명령어에서 ACCOUNT LOCK 대신 ACCOUNT
UNLOCK을 지정하면 된다.

### 8.2.7 사용자명의 길이가 32문자로 증가 ▸▸▸ 신기능 117

MySQL의 사용자명은 이전에는 16문자까지였으나 MySQL 5.7에 들어서 32문
자까지 늘어났다. 이로 인해 이용할 수 있는 사용자명의 선택지가 늘어나게 되
었다.

### 8.2.8 로그인 안 되는 사용자 계정 ▸▸▸ 신기능 118

MySQL 5.7부터 mysql_no_login 인증 플러그인이 추가되었다. 이것은 직접 로
그인할 수 없는 사용자 계정을 위한 인증 플러그인이다. mysql_no_login을 사용
한 사용자 계정을 작성하려면 리스트 8.18과 같이 명령어를 실행한다. 1행째는
플러그인의 설치이다. 기본 상태에서는 설치되어 있지 않으므로, 사전에 플러그
인을 설치해두어야 한다.

**리스트 8.18 로그인 안 되는 사용자 계정의 작성**

```
mysql> INSTALL PLUGIN mysql_no_login SONAME 'mysql_no_login.so';
```

```
Query OK, 0 rows affected (0.03 sec)

mysql> CREATE USER nologinuser@localhost IDENTIFIED WITH 'mysql_no_login';
Query OK, 0 rows affected (0.00 sec)
```

로그인이 안 되는 사용자 계정이 어떤 쓸모가 있는지 의문스러울 것이다. 실제로 사용자 계정은 직접 로그인할 수 없어도 다음과 같은 경우에 쓸모가 있다.

- 스토어드 루틴의 실행 사용자
- 뷰의 실행 사용자
- 이벤트의 실행 사용자
- 프락시 대상 사용자

데이터 유출을 막기 위해 스토어드 프로시저나 뷰를 사용해 접근할 수 있는 데이터를 최소한으로 하고자 할 때 실행을 위한 사용자 계정이 유출되면 도로아미타불이다. 그러므로 민감한 데이터에 접근 가능한 사용자는 로그인할 수 없는 쪽이 바람직하다. 리스트 8.19는 리스트 8.18에서 작성한 사용자 계정을 사용해서 베이스 테이블에 접근하는 뷰의 예이다.

**리스트 8.19 로그인 안 되는 사용자 계정에 의해 실행되는 뷰**

```
mysql> CREATE DEFINER=nologinuser@localhost
    -> SQL SECURITY DEFINER VIEW v1 AS SELECT
       ...이하 생략 ...;
Query OK, 0 rows affected (0.00 sec)
```

DEFINER=nologinuser@localhost와 SQL SECURITY DEFINER를 지정하는 것으로, 이 뷰에 의한 베이스 테이블로의 접근은 nologinuser@localhost의 권한으로 이뤄진다. 이 뷰에 접근하는 사용자가 베이스 테이블에 대한 SELECT 권한이 없어도 nologinuser@localhost에 권한이 있다면 뷰를 통해 베이스 테이블에 접근할 수 있다. 스토어드 루틴의 경우도 DEFINER와 SQL SECURITY를 지정하면 같은 접근 제어가 가능해진다.

### 8.2.9 mysql.user 테이블의 정의 변경 ▸▸▸ 신기능 119

MySQL 5.6까지는 mysql.user 테이블에 password 컬럼이 있었다. MySQL 5.7에서는 같은 역할을 하는 컬럼의 명칭이 authentication_string으로 변경되었다. 이 컬럼에 저장되는 값이 사용자 계정 작성 시의 정의에 달려 있어, 패스워드 이외의 것도 저장되는 경우가 있기 때문이다. mysql.user 테이블을 직접 조작하지 않고 GRANT 명령어 등으로 권한을 관리하고 있는 경우에는 변경해도 사용자 쪽에는 영향이 전혀 없다. 또한 MySQL 5.7의 mysql.user 테이블에서는 plugin 컬럼이 NOT NULL로 변경되었다. 이것은 인증 플러그인을 나타내는 컬럼으로, 전체 사용자 계정은 어떤 형태로든 인증 플러그인이 필수 항목이라는 의미다.

게다가 계정의 기한을 관리하기 위해서 password_last_changed, password_lifetime 컬럼이, 계정의 lock 상태를 관리하기 위해 account_locked 컬럼이 추가되었다. 이처럼 기능을 추가함과 동시에 MySQL의 시스템 테이블의 정의는 변화해 가고 있는 것이다.

## 8.2.10 FILE 권한의 접근 범위 한정 ▸▸▸ 신기능 120

MySQL이 제공하는 권한 가운데 가장 위험하다고 언급되는 것은 FILE 권한이라고 할 수 있다. FILE 권한은 mysqld를 실행하는 호스트의 파일에 접근할 수 있는 권한이다. LOAD DATA INFILE에서는 판독을, SELECT ... INTO OUTFILE에서는 기록을 실행할 수 있다. mysqld의 실행 사용자가 접근할 수 있는 파일이라면 이들의 기능을 사용해 읽고 쓸 수 있기 때문이다.

위험한 FILE 권한에 대해서 FILE 권한을 가진 사용자가 접근할 수 있는 디렉터리를 제한하는 secure_file_priv 옵션이 MySQL 5.1부터 추가되었다. 이 옵션의 인수는 디렉터리명으로, FILE 권한을 가진 사용자는 지정된 디렉터리에 있는 파일에만 접근할 수 있다.

MySQL 5.7에서는 secure_file_priv 옵션의 기본값이 몇 가지 플랫폼에서 설정되도록 한다. 어떤 값이 설정되는지는 플랫폼에 따라 다르다. 기본값을 표 8.6에 정리했다. MySQL 5.6까지는 기본값을 비워놓아서 특별히 디렉터리의 제한이 없었다. 또한 MySQL 5.7에서는 NULL을 설정하면 FILE 권한에 의한 파일 접근을 금지할 수 있게 되었다.

| 플랫폼 | 값 |
| --- | --- |
| stand alone, 윈도우 | 공란 |
| RPM, DEB, Solaris | /var/lib/mysql-files |
| 그 외 | 빌드 시의 CMAKE_INSTALL_PREFIX 아래의 mysql-files |

표 8.6 secure_file_priv 옵션의 기본값

## 8.3 암호화 기능의 강화

이번에는 암호화 기능의 강화 포인트에 대해 알아보자. 암호화는 진화를 거듭하는 분야야다. 데이터를 지키기 위해 암호는 보다 강하고 견고해진 한편, 암호의 취약성도 매일 발견된다. 암호화를 이용할 때 중요한 점 중 하나는 항상 새로운 버전의 소프트웨어를 사용해야 한다는 것이다.

### 8.3.1 SSL/RSA용 파일의 자동 생성 ▸▸▸ 신기능 121

상용판에만 제공되는 기능이지만, MySQL 5.7에서는 `mysqld` 기동 시에 암호화에 적용될 각종 파일이 생성된다. 자동 생성되는 파일의 목록은 표 8.7과 같다. 이 파일은 데이터 디렉터리에 생성된다.

| 파일명 | 설명 | 용도 |
|---|---|---|
| ca.pem | 자체 서명한 CA 인증서 | SSL 통신/서버 측 |
| ca-key.pem | CA 비밀 키 | n/a |
| server-cert.pem | 서버 인증서 | SSL 통신/서버 측 |
| server-key.pem | 서버 비밀 키 | SSL 통신/서버 측 |
| client-cert.pem | 클라이언트 인증서 | SSL 통신/클라이언트 측 |
| client- key.pem | 클라이언트 비밀 키 | SSL 통신/클라이언트 측 |
| private_key.pem | RSA 비밀 키 | SHA256 인증 플러그인 |
| public_key.pem | RSA 공개 키 | SHA256 인증 플러그인 |

표 8.7 자동적으로 생성되는 파일 목록

이미 데이터 디렉터리에 파일이 있으면 시작 파일 생성은 일어나지 않는다. 또한 이들 파일을 생성할 것인지 여부는 `auto_generate_certs`와 `sha256_password_auto_generate_rsa_keys` 옵션의 설정에 달려있다. 이들 옵션은 기본값이 `ON`으로, `auto_generate_certs`는 SSL 통신용 각종 파일, `sha256_password_auto_generate_rsa_keys`는 SHA256 인증 플러그인용 파일을 생성할지 여부를 결정한다. 생성된 파일 중에는 비밀 키도 포함되어 있으므로 제삼자가 판독할 수 없게 하자.

데이터 디렉터리는 `mysql` 사용자 이외는 읽을 수 없도록 접근권을 `700`으로 해두면 좋다. 클라이언트에게 파일을 송신하는 경우에도 파일이나 통신 경로를 암호화해서 유출되지 않도록 세심한 주의를 기울여야 한다.

데이터 디렉터리에 파일이 있는 경우, `mysqld`는 자동적으로 다음의 옵션을 설정한다.

- `ssl_ca`
- `ssl_cert`
- `ssl_key`

Private CA[9]에 있고 MySQL 서버 기동 시에 SSL 접속을 수용할 수 있는 상태가 되는 것은 큰 장점이다.

또한 GPL판이라고 해도, 소스 코드를 직접 컴파일한다면 SSL/RSA용 파일을 자동 생성할 수 있다. 자동 생성을 활성화하려면 커뮤니티판 MySQL 서버의 바이너리에 링크되어 있는 YaSSL 대신에 OpenSSL을 링크하도록 설정한다. OpenSSL이 이미 설치되어 있다면 `cmake` 실행 시에 —DWITH_SSL = system을 지정하면 된다.

### 8.3.2 mysql_ssl_rsa_setup ▸▸▸ 신기능 122

MySQL 5.7에는 `mysql_ssl_rsa_setup` 명령어가 추가되었다. 이것은, MySQL 서버 기동 시 암호화에 사용되는 각종 파일의 자동 생성과 유사한 처리를 일으키는 명령어다. 이 명령어는 커뮤니티판 MySQL 서버에도 들어있다. 자동 생성되지는 않지만, 명령어 하나만으로 동등하게 처리할 수 있다. 리스트 8.20은 `mysql_ssl_rsa_setup` 명령어를 실행하는 예이다. `--uid` 옵션을 지정하면 파일의 소유자를 변경하므로, super 사용자의 권한으로 명령어를 실행해야 한다.

**리스트 8.20 암호화에 사용되는 각종 파일의 생성**

```
shell> sudo mysql_ssl_rsa_setup --uid=mysql --datadir=/var/lib/mysql
Generating a 2048 bit RSA private key
.............................................+++
.+++

... 이하 생략 ...
```

또한 커뮤니티판 MySQL 서버라고 해도, 데이터 디렉터리에 각종 파일이 있다면 자동적으로 검출되어 `ssl_ca`, `ssl_cert`, `ssl_key`의 3개 옵션이 설정된다. 그러므로 커뮤니티판 MySQL 서버로 SSL을 이용하려면, 데이터 디렉터리 초기화

---

9   CA는 인증기관을 의미한다. 인증기관은 크게 일반인을 대상으로 인증 서비스를 제공하는 공공 인증기관과 한정 범위의 인증서를 발행하는 민간 인증기관으로 나눌 수 있다.

후에 리스트 8.20의 명령어를 실행하기만 하면 된다. 그 후 MySQL 서버를 시작하면 SSL 접속에 필요한 옵션이 자동적으로 설정된다.

RPM 패키지를 이용하고 있는 경우에는 systemctl에서 최초로 시작할 때 데이터 디렉터리의 초기화와 동시에 mysql_ssl_rsa_setup이 자동으로 실행된다.

### 8.3.3 TLSv1.2 지원 ▸▸▸ 신기능 123

MySQL 5.6까지는 지원되고 있는 SSL 프로토콜의 최신 버전이 TLSv1.0이었다. MySQL 5.7에 들어와서는 OpenSSL을 링크하면 TLSv1.2가, YaSSL을 링크하면 TLSv1.1이 지원된다. 보다 새로운 버전의 프로토콜이 안전하다. SSLv3는 'POODLE' 문제가 드러나서 안전하지 않은 프로토콜이 되었다. 따라서 최소한 TLSv1.0을 사용할 필요가 있지만, 가능한 한 새로운 버전을 사용하는 것이 바람직하다. SSL을 이용한다면 반드시 MySQL 5.7 이후 버전을 사용하기 바란다.

### 8.3.4 SSL 통신을 필수 항목으로 하는 서버 옵션 ▸▸▸ 신기능 124

MySQL에서는 사용자 계정별로 SSL을 필수 항목화하는 것이 가능해져서, 이러한 사용자 계정으로는 SSL을 사용해야만 접속할 수 있다. 그러나 각 사용자 계정에 SSL을 필수 항목화해도, 전체 사용자 계정에 SSL이 필수라고 말할 수는 없다. MySQL 5.7에서는 require_secure_transport 옵션을 추가해서 MySQL 서버로의 모든 로그인에 SSL 접속을 요구할 수 있게 됐다. 이로 인해 TCP/IP 접속 경유로 암호화되지 않은 통신이 일어날 가능성을 차단해서 정보 유출의 위험을 낮추었다. 기본값은 OFF로 설정되어 있어서 SSL 접속을 사용하지 않아도 사용자 계정이 SSL 필수 항목이 아니면 로그인할 수 있다.

단, require_secure_transport 옵션이 활성화되어 있어도 TCP/IP 접속이 아니면, 다시 말해 유닉스 도메인 소켓 또는 윈도우 공유 메모리에 의한 접속이면 접속은 허가된다. TCP/IP 이외의 통신수단은 통신 경로에서 데이터를 도난 당할 위험이 없기 때문이다.

### 8.3.5 AES 암호화에 대한 키 크기 선택 ▸▸▸ 신기능 125

AES_ENCRYPT/AES_DECRYPT 함수로 키의 크기와 모드를 선택할 수 있게 되었다. 종래의 버전에서는 128비트의 키이면서 ECB 모드밖에 선택할 수 없었지만, 128비트로는 강도가 충분하다고는 단언할 수 없다. 그래서 보다 강도 높은 암호화를 위해 192비트, 256비트의 키와, 그 외의 모드를 이용할 수 있게 되었다. 암호화의 안전성과 처리 속도는 트레이드오프가 있으므로 요건에 맞추어 적절한 길이를 선택하기 바란다. AES 암호의 종류는 block_encryption_mode 옵션으로 지정한다. 리스트 8.21에서 256비트의 키로 CBC 모드를 사용한 암호화의 예를 볼 수 있다. AES_ENCRYPT와 AES_DECRYPT 함수는 암호화 모드에서는 제 3의 인수인 init_vector를 필요로 하니 주의하기 바란다.

**리스트 8.21 256비트 길이의 키를 사용한 AES 암호화/복호화의 예**

```
mysql> SET block_encryption_mode = 'aes-256-cbc';
Query OK, 0 rows affected (0.00 sec)

mysql> SET @init_vector = RANDOM_BYTES(16);
Query OK, 0 rows affected (0.00 sec)

mysql> SET @key = UNHEX(SHA2('My secret passphrase', 512));
Query OK, 0 rows affected (0.00 sec)

mysql> SELECT @encrypted_value :=
    -> HEX(AES_ENCRYPT('This is a secret!', @key, @init_vector))
    -> AS ENCRYPTED;
+------------------------------------------------------------------+
| ENCRYPTED                                                        |
+------------------------------------------------------------------+
| 88E6045586CB82E9D5FFFFE4035336E9FB196C19A71BCCC4B69D8541C1F9A32C |
+------------------------------------------------------------------+
1 row in set (0.00 sec)

mysql> SELECT AES_DECRYPT(UNHEX(@encrypted_value), @key, @init_vector)
    -> AS SECRET;
+-------------------+
| SECRET            |
+-------------------+
| This is a secret! |
+-------------------+
1 row in set (0.00 sec)
```

또한, 이 신기능은 당초 MySQL 5.7.4DMR에서 추가되었지만, MySQL 5.6.17에서도 지원되던 부분이어서 MySQL 5.6에서도 이용할 수 있다.

### 8.3.6 안전하지 않은 오래된 패스워드 해시의 삭제 ▶▶▶ 신기능 126

MySQL 5.7에서는 오래된 MySQL 네이티브 패스워드 인증 플러그인(mysql_old_password)이 폐지되었다. 패스워드의 강도가 부족하고, 부정 로그인의 희생물이 될 가능성이 있기 때문이다. 오래된 형식의 패스워드를 아직 사용하고 있는 경우에는 리스트 8.22와 같은 명령어로 계정의 패스워드를 바꾸고, 클라이언트의 소프트웨어를 업그레이드해야 한다.

리스트 8.22 오래된 패스워드 이행

```
mysql> ALTER USER myuser@localhost
    -> IDENTIFIED WITH mysql_native_password BY 'Temp Password'
    -> PASSWORD EXPIRE;
```

ALTER USER에 의해 패스워드의 기한이 만료되었으므로, 사용자는 다음에 로그인하면 패스워드를 변경해야 한다.

### 8.3.7 오래된 암호화 함수를 비추천 ▶▶▶ 신기능 127

MySQL 5.7에서는 암호화 또는 복호화를 하는 몇몇 함수를 권장하지 않는다. 이들 함수는 이후 버전의 MySQL에서 삭제될 예정이므로 이용을 삼가자. 권장하지 않는 함수의 리스트를 표 8.8에 정리해 놓았다. 암호화/복호화를 하려면 AES_ENCRYPT나 AES_DECRYPT 함수를 사용하도록 하자.

| 함수명 | 설명 |
|---|---|
| ENCODE | MySQL 독자 알고리즘에 의한 암호화 |
| DECODE | ENCODE 함수로 암호화한 문자열을 복호 |
| ENCRYPT | 표준 C 라이브러리에 포함된 crypt( ) 함수를 사용한 암호화 |
| DES_ENCRYPT | DES 암호화 |
| DES_DECRYPT | DES 복호화 |
| PASSWORD | MySQL의 네이티브 패스워드와 같은 해시를 생성 |

표 8.8 MySQL 5.7에서 권장하지 않는 함수들

### 취약성과 업그레이드

소프트웨어를 안전하게 운영하려면 가능한 한 새로운 버전을 이용하는 것이 중요하다. 소프트웨어의 규모가 어느 정도의 수준을 넘으면, 어떻게 해도 취약성을 완전히 없앨 수는 없다. 소프트웨어에 버그가 없지 않은 이상 취약성과의 전쟁은 끝나지 않을 것이다. MySQL도 예외는 아니며, 상시적으로 새로운 취약성이 보고되고 있다.

오라클은 Critical Patch Updates(통칭 CPU) 패치로 소프트웨어에 포함된 취약성에 관한 보고를 정기적으로 공개하고 있다. CPU는 1월, 4월, 7월, 10월의 17일에 가장 가까운 화요일에 공개되며(2016년 5월 집필 시점), MySQL도 그 대상이다. 명칭에 패치라는 문자가 들어가 있지만, MySQL의 경우는 마이너 버전업이 기본이기 때문에, 문제의 수정을 위해서는 패치가 아니라 패키지의 업그레이드가 필요하다.

긴급성이 높은 취약성에 대해서는 CPU가 아니라 Security Alerts 문서로 취약성에 대해 통지한다. 항시 정보를 체크하여 긴급성이 높은 패치에 대해서는 조속히 업그레이드를 실시하는 등 항상 주의를 기울여야 한다.

## 8.4 설치 시의 변경

시스템 안전성의 관점에서 보면, 아무것도 하지 않은 초기 상태에서 안전한 것이 가장 좋다. 안전성을 높이기 위해 추가적으로 조작이나 설정을 해야 한다면 리스크가 높아질 뿐이다. MySQL 5.7에서는 초기 상태에서도 높은 안전성을 유지할 수 있도록 이전의 버전에 존재하던 문제를 제거했다.

### 8.4.1 mysqld --initialize ▸▸▸ 신기능 128

보안 향상에 직접적으로 기여하는 신기능은 아니지만, MySQL 서버의 데이터 디렉터리의 초기화 방법이 변경되었다. 기존에는 mysql_install_db라는 Perl 스크립트로 mysqld가 시작되어, 각종 SQL 스크립트를 읽어들이는 방식으로 시스템 테이블의 초기화가 일어났다. 이렇게 하려면 데이터 초기화를 위해 Perl이 필요하게 되고, 특히 윈도우의 데이터 초기화에서 문제가 생겼다. 이제는 mysqld 자신이 직접 디렉터리를 초기화해서 어떤 시스템이든 mysqld가 동작하면 데이터 디렉터리의 초기화가 가능하게 되었다.

데이터 디렉터리의 초기화를 실행하려면 --initialize 옵션을 붙여 mysqld를 기동한다. InnoDB의 데이터 파일이나 UNDO 로그의 개수 등, 사전에 설정해야 하는 옵션이 있으므로 사전에 my.cnf에 작성해 두자. mysqld --initialize를 실행하면 데이터 디렉터리가 초기화되고, 에러 로그에 root@localhost의 초기 패스워드가 기록되어 mysqld 자신은 일단 종료한다. 초기 패스워드는 기한만료 설정이 되어 있으므로, 다시 mysqld를 기동한 후 초기 패스워드로 로그인하여 먼저 패스워드를 설정하자. 리스트 8.23은 데이터 디렉터리를 초기화하는 순서를 나타낸 것이다.

**리스트 8.23 데이터 디렉터리 초기화 순서**

```
shell> vi /etc/my.cnf
… 중략 …
```

```
shell> mysqld --initialize
shell> systemctl start mysql
… 중략 …
shell> mysql -u root -p
Enter password:
… 중략 …
mysql> SET PASSWORD = 'New Password';
```

--initialize 외에 --initialize-insecure 옵션도 추가되었다. 이것은 root@localhost의 초기 패스워드를 설정하지 않고 데이터 디렉터리를 초기화한다. 패스워드가 비어있는 상태이고 기한 만료로도 설정되지 않는다. 따라서 시작 후에는 빠른 시간내에 패스워드를 설정하자.

mysqld --initialize에 의해 생성된 파일은, 필요한 최소한의 접근 권한만 있다. 데이터베이스 디렉터리는 750, 데이터 파일은 640의 퍼미션이 설정된다. 이것은 mysql 사용자에 의한 R/W 접근과 mysql 그룹에 속한 사용자에 의한 read only 접근을 허가하기 위함이다.

mysql_install_db 명령어 자체는 폐지 예정이지만 MySQL 5.7에 남아있다. 단, 종래와 같은 Perl 스크립트가 아니라 C++로 기술된 네이티브 코드의 프로그램이라는 점이 다르다. mysql_install_db 명령어로도 계속해서 데이터 디렉터리를 초기화할 수 있지만, 폐지 예정이므로 굳이 쓸 필요는 없을 것이다. 지금은 과거 버전과 호환을 위해 남겨져 있는 것뿐이다.

### 8.4.2 test 데이터베이스의 폐지 ▸▸▸ 신기능 129

MySQL 5.6까지는 mysql_install_db 명령어로 누구라도 접근 가능한 test라는 이름의 데이터베이스가 초기에 작성되었다. 이 test 데이터베이스에서는 어떤 사용자 계정이라도 테이블이나 프로시저의 작성을 제외한 모든 조작이 가능했다. 당연하지만 이는 안전하지 않다. 애플리케이션이 사용하지 않으면 test 데이터베이스의 안전성에 문제가 없다고 생각할 수도 있지만 여러 가지 조작이 가능하므로 계정을 도난 당하면 DoS 공격의 대상이 되기 쉽다. 예를 들면, 악의가 있는 사용자에 의해 메모리나 디스크, 거기에 CPU 자원이 불필요하게 소비될 위험성이 있다. 디스크가 꽉 찰 때까지 계속해서 INSERT하는 등의 공격이 손쉬워진다.

MySQL 5.7에서는 test 데이터베이스가 처음부터 작성되지 않으므로 그러한 위험성이 없다. test 데이터베이스는 개발 환경에서 동작 확인을 하는 등의 목적에는 편리할지 모르지만, 그것을 위해 위험을 감수할 필요는 없다.

### 8.4.3 익명 사용자의 폐지 ▸▸▸ 신기능 130

MySQL 5.6 버전까지는 `mysql_install_db` 명령어로 어떠한 사용자명이나 호스트로도 로그인할 수 있는 익명 사용자가 작성되었다. 당연하겠지만 이는 안전하지 않다. 특히 누구나 접근할 수 있는 test 데이터베이스와의 조합은 최악이다. 익명 사용자는 패스워드 없이 로그인할 수 있어서 test 데이터베이스에서 모든 조작이 가능하다.

MySQL 5.7에서는 익명 사용자를 작성할 수 없다. 그러므로 초기 상태에서 작성되는 root@localhost라든가 명시적으로 CREATE USER 명령어, 또는 GRANT 명령어에 의해 사용자나 프락시 사용자를 작성하지 않는 한, MySQL 서버에 로그인할 수 없다.

### 8.4.4 root@localhost 이외의 관리 사용자 계정 폐지 ▸▸▸ 신기능 131

MySQL 5.6까지의 `mysql_install_db` 명령어로는, root@localhost 이외에도 root@'127.0.0.1', root@'::1', root@호스트명과 같은 3개의 계정이 작성되었다. 그러나 root@localhost 이외의 관리 사용자 계정은 근본적으로 쓸데없는 것으로, 부정 접근의 위험성도 있다.

특히 root@호스트명 사용자 계정이 골칫거리다. 예를 들어 mysql_install_db 실행 시의 호스트명이 hostX라면 root@hostX라는 관리 사용자 계정이 작성된다. 통상적인 관리 업무는 root@localhost로 수행하고, root@localhost의 패스워드만 설정했다고 하자. 그 후, root@hostX를 삭제하지 않고 시스템을 셧다운한 상태에서 백업한 다음 hostY상에서 복원한 경우를 가정해 보자. 복원된 mysql.user 테이블에는, root@hostX라는 사용자 계정이 남아있을 것이다. 그러므로 hostY에서 동작하는 MySQL 서버에는 원래의 호스트인 hostX에서 root 사용자로 로그인할 수 있게 된다. 게다가 root@localhost로 로그인해서 패스워드를 변경해도 root@hostX를 포함한 다른 사용자 계정의 패스워드는 변경되지 않는다. 그로 인해 hostY상에서 움직이는 MySQL 서버에 root 사용자는 패스워드 없이 로그인할 수 있다. 이러한 사태를 막기 위해서는 우선 root@hostX를 삭제하든가, SET PASSWORD 명령어로 root@hostX의 패스워드를 변경해야 한다.

MySQL 5.7에서는 root@localhost만 작성되므로, 그러한 위험은 없어졌다.

### 8.4.5 mysql_secure_installation의 개선 ▸▸▸ 신기능 132

데이터 디렉터리를 초기화한 후에는 `mysql_secure_installation` 프로그램을 실행하여 MySQL 서버의 리스크를 제거하는 것이 정석이다. 그렇지만 `mysql_secure_installation`이 실행하는 다음의 3가지 업무는, MySQL 5.7에서는 실질적으로 불필요하게 되었다.

- `test` 데이터베이스의 삭제
- 익명 사용자의 삭제
- `localhost`, `127.0.0.1`, `::1` 이외의 호스트로부터 로그인 가능한 root 사용자의 삭제

MySQL 5.6까지의 `mysql_secure_installation` 명령어가 이것들 외에 실행하는 업무는 `root@localhost`의 패스워드 변경뿐이다. `root@localhost`의 패스워드 변경은 필요하지만, 그것만으로는 기능이 너무 빈약하다. 그래서 MySQL 5.7의 `mysql_secure_installation` 명령어는 패스워드 validation 플러그인을 설치, 설정하는 기능을 추가했다. 패스워드의 validation은 MySQL 5.6부터 이용할 수 있는 기능으로, 패스워드의 강도가 일정 수준에 도달하도록 보증하는 것이다. 패스워드 validation에는 표 8.9와 같은 정책을 설정할 수 있다.[10] 패스워드로 인증해야 하는 이상, 그 강도는 중요하므로 패스워드 validation 플러그인의 이용은 바람직하다. 이제는 초기 상태에서도 꽤 안전해져서 이전만큼의 효험은 사라졌지만, `mysql_secure_installation`을 실행해 두면 여전히 이점이 있다.

| 정책 | 설명 |
|------|------|
| LOW | 패스워드가 8문자 이상일 것 |
| MEDIUM | LOW + 숫자, 대문자, 소문자, 영숫자 이외의 문자가, 최소 1문자씩 포함되어 있을 것 |
| STRONG | MEDIUM + 4문자 이상의 부분 문자열이 사전에 포함된 문자열과 일치하지 않을 것 |

표 8.9 패스워드 validation 플러그인 정책

또한 MySQL 5.6까지의 `mysql_secure_installation` 명령어는 Perl 스크립트였다. 스크립트 자체가 그다지 좋다고 말할 수 없고, MySQL 서버로의 접속은 드라이버가 아니라 `mysql` 명령어로 호출하게 되어 있다. 그로 인해 윈도우에서는 실행할 수 없으며, 기본 포트나 유닉스 도메인 소켓에서 대기하고 있는 MySQL 서버로만 로그인할 수 있다. 이러한 문제에 대응하기 위해 MySQL 5.7의 `mysql_`

---

10 이것은 기본값으로, 옵션에서 지정할 수 있다.

secure_installation 명령어는 C 언어[11]로 다시 작성되었다. libmysqlclient를 사용해 접속하므로 어떠한 호스트/포트에서 대기하고 있는 서버로도 접속할 수 있고, Perl과 같은 패키지에 포함되어 있지 않은 명령어를 호출할 필요도 없으므로, 어떤 플랫폼에서도 실행할 수 있다.

## 8.5 투과적 테이블스페이스 암호화 ▸▸▸ 신기능 133

MySQL 5.7.11보다 테이블스페이스를 투과적으로 암호화하는 기능이 추가되었다. 일부 제한이 있지만, 커뮤니티판 MySQL 서버에서도 이용할 수 있다. 암호화가 가능한 테이블스페이스는 innodb_file_per_table = ON일 때 작성된 .ibd 파일에 한하며, 공유 테이블스페이스 및 일반 테이블스페이스는 암호화할 수 없다.

암호화는 2단계로 이루어지며, 테이블스페이스에 저장된 데이터는 헤더에 저장된 테이블 고유의 키로 암호화/복호화를 실행한다. 헤더는 서버에서 공통의 마스터 키로 암호화되어 있으므로, 마스터 키가 없는 한 제삼자가 읽을 우려는 없다. 마스터 키는 키 링으로 관리하도록 만들어서, MySQL Enterprise Edition 에서는 Key Management Interoperability Protocol(이후 KMIP)를 통해 Oracle Ley Vault(이후 OKV)라는 제품으로 마스터 키를 관리할 수 있다. 커뮤니티판 MySQL 서버에서는 파일에서 마스터 키를 관리하기 위한 구조가 있지만, 안전성 면에서는 OKV보다 크게 악화되었다. 단순한 파일일 경우 제삼자가 읽게 되면 마스터 키가 누설되기 때문이다. 투과적 테이블스페이스 암호화의 구조는 그림 8.1과 같다.

이어서 커뮤니티판 MySQL 서버에서도 이용할 수 있는 파일에서 마스터 키를 관리하는 keyring_file 플러그인을 사용한 설정법을 설명할 것이다. OKV를 사용하는 방법에 대해서는 매뉴얼을 참조하기 바란다.

---

11 확장자는 .cc로 되어 있으나, 내용적으로는 C 언어로 되어 있다.

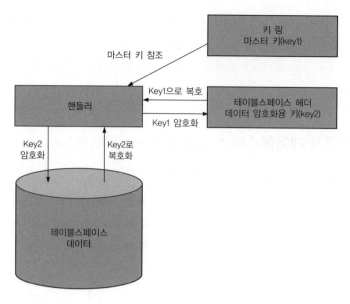

**그림 8.1 투과적 테이블스페이스 암호화의 구조**

### 8.5.1 키 링의 설정

먼저 키 링을 적절하게 설정한다. 그러기 위해서는 키 링을 관리할 플러그인을 설치해야 한다. 커뮤니티판 MySQL 서버에서는 `keyring_file` 플러그인이 처음부터 설치되어 있다. MySQL 상용판에서는 리스트 8.24와 같이 플러그인을 설치해야 한다.

**리스트 8.24 keyring_file 플러그인의 인스톨**

```
mysql> INSTALL PLUGIN keyring_file SONAME 'keyring_file.so';
```

`keyring_file` 플러그인을 설치하면 `keyring_file_data` 옵션을 사용할 수 있다. 이 옵션은 키를 저장할 파일의 경로를 지정한다. 제삼자가 읽을 수 없는 장소를 지정하자. 이 옵션은 동적으로 변경할 수 있지만, 일단 키 링을 사용하기 시작한 후에 변경하면 에러를 발생시킬 수 있으므로 주의가 필요하다.[12] 또한 재부팅하면 설정이 없어질 것을 예방하기 위해 `my.cnf` 파일에도 기술해 두자.

### 8.5.2 테이블의 작성

투과적 테이블스페이스 암호화를 사용한 테이블의 작성은 아주 간단하다. 방법은 리스트 8.25와 같이 테이블 옵션에 `ENCRYPTION = 'Y'`를 지정하기만 하면 된

---

**12** 키 링 파일을 새로운 경로로 이동하면 에러가 발생하지 않는다.

다. innodb_file_per_table이 ON이 아닌 경우나 일반 테이블스페이스를 지정한 경우는 에러가 발생한다.

**리스트 8.25 암호화된 테이블의 작성**

```
mysql> CREATE TABLE table_name (...생략...) ENCRYPTION='Y';
```

단지 이 조작만으로 .ibd 파일의 내용이 암호화되어 .ibd 파일을 복사하는 것만으로는 데이터를 읽을 수가 없게 된다. .ibd 파일에는 데이터(클러스터 인덱스)뿐만 아니라 세컨더리 인덱스도 포함된다. 다시 말해 데이터뿐 아니라 인덱스도 암호화의 대상이 된다. .ibd 파일 내의 데이터는 파일에서 읽을 때 복호화된다. 따라서 버퍼 풀의 데이터는 암호화되어 있지 않으므로 주의하자. 손상 시에 코어 파일을 보존하도록 설정되어 있으면 코어 파일에서 데이터를 읽어버릴 가능성이 있다. 또한 InnoDB의 로그 파일은 암호화되지 않으므로 최신의 데이터는 그쪽에서 읽어들일 수도 있고, 일반 쿼리 로그나 슬로우 쿼리 로그 등도 암호화되지 않으므로 데이터를 읽어들일 수 있다는 점에 주의하기 바란다.

또한 암호화를 제거하려면 ALTER TABEL... ENCRYPTION='N'을 실행하면 된다. 단, 이 조작은 온라인 상태에서는 실행할 수 없으므로 테이블의 재작성(ALGORITHM = COPY)이 필요하다. 암호화되지 않은 테이블을 암호화하고자 하는 경우에도 ALTER TABLE 명령어로 변경할 수 있다.

### 8.5.3 마스터 키 교체

보안에 만전을 기하려면 마스터 키를 정기적으로 바꿔야 한다. 또한 만에 하나 마스터 키가 유출되었다는 생각이 들면 바로 바꿔야 한다. 마스터 키를 바꾸면 그 서버에 존재하는 테이블스페이스의 헤더가 새로운 마스터 키에 의해 즉각 암호화되어, 이전 마스터 키로는 읽을 수 없게 된다. 마스터 키를 바꾸려면 ALTER INSTANCE 명령어를 사용한다. 리스트 8.26은 명령어의 실행 예이다.

**리스트 8.26 ALTER INSTANCE 명령어의 실행 예**

```
mysql> ALTER INSTANCE ROTATE INNODB MASTER KEY;
```

### MySQL Enterprise Firewall

MySQL 5.6.24부터 MySQL Enterprise Edition에서는 MySQL Enterprise Firewall 기능을 사용할 수 있게 되었다. 이것은 사전에 안전한 SQL의 다이제스트를 기록하고, 허가된 다이제스트를 가진 SQL문의 실행만을 허가하는 도구이다. 이렇게 하면 악의가 있는 사용자가 SQL 구문을 바꾸어 SQL 인젝션 공격을 하는 것을 막을 수 있다.

MySQL Enterprise Firewall의 사용법을 대략 설명하면 다음과 같다.

1. 플러그인을 설치한다.

```
mysql> SOURCE /path/to/basedir/share/linux_install_firewall.sql
```

2. 기록(RECORDING) 모드로 애플리케이션에서 SQL을 필요한 것만 실행해, 안전한 SQL을 기록한다.

```
mysql> SET GLOBAL mysql_firewall_mode=ON;
mysql> CALL mysql.sp_set_firewall_mode('appuser@localhost','RECORDING');
```

3. 보호(PROTECTING) 모드 또는 검출(DETECTING) 모드로 SQL 인젝션 공격으로부터 서버를 지킨다.

```
mysql> CALL mysql.sp_set_firewall_mode('appuser@localhost','PROTECTING');
```

이처럼 사용법은 아주 간단하다. 보호 모드와 검출 모드의 차이점은, 보호 모드가 기록되어 있지 않은 SQL문의 실행을 거부하는 것에 반해 검출 모드는 에러 메시지를 에러 로그에 기록한다는 점이다. 당연하겠지만, SQL 인젝션에서 데이터를 보호하기 위해서는 보호 모드로 설정해야 한다.

https://dev.mysql.com/doc/refman/5.7/en/firewall.html

## 8.6 감사 플러그인 API의 개선 ▸▸▸ 신기능 134

MySQL 5.7에서는 감사 플러그인 API(감사 플러그인을 설치하기 위한 구조)가 크게 개선되었다. 커뮤니티판에는 플러그인 자체는 제공되지 않고, 상용판의 Audit Log Plugin의 기능도 아직 확충되지 않았지만, 플러그인 API가 개선되어 보다 꼼꼼한 이벤트의 필터링이 가능하게 되었다.

## 8.7 MySQL 5.7에서의 보안 정석

MySQL 5.7에서는 보안 향상에 쓸모 있는 신기능이 아주 충실해졌다. 설치 시의 초기 설정이 보다 안전해졌고, SSL의 설정이 이전보다 간단해져서 관리자가 고생하지 않으면서 안전성을 높일 수 있게 되었다. TLSv1.2가 지원되어 SSL 통신의 안전성도 높아졌다. 이후에는 SSL을 사용한 접속이 표준이 될 것이다. 또한 프락시 사용자가 외부 인증을 필요로 하지 않게 되어, 항상 롤처럼 사용할 수 있게 되면서 보다 유연한 사용자 계정 관리가 가능해졌다. **ALTER USER** 명령어가 개선되어 사용자 계정의 관리가 쉬워진 점도 만족스럽다.

**SET PASSWORD**의 서식이 변경되거나, MySQL 5.7.10에서 패스워드의 기한을 360일로 설정한 것을 MySQL 5.7.11에서 취소하거나, 설치 방법이 변경되는 등 일부 혼란을 발생시킨 요인이 있는 것은 부정할 수 없다. 그러나 보다 좋은 방향, 다시 말해 보다 간단하고 안전하게 MySQL 서버를 관리하기 위한 조치로, 장기적인 안목에서 본다면 필요한 대처였다고 할 수 있다. 사용 방법이 MySQL 5.6과 MySQL 5.7이 서로 다른 것은 성가시지만, MySQL을 이용하려면 버전에 따른 차이를 반드시 기억해 두기 바란다.

보안은 점점 중요해질 것이다. MySQL 5.7의 보안 관련 신기능은 사용 방법이 간단하면서 높은 효과를 얻을 수 있다. 반드시 이들 신기능을 활용해 이전보다 안전하게 운영하도록 하자.

# 9장

# 클라이언트와 프로토콜

MySQL 서버는 클라이언트가 접근할 때 비로소 그 가치가 드러난다. 클라이언트는 MySQL의 관리자 명령어를 사용하거나 MySQL 프로토콜을 통하여 애플리케이션을 사용할 수도 있다. 서버는 클라이언트의 지시가 없으면 아무것도 하지 않는다. 서버에는 클라이언트가 필요하기 때문에 양쪽을 떼어놓고 생각할 수 없다. 이번 장에서는 MySQL의 클라이언트와 프로토콜과 관련된 변경점에 대해 설명하겠다.

## 9.1 MySQL의 프로토콜

클라이언트 쪽의 신기능을 소개하기 전에 MySQL의 프로토콜에 대해 간단하게 설명하겠다. 프로토콜이 어떻게 되어 있는지 알아야 클라이언트와 서버의 통신을 이해할 수 있기 때문이다.

### 9.1.1 MySQL 프로토콜의 개요

MySQL 프로토콜은 3바이트의 패킷 길이, 1바이트의 시퀀스 번호가 앞에 붙어 있는 패킷으로 되어 있다. 3바이트이므로, 하나의 패킷의 최대 길이는 224 = 16MiB이다. 크기가 3바이트의 상한(다시 말해 0xFFFFFF=16MiB)보다 클 때는 다음의 패킷으로 이어지게 된다. 또한 시퀀스 번호는 255까지 도달하면 0으로 돌아온다. 이처럼 패킷에는 합계 4바이트의 헤더가 있어서 그 이후에 페이로드가 이어지는 단순한 형식이다. 또한 패킷 내의 데이터는 최하위 바이트(LSB)부터 차례로 저장하는 리틀 엔디안 방식을 따른다.

이와 같은 형식의 패킷을 사용해 초기의 핸드셰이크, 인증, 그 후의 각종 조작을 처리한다. 인증이 완료되면 클라이언트는 서버로 명령어 패킷을 송신하고, 서버는 명령어에 대응하는 응답 패킷을 클라이언트에 송신한다. 명령어 패킷은 앞의 1바이트가 명령어의 종류를 나타내며, 그 후에 명령어별 인수(없는 경우도 있음)가 이어진다.

MySQL 5.7에서 정의되어 있는 명령어의 종류를 리스트 9.1에서 볼 수 있다. 이것은 MySQL 5.7.12의 소스 코드(include/my_command.h)에서 발췌한 것이다.

**리스트 9.1 MySQL 프로토콜 명령어**

```
enum enum_server_command
{
  COM_SLEEP,
  COM_QUIT,
  COM_INIT_DB,
  COM_QUERY,
  COM_FIELD_LIST,
  COM_CREATE_DB,
  COM_DROP_DB,
  COM_REFRESH,
  COM_SHUTDOWN,
  COM_STATISTICS,
  COM_PROCESS_INFO,
  COM_CONNECT,
  COM_PROCESS_KILL,
  COM_DEBUG,
  COM_PING,
  COM_TIME,
  COM_DELAYED_INSERT,
  COM_CHANGE_USER,
  COM_BINLOG_DUMP,
  COM_TABLE_DUMP,
  COM_CONNECT_OUT,
  COM_REGISTER_SLAVE,
  COM_STMT_PREPARE,
  COM_STMT_EXECUTE,
  COM_STMT_SEND_LONG_DATA,
  COM_STMT_CLOSE,
  COM_STMT_RESET,
  COM_SET_OPTION,
  COM_STMT_FETCH,
  COM_DAEMON,
  COM_BINLOG_DUMP_GTID,
  COM_RESET_CONNECTION,
  /* don't forget to update const char *command_name[] in sql_parse.cc */

  /* Must be last */
  COM_END
};
```

거의 사용되지 않는 명령어나 폐지 예정인 것들도 포함되어 있지만, 명령어의 번호를 변경하지는 않을 것이므로 그대로 남겨두고 있다. 가장 사용 빈도가 높은 명령어는 COM_QUERY(정수값으로 표현하면 3)일 것이다. COM_QUERY, 다시 말해서 정수값인 3을 나타내는 1바이트에 이어서 쿼리 문자열을 전송하면 쿼리의 요청이 서버에 전달된다. 그 이후 클라이언트는 서버의 응답을 기다린다. 응답의 내용은 쿼리의 종류에 따라 결과 세트가 있는 것과 종료 상태만을 보고하는 것으로 나눌 수 있다. SELECT는 전자에 해당하며 INSERT, UPDATE, DELETE는 후자에 해당한다. 또한 6장에서 소개한 X 프로토콜과는 다르게 종래부터 있는 MySQL 프로토콜은 비동기 요청을 지원한다. 이 때문에 클라이언트는 서버로 요청을 송신하려면 서버에서 응답이 반환되어 오는 것이 없어야 하고, 또한 일단 서버로 요청을 송신하고 나면 응답을 받기까지 새로운 요청을 보낼 수 없다.

아주 간단한 개요이기는 하나, 이 책에서는 이 이상 깊게 해설하지 않겠다. MySQL 프로토콜에 대해 자세히 알고 싶다면 MySQL Internals 사이트의 해설을 참조하기 바란다.

*https://dev.mysql.com/doc/internals/en/client−server−protocol.html*

## 9.1.2 지원되는 통신 방식

MySQL에서는 다음과 같은 통신 방식을 지원하고 있다.

- TCP/IP
- 이름을 가진 파이프(윈도우만 지원)
- 공유 메모리(윈도우만 지원)
- 유닉스 도메인 소켓(유닉스 계열의 OS만 지원)

TCP/IP와 이름을 가진 파이프 외에는 동일 호스트 내의 접속에서만 사용할 수 있다. 이들 방식을 사용해 접속한 뒤에 MySQL 프로토콜의 교환이 일어난다. MySQL의 프로토콜은 접속 방식과는 독립되어 있어, 어떠한 방식으로 접속해도 처리 내용에는 차이가 없다.

또한 MySQL에서는 SSL을 사용한 통신의 암호화나 xlib에 의한 데이터 압축을 지원하고 있다. 통신 경로에 공공의 네트워크가 포함된 경우나 네트워크 대역이 만족스럽지 않은 경우에 이런 기능을 활용하면 된다.

### 9.1.3 드라이버의 종류

MySQL에는 각 언어별로 드라이버가 있다. 애플리케이션은 드라이버가 제공하는 API를 호출하고, 드라이버는 그에 따라 패킷을 서버에 송신해 응답을 기다린 후 애플리케이션으로 결과를 반환한다. 다시 말해서 드라이버는 API에서 정의된 함수나 메서드의 호출, 클라이언트와 서버 간 프로토콜의 처리를 번역하는 프로토콜이라고 할 수 있다.

드라이버에는 오라클이 제공하고 있는 것도 있고, 서드 파티에서 개발/유지하는 것들도 있다. 최근에는 네이티브 드라이버가 늘어나고 있지만, C API인 libmysqlclient에 대한 래퍼로 되어 있는 것도 많다. 표 9.1과 표 9.2는 MySQL용 드라이버 종류이다. 용도에 맞게 적절한 것을 선택하기 바란다.

| 언어/환경 | 명칭 | 유형 | 개발처 또는 URL | 라이선스 |
|---|---|---|---|---|
| C | C API | libmysqlclient | 오라클 | GPLv2, 상용 |
| | Connector/C | libmysqlclient의 별도 패키지 | 오라클 | GPLv2, 상용 |
| C++ | Connector/C++ | libmysqlclient의 wrapper | 오라클 | GPLv2, 상용 |
| | MySQL++ | libmysqlclient의 wrapper | http://tangentsoft.net/mysql++ | LGPL |
| Erlang | erlang-mysql-driver | libmysqlclient의 wrapper | https://code.google.com/archive/p/erlang-mysql-driver/ | BSD |
| Go | Go-MySQL-Driver | 네이티브 드라이버 | https://github.com/go-sql-driver/mysql | MPL V2 |
| Haskell | Haskell language bindings for MySQL | 네이티브 드라이버 | http://www.serpentine.com/blog/software/mysql/ | BSD |
| | hsql-mysql | libmysqlclient의 wrapper | http://hackage.haskell.org/package/hsql-mysql-1.7 | BSD |
| Java | Connector/J | 네이티브 드라이버 | 오라클 | GPLv2, 상용 |
| Lua | LuaSQL | libmysqlclient의 wrapper | http://keplerproject.github.io/luasql | Lua 5.1 |
| .NET | Connector/NET | 네이티브 드라이버 | 오라클 | GPLv2, 상용 |
| Node.js | Connector/ Node.js | X DevAPI | 오라클 | GPLv2, 상용 |

표 9.1 주요 MySQL용 드라이버 (1)

| 언어/환경 | 명칭 | 유형 | 개발처 또는 URL | 라이선스 |
|---|---|---|---|---|
| OCaml | ocaml-mysql | libmysqlclient의 wrapper | http://ocaml-mysql.forge.ocamlcore.org/ | LGPL |
| ODBC | Connector/ODBC | libmysqlclient의 wrapper | 오라클 | GPLv2, 상용 |
| Perl | DBD::mysql | libmysqlclient의 wrapper | http://search.cpan.org/dist/DBD-mysql/lib/DBD/mysql.pm | Artistic License |
| | Net::MySQL | 네이티브 드라이버 | http://search.cpan.org/dist/Net-MySQL/MySQL.pm | Artistic License |
| PHP | mysqli, PDO_mysql | libmysqlclient의 wrapper | PHP 포함 | PHP License |
| | mysqlnd | 네이티브 드라이버 | PHP 포함 | PHP License |
| Python | Connector/Python | 네이티브 드라이버 | 오라클 | GPLv2, 상용 |
| | _mysql_connector C확장 | libmysqlclient의 wrapper | Python 포함 | Python |
| | MySQLdb | libmysqlclient의 wrapper | https://github.com/farcepest/MySQLdb1 | GPLv2 |
| Ruby | MySQL/Ruby | libmysqlclient의 wrapper | https://github.com/tmtm/ruby-mysql | Ruby |
| | mysql2 | libmysqlclient의 wrapper | https://github.com/brianmario/mysql2 | MIT |
| | Ruby/MySQL | 네이티브 드라이버 | http://www.tmtm.org/ruby/mysql/ | Ruby |
| Scheme | Myscsh | libmysqlclient의 wrapper | https://github.com/aehrisch/myscsh | BSD |

**표 9.2 주요 MySQL용 드라이버 (2)**

표 9.1과 표 9.2에서는 libmysqlclient(GPLv2)와 연결되지만 GPLv2 이외의 라이선스로 제공된다. 이는 '카피레프트 대상이어서 GPLv2여야 한다는 것이 아닐까?'라는 생각이 들 수도 있다. 결론부터 말하면 문제는 아니다. 이들 라이선스는 GPLv2와 호환되기 때문에 libmysqlclient와 함께 배포하는 경우에는 GPLv2로의 변경이 가능하기 때문이다. 함께 배포할 때에는 전체를 GPLv2로 해야 하지만, 그 전 단계에서라면 문제는 없다. GPLv2 비호환 라이선스는 GPLv2로 라이선스를 변경하여 카피레프트를 적용하는 것이 불가능하므로 좋지 않은 방법이다. 또한 MySQL에는 FOSS License Exception이라는 라이선스 예외가 있어

서, 오픈소스 프로젝트라면 오라클에서 제공하는 GPLv2의 MySQL용 드라이버를 포함해도 전체를 GPLv2로 하지 않고 배포할 수 있게 되었다. 대상이 되는 라이선스는, 다음 페이지에 기재되어 있으므로 예외를 적용하고자 하는 경우는 이 페이지를 확인하기 바란다.

*https://www.mysql.com/about/legal/licensing/foss-exception/*

또한 MySQL에서는 예전부터 드라이버를 커넥터라고 부르는 관습이 있다. 문서를 읽을 때 두 개가 같은 의미라는 것을 염두에 두기 바란다.

## 9.2 주요 클라이언트 프로그램

이제 MySQL 서버과 함께 이용할 주요 클라이언트 프로그램을 소개하겠다. 이것은 오라클이 제공하는 패키지에 포함된 프로그램으로, 개발이나 운영 단계에서 사용하는 툴이다.

**mysql** 통칭 mysql CLI, 또는 MySQL 모니터. MySQL 서버로 접속하고 인터랙티브 또는 배치 명령어를 실행할 때 사용하는 클라이언트 프로그램이다. MySQL 서버의 상태 확인이나 SQL의 실행 계획 확인, 각종 관리 명령어 실행, 또는 매일의 배치 처리 등 광범위하게 활용된다. MySQL을 사용해 개발이나 운영을 하고 있다면, mysql을 사용하지 않는 날이 없다고 해도 과언이 아닐 것이다.

**mysqlsh** 6장에서 소개한 X DevAPI에 대한 인터랙티브 또는 배치 처리를 위한 클라이언트 프로그램이다. 현재로선 X 프로토콜이 아니라 기존의 MySQL 프로토콜을 주로 사용할 것이므로, mysqlsh를 메인으로 사용하지는 않을 것이다. 사실 도큐먼트 스토어로 MySQL을 사용하는 경우가 아니라면운용하기 위해서는 가능한 한 최신 버전을 이용하는 것이 좋다.

**mysqladmin** 각종 관리용 프로토콜 명령어를 MySQL 서버로 요청하기 위한 클라이언트 프로그램이다. mysqladmin 명령어가 실행하는 각종 조작은 점차 SQL로 실행할 수 있도록 변하고 있으므로, mysqladmin을 이용할 기회는 줄어들고 있다고 볼 수 있다. 오로지 ping 전용이라고 할까?

**mysqldump** 논리적인 백업을 위한 유틸리티이다. 논리 백업은 물리 백업보다 속도면에서 떨어지지만 이식성이 높아서 물리 백업보다 활용도가 높다. 매일 백업을 위해 mysqldump를 사용하고 있는 현장도 적지는 않다.

**mysqlbinlog** 바이너리 로그를 관리하기 위한 명령어이다. 이전에는 바이너리 로그에서 실행 가능한 SQL문을 꺼내서 롤포워드 리커버리(Roll-Forward Recovery) 등의 용도로 사용하는 프로그램이었다. MySQL 5.6에서는 가동 중인 MySQL 서버에서 바이너리 로그를 실시간으로 받을 수 있었다.

**mysql_upgrade** 8장에서 소개한 MySQL 서버의 업그레이드를 위해 반드시 실행하는 명령어이다.

**mysqlcheck** 테이블의 유지관리를 위한 명령어이다. 복수의 테이블을 일괄적으로 처리하고자 할 때 적합하다.

**MySQL Workbench** 이 책에서 이미 몇 번이나 등장했지만, MySQL의 공식 GUI 툴이다. ER 다이어그램을 작성해서 테이블의 설정을 한다든지, SQL이나 비주얼 EXPLAIN을 실행한다든지, 서버를 관리할 수 있다. CLI 이외에 GUI가 있으면 좋겠다고 생각하는 사람은 반드시 활용해보기 바란다.

## 9.3 필요 없는 명령어 삭제 ››› 신기능 135

이제 드디어 신기능을 설명할 차례가 되었다. 이번 장의 첫 번째 타자는 쓸모 없는 명령어의 삭제다.

MySQL 5.7에서는 사용 빈도가 높지 않은 명령어가 삭제되었다. 역사적인 이유로 남겨놓았다가 MySQL 5.6 시점에서 이미 폐지가 예정되어 있었고 거의 사용되지 않았다. 표 9.3과 표 9.4는 MySQL 5.6과 MySQL 5.7에 존재하는 서버 및 테스트용 프로그램 이외의 명령어 리스트이다. 덧붙여서 표에 기재되어 있지 않은 서버 프로그램으로는 mysqld, mysqld-debug, mysqld_safe, mysqld_multi가 있다.

| 명령어 | 설명 | 5.6 | 5.7 |
| --- | --- | --- | --- |
| innochecksum | 오프라인 상태에서 InnoDB 파일의 체크썸을 확인한다. | O | O |
| lz4_decompress | LZ4 압축된 mysqldump의 출력을 해제한다. | X | O |
| msql2mysql | mSQL용 C 프로그램을 MySQL용으로 변환한다. | O | X |
| myisamchk | MyISAM용 파일의 정합성을 체크한다. | O | O |
| myisam_ftdump | MyISAM용 전문 인덱스의 내용을 출력한다. | O | O |
| myisamlog | MyISAM의 디버그용 로그 파일의 내용을 출력한다. | O | O |
| myisampack | MyISAM 테이블의 데이터를 압축한다. | O | O |

| my_print_defaults | 옵션 파일의 내용을 읽어들여 출력한다. | O | O |
|---|---|---|---|
| mysql | MySQL 서버로 접속하는 인터랙티브한 CLI | O | O |
| mysqlaccess | 접근 권한을 체크한다. | O | X |
| mysqladmin | 종류별 관리 업무를 실행한다. | O | O |
| mysqlbinlog | 바이너리 로그의 내용을 표시하거나, 다른 서버로부터 바이너리 로그를 전송한다. | O | O |
| mysqlcheck | 테이블의 정합성을 온라인 상태에서 확인하기 위한 클라이언트 | O | O |
| mysql_config | 클라이언트의 컴파일용 옵션을 표시한다. | O | O |
| mysql_config_editor | MySQL 서버로 접속하기 위한 옵션을 구성한다. | O | O |
| mysql_convert_table_format | 테이블의 스토리지 엔진을 일괄 변환한다. | O | X |
| mysqldump | 논리 백업용 도구 | O | O |

표 9.3 MySQL 5.6과 MySQL 5.7의 명령어 비교 (1)

| 명령어 | 설명 | 5.6 | 5.7 |
|---|---|---|---|
| mysqldumpslow | 슬로우 쿼리 로그를 해석하여 표시한다. | O | O |
| mysql_embedded | mysql CLI에 libmysqld(서버 라이브러리)가 편입된 것 | O | O |
| mysql_find_rows | SQL문이 포함된 파일을 읽어 행을 검색한다. | O | X |
| mysql_fix_extensions | MySQL 서버가 생성하는 각종 파일의 확장자를 통일한다. | O | X |
| mysqlhotcopy | 파일을 복사해서 백업을 작성한다. | O | X |
| mysqlimport | LOAD DATAFILE INFILE 명령어의 래퍼 클라이언트 | O | O |
| mysql_install_db | 데이터 디렉터리를 초기화한다. | O | O |
| mysql_plugin | 서버의 플러그인을 관리한다. | O | O |
| mysqlpump | 새로운 논리 백업용 도구 | X | O |
| mysql_secure_installation | MySQL 서버의 상태를 안전하게 한다. | O | O |
| mysql_setpermission | 권한을 인터랙티브하게 설정한다. | O | X |
| mysqlshow | 데이터베이스, 테이블, 컬럼의 메타 데이터를 표시한다. | O | O |
| mysqlslap | MySQL 서버에 부하를 발생시키는 간이 프로그램 | O | O |
| mysql_ssl_rsa_setup | SSL 통신에 필요한 인증서나 키를 생성한다. | X | O |
| mysql_tzinfo_to_sql | 시스템의 타임존 정보를 MySQL 서버가 취할 수 있는 SQL로 변환한다. | O | O |
| mysql_upgrade | MySQL 버전업 후의 각종 조정을 수행한다. | O | O |

| mysql_waitpid | 유닉스 계열에서 프로세스를 강제 종료하고 종료를 대기한다. | O | X |
|---|---|---|---|
| mysql_zap | 유닉스 계열 OS에서 패턴에 일치하는 프로세스를 강제로 종료한다. | O | X |
| perror | 에러 코드에 대응한 에러 메시지를 표시한다. | O | O |
| replace | 파일에 포함된 문자열을 변환한다. | O | O |
| resolveip | 호스트명 또는 IP 주소를 MySQL과 같은 방법으로 해석한다. | O | O |
| resolve_stack_dump | 주소만 포함한 스택 트레이스의 심벌을 해석한다. | O | O |
| zlib_decompress | ZIP 압축된 mysqlpump의 출력을 해제한다. | X | O |

표 9.4 MySQL 5.6과 MySQL 5.7의 명령어 비교 (2)

MySQL 5.7에서는 많은 수의 명령어가 제거되었다. 특히 Perl로 작성한 유틸리티 프로그램이 대부분 삭제되었다. 당연한 일이지만, Perl로 작성한 프로그램은 Perl이 설치되어 있지 않으면 실행할 수가 없다. 이렇게 외부 요인에 따라 프로그램의 이용 가능 여부가 결정되는 것은 문제가 있다. 그래서 그다지 사용되지 않는 Perl 프로그램은 삭제되고, 지속적으로 사용되는 것들은 C++로 이식되었다. 이식된 것에는 mysql_install_db와 mysql_secure_installation이 있다.

물론 Perl로 기술된 프로그램 중에 아직 남아있는 것도 있다. 슬로우 쿼리 로그를 해석하는 mysqldumpslow와 여러 대의 MySQL 서버를 나누어 사용할 수 있게 하는 mysqld_multi가 바로 그것이다. mysqldumpslow에 관해서는, 성능 스키마의 다이제스트에 그 역할을 대부분 빼앗겼다고 볼 수 있다. 튜닝 대상의 쿼리를 찾는 것이 목적이라면 다이제스트 테이블을 사용하는 쪽이 훨씬 간단하기 때문이다.

MySQL 5.7에서는 새로운 프로그램의 추가도 있었다. 8장에서 설명한 mysql_ssl_rsa_setup과 이번 장에서 설명할 mysqlpump이다.

이처럼 MySQL 5.7에서는 클라이언트 프로그램의 교체가 일어났으므로 주의하기 바란다.

## 9.4 mysql'p'ump ▶▶▶ 신기능 136

MySQL 5.7에서 새롭게 추가된 백업 명령어인 mysqlpump[1]는 mysqldump에는 없는 몇 가지 특징을 가지고 있다. 둘은 철자도 아주 비슷하고 백업에 사용한다는

---

1 mysql 펌프라고 읽는다.

용도 면에서도 아주 비슷하다. mysqlpump의 특징으로는 다음과 같은 것들이 언급된다.

- 병렬 덤프
- 테이블, 뷰, 스토어드 프로그램을 개별로 필터링
- 데이터의 복원과 인덱스 작성을 동시에 하지 않고, 데이터를 복원한 이후부터 실행
- 사용자 계정의 정보를 권한 테이블에서가 아닌 CREATE USER와 GRANT 명령어로 출력
- 출력의 압축
- 백업의 진척 보고

MySQL 5.7 배포 당시의 mysqlpump에는 병렬 백업 MVCC에 의한 데이터의 동기화가 되지 않는다는 치명적인 결점이 있었다. 그 때문에 병렬 덤프를 실행하려면 변경 작업을 멈춰야 했으므로 mysqldump의 대체품으로 사용할 수 없었다. 이런 제한은 MySQL 5.7.11에서 해제되어, 서버 변경 중에 병렬 덤프를 실행해도 정합성이 있는 백업을 할 수 있게 되었다. InnoDB를 일관되게 백업하려면 하려면 mysqldump와 마찬가지로 --single-transaction 옵션을 지정해야 한다. --single-transaction 옵션에서는 InnoDB 이외의 테이블 데이터는 일관성을 보증할 수 없다는 점도 마찬가지다.

mysqlpump는 옵션 등에 차이가 있긴 하지만, mysqldump와 같은 방식으로 사용할 수 있다. 리스트 9.2는 전형적인 mysqlpump의 백업과 복원 명령어이다. mysql CLI를 사용해 복원한다는 점도 동일하다. mysqlpump는 내부적으로 병렬 덤프를 하지만 출력은 하나뿐이다. 기본으로는 표준 출력이 덤프의 출력처가 된다. 그 때문에 복원은 mysqldump와 마찬가지로, 출력된 덤프 파일을 mysql CLI를 사용해 실행하게 되어 있다. 덧붙여서, --user는 사용자 계정을 백업하기 위한 옵션이다. 이 옵션을 설정하지 않으면 사용자 계정은 백업되지 않으므로 주의하기 바란다.

**리스트 9.2 mysqlpump에 의한 백업 및 복원**

```
shell> mysqlpump --single-transaction --users > dump.sql
shell> mysql < dump.sql
```

mysqlpump는 기본적으로 전체의 데이터베이스를 백업한다. 명시적으로 --all-databases 옵션을 지정하는 것도 가능하지만 쓸 필요는 없다. 데이터베이스를 개별로 지정하려면 mysqldump와 마찬가지로 옵션이 아닌 인수로 데이터베이스 이름을 직접 지정하든가, --databases 옵션을 사용하든가, 또는 mysqlpump에서만 사용이 가능한 --include-databases, --exclude-databases 옵션을 사용하면 된다. 이들 두 개의 옵션에서는 콤마로 구분하여 데이터베이스명을 지정하는 것 외에 와일드카드도 이용이 가능하다. 데이터베이스의 지정 방법을 표 9.5에 정리해 두었다. 단, --all-databases를 지정한 경우에는 정보 스키마, 성능 스키마, sys 스키마, ndbinfo와 mysql 데이터베이스에 있는 권한 테이블은 백업되지 않으므로 주의하기 바란다.

| 설명 | 서식(로그인 옵션 없음) |
| --- | --- |
| 전체 데이터베이스를 백업 | mysqlpump --all-databases<br>mysqlpump (옵션 없음) |
| 백업 대상 데이터베이스를 직접 지정 | mysqlpump --databases=db1,db2,db3 |
| 와일드카드로 백업할 데이터베이스명을 지정 | mysqlpump --include-databases=db% |
| 와일드카드로 백업하지 않을 데이터베이스명을 지정 | mysqlpump --exclude-databases=test% |
| 어떤 데이터베이스 안의 특정 테이블만 백업 | mysqlpump db1 table1 table2 table3 |

표 9.5 mysqlpump에 의한 데이터베이스의 지정

병렬 덤프에 대해서는 조금 자세한 설명이 필요하다. mysqlpump에는 MySQL 서버에서 데이터를 수집하기 위해 여러 개 스레드를 생성한다. 각각의 스레드가 MySQL 서버로 접속을 일으켜, 데이터를 하나로 합치기 위해 큐로 삽입된다. 큐는 기본적으로 하나뿐이다. 또한 큐별 기본 스레드 수는 2이다.

큐를 증가시키려면 --parallel-schemas 옵션을 사용한다. 이 옵션의 서식은 리스트 9.3과 같다. 이 옵션은 여러 번 지정하는 것이 가능해서, 옵션을 지정할 때 마다 큐가 하나씩 늘어난다. N은 이 큐에 소속하는 스레드 수로, 정수로 지정한다. 각각의 스레드는 대상 MySQL 서버에 개별로 접속한다. 스레드가 지나치게 많아지면 서버가 수용할 수 있는 접속 수를 소비해 버리므로 주의해야 한다. 스레드 수에 이어, 이 큐에 의해 처리해야 하는 데이터베이스를 지정한다. 데이터베이스를 여러 개 지정하는 경우에는 콤마로 구분하여 지정한다. --parallel-schemas 옵션을 지정해도, 기본 큐는 반드시 작성된다. --parallel-schemas 옵션으로 지정되지 않은 데이터베이스는 기본 큐로 처리된다.

**리스트 9.3 --parallel-schemas의 서식**

```
--parallel-schemas=[N:]데이터베이스명[, 데이터베이스명...]
```

리스트 9.4는 --parallel-schemas로 큐를 2개 추가하는 예이다. 기본 큐와 합쳐 총 3개의 큐가 작성되었다. 기본 큐와 --parallel-schemas 옵션으로 스레드 수를 지정하지 않은 큐에는 --default-parallelism 옵션으로 지정된 수의 스레드가 작성된다. 이 옵션의 기본값은 2이다. 리스트 9.4의 예에서는 기본 큐와 첫 번째의 큐에 각각 3개의 스레드가, 그리고 두 번째의 큐에 5개의 스레드가 생성된다. 이 예에서는 합계 11개의 스레드, 다시 말해 11개의 접속에 의해 백업이 처리된다.

**리스트 9.4 2개의 큐를 추가하는 서식 예**

```
shell> mysqlpump --default-parallelism=3 \
--parallel-schemas=db1,db2 \
--parallel-schemas=5:db3,db4,db5
```

병렬 덤프에는 한가지 큰 제약이 있다. 하나의 테이블을 여러 개의 스레드로 덤프할 수 없다는 것이다. 다시 말해 테이블 수가 스레드 수보다 적으면 스레드가 남아있어도 활용할 수가 없다. 리스트 9.4의 명령어에 의해 병렬 덤프를 나타낸 것이 그림 9.1이다. db2와 db3에는 테이블이 2개밖에 없고, 그 외의 데이터베이스에는 4개 이상의 테이블이 있다고 판정한다.

이처럼 mysqlpump에서는 정의된 스레드가 모두 동시에 실행된다. 큐와 스레드의 수를 잘 정리하고 동시 실행 스레드 수가 너무 많아지지 않게 하자.

## 9.5 mysql_upgrade 리팩터링 ▸▸▸ 신기능 137

mysql_upgrade는 MySQL 서버를 업그레이드한 후에 반드시 실행하는 명령어다. MySQL 5.6까지 mysql_upgrade는 C 언어로 작성되어, mysql CLI나 mysqlcheck 명령어를 호출하는 것으로 MySQL 서버에 접속하는 구조였다. C 또는 C++로 작성된 프로그램이라고 하면 C나 C++의 드라이버를 사용해서 MySQL 서버과 교신해야 하므로, 결코 잘 만든 프로그램이라고는 말할 수 없었다.

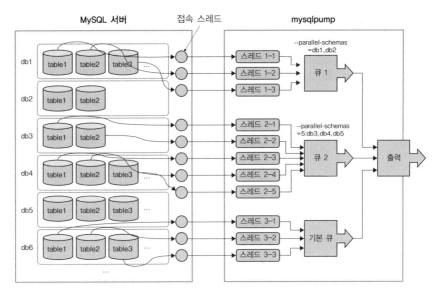

그림 9.1 mysqlpump에 의한 병렬 덤프

MySQL 5.7에서는 그런 점을 개선하여, `mysql_upgrade`가 직접 MySQL 서버와 통신하도록 만들었다. C++로 전면적으로 재작성해서 같은 기능을 하되 내부는 별개이다.[2]

## 9.6 mysql CLI에서 Ctrl+C의 동작 변경 ▸▸▸ 신기능 138

mysql CLI를 인터랙티브 모드로 사용할 때, MySQL 5.6까지의 버전에서는 어떤 명령어도 실행하지 않으면 Ctrl+C로 mysql CLI가 종료되었다. 무언가 명령어를 실행하고 있는 경우에는, 실행 중인 SQL 명령어에 끼어들어 새로운 입력을 받는 다. 그렇지 않은 경우 유닉스의 프로그램 관례로는 현재 입력 중인 명령어를 종 료하고 새로운 입력을 개시한다. Ctrl+C로 명령을 종료하는 방식은 상식을 벗어 난 동작이므로, 사용자를 놀라게 하거나 스트레스를 받게 하는 원인이 되었다. 그래서 MySQL 5.7에서는 이런 작동을 개선해, mysql CLI를 종료시키는 대신 에 새로운 입력을 받도록 했다. 이것은 bash 같은 쉘과 유사한 동작이라고 할 수 있다.

---

2 이런 개선으로 인해, 사용하지 않던 `--datadir`과 `--basedir` 등이 삭제되었다.

## 9.7 mysql --syslog  ▸▸▸ 신기능 139

mysql CLI가 실행한 SQL문을 syslog에 기록할 수 있는 옵션이 추가되었다. 작업의 내용을 나중에 검토하고자 할 때 편리한 기능이다. syslog에 로그를 기록하려면, --syslog(단축형은 -j))옵션을 지정하면 된다. 기록할 로그를 필터링할 때는 --histignore 옵션을 사용할 수 있다. 이 옵션의 인수로 기록하고 싶지 않은 쿼리의 패턴을 문자열로 지정할 수 있고, 와일드카드를 사용해서 아주 쉽게 패턴 매칭도 할 수 있다.[3] 와일드카드에는 임의의 문자 하나에 해당하는 ?와 임의의 문자열에 해당하는 *가 있다.

리스트 9.5는 SELECT와 SHOW 명령어를 제외한 나머지 명령에 대해 기록하도록한 예이다. 예시로 두 개의 명령어를 필터링하고 있지만, 필터 기능이 빈약하고 작업 로그와 같은 목적으로 사용하는 경우에는 전체 명령어를 기록해 두려는 목적이 압도적으로 많으므로, --histignore 옵션을 사용할 기회는 많지 않을 것이다. 덧붙여서 이 필터는 쿼리 실행 시에 앞에 공백을 하나 붙이면 매치하지 않게된다는 점에 주의하자. 와일드카드에 의한 필터링은 유연성이 부족하고 대응할수 있는 사례에도 제한이 있다. 감사와 같은 용도로는 쓸 수 없을 것이다.

**리스트 9.5 syslog에 명령어를 기록하기 위한 옵션의 예**

```
shell> mysql -j --histignore=show*:select*
```

와일드카드를 이용해서 필터링하는 실제 사용 예로는, 의도적으로 필터하고 싶은 쿼리를 작성하는 것이 있다. 리스트 9.6처럼 mysql 명령어를 기동하고 쿼리를 실행하면 SQL 문 끝에 주석을 기술하고 syslog로 출력을 제어할 수 있다. 다음 예의 SHOW ENGINE INNODB STATUS는 syslog에 기록되지 않는다.

**리스트 9.6 주석에 의한 필터링의 예**

```
shell> mysql -j --histignore=*nolog
...중략...
mysql> SHOW ENGINE INNODB STATUS\G — nolog
```

## 9.8 클라이언트의 --ssl 옵션으로 SSL을 강제  ▸▸▸ 신기능 140

MySQL 5.6까지는 접속할 때 --ssl 옵션을 지정했음에도 불구하고 서버와 SSL 통신을 할 수 없어도 에러가 발생하지 않았다. 이런 사실은 그다지 알려져 있지

---

3 단, 지정할 수 있는 것은 와일드카드뿐이어서, 정규 표현식 등은 사용할 수 없다.

않다. --ssl 옵션은 SSL 통신 기능을 활성화한다는 의미로, SSL 통신을 강제하지 않았다. 여기서 말하는 활성화는 서버와의 통신에 SSL을 사용할 수 있다면 사용하지만, 사용할 수 없으면 비SSL의 통신을 사용한다는 의미이기 때문이다. 이것은 클라이언트와 서버 사이의 통신을 보호하고자 하는 경우, 예상치 못한 함정이 된다. 사용자가 SSL 통신을 하고 있는 듯해도, 실제로는 SSL을 사용하지 않는 상황이 일어나기 때문이다. 이것은 매우 위험한 일이다.[4]

MySQL 5.7에서는 --ssl 옵션의 의미가 변했다. --ssl 옵션은 단순히 SSL을 활성화하는 것뿐 아니라 SSL 통신을 강제한다는 의미가 되었다. --ssl 옵션을 지정한 경우, SSL이 아닌 통신은 일어날 수 없고 명령어는 에러로 종료한다. --ssl 옵션을 지정해 두었으면 SSL 통신이 보증되는 것이다.

## 9.9 innochecksum 명령어의 개선 ▸▸▸ 신기능 141

innochecksum은 클라이언트가 아니라, MySQL 서버에 소속된 관리 툴이지만, 이번 장에서 합쳐서 설명하겠다. innochecksum은 그 이름이 나타내는 것처럼 InnoDB 데이터 파일의 체크썸을 확인하는 도구다. MySQL 서버로 접속하지 않고 파일을 직접 읽으므로 클라이언트 프로그램은 아니다. innochecksum은 페이지의 체크썸을 계산하고, 페이지에 기재되어 있는 체크썸과 비교해서 망가진 페이지를 검출한다. InnoDB의 페이지에는 LSN이 2개 장소에 저장되도록 만들어져 있고, innochecksum은 그것들이 일치하는지 확인한다.

MySQL 5.6의 innochecksum은 단순하게 데이터 파일의 체크썸이 모두 맞는지 어떤지를 확인하기만 하는 프로그램이었다. 리스트 9.7은 MySQL 5.6의 innochecksum을 실행한 모습이다.

이 파일은 dd 명령어를 사용해 사전에 여러 장소를 부수고 있다는 점에 주의하기 바란다. 여러 장소를 파괴했지만, 최초에 파괴된 페이지를 발견한 시점에 에러를 출력하고 종료해 버린다. 다시 말해서 innochecksum에 의해 알 수 있는 것은 데이터 파일이 파손되었는지 아닌지 여부 뿐이고 그 이상은 확인할 수 없다.[5]

**리스트 9.7 MySQL 5.6의 innochecksum 실행 예**

```
shell> innochecksum t1.ibd
```

---

[4] MySQL 5.6에서는 --ssl=0을 지정해서 SSL 통신을 완전히 비활성화하는 것이 가능하다. 하지만 그러한 요구는 거의 없을 것이다.
[5] 또한, 디버그 옵션을 추가해서 계산된 체크썸과 저장된 체크썸의 값을 확인하는 것이 가능하다.

```
InnoDB offline file checksum utility.
Fail; Page 21 invalid (fails innodb and crc32 checksum)
```

MySQL 5.6의 innochecksum은 500행도 되지 않는 아주 단순한 프로그램이었지만, MySQL 5.7에서는 전면적으로 재작성해서 다음과 같은 개선이 더해졌다.

- 윈도우와 32비트 플랫폼 2GB 이상의 파일 지원
- 여러 유형의 에러 감지
- 체크썸 알고리즘의 지정
- 다른 알고리즘에 의한 체크썸 재작성
- 로그의 출력
- 페이지 통계 요약 표시
- 페이지 타입 덤프
- 표준 입력에서 데이터 판독
- 복수의 데이터 파일을 와일드카드로 지정
- 파일에 대한 어드바이저리 lock(advisory lock, 윈도우 이외)

새로운 innochecksum의 사용 방법을 리스트 9.8에 몇 가지 소개한다. 각각 체크썸을 강제적으로 덮어쓰는 방법, 표준 입력에서 데이터를 체크하는 방법, 와일드카드로 여러 파일을 일괄 체크하는 방법이다.

**리스트 9.8 MySQL 5.7 innochecksum의 새로운 사용법**

■ 체크썸을 강제적으로 덮어쓰기
```
shell> innochecksum -w crc32 -n table_name.ibd
```

■ 표준 입력에서 체크할 데이터를 읽기
```
shell> cat /path/to/datadir/ibdata* | innochecksum -
```

■ 와일드카드로 복수의 파일을 일괄 체크
```
shell> innochecksum *.ibd
```

## 9.10 mysqlbinlog 명령어의 개선

바이너리 로그를 관리하는 mysqlbinlog 명령어도 몇 가지 개선 사항이 추가되었다.

### 9.10.1 SSL 지원 ▸▸▸ 신기능 142

`mysqlbinlog` 명령어는 원격 호스트에서 동작하는 MySQL 서버로 로그인하여 레플리케이션과 마찬가지로 바이너리 로그를 연속적으로 전송하는 기능이 있다. 이 기능은 MySQL 5.6에서 추가되었지만, MySQL 서버로 접속할 때에 SSL 접속은 지원되지 않았다. 바이너리 로그에는 전체의 변경을 기록하기 때문에 통신 경로가 암호화되어 있지 않으면 통신 경로에서 제삼자에 의한 도청이 가능해서 정보가 유출될 가능성이 있다. 따라서 통신 경로에 인터넷처럼 제삼자가 접근할 수 있는 네트워크가 포함된 경우에는 확실하게 암호화를 해야 한다.

MySQL 5.7에서는 `mysqlbinlog` 명령어에 SSL 통신이 추가되었다. SSL을 사용하면 악의가 있는 공격자가 암호를 해독하지 않는 이상, 통신 경로에서 데이터가 유출되는 일은 없다.

### 9.10.2 --rewrite-db 옵션 ▸▸▸ 신기능 143

MySQL 서버에는 레플리케이션 실행 시에 슬레이브 쪽에서 마스터와는 다른 데이터베이스로 다시 쓰는 기능이 있다. 대응하는 옵션은 `replicate_rewrite_db`로, 슬레이브 쪽에서 지정할 필요가 있다. 나름대로 편리한 방식이지만, 어떤 사정에 의해 슬레이브로 마스터의 바이너리 로그를 적용해야 할 때는 불편하다. 바이너리 로그를 재생하는 `mysqlbinlog` 명령어에는 데이터베이스 고쳐쓰기 기능이 없이 그대로 적용할 수 없기 때문이다. 테이블마다 일일이 이름을 고친다면 바이너리 로그의 적용이 가능하기야 하지만 매우 번거로운 일이다.

그래서 MySQL 5.7의 `mysqlbinlog`에는 --rewrite-db 옵션이 추가되어, 바이너리 로그 재생 시에 데이터베이스명을 고쳐쓸 수 있게 되었다. 리스트 9.9는 데이터베이스명의 고쳐쓰기를 동반한 바이너리 로그 적용의 실행 예이다.

**리스트 9.9 mysqlbinlog에 의한 데이터베이스명의 고쳐쓰기**

```
shell> mysqlbinlog --rewrite-db="dbX->dbY" \
       --rewrite-db="db1->db2" \
       mysql-bin.000123 | mysql
```

### 9.10.3 IDEMPOTENT 모드 ▸▸▸ 신기능 144

MySQL 5.7에서는 행 기반 포맷의 바이너리 로그를 적용할 때 중복 키 또는 해당 키를 찾을 수 없다는 에러를 무시하는 IDEMPOTENT(멱등) 모드가 추가되었다. 이 모드는 바이너리 로그 포지션이 명확하지 않을 때 편리하다. Crash safe

설정을 하지 않은 슬레이브가 손상되면 마스터와 슬레이브의 데이터에 오차가 발생한다. IDEMPOTENT 모드를 사용해서 마스터의 바이너리 로그를 조금 오래된 것부터 적용하면 데이터 부정합을 해소할 수 있다.

이 신기능을 mysqlbinlog 명령어에 대한 것이라고 단언하는 것은 다소 부정확한 표현이다. 왜냐하면 mysqlbinlog는 SET SESSION RBR_EXEC_MODE = IDEMPOTENT라는 명령어를 출력하는 것뿐이기 때문이다. 이 명령어에 의해 RBR_EXEC_MODE = IDEMPOTENT가 설정되어 서버 쪽의 동작이 바뀐다. 그 결과, 행 기반 포맷의 이벤트 재생 시에 중복 키 에러가 발생하면 덮어쓰기를 하고, 찾지 못하는 경우에는 에러를 무시하게 된다. 바이너리 로그를 적용하기 위한 전제 데이터가 달라도, 단순히 장황한 바이너리 로그를 적용하는 것뿐이라면 적용 후의 결과는 같다. 단, 그외의 에러, 변경할 대상의 테이블이 존재하지 않는 등의 에러에는 대응할 수 없으므로 주의할 필요가 있다.

예를 들어 mysql-bin.000123이라는 바이너리 로그를 적용하고 있는 도중에 슬레이브가 손상되었다는 것을 알았을 경우, mysql-bin.000123 전체를 IDEMPOTENT 모드로 마지막까지 재생할 수 있으면 슬레이브의 데이터는 마스터의 mysql-bin.000123 완료 시의 데이터와 같게 된다. 그러므로 다음 바이너리 로그부터 레플리케이션을 재개하는 것이 가능하다.

## 9.11 프로토콜 및 libmysqlclient의 개선

예전부터 있던 MySQL 프로토콜과 C 언어용 드라이버인 libmysqlclient에도 개선이 추가되었다. 모두 기존과 사용방법은 동일하지만 약간 더 편리해졌다.

### 9.11.1 세션의 리셋 ▸▸▸ 신기능 145

커넥션 풀에서는 애플리케이션이 커넥션을 반환하면 그 커넥션을 접속한 상태로 재사용될 때까지 대기한다. 이렇게 해제되지 않은 리소스가 존재하면 불필요한 자원 사용이 점점 누적될 것이다. 예를 들면 임시 테이블이나 prepared statement가 그렇다. 실제로 끊었다가 재접속을 하지 않는 이유는 오버헤드를 줄이기 위함이지만, 동시에 리소스가 해제되지 않고 남아있을 위험이 있다. 끊었다가 다시 접속하지 않고 세션을 막 접속한 상태와 같게 할 수는 없을까? 비슷한 기능으로는, C API의 mysql_change_user()가 있다. 이 함수는 서버로 COM_CHANGE_USER 명령어를 송신하고, 사용자를 다시 인증해서 세션의 상태를 초기화한다.

하지만 인증의 오버헤드가 아주 작다고 할 수는 없기 때문에 커넥션 풀의 장점은 저하된다. 그래서 MySQL 5.7에서는 재접속도 인증도 하지 않고, 세션의 상태를 리셋할 수 있는 기능이 추가되었다. 그것이 새로운 C API인 mysql_reset_connection()과 프로토콜 명령어인 COM_RESET_CONNECTION이다.

세션을 리셋하게 되면 실행 중인 트랜잭션은 롤백되어 정의한 사용자 변수나 prepared statement, 임시 테이블이 삭제되어 인증을 완료하고 세션이 막 시작한 시점의 상태와 같게 된다. 재접속이나 mysql_change_user()보다 오버헤드가 적고 재인증도 불필요하므로 덜 번거롭다. 리스트 9.10은 mysql CLI에서 세션을 리셋하는 예이다. mysql_reset_connection()이 C API에 추가되면서 이와 함께 mysql CLI에서도 세션을 리셋하는 명령어가 추가되었다. 완전하게는 resetconnection이라는 명령어로, \x로 짧게 쓸 수도 있다. 리스트 9.10에서는 정의한 사용자 변수가 리셋에 의해 없어진 것을 알 수 있다.

**리스트 9.10 mysql CLI에서 세션의 리셋**

```
mysql> SET @x = 1;
Query OK, 0 rows affected (0.00 sec)

mysql> SELECT @x;
+------+
| @x   |
+------+
|    1 |
+------+
1 row in set (0.00 sec)

mysql>\x
mysql> SELECT @x;
+------+
| @x   |
+------+
|NULL  |
+------+
1 row in set (0.00 sec)
```

프레임워크 등을 스스로 만들어 커넥션 풀을 설치하고 있다면 반드시 활용해보기 바란다.

## 9.11.2 EOF 패킷의 폐지 ▸▸▸ 신기능 146

MySQL 5.7에서는 EOF(메타 데이터나 결과 세트가 더 이상 없는 것을 나타냄) 패킷을 사용할 수 없게 되었다. 호환성을 위해 오래된 클라이언트가 접속한 경우에는 서버가 EOF 패킷을 클라이언트로 송신하지만, MySQL 5.7의 새로운 클라이언트가 접속한 경우에는 송신되지 않는다. EOF 패킷은 OK(쿼리가 완료했다는 것을 표시) 패킷으로도 대용할 수 있으므로 본질적으로는 불필요하다. 그때문에 MySQL 5.7에서는 EOF 패킷이 폐지되어, EOF 패킷에 해당할만큼의 아주 적은 통신량을 줄이게 되었다.

### 9.11.3 불필요한 프로토콜 명령어 폐지 ▸▸▸ 신기능 147

MySQL 5.7에서는 대체 수단이 있는 프로토콜 명령어를 폐지할 예정이다. 폐지 예정인 명령어 목록을 표 9.6에 정리했다. 이들은 SQL을 통해서 구현할 수 있는 것들이 대부분으로, 쓸데없이 프로토콜의 복잡성을 늘리는 요인이 되고 있을 뿐이다. 현재는 호환성을 위해 남겨두었지만, 미래의 버전에서 삭제될 것이다. 프로토콜 명령어가 폐지되는 것에 동반하여 그것을 사용하는 C API 함수도 폐지 예정이다.

| 명령어 | 대체 SQL 명령어 | C API |
|---|---|---|
| COM_FIELD_LIST | SHOW COLUMNS FROM | mysql_list_fields |
| COM_REFRESH | FLUSH | mysql_refresh |
| COM_PROCESS_INFO | SHOW PROCESSLIST | mysql_list_processes |
| COM_PROCESS_KILL | KILL | mysql_kill |

표 9.6 폐지 예정인 프로토콜 명령어

### 9.11.4 mysql_real_escape_string_quote ▸▸▸ 신기능 148

mysql_real_escape_string_quote는 임의의 문자열을 MySQL의 SQL문 안에서 안전하게 사용할 수 있도록 escape 처리를 하는 C API다. MySQL 5.7에서는 이 API도 변경되었다.

MySQL에서 문자열을 리터럴로 SQL문 안에 포함시키는 경우에는 문자열을 작은따옴표 또는 큰따옴표로 감쌀 필요가 있다. 이때 감싸기 위해 사용하는 문자가 문자열 그 자체에도 포함되어 있으면 구문적으로는 감싸기가 그곳에서 끝나 버린다. 이 때문에 공통의 룰을 정해서 문자열의 맨 끝과 문자 중간의 따옴표를 구별할 수 있도록 했다. 그것이 escape 처리이다.

MySQL의 SQL문에서는 작은 따옴표로 감싼 문자열 리터럴에 작은 따옴표 그자체를 표현하려면 다음의 두 가지 방법이 있다.

- 작은따옴표를 2회 연속해서 기술. 예: `'G''day!'`
- 작은따옴표 앞에 백슬래시를 붙이기. 예: `'G\'day!'`

만일 escape 처리를 하지 않고 작은 따옴표를 SQL문 안에 문자열 리터럴로 포함시켜 버리면, 의도한 SQL이 아니게 된다. 그 결과, 구문 에러가 발생한다든지 SQL 인젝션의 피해에 노출되는 등의 문제가 발생한다. 애플리케이션 쪽에서 SQL문을 동적으로 조립하는 경우에는 escape 처리가 아주 중요하다.

위의 예문은 모두 「G'day!」를 출력한다. 이 형태라면 작은따옴표가 포함된 문자열을 작은따옴표로 감싸는 것이 가능하다. 큰따옴표도 마찬가지로, 큰따옴표를 연속해서 2회 쓰든지, 앞에 백슬래시를 붙이는 방식으로 하나의 큰따옴표를 표시한다. 단, 따옴표를 2회 연속해서 기술하는 방법은, 그 문자열을 싸는 기호와 같은 기호에 대한 기법이다. 작은따옴표로 감싼 문자열 리터럴 안에서 큰따옴표를 연속해서 2회 기술하면, 그대로 큰따옴표가 2회 연속하고 있다고 간주된다. 거꾸로도 마찬가지다.

문자열을 escape하는 데 귀찮은 문제가 있다. 바로 NO_BACKSLASH_ESCAPES라는 SQL 모드의 존재이다. 이 SQL 모드는 그 이름처럼 백슬래시에 의한 escape를 허용하지 않는다. SQL 모드에 따라 escape의 방식을 변경해야 한다.

표 9.7는 문자열 안에 작은따옴표가 포함된 경우, 설정이나 escape 방법의 차이에 따라 어떻게 해석되는지를 정리할 것이다. NO_BACKSLASH_ESCAPES의 있고 없음에 따라 결과에 큰 변화가 있음을 알 수 있을 것이다.

| 문자열 리터럴 | 리터럴이 나타내는 값 | |
| --- | --- | --- |
| | NO_BACKSLASH_ESCAPE 없음 | NO_BACKSLASH_ESCAPE 있음 |
| `'G\'day!'` | G'day! | 문자열이 도중에 잘림 |
| `'G''day!'` | G'day! | G'day! |
| `'G\'day!''` | G'day! | G\'day! |
| `''G''day!''` | G''day! | G''day! |

표 9.7 문자열의 escape 규칙

MySQL에서 C API를 사용하고 있다면 문자열 리터럴의 escape 처리는 `mysql_real_escape_string` 함수로 한다. `mysql_real_escape_string` 함수는 서버 쪽에서 SQL 모드에 NO_BACKSLASH_ESCAPES가 설정되어 있는지 여부를 상

태 플래그로 판단하고, escape 방법을 바꾼다. SQL 모드에 NO_BACKSLASH_ ESCAPES가 설정되어 있지 않은 경우에는, 백슬래시로 작은따옴표와 큰따옴표 를 escape하고, NO_BACKSLASH_ESCAPES가 설정되어 있으면 작은따옴표 를 2회 연속 기술하는 방식으로 작은따옴표를 escape한다. 그러나 여기서 한 가지 문제가 발생한다. 이 방식으로는 다음의 두 가지 요건이 중첩된 경우에는 escape를 할 수 없다.

- SQL 모드에 NO_BACKSLASH_ESCAPES가 설정되어 있다.
- 큰따옴표로 문자열을 감싼다.

왜 이러한 문제가 생기는 걸까? mysql_real_escape_string은 문자열 리터럴을 작은따옴표로 감싸는 것을 전제로 하기 때문이다. NO_BACKSLASH_ESCAPES 가 설정되어 있으면 작은따옴표는 2회 연속해서 기술할 수 있지만, 큰따옴표로 문자열을 감싸도 기술한 대로의 의미로 해석될 뿐이다. 또한 큰따옴표는 그대로 남겨지므로 문자열은 거기에서 종료된다.[6]

MySQL 5.7에서는 mysql_real_escape_string_quote라는 새로운 C API 함수 가 추가되었다. 이것은 함수의 인수에 인용기호를 지정하는 것으로, 어떤 경우 도 대응할 수 있게 됐다. 애플리케이션에서 어떤 문자로 문자열 리터럴을 감쌀 지 잘 확인하고, 확실하게 escape 처리를 하기 바란다. 또한, MySQL 5.7에서 는 SQL 모드에 NO_BACKSLASH_ESCAPES가 설정되어 있는 경우 mysql_real_ escape_string 함수는 에러를 반환한다. 만일 SQL 모드에 NO_BACKSLASH_ ESCAPES가 설정되어 있고, 애플리케이션에서 mysql_real_escape_string를 사 용하고 있는 경우에는 mysql_real_escape_string_quote를 사용해보기 바란다.

### 9.11.5 SSL을 기본값으로 활성화 ▸▸▸ 신기능 149

8장에서는 MySQL 5.7에 들어와서 서버 측에서 SSL용 파일을 자동 생성하게 된 것, 그리고 mysql_ssl_rsa_setup 명령어를 사용해 간단하게 SSL 함수의 파 일을 생성할 수 있다는 것을 설명했다. 또한 MySQL 5.7의 클라이언트에서는 SSL 통신이 가능한 경우에는 SSL을 우선적으로 사용하는 구조가 되었다. 따라 서 MySQL 5.7의 libmysqlclient(C API)를 사용하는 프로그램, 또는 다른 언어

---

6 백슬래시에 의한 escape로는 감싼 문자가 어떤 것이든 작은따옴표와 큰따옴표 어느 쪽의 문자도 escape가 가능하다.

에 의한 바인딩을 사용하는 경우에는 기본적으로 통신이 암호화된다. 단, 기본 상태에서는 클라이언트 쪽에서 서버의 인증서는 검증하지 않으므로, 클라이언트가 중간자 공격 등에 의해 별도의 서버에 접속당해도 알 수가 없기 때문에 주의해야 한다. 혹여 공격을 받는다고 해도 통신이 암호화되어 있으므로 이전처럼 일절 암호화하지 않은 때보다는 안전하다. 또한 MySQL 5.6 버전까지의 각종 클라이언트 프로그램에서는 SSL을 활성화하면 서버의 인증서를 검증하는 MYSQL_OPT_SSL_VERIFY_SERVER_CERT라는 플래그가 설정되었다. 인증서의 검증에는 서버의 인증서를 검증하는 데 필요한 CA 파일을 전달해야 해서, SSL 통신을 하려고 해도 옵션에 CA 파일을 지정하지 않으면 접속에 실패했다. libmysqlclient에서는 MYSQL_OPT_SSL_VERIFY_SERVER_CERT 플래그의 기본값이 OFF이지만, 각종 클라이언트 프로그램(mysql CLI나 mysqldump 등)에서는 MYSQL_OPT_SSL_VERIFY_SERVER_CERT 플래그가 세팅되어 있다. 그대로는 서버 인증서를 검증할 수 없어 접속에 실패할 것이다. 하지만 다행히 MySQL 5.7에서는 MySQL에 속한 클라이언트 프로그램에 MYSQL_OPT_SSL_VERIFY_SERVER_CERT를 세팅하지 않아도 동작하므로, 서버로 접속할 수 있게 되었다.

또한 MySQL 서버 기동 시 또는 mysql_ssl_rsa_setup에 의해 생성된 인증서로는 Common Name의 값이 이상해서, 서버의 인증서 검증에 실패하는 문제가 있다. 현 시점의 버전[7]에서 서버의 검증을 하고자 하는 경우에는 사전에 인증서를 작성할 필요가 있으므로 주의하기 바란다.

### 9.11.6 프로토콜의 추적 ▶▶▶ 신기능 150

MySQL 5.7에는 클라이언트 측에서 프로토콜을 추적하는 플러그인을 작성하기 위한 인터페이스가 추가되었다. 추가된 것은 플러그인의 인터페이스뿐이며, 구체적인 설치는 테스트용인 Test Tracee Plugin(libmysql/test_trace_plugin.cc)을 빼고는 제공하지 않는다. Test Tracee Plugin은 단순히 프로토콜의 내용을 표준 출력으로 덤프할 뿐이며, 프로토콜의 처리를 시각화할 때 쓸모가 있을 것이다. 단, 이 플러그인은 테스트 목적 또는 플러그인을 작성할 때 참고하는 용도이므로 표준의 바이너리 패키지에는 들어있지 않다. 사용하기 위해서는 직접 소스에서 빌드하고, 디버그판의 빌드를 선택해 거기에 -DWITH_CLIENT_PROTOCOL_TRACING = 1이라는 cmake의 빌드 옵션을 활성화해야 한다. 리스트 9.11은 test_

---

7 원고 집필 시점의 최신 버전은 MySQL 5.7.12이다.

trace_plugin의 사용 예이다.

데이터의 출력 형식이나 패킷의 필터링, 로그의 로테이션과 같은 유연성을 더하는 기능을 포함시키고 싶다면 직접 플러그인을 개발해 사용해보자.

리스트 9.11 **test_trace_plugin**의 사용 예

```
shell> export MYSQL_TEST_TRACE_DEBUG=1
shell> ./mysql -P 5712
test_trace: Test trace plugin initialized
test_trace: Starting tracing in stage CONNECTING
test_trace: stage: CONNECTING, event: CONNECTING
test_trace: stage: CONNECTING, event: CONNECTED
test_trace: stage: WAIT_FOT_INIT_PACKET, event: READ_PACKET
test_trace: stage: WAIT_FOT_INIT_PACKET, event: PACKET_RECEIVED
test_trace: packet received: 109 bytes
  0A 35 2E 37 2E 31 32 2D  65 6E 74 65 72 70 72 69    .5.7.12-enterpri
  73 65 2D 63 6F 6D 6D 65  72 63 69 61 6C 2D 61 64    se-commercial-ad
test_trace: 109: stage: WAIT_FOT_INIT_PACKET, event: INIT_ PACKET_RECEIVED
test_trace: 109: stage: AUTHENTICATE, event: SEND_SSL_REQUEST
test_trace: 109: sending packet: 32 bytes
05AEFF0100 00 00 01 21 00 00 00 00 00 00 00 00   .........!..........
00 00 00 00 00 00 00 00  00 00 00 00 00 00 00 00   ....................
...이하 생략...
```

## 9.11.7 MySQL 5.7의 클라이언트 프로그램 활용법

MySQL 5.7의 클라이언트 프로그램은 mysqlpump처럼 완전히 새로운 것도 있고 대폭 다시 쓰여진 것도 있지만 이전부터 있는 명령어의 기본적인 사용 방법은 변하지 않았다. 사용자가 새로운 버전을 사용하기 위해서 반드시 사용법을 바꿀 필요는 없다는 뜻이다.

Perl 프로그램이 C/C++로 이식된 덕에 이전에는 유닉스 계열의 플랫폼에서밖에 사용할 수 없었던 프로그램이 윈도우에서도 동작하게 되었다는 점은 훌륭하다. 플랫폼에 관계없이 MySQL을 이용할 수 있다는 것은 RDBMS 사용의 용이성 면에서 아주 중요한 포인트이다.

클라이언트 쪽의 새로운 기능은 모두 편리성이나 안정성을 높일 수 있는 것들이다. 이것들은 일상적인 데이터베이스 관리와 애플리케이션 개발 등 모든 측면에서 유용할 것이다. 반드시 새로운 기능을 활용해서 관리나 개발에 도움을 받길 바란다.

# 10장

# 그 외의 신기능

이번 장에서는 다른 장에서 다루지 않은 신기능을 소개한다. 끝부분이라 피곤하 겠지만 아직 설명하지 않은 신기능의 수가 아주 많으므로, 조금만 더 함께해 주 길 바란다.

## 10.1 트리거의 개선 ▸▸▸ 신기능 151

트리거는 테이블에 변경을 일으켰을 때 자동적으로 실행되는 스토어드 프로그 램으로, MySQL 버전 5.0에서 추가된 기능이다. MySQL 5.6까지는 사용하기 조 금 불편했지만 MySQL 5.7에서는 개선되었다.

### 10.1.1 BEFORE 트리거가 NOT NULL보다 우선

MySQL 5.6까지의 트리거는 테이블에 NOT NULL 제약이 있을 때 트리거보다 제 약이 먼저 체크되어, NULL이 된 컬럼에 별도의 값을 설정할 수 없었다. 예를 들 어 리스트 10.1을 보면 MySQL 5.6과 MySQL 5.7에서의 처리 방식이 좀 다르다. MySQL 5.6에서는 컬럼 b가 NOT NULL 제약이 걸려있지만 MySQL 5.7에서는 트 리거에 의해 컬럼 b가 NULL에서 구체적인 값으로 고쳐 작성되어, 테이블에 무사 히 데이터를 저장할 수 있게 되었다.

**리스트 10.1 MySQL 5.6과 MySQL 5.7의 NOT NULL 처리의 차이**

■ 테이블과 트리거의 정의
```
mysql> CREATE TABLE t (
    -> a INT NOT NULL,
```

```
    -> b INT NOT NULL,
    -> c INT NOT NULL);
Query OK, 0 rows affected (0.07 sec)

mysql> delimiter //
mysql> CREATE TRIGGER t_bi1
    ->  BEFORE INSERT ON t FOR EACH ROW
    ->  BEGIN
    ->   SET NEW.b = COALESCE(NEW.b, NEW.a+1);
    ->  END;//
Query OK, 0 rows affected (0.01 sec)

mysql> delimiter ;
```

■ MySQL 5.6의 경우
```
mysql> INSERT INTO t VALUES (1, NULL, 1);
ERROR 1048 (23000): Column 'b' cannot be null
```

■ MySQL 5.7의 경우
```
mysql> INSERT INTO t VALUES (1, NULL, 1);
Query OK, 0 rows affected (0.10 sec)

mysql> SELECT * FROM t;
+------+------+------+
| a    | b    | c    |
+------+------+------+
|    1 |    2 |    1 |
+------+------+------+
1 row in set (0.00 sec)
```

다시 말해서 MySQL 5.6까지는 NOT NULL 제약과 트리거를 사용한 NULL 값의 변경 중에 한쪽을 포기해야 했다. 이는 매우 번거로웠고 개발자들을 괴롭히기에 충분했다. MySQL 5.7에서는 NOT NULL과의 병용이 가능하게 되어서 더 이상 고생할 필요가 없다.

## 10.1.2 복수의 트리거에 대응

MySQL 5.6까지는 각각의 테이블에 트리거는 종류별로 하나밖에 작성할 수 없었다. 트리거는 전부 6종류가 있다. INSERT, UPDATE, DELETE 각각에 BEFORE와 AFTER가 있으므로 총 6개다. 다시 말해 MySQL 5.6에서는 하나의 테이블에 종류가 다른 6개의 트리거만 작성할 수 있었다. 같은 종류의 트리거를 여러 개 작성할 수 없었기 때문에 같은 종류의 트리거에 추가하고 싶다면 기존 트리거를 고쳐 써야 했다. 때문에 트리거의 유지 관리에 들어가는 수고가 늘어났다.

  MySQL 5.7에서는 이러한 제약이 없어져서 하나의 테이블에 같은 종류의 트리거를 여러 개 작성할 수 있게 되었다. 리스트 10.2는 그 실행 예이다. 같은 종류의 트리거가 여러 개 있을 때는 어떤 트리거부터 실행될지 순서가 아주 중요하다. 왜냐하면 처리를 실행하는 순서에 따라 결과가 달라지는 경우가 있기 때문이다. 리스트 10.2는 그러한 전형적인 예다. t_bi1은 컬럼 c의 값에 컬럼 a의 값을 더하는 트리거로, t_bi2는 컬럼 c의 값에 컬럼 b의 값을 곱하는 트리거이다. t_bi1이 먼저 실행되고 있기 때문에 결과는 (4+2)×3=18이 되었다. 만일 반대라면 4×3+2=14가 될 것이다.

**리스트 10.2 복수의 트리거를 작성한 예**

```
mysql> delimiter //
mysql> CREATE TRIGGER t_bi1
    -> BEFORE INSERT ON t FOR EACH ROW
    -> BEGIN SET NEW.c = NEW.c+NEW.a;
    -> END;//
Query OK, 0 rows affected (0.07 sec)

mysql> CREATE TRIGGER t_bi2
    -> BEFORE INSERT ON t FOR EACH ROW
    -> BEGIN SET NEW.c = NEW.c*NEW.b;
    -> END;//
Query OK, 0 rows affected (0.04 sec)

mysql> delimiter;
mysql> TRUNCATE t;
Query OK, 0 rows affected (0.18 sec)

mysql> INSERT INTO t VALUES(2,3,4);
Query OK, 1 rows affected (0.03 sec)

mysql> SELECT * FROM t;
+------+------+------+
| a    | b    | c    |
+------+------+------+
|    2 |    3 |   18 |
+------+------+------+
1 row in set (0.00 sec)
```

같은 종류의 트리거가 여러 개 있는 경우, 실행되는 순서는 트리거가 정의되는 순서대로다. 그러므로, 위의 예에서는 t_bi1이 우선이다. 실행 순서를 변경하려면 FOLLOWS 또는 PRECEDES 구문을 사용한다. 이것들은 현존하는 트리거에 대해 상대적인 실행 순서를 지정하는 구문이다. 예를 들어 리스트 10.2의 트리거에 이어 리스트 10.3과 같은 트리거를 작성하게 되면 t_ib3는 2번째로 실행된다.

**리스트 10.3 트리거 실행 순서 지정**

```
mysql> delimiter //
mysql> CREATE TRIGGER t_bi3
```

```
    -> BEFORE INSERT ON t FOR EACH ROW
    -> FOLLOWS t_bi1
    -> BEGIN SET NEW.c = NEW.c*2;
    -> END;//
Query OK, 0 rows affected (0.01 sec)
```

실제 트리거의 실행 순서는 information_schema.TRIGGERS 테이블의 ACTION_
ORDER 컬럼에서 확인할 수 있다. 이 컬럼은 MySQL 5.7.2에서 추가된 것이다. 트
리거 실행 순서를 확인하는 쿼리의 예를 리스트 10.4에 제시했다.

**리스트 10.4 트리거 실행 순서의 확인**

```
mysql> SELECT EVENT_MANIPULATION, ACTION_TIMING,
    -> TRIGGER_NAME, ACTION_ORDER
    -> FROM TRIGGERS
    -> WHERE TRIGGER_SCHEMA='test' AND EVENT_OBJECT_TABLE='t'
    -> ORDER BY EVENT_MANIPULATION,ACTION_TIMING,ACTION_ORDER;
+--------------------+---------------+--------------+--------------+
| EVENT_MANIPULATION | ACTION_TIMING | TRIGGER_NAME | ACTION_ORDER |
+--------------------+---------------+--------------+--------------+
| INSERT             | BEFORE        | t_bi1        |            1 |
| INSERT             | BEFORE        | t_bi3        |            2 |
| INSERT             | BEFORE        | t_bi2        |            3 |
+--------------------+---------------+--------------+--------------+
3 rows in set (0.01 sec)
```

## 10.2 SHUTDOWN 명령어 ▸▸▸ 신기능 152

MySQL 서버의 셧다운은 전통적으로 mysqladmin 명령어를 사용한다. mysqladmin
shutdown을 실행하면, COM_SHUTDOWN이라는 프로토콜 명령어를 MySQL 서버에 보
낸다. COM_SHUTDOWN을 받은 MySQL 서버는 셧다운 처리를 하게 된다. 하지만 셧
다운 조작만을 위해서 일부러 mysqladmin 명령어를 사용하는 것은 조금 번거롭다.

그래서 MySQL 5.7에서는 새롭게 SHUTDOWN 명령어가 추가되었다. 통상의 쿼
리와 마찬가지로 mysql CLI를 사용해서 명령어를 실행할 수 있게 되었다. 또한
SHUTDOWN 명령어를 실행하려면 SHUTDOWN 권한이 필요하다.

## 10.3 서버 사이드 쿼리 고쳐쓰기 프레임워크 ▸▸▸ 신기능 153

MySQL 5.7의 흥미 있는 신기능으로 서버 사이드 쿼리 재작성 프레임워크가 추
가되었다. 이것은 이름처럼 서버 쪽에서 쿼리를 고쳐서 쓰게 하는 것이다. 패키지
나 프레임워크 이용 등의 이유로 인해 쿼리를 변경할 수 없는 경우에 쿼리를 튜닝
하고 싶거나, 또는 다른 RDBMS에서 애플리케이션을 이식한 경우에 그 RDBMS

고유의 문법을 포함한 쿼리를 고쳐 쓰고자 할 때 유용하다. 프레임워크의 API를 이용한다면 누구나 독자적으로 쿼리를 고쳐 쓰는 플러그인을 개발할 수 있게 된 것이다. 쿼리 고쳐쓰기의 플러그인 API는 감사 플러그인을 확장해서 사용했다. 플러그인의 인터페이스는 같지만, 플러그인의 호출 시기나 전달되는 인수의 타입 등에 차이가 있어, 그것으로 플러그인의 역할 차이를 구별할 수 있다.

쿼리 고쳐쓰기 플러그인에는 다음의 두 가지 종류가 있다.

**PREPARSE(구문 해석 전)** SQL문 그 자체에 대한 고쳐쓰기를 수행

**POSTPARSE(구문 해석 후)** 추상 구문 트리(AST)에 대한 고쳐쓰기를 수행

MySQL 5.7에는 각각의 종류의 플러그인 샘플이 들어있다. PREPARSE의 샘플은 plugins/rewrite_example에, POSTPARSE의 샘플은 plugins/rewriter에 저장되어 있다. 플러그인을 스스로 만들어보고 싶다면 반드시 이 소스 코드를 참조하자.

전자인 plugins/rewrite_example은 SQL문을 소문자로 바꾸어버리는 아주 단순한 것이다. 예를 들면 SELECT @@port라는 SQL문은 select @@port가 된다. 실용성은 거의 없다.

한편, 후자의 plugins/rewriter는 Rewriter 쿼리 고쳐쓰기 플러그인(이하 단축해서 Rewriter 플러그인)이라는 이름의 본격적인 산출물이다.[1]

Rewriter 플러그인을 설치하기 위해서는, 설치 디렉터리에 있는 share/install_rewriter.sql 파일을 실행한다. 리스트 10.5는 플러그인을 설치하는 예이다.

리스트 10.5 Rewriter 플러그인 설치

```
mysql> SOURCE install_rewriter.sql
…중략…
mysql> SELECT * FROM information_schema.PLUGINS
    -> WHERE plugin_name = 'Rewriter'\G
*************************** 1. row ***************************
          PLUGIN_NAME: Rewriter
       PLUGIN_VERSION: 0.2
        PLUGIN_STATUS: ACTIVE
          PLUGIN_TYPE: AUDIT
  PLUGIN_TYPE_VERSION: 4.1
       PLUGIN_LIBRARY: rewriter.so
PLUGIN_LIBRARY_VERSION: 1.6
        PLUGIN_AUTHOR: Oracle
   PLUGIN_DESCRIPTION: A query rewrite plugin that rewrites queries using the parse tree.
```

---

1 일단 이 책에서도 쓰지 않겠지만, 이 플러그인에는 뮤텍스 경합에 의한 확장성 저하 등의 문제가 있으므로 대규모 시스템에서 사용할 경우에는 주의하기 바란다(Bug #81298).

```
         PLUGIN_LICENSE: PROPRIETARY
           LOAD_OPTION: ON
1 row in set (0.00 sec)
```

왜 이런 SQL 파일을 사용해 설치하는 것일까? Rewriter 플러그인은 고쳐쓰기의
규칙을 테이블에 저장하고, 실행되는 쿼리와 다이제스트를 비교해서 매칭하는
구조이기 때문이다. 위의 명령어로 query_rewrite라는 데이터베이스가 작성되
어, rewrite_rule 테이블과 그것을 테이블로 읽어들이는 flush_rewrite_rule 스
토어드 프로시저가 작성된다. 또한 load_rewrite_rules라는 UDF(사용자 정의
함수)도 함께 설치되어 flush_rewrite_rules에 의해 호출된다.

　　Rewriter 플러그인을 사용하려면 먼저 query_rewrite.rewrite_rules 테이블
에 데이터를 저장하고, flush_rewrite_rules를 호출하여 룰을 활성화한다. 리스
트 10.6은 쿼리 고쳐쓰기의 룰을 활성화하는 예이다. 이 예처럼 룰에 prepared
statement의 플레이스 홀더를 사용하면, 임의의 리터럴과 매치하는 것을 표현할
수 있다. 그다지 권장하는 사용법은 아니지만, 쿼리 고쳐쓰기 전후에 플레이스
홀더의 수가 달라져도 일단 룰은 적용된다. 다만, 플레이스 홀더의 수가 적어지
는 경우에만 가능하다. 고쳐쓰기 전보다 플레이스 홀더가 많아진 경우는 부정한
룰로 판단해 수리되지 않는다.[2]

**리스트 10.6 쿼리 고쳐쓰기 룰의 추가 예**

```
mysql> INSERT INTO rewrite_rules
    -> (pattern, replacement, pattern_database)
    -> VALUES(
    -> 'SELECT Name, Capital FROM Country
    -> WHERE (Capital, Code) IN
    -> (SELECT ID, CountryCode FROM City WHERE City.CountryCode = ?)',
    -> 'SELECT DISTINCT c1.Name, c1.Capital
    -> FROM Country c1 JOIN City c2
    -> ON c1.Capital = c2.ID AND c1.Code = c2.CountryCode
    -> WHERE c2.CountryCode = ?',
    -> 'world');
Query OK, 1 row affected (0.03 sec)

mysql> CALL query_rewrite.flush_rewrite_rules();
Query OK, 0 rows affected (0.02 sec)
```

쿼리 고쳐쓰기 룰을 추가하면, 다음에 다이제스트가 일치하는 쿼리를 실행했을
때 고쳐쓰기가 일어난다. 다이제스트에 대해서는 5장을 살펴보자. 다이제스트
는 쿼리에 포함된 줄바꿈이나 공백의 영향을 받지 않는다. 리스트 10.7에서는

---

[2] 잘 생각해보면 당연한 것이다. 늘어나버린 플레이스 홀더의 값은 어디에서 가져올까?

리스트 10.6에서 추가한 패턴과는 줄바꿈의 위치가 달라졌지만, 쿼리의 패턴에
매치하여 고쳐쓰기가 일어나는 것을 알 수 있다.

**리스트 10.7 쿼리 고쳐쓰기의 예**

```
mysql> SELECT Name, Capital
    -> FROM Country
    -> WHERE (Capital, Code) IN
    -> (SELECT ID, CountryCode FROM City
    ->  WHERE City.CountryCode = 'JPN');
+-------+---------+
| Name  | Capital |
+-------+---------+
| Japan |    1532 |
+-------+---------+
1 row in set, 1 warning (0.00 sec)

mysql> SHOW WARNINGS\G
*************************** 1. row ***************************
  Level: Note
   Code: 1105
Message: Query 'SELECT Name, Capital FROM Country
…중략…
by a query rewrite plugin
```

패턴을 지정할 때 전체의 리터럴을 플레이스 홀더에 지정해야한다는 의미는 아
니다. 리터럴을 일부만 남기는 것도 가능하다. 그 경우 리터럴의 값이 일치하는
경우만 쿼리의 고쳐쓰기가 일어난다. Rewriter 플러그인을 사용하면 특정 값이
지정된 경우만 쿼리를 고쳐쓸 수 있다.

또한 Rewriter 플러그인은 prepared statement에 대해서도 유효하다.
prepared statement에 대한 쿼리의 고쳐쓰기가 쿼리 실행 시가 아닌 PREPARE
실행 시에 일어난다. 고쳐쓰는 시기는 EXECUTE 시가 아니라 PREPARE 시이므
로, 다른 쿼리로 PREPARE된다. prepared statement의 경우는 고쳐쓰기 후에 플
레이스 홀더가 줄어들어 있으면 prepared statement의 파라미터 수도 줄어들
게 되므로 주의해야 한다. 예를 들어 SELECT * FROM t1 WHERE c1=? AND c2=?
쿼리를 SELECT * FROM v1 WHERE c1=? 쿼리로 고쳐쓸 수 있는 룰을 추가했다
면 그 prepared statement를 EXECUTE할 때의 파라미터 수는 고쳐쓰기 전의 2개
가 아닌 고쳐쓰기 후의 1개가 된다. 파라미터 수가 일치하지 않으면, prepared
statement를 실행하면 에러가 일어나니 주의하자. 애초에 파라미터 수가 변하는
등의 사용법이 이상한 것이므로, Rewriter 플러그인을 이런 방식으로 사용하지
않도록 하자.

## 10.4 GET_LOCK으로 여러 개의 lock 획득 ▸▸▸ 신기능 154

GET_LOCK은 사용자가 지정한 이름의 lock 오브젝트를 작성하여 lock을 획득하는 함수이다. 스토어드 프로시저나 애플리케이션이 발행하는 트랜잭션 사이에서 동기 처리를 할 때 사용한다. 이 lock은 사용자 레벨 lock이라고도 부른다.

MySQL 5.6에서 GET_LOCK은 하나의 lock 밖에 획득할 수가 없었다. 이미 획득한 lock이 있으면 오래된 lock이 암묵적으로 해제되어 새로운 lock을 획득했다.

MySQL 5.7에서는 이러한 동작이 개선되어, 동시에 여러 개의 lock을 걸 수 있게 되었다. 리스트 10.8은 MySQL 5.7에서 GET_LOCK과 사용자 레벨 lock을 해제하는 RELEASE_LOCK을 실행하는 예다. GET_LOCK, RELEASE_LOCK의 반환값은 lock의 획득과 해제에 성공하면 1, 그 외는 0이 된다. 해제된 또는 존재하지 않는 lock에 대해 RELEASE_LOCK은 NULL을 반환한다. MySQL 5.6에서 리스트 10.8과 같은 조작을 실행하면 lk2의 lock 획득과 동시에 lk1이 해제되기 때문에 lk1에 대한 RELEASE_LOCK이 NULL이 된다.

**리스트 10.8 GET_LOCK의 실행 예**

```
mysql> SELECT GET_LOCK('lk1',-1);
+--------------------+
| GET_LOCK('lk1',-1) |
+--------------------+
|                  1 |
+--------------------+
1 row in set (0.00 sec)

mysql> SELECT GET_LOCK('lk2',-1);
+--------------------+
| GET_LOCK('lk2',-1) |
+--------------------+
|                  1 |
+--------------------+
1 row in set (0.00 sec)

mysql> SELECT RELEASE_LOCK('lk1');
+---------------------+
| RELEASE_LOCK('lk1') |
+---------------------+
|                   1 |
+---------------------+
1 row in set (0.00 sec)

mysql> SELECT RELEASE_LOCK('lk2');
+---------------------+
| RELEASE_LOCK('lk2') |
+---------------------+
```

```
|                    1 |
+----------------------+
1 row in set (0.00 sec)
```

획득 중인 사용자 레벨의 lock 정보는 성능 스키마의 metadata_locks 테이블에서 확인할 수 있다. 이 테이블은 5장에서 설명했으니 참조하기 바란다. 기본 상태에서는 메타 데이터 lock에 대한 기기는 활성화되어 있지 않으므로 주의하자.

## 10.5 오프라인 모드 ▸▸▸ 신기능 155

MySQL 5.7에서는 서버의 유지 관리에 편리하도록 offline_mode 시스템 변수가 추가되었다. 이 시스템 변수는 기본값이 OFF로, ON을 설정해 SUPER 권한을 갖지 않은 사용자의 요청을 받을 수 없게 된다. SUPER 권한을 갖지 않은 사용자가 오프라인 모드 시에 새로운 요청을 실행하고자 하면 ER_SERVER_OFFLINE_MODE(3032) 에러가 반환되어 서버로부터 접속이 끊긴다. offline_mode를 ON으로 할 수 있는 것도, 오프라인 모드의 서버에서 각종 조작을 할 수 있는 것도 SUPER 권한을 가진 사용자뿐이다. 또한 레플리케이션 슬레이브를 오프라인 모드로 해도 슬레이브는 정지하지 않고 레플리케이션의 실행을 계속할 수 있다.[3]

　스키마의 변경이나 배치 처리 등 애플리케이션으로부터의 변경을 정지하고 유지관리를 하려면 반드시 오프라인 모드를 활용해야 한다. 단, 깜빡하고 애플리케이션이 사용하는 사용자 계정에 SUPER 권한을 주게 되면, 오프라인 모드에서도 변경을 정지할 수 없으므로 사용자 관리를 확실하게 하자.

## 10.6 3000번대의 서버 에러 번호 ▸▸▸ 신기능 156

MySQL에서는 전통적으로 1000번대를 서버 에러, 2000번대를 클라이언트 에러를 나타내는 번호로 사용했다. 그렇지만 에러 번호가 늘어난 탓에 1000번대의 번호가 거의 고갈되었다. 그래서 서버 에러를 나타내는 번호로 새롭게 3000번대의 번호를 도입했다. MySQL 5.7.12의 시점에서는 3193까지 사용했다. 앞에서 언급한 오프라인 모드 시에 SUPER 권한을 갖지 않은 사용자가 조작한 경우의 에러도 3032로, 3000번대의 번호를 사용한다. 3000번대의 에러 번호를 보더라도 놀라지 말고 새로운 서버 에러의 번호라는 것을 알아두자.

---

3 마스터가 오프라인 모드가 되면 슬레이브는 접속이 차단된다.

또한 에러 번호에 따른 의미를 알기 위해서는 MySQL 서버에 속한 `perror` 명령어를 사용하면 된다. 3000번대의 에러의 의미를 알아보기 위해서는 MySQL 5.7에 들어있는 것을 사용해야 한다.

## 10.7 gb18030의 지원 ▸▸▸ 신기능 157

한국에서는 그다지 수요가 없을지도 모르지만, MySQL 5.7에는 중국어 문자 코드인 `gb18030`이 추가되었다. 중국을 대상으로 한 애플리케이션을 작성하는 경우에 유용할 것이다.

## 10.8 스택된 진단 영역 ▸▸▸ 신기능 158

진단 영역(Diagnostics Area)이란 SQL 표준에서 정의한 규격으로, SQL 실행 과정에서 생긴 에러 정보 등을 저장하기 위해 사용되는 영역이다. MySQL 5.6에는 진단 영역이 하나밖에 없어서 새로운 진단 정보를 기록해야 할 때 덮어쓰기가 일어났다. 이것은 SQL 표준에서 벗어난 동작으로 수정이 필요했다. 현존의 진단 영역을 덮어쓰지 않게 하기 위해서 새로운 콘텍스트가 도입되었을 때 현존하는 진단 영역을 남겨둔 채 새로운 진단 영역이 스택되도록 했다. 진단 영역은 다음과 같은 경우에 새롭게 스택하게 되었다.

- 스토어드 프로그램이 실행되었을 때
- 스토어드 프로그램 내의 핸들러가 실행되었을 때
- `RESIGNAL`이 실행되었을 때

진단 영역의 상세한 사용법에 대해서는 생략한다. 정보를 얻고 싶다면 `GET DIAGNOSTICS` 명령어를 사용해서 해당 매뉴얼을 살펴보자. MySQL에서 스토어드 프로그램을 개발한다면 진단 영역을 활용하게 되므로 반드시 사용법을 익혀 두자.

## 10.9 에러 로그의 출력 레벨을 조정 ▸▸▸ 신기능 159

MySQL 5.7에서는 에러 로그 주변의 개선도 이루어졌다. 먼저 기존의 `fprintf`로 표준 출력 또는 표준 에러로그를 출력하던 곳은 서서히 `sql_print_error`, `sql_print_warning`, `sql_print_information`이란 서버의 표준적인 로그 출력함수로 대체되고 있다. 이와 같은 대체를 통해 다음과 같은 효과를 얻게 되었다.

- 각 로그 메시지의 포맷이 개선되었다.
- 에러 로그의 출력 레벨을 조정할 수 있게 되었다.

MySQL 5.7에서 새롭게 도입된 `log_error_verbosity` 옵션은, 에러 로그의 출력 레벨을 조정하는 것이다. 취할 수 있는 값은 1~3으로, 표 10.1과 같은 의미이다. 기본값은 3으로, 에러 로그의 내용을 압축하고 싶다면 작은 값으로 변경하면 된다.

| 값 | 의미 |
|---|---|
| 1 | 에러 레벨(sql_print_error)의 로그만 출력한다. |
| 2 | 에러 레벨에 추가해 경고 레벨(sql_print_warning)의 로그를 출력한다. |
| 3 | 모든 레벨(위의 레벨에 sql_print_information를 추가)의 로그를 출력한다. |

표 10.1 log_error_verbosity 옵션의 효과

또한 `log_warnings` 옵션의 기본값이 1에서 2로 변경되었다. `log_warnings`는 0~2까지의 값을 취하며[4], 큰 값을 지정하면 할수록 에러 로그로 출력되는 로그의 종류가 늘어난다. MySQL 5.7에서는 보다 많은 로그를 출력하는 동작이 기본으로 설정되어 있는 것이다.

## 10.10 mysqld_safe가 DATADIR 변수를 사용하지 않게 됨
▸▸▸ 신기능 160

MySQL 서버(mysqld)를 기동하면 표 10.2에 있는 순서로 옵션 파일을 읽어들인다. 여러 경로에 옵션 파일을 저장할 수 있으므로 옵션의 중복이 발생할 가능성이 있지만, 그런 경우 가장 나중에 읽은 옵션 파일을 채택한다. 표 10.2에서는 윈도우 설정 파일의 확장자로 .ini만 제시했지만, .cnf로도 읽는 것도 가능하므로 기호에 맞춰 사용하기 바란다.

유닉스 계열의 OS에서만 사용할 수 있는 `MYSQL_HOME`이라는 환경변수의 동작은 약간 복잡하다. 이 환경변수는 `mysqld_safe`로 설정했지만, 설정은 다음과 같은 규칙으로 일어난다.

- `MYSQL_HOME` 환경변수가 이미 설정되어 있다면 `MYSQL_HOME`은 변경되지 않는다.

---

4  2보다 큰 값도 지정할 수 있지만, 2인 경우와 효과는 같다.

- BASEDIR에 my.cnf가 있으면 BASEDIR을 MYSQL_HOME으로 설정한다.
- BASEDIR에 my.cnf가 없고 DATADIR에 my.cnf가 있으면 DATADIR를 MYSQL_HOME 으로 설정한다.
- BASEDIR에도 DATADIR에도 my.cnf가 없으면 BASEDIR을 MYSQL_HOME으로 설정 한다.

여기서 말하는 BASEDIR이나 DATADIR은 my.cnf에 기술되어 있는 것이 아니다. 이 것들은 소스 코드 빌드 시(cmake 또는 오래된 버전에서는 configure 스크립트 실 행 시)에 설정된 바이너리 고유의 기본 디렉터리와 데이터 디렉터리 경로를 말 한다. MySQL 5.7에서는 DATADIR에 관한 룰이 없어져, MYSQL_HOME은 BASEDIR로 설정하게 되었다. 복잡성이 줄어들어 성가신 일이 조금이나마 줄어들었다.

| | 경로 | 용도 |
|---|---|---|
| 윈도우 | %PROGRAMDATA%\MySQL\MySQL Server 5.7\my.ini | 글로벌 옵션 |
| | \%WINDIR%\my.ini | 글로벌 옵션 |
| | C:\my.ini | 글로벌 옵션 |
| | INSTALLDIR\my.ini | 글로벌 옵션 |
| | Default-extra-file | 명령어 기동 시 |
| | %APPDATA%\MySQL\.mylogin.cnf | 사용자 고유의 로그인 경로 |
| 유닉스 계열 | /etc/my.cnf | 글로벌 옵션 |
| | /etc/mysql/my.cnf | 글로벌 옵션 |
| | SYSCONFDIR/my.cnf | 글로벌 옵션 |
| | $MYSQL_HOME/my.cnf | 서버 한정 옵션 |
| | default-extra-file | 명령어 기동 시 |
| | ~/.my.cnf | 사용자 고유 옵션 |
| | ~/.mylogin.cnf | 사용자 고유의 로그인 경로 |

표 10.2 MySQL 서버에 의한 옵션 파일의 읽기 순서

## 10.11 일부 시스템 테이블이 InnoDB로 ▶▶▶ 신기능 161

mysql 데이터베이스에는 MySQL 서버가 사용할 수 있는 각종 시스템 테이블이 있다. 이들 시스템 테이블은 점점 InnoDB로 옮겨지고 있으며, MySQL 5.6에서 도 이미 몇 개의 테이블은 InnoDB 테이블이 되었다. MySQL 5.7에서는 이와 같

은 이행이 더 진행되어, 타임존 테이블과 헬프 테이블, 그리고 플러그인 테이블이 MyISAM에서 InnoDB로 변경되었다. 자세한 설명은 생략한다. SHOW TABLE STATUS 등의 명령어로 스토리지 엔진을 확인해보기 바란다. 트랜잭션 대응이 가능한 안전한 스토리지 엔진으로의 전환이므로 MySQL 서버 운용의 안전성이 증대된다. 일부 테이블은 MyISAM 테이블로 남아 있지만, 계속해서 InnoDB 테이블로 옮겨갈 것이다.

## 10.12 오라클 리눅스에서 DTrace의 지원 ▸▸▸ 신기능 162

MySQL 5.7에서는 오라클 리눅스 6 이후의 버전을 대상으로 DTrace를 지원한다. DTrace는 프로그램의 동작을 동적으로 추적(트레이스)하는 것으로, Solaris 10에 들어와서 등장한 기능이다. 프로그램 실행이 프로브라고 부르는 관측점에 도달하면 DTrace가 트레이스 정보를 수집한다. 수집되는 정보는 그대로 화면에 출력하거나 집계 결과를 표시하는 등의 용도로 사용된다. 프로브는 사실 많이 존재하지만, 프로브가 호출되는 시점은 다음의 5가지 종류로 분류한다.

- 함수의 호출과 리턴
- 시스템 콜의 호출과 리턴
- 사전에 소스 코드에 정의해놓은 임의의 장소
- 트레이스의 개시 시, 종료 시, 예외 발생 시
- 일정 간격별

프로브는 트레이스 수집을 하고 있지 않을 때에는 거의 프로그램의 실행에 영향을 끼치지 않는다. 유일하게 오버헤드를 일으키는 것은 3번째로 언급한 '사전에 소스 코드에 정의해놓은 임의의 장소'로, SDT(Statically Defined Tracing)라고 부른다. SDT의 프로브는 통상 NOP[5]로 프로그램 안에 박혀 있다. NOP이므로 오버헤드는 고작 명령을 하나 읽어들이는 수준이다. SDT 프로브에 대한 추적을 활성화하면 NOP 대신에 DTrace로 제어가 이동해 정보를 수집하기 위한 코드가 박히게 된다. 그 코드를 실행하면 DTrace로 제어가 이동하는 구조다. 그 후 필요한 정보의 수집이 완료되면 빠르게 프로그램의 실행으로 돌아온다.

DTrace는 범용 도구이므로, 어떠한 프로그램도 SDT 이외의 프로브이면 추적이 가능하다. 프로그램 내에 함수 호출이 있다면, 보통은 그냥 함수를 호출

---

5 No Operation(무연산, 아무 일도 하지 않는다)을 의미하는 기계어

할 뿐이지만, DTrace를 활성화하면 갑자기 프로브로 변화시킬 수 있는 것이다. MySQL에서도 마찬가지다. MySQL은 버전 5.5부터 DTrace를 지원하고 있다고 강조하고 있지만, 그것은 SDT가 편입되어 있다는 의미이다. MySQL 5.7에서는 오라클 리눅스 6 이후의 버전의 UEK(Unbreakable Enterprise Kernel)를 위한 SDT가 포함된 것이다.

## 10.13 플러그인 사용을 위한 서비스 확장 ▸▸▸ 신기능 163

MySQL 5.5부터 플러그인 사용을 위한 각종 서비스가 설치되었다. MySQL 5.1 까지는 플러그인에서 MySQL 서버가 가진 각종 기능에 접근하려면 서버 내에 정의해놓은 함수를 직접 호출했다. 이런 방식에서 플러그인의 코드가 MySQL 서버 내부의 코드에 의존하게 된다. 다시 말해서 MySQL 서버 쪽에서 코드를 고쳐쓰면 플러그인이 이전과 같이 동작하지 않을 수도 있다. 서버의 내부 코드는 리팩터링 등에 따라 크게 변경될 수 있다. 특히 MySQL 버전이 올라갈수록 변화의 폭이 크다. 만일 플러그인이 호출하는 함수가 삭제되었다든지 함수의 동작이 변경되면 플러그인도 예상대로 동작하지 않을 것이다. 그래서 플러그인이 서버 내부의 기능을 안정적으로 사용할 수 있도록 플러그인이 서버 내부의 기능에 접근하기 위한 기능을 서비스로 정의한 것이다.

　MySQL 버전이 올라갈수록 플러그인을 위한 서비스가 확충되고 있다. 각 버전별로 사용 가능한 서비스를 표 10.3에 정리했다. 플러그인이 이들 서비스를 사용하기 위해서는 include/mysql 디렉터리에 있는 services_로 시작하는 이름의 헤더 파일을 갖고 있어야 한다. 또한, 유닉스 계열 OS에서는 libmysqlservices.a를 링크해야 한다. 새롭게 추가된 서비스부터 주요한 것들을 몇 가지 소개하고자 한다.

| 도입 버전 | 서비스명 | 설명 |
|---|---|---|
| 5.5 | my_snprintf | 플랫폼에 의존하지 않는 문자열 포맷 서비스 |
| | my_thd_scheduler | 스레드 풀(스레드 스케줄러) 플러그인 등록 서비스 |
| | thd_alloc | 스레드 로컬의 메모리 할당 서비스 |
| | thd_wait | 스레드의 속도 지연이나 슬립 상태를 기록하는 서비스 |
| 5.6 | my_plugin_log_service | 에러 로그 출력을 위한 서비스 |
| | my_string | 문자열 조작 서비스 |

| 5.7 | command_service | 프로토콜 명령어 실행 서비스 |
|---|---|---|
| | locking_service | SQL과 연대 가능한 R/W lock 서비스 |
| | mysql_alloc | 성능 스키마로 추적이 가능한 메모리 할당 서비스 |
| | mysql_keyring | 키 링 조작을 위한 서비스 |
| | mysql_password_policy | 패스워드 검증 플러그인용 서비스 |
| | parser_service | SQL 구문 해석 서비스. Rewriter 플러그인이 사용 |
| | rules_table | SQL 고쳐쓰기 룰 서비스. Rewriter 플러그인이 사용 |
| | security_context | 사용자의 권한 정보에 접근하기 위한 서비스 |
| | session_service | 세션의 생성과 관리를 위한 서비스 |
| | session_info | 세션의 정보에 접근하기 위한 서비스 |
| | ssl_wrapper | SSL의 메타데이터에 접근하기 위한 서비스 |

표 10.3 플러그인을 위한 서비스 목록

## 10.13.1 Locking 서비스

이것은 이름을 붙인 R/W lock을 위한 서비스다. Lock를 사용하면 단순히 pthread 라이브러리 등 이미 있는 것을 사용하면 된다고 생각할 수도 있지만, 이번에 도입된 locking 서비스는 다음과 같은 추가 기능이 있다.

- 타임아웃 설정 가능
- 데드락 검출
- SQL과의 상호 운용

이처럼 locking 서비스가 제공하는 기능은 pthread 라이브러리보다도 약간 고차원의 기능이다. 플러그인은 C/C++로 개발했으므로, lock을 위한 함수는 C 언어의 인터페이스를 가지고 있고 그 시그니처는 리스트 10.9와 같다. Lock 획득 시에 lock_type 인수로 LOCKING_SERVICE_READ나 LOCKING_SERVICE_WRITE 가운데 어느 하나를 지정하여 lock의 종류를 지정한다. lock_namespace와 lock_names는 획득할 lock에 대한 이름 공간과 이름의 짝으로, 각각 최대 64바이트까지 문자열을 지정할 수 있다.

리스트 10.9 lock 함수의 시그니처

```
int mysql_acquire_locking_service_locks(MYSQL_THD opaque_thd,
                                        const char *lock_namespace,
                                        const char **lock_names,
                                        size_t lock_num,
```

```
                                        enum_locking_service_lock_type lock_type,
                                        ulong lock_timeout);
int mysql_release_locking_service_locks(MYSQL_THD opaque_thd,
                                        const char *lock_namespace);
```

Locking 서비스로 획득한 lock은, GET_LOCK 함수로 SQL에서 획득한 것과는 구별되어 서로 접근할 수 없다. 그 대신 SQL에서 locking 서비스의 lock에 접근하기 위해서는 리스트 10.10에 있는 명령어로 설치되는 전용 UDF를 사용한다. 이들 UDF를 통해 SQL 쪽에서 lock을 획득/해제할 수 있는 한편, 플러그인 쪽에서도 같은 lock으로 접근이 가능하다. Locking 서비스로 획득한 lock은, performance_schema.metadata_locks 테이블로 확인할 수 있다. OBJECT_TYPE이 LOCKING SERVICE로 되어 있는 것을 찾아보자.

**리스트 10.10 Locking 서비스로 접근하기 위한 UDF**

```
mysql> CREATE FUNCTION service_get_read_locks RETURNS INT SONAME 'locking_service.so';
mysql> CREATE FUNCTION service_get_write_locks RETURNS INT SONAME 'locking_service.so';
mysql> CREATE FUNCTION service_release_locks RETURNS INT SONAME 'locking_service.so';
```

또한 locking 서비스는 이후에 설명할 버전 토큰 플러그인에서 사용된다.


## 10.13.2 키 링 서비스

8장에서 소개한 투과적 테이블스페이스 암호화에서 사용하는 키를 안전하게 보관하기 위한 서비스이다. 키 링 서비스를 이용하려면, 하나의 키 링 플러그인이 설치되어 있어야 한다. 키 링 플러그인이 설치되어 있지 않다면 키 링 서비스의 함수 호출은 모두 실패를 반환한다(반환값은 성공 시 0, 실패 시 1).

리스트 10.11에서 키 링 서비스를 사용하기 위한 함수를 볼 수 있다.

**리스트 10.11 키 링 조작 함수의 시그니처**

```
int my_key_generate(const char *key_id, const char *key_type,
                        const char *user_id, size_t key_len);
int my_key_fetch(const char *key_id, const char **key_type,  const char *user_id,
                    void **key, size_t *key_len);
int my_key_store(const char *key_id, const char *key_type,  const char *user_id,
                    const void **key, size_t key_len);
int my_key_remove(const char *key_id, const char *user_id);
```

my_key_generate는 새로운 키를 작성하고 키 링에 보존한다. 인수인 key_id에는 키를 식별하기 위한 문자열을 지정한다. 또한 user_id도 키를 식별하기 위해 사용한다. user_id는 MySQL의 사용자 계정과는 특별히 관련이 없고, NULL이어도 상관없다. 실제로 투과적 테이블스페이스 암호화에서는 user_id에 NULL이 지정되어 있다.

투과적 테이블스페이스 암호화에서 사용된 것은 my_key_generate와 my_key_fetch 뿐이다. 스스로 키를 생성하고, 관리하고, 키를 가져오고자 한다면 이 두 개의 함수로 충분하다. my_key_store는 키를 외부에서 생성할 때, my_key_remove는 불필요해진 키를 삭제할 때 사용한다.

### 10.13.3 명령어 서비스

플러그인 내부에서도 클라이언트와 유사하게 SQL을 실행하거나 결과를 받고 싶은 경우가 많을 것이다. 그럴 때 유용한 것이 명령어 서비스다. command_service_run_command를 사용해서 각종 프로토콜 명령어를 실행할 수 있게 되었다. 이 함수의 시그니처를 리스트 10.12에서 볼 수 있다. 이 서비스는 X 플러그인에서 사용되고 있으므로, 구체적인 사용법을 알고 싶다면 참고하자.

리스트 10.12 명령어 서비스 함수의 시그니처

```
int command_service_run_command(Srv_session *session,
                                enum enum_server_command command,
                                const union COM_DATA * data,
                                const CHARSET_INFO * client_cs,
                                const struct st_command_service_cbs *callbacks,
                                enum cs_text_or_binary text_or_binary,
                                void * service_callbacks_ctx);
```

### 10.13.4 파서 서비스

Rewriter 플러그인은 MySQL 5.7에서 추가된 새로운 서비스를 몇 가지 사용하고 있다.[6] 서비스 중에서도 가장 중요한 것은 파서 서비스일 것이다. Rewriter 플러그인에서는 추상 구문 트리(AST)에 대해 SQL의 고쳐쓰기를 수행한다. 그 때문에 구문 해석을 실행하든지, 그것으로 인해 생성된 AST를 조작하기 위한 각종 함수가 필요하게 된다. 리스트 10.13에서 대표적인 함수 2개를 다루고 있다.

리스트 10.13 파서 서비스의 함수 시그니처

```
int mysql_parser_parse(MYSQL_THD thd, const MYSQL_LEX_STRING query,
                       unsigned char is_prepared,
                       sql_condition_handler_function handle_condition,
                       void *condition_handler_state);
int mysql_parser_visit_tree(MYSQL_THD thd,
```

---

6 보다 정확하게는 Rewriter 플러그인을 제공하기 위한 서비스가 준비되어 있다고 봐도 좋을 것 같다.

```
parse_node_visit_function processor,
unsigned char* arg);
```

파서 서비스에는 이 외에도 다수의 함수가 준비되어 있다. 사용 방법은 `plugins/rewriter/services.cc`로 정의되어 있는 각종 함수가 Rewriter 플러그인 내부에서 어떤 식으로 호출되고 있는가를 참고하기 바란다.

## 10.14 버전 토큰 ▸▸▸ 신기능 164

MySQL 5.7에는 버전 토큰이라는 플러그인이 추가되었다. 이것은 여러 개의 서버를 사용해 HA나 샤딩을 수행하는 애플리케이션을 작성할 때 유용한 기능으로, MySQL Fabric이 그 대상 애플리케이션이라고 WorkLog[7]에는 기술되어 있지만, 현재 MySQL Fabric 쪽에서 버전 토큰이 사용되고 있는 흔적은 없다. 버전 토큰은 별도로 MySQL Fabric 전용의 기능이 아니라 범용하게 이용할 수 있는 기능이므로, 애플리케이션 개발에 유용하다면 반드시 활용해보자. 먼저 버전 토큰의 콘셉트를 알아보자.

우선, 관리 애플리케이션은 서버군 개별 서버에 대해 각각의 역할을 결정한다. 개별 서버의 역할을 알 수 있게 각각의 서버에 역할을 표시하는 토큰을 설정한다. 현재의 서버가 다운되거나 새롭게 추가되는 경우, 토큰은 관리 애플리케이션에 의해 임의의 시점에 변경될 수 있다. 한편, 클라이언트는 관리 애플리케이션에서 서버의 역할에 관한 정보를 받아서 로그인할 서버를 결정한다. 클라이언트는 서버에 로그인이 성공하면, 관리 애플리케이션에서 받은 토큰을 시스템 변수에 설정하고 나서 쿼리를 실행한다. 만일 클라이언트의 토큰이 서버에서 설정한 토큰과 일치하면 쿼리의 실행이 허가되고, 그렇지 않으면 쿼리는 실패한다. 이러한 구조에 의해 관리 애플리케이션은 모든 클라이언트에 서버의 역할 변경을 통지할 필요가 없어지고, 클라이언트는 서버의 역할이 바뀐 시점에 변경된 것을 바로 알 수 있다. 관리 애플리케이션과 개별 클라이언트 사이에서 빈번한 통신이 일어나지 않고, 서버 접근을 확실하게 제어할 수 있는 방법이다.

버전 토큰의 실제 사용법을 조금만 소개하고자 한다. 설치까지 설명하기는 장황하니 매뉴얼을 보기 바란다. 플러그인 설치 후에 몇 가지 UDF를 설정해야 한다. 이후로는 설정을 완료했다고 보고 진행한다.

먼저, 관리 애플리케이션이 리스트 10.14와 같이 UDF를 호출하고 토큰을 설

---

7  WL #6940

정한다. 토큰은 세미콜론으로 구분되며, 토큰=값 형식으로 표현된다. 다시 말해 서버에 한 번에 여러 개의 토큰을 설정할 수 있다.

**리스트 10.14 version_tokens_set의 호출**

```
mysql> SELECT version_tokens_set('grp1=rw;grp2=read');
+-----------------------------------------+
| version_tokens_set('grp1=rw;grp2=read') |
+-----------------------------------------+
| 2 version tokens set.                   |
+-----------------------------------------+
1 row in set (0.00 sec)
```

한편, 클라이언트 애플리케이션(또는 관리 애플리케이션과 연계한 드라이버)은 세션 변수에 토큰을 설정해 쿼리를 실행한다. 토큰은 하나여도 되고, 세미콜론으로 구별해 여러 개를 설정해도 된다.

리스트 10.15는 쿼리의 실행이 성공한 모습이다.

**리스트 10.15 토큰 설정에 의한 쿼리 성공**

```
mysql> SET @@session.version_tokens_session = 'grp1=rw';
Query OK, 0 row affected (0.00 sec)

mysql> SELECT 1;
+---+
| 1 |
+---+
| 1 |
+---+
1 row in set (0.00 sec)
```

grp1이라는 토큰은 이전에 version_tokens_set이라는 UDF에서 설정한 토큰 안에 있고, 대응 값도 일치한다. 따라서 위에서 실행한 쿼리는 성공할 수밖에 없다. 세션 쪽의 토큰이 여러 개일 경우, 모든 토큰이 서버의 것과 일치한다면 쿼리를 실행할 수 있다. 하나라도 다르거나 서버의 토큰 내에 존재하지 않는 것이 있으면 쿼리의 실행은 저지된다.

다음으로 서버 쪽의 토큰을 변경해 보자(리스트 10.16).

**리스트 10.16 서버 쪽의 토큰을 변경**

```
mysql> SELECT version_tokens_set('grp1=read;grp2=rw');
+-----------------------------------------+
| version_tokens_set('grp1=read;grp2=rw') |
+-----------------------------------------+
| 2 version tokens set.                   |
+-----------------------------------------+
1 row in set (0.00 sec)
```

리스트 10.17은 이전의 쿼리를 실행한 세션에서 계속해서 쿼리를 실행한 것으로, 이전 경우와는 달리 토큰의 대조 실패로 인해 쿼리의 실행이 저지되고 있다.

**리스트 10.17 토큰 대조 실패로 인한 쿼리 실패**

```
mysql> SELECT 1;
ERROR 3136 (42000): Version token mismatch for grp1. Correct value read
```

이처럼 자기 부담으로 HA나 샤딩 등을 위한 관리 애플리케이션을 작성하려는 경우 버전 토큰을 활용할 수 있을 것이다. 만일 그러한 기회가 있다면, 이용을 검토해 보자.

## 10.15 character_set_database/collation_database 변경 폐지 ▸▸▸ 신기능 165

MySQL 서버의 문제 중 하나가 LOAD DATA INFILE이 파일을 읽어들일 때 데이터베이스의 문자 코드를 사용하는 것이다. 데이터베이스의 문자 코드는 CREATE DATABASE 실행 시에 할당되는 것으로, 명시적인 지정이 없으면 기본값으로 character_set_server가 사용된다. 데이터베이스의 문자 코드는 이후에 ALTER DATABASE 명령어로 변경하는 것도 가능하다. 하지만 이렇게 LOAD DATA INFILE이 데이터베이스의 문자 코드를 사용하는 것은 다른 명령어의 사용법, 다시 말해서 세션에 설정된 문자 코드나 대조 순서를 사용하는 사용법과 통일성이 없다. 때문에 이런 사양은 문자데이터가 깨지는 원인이 된다.

그 때문에 LOAD DATA INFILE을 실행하기 전에는 character_set_database 시스템 변수를 사용해서 일시적으로 문자 코드를 변경했다. 리스트 10.18은 문자 코드를 지정하고 LOAD DATA INFILE을 실행하는 예이다.

**리스트 10.18 데이터베이스 문자 코드 임시 지정**

```
mysql> SET character_set_database = cp932;
Query OK, 0 rows affected, 1 warning (0.00 sec)

Mysql>LOAD DATA INFILE't1.txt' INTO TABLE t1;
Query OK, 1 rows affected (0.01 sec)
Records: 1 Deleted: 0 Skipped: 0 Warnings: 0
```

이렇게 character_set_database를 사용하면 솔직히 보기 좋지 않다. ALTER DATABASE 명령어를 쓰지 않으면서 데이터베이스의 문자열을 일시적으로 변경할 수 있다는 것의 의미가 불명확하며, LOAD DATA INFILE 명령어로는 CHARACTER

SET 구문을 사용할 수 있어서 문자 코드를 직접 지정할 수 있기 때문이다. 따라서 character_set_database는 본질적으로는 필요하지 않다. 리스트 10.19는 CHARACTER SET 구문을 사용한 LOAD DATA INFILE 명령어의 예이다.

**리스트 10.19** CHARACTER SET 구문을 사용한 LOAD DATA INFILE 명령어의 예

```
mysql>LOAD DATA INFILE't1.txt' INTO TABLE t1 CHARACTER SET cp932;
Query OK, 1 rows affected (0.01 sec)
Records: 1 Deleted: 0 Skipped: 0 Warnings: 0
```

글로벌 레벨의 character_set_database와 collation_database 시스템 변수 값은 어디에도 쓰이지 않는다. 글로벌 레벨의 시스템 변수는 일반적으로는 세션별 시스템 변수의 기본값을 사용한다. 하지만, character_set_database나 collation_database 시스템 변수에 대해서는 현재의 데이터베이스를 선택했을 때, 데이터베이스가 가진 문자 코드와 대조 순서에 따라 값이 설정된다. 그 때문에 MySQL 서버로 새롭게 접속한 경우, 그 세션의 character_set_database와 collation_database 시스템 변수는 글로벌 레벨의 값을 계속 갖는 것이 아니라 접속 시에 설정한 데이터베이스의 문자 코드와 대조 순서가 사용되는 것이다.

유일한 예외는 현재 데이터베이스를 선택하지 않고 접속한 경우다. 그런 경우에는 글로벌 레벨의 character_set_database와 collation_database 시스템 변수의 값을 새로운 세션이 계속해서 가져간다.

덧붙여서, LOAD DATA INFILE 전에 변경된 character_set_database 시스템 변수는 LOAD DATA 명령어와 함께 바이너리 로그에 기록되고, 슬레이브에서도 같은 문자 코드를 사용해 LOAD DATA가 실행된다. 그 때문에 LOAD DATA로 파일을 읽어들일 때 마스터와 슬레이브에서 다른 문자 코드가 사용되는 일은 없다. 유일한 예외는 글로벌 레벨에서 character_set_database 시스템 변수를 변경하고, 거기에 현재 데이터베이스를 선택하지 않고 접속해서 SET character_set_database를 실행하지 않은 채로 LOAD DATA INFILE 명령어를 실행한 경우다. 이런 경우 마스터에서는 글로벌한 character_set_database 시스템 변수에서 계승한 값이, 슬레이브에서는 SQL 스레드가 가진 character_set_database의 값이 사용된다. 이 값은 바이너리 로그에 들어있는 이벤트가 SQL 실행 시에 현재 데이터베이스를 선택하지 않으면 그 바이너리 로그 이벤트에 포함되는 collation_server의 값이 사용된다.[8]

---

8 이 동작은 필자도 의미를 모르겠다. Bug #81727 참조할 것.

이러한 배경에서 MySQL 5.7에서는 character_set_database와 collation_database 시스템 변수 변경이 폐지 예정으로 바뀌었다. MySQL 5.7에서는 변경하고자 하면 경고가 발생하지만, 변경 자체는 여전히 가능하다. 미래의 버전에서는 읽기 전용의 시스템 변수가 될 것이다.

## 10.16 systemd 대응 ▸▸▸ 신기능 166

systemd란 OS 기동 시에 자동적으로 프로세스를 기동하는 init의 대체로, 최근의 배포판에서는 적극적으로 채택되고 있다. systemd는 서비스 간의 의존 관계를 기술할 수 있어, 의존관계가 없는 것은 병렬로 기동할 수 있으므로 기존의 init과 비교했을 때 OS의 기동시간이 짧다는 장점이 있다.[9]

MySQL 5.7에는 systemd의 서비스로 등록, 관리할 수 있는 기능이 추가되었다. systemd에 대응한 시스템(RHEL 계열이나 SUSE)에서는 systemctl을 사용해 mysqld를 기동/정지/모니터링할 수 있게 되었다.

## 10.17 STRICT 모드와 IGNORE에 의한 효과 정리 ▸▸▸ 신기능 167

MySQL에서는 전통적으로 데이터 타입이 일치하지 않는 경우에 자동적으로 변환을 하든지, 부정확한 데이터를 버린다든지, 데이터 크기가 너무 큰 경우에 자동적으로 잘라내는 등 제한이 느슨한 동작을 하게 되어 있다. 이러한 느슨한 동작은 애플리케이션을 빨리 배포하고 싶은 경우에는 유용할 수도 있지만, 에러 처리의 누락이나 예측할 수 없는 데이터가 저장될 위험이 있으므로 견고한 애플리케이션을 만드는 과정에서 발목을 잡을 수 있다.

견고한 애플리케이션의 개발을 순조롭게 하기 위해 MySQL에는 STRICT 모드(엄격한 SQL 모드)가 준비되어 있다. STRICT 모드는 SQL 모드 중 하나로, 트랜잭션에 대응하는 스토리지 엔진을 조작하는 경우만 유효한 STRICT_TRANS_TABLES가 기본 SQL 모드에 포함되었다는 것은 3장에서 살펴보았다.[10] STRICT 모드에 영향을 받는 조작의 목록을 표 10.4와 표 10.5에 정리해 놓았다.

한편, 테스트 환경 구축이나 집계용 데이터 작성 시에 에러를 무시하고 최대한 처리하려는 경우가 있다. 이럴 때 IGNORE 키워드를 SQL에 붙여서 최대한 에

---

**9** 한편에서 systemd는 여러가지 결점을 지적받고 있지만, 이 책의 범주를 넘어서므로 언급하지 않겠다.
**10** 신기능 41 참조

러를 무시하고 처리를 진행한다. IGNORE는 STRICT 모드와 반대 효과를 가지고 있는 것으로, STRICT 모드가 유효한 경우에서도 SQL에서 IGNORE를 지정하면 엄격하지 않은 느슨한 동작을 하게 된다. 그에 덧붙여 중복 키 에러나 외부 키 에러가 발생한 경우에도 SQL 실행을 중단하지 않고, 에러를 무시한 채 가능한 한 처리한다. 이때 중복된 행은 삽입되지 않고, 외부 키 제약을 위반하는 조작은 진행되지 않는다. 제약을 위반하지 않은 행만이 삽입/변경/삭제되는 것이다.

| 에러 코드 | 처리 내용 | 구체적인 예 | STRICT 모드가 아닌 경우 |
|---|---|---|---|
| ER_TRUNCATED_<br>WRONG_VALUE | 컬럼 정의에 부정확한 값을 저장하려 했다. | 날짜 타입에 20000년 | 지정된 데이터를 버리고 기본값을 지정한다. |
| ER_WRONG_VALUE_<br>FOR_TYPE | 날짜 타입의 함수 호출 등으로 부정확한 값이 지정되었다. | STR_TO_DATE('01,-5,2016','%d,%m,%Y') | NULL이 저장된다. |
| ER_WARN_DATA_<br>OUT_OF_RANGE | 범위 외의 값을 저장하려고 했다. | TINYINT에 300 | 값의 범위 내에서 가장 가까운 값을 저장한다. |
| ER_TRUNCATED_<br>WRONG_VALUE_FOR_<br>FIELD | 컬럼 정의에 부정확한 값을 저장하려 했다. | INT에 빈 문자열 | 지정된 데이터를 버리고 기본값을 저장한다. |
| ER_WARN_DATA_<br>TRUNCATED | 컬럼 정의에 부정확한 값을 저장하려 했다. | 날짜 타입에 'a' 문자열. 싱글바이트 문자열에 멀티바이트 문자열 | 지정된 데이터를 버리고 기본값을 저장한다. |
| ER_DATA_TOO_LONG | 컬럼 정의보다 긴 문자열을 저장하려 했다. | VARCHAR(10)에 11문자 | 초과한 부분을 잘라버린다. |
| ER_BAD_NULL_<br>ERROR | NOT NULL 제약이 있는 컬럼에 NULL을 저장하려 했다. | NOT NULL 제약 컬럼에 NULL을 저장 | 에러 |
| ER_DIVISION_BY_<br>ZERO | 0으로 나누기가 발생했다. | 1/0 | NULL이 저장된다. |
| ER_NO_DEFAULT_<br>FOR_FIELD | NOT NULL이고 기본값이 지정되지 않은 경우에, 구체적인 값을 지정하지 않는다. | NOT NULL이면서 기본값이 없는 컬럼이 있는 t에 대해 INSERT INTO t() VALUES ();<br>※컬럼리스트 및 값 리스트가 공백 | 데이터 타입의 기본값이 저장된다. |
| ER_NO_DEFAULT_<br>FOR_VIEW_FIELD | 뷰에서 접근한 것이 아닌 컬럼이 NOT NULL이면서 기본값이 없는 경우에 구체적인 값을 지정하지 않는다. | 베이스 테이블의 c3가 INT NOT NULL일 때, INSERT INTO v(c1, c2) VALUES (1,1); | 데이터 타입의 기본값이 저장된다. |

| | | | |
|---|---|---|---|
| ER_CUT_VALUE_<br>GROUP_CONCAT | GROUP_CONCAT()의<br>결과가 너무 크다. | GROUP_CONCAT(long_<br>col) | 초과한 부분을 잘라버린다. |
| ER_DATETIME_<br>FUNCTION_<br>OVERFLOW | 날짜 시간 타입의 결과를<br>반환하는 함수의 오버 플<br>로우가 발생했다. | date_add(now(),<br>interval 10000<br>year) | NULL이 저장된다. |
| ER_INVALID_<br>ARGUMENT_FOR_<br>LOGARITHM | 대수 함수의 인수가 부정<br>확하다. | log(0) | NULL이 저장된다. |

**표 10.4** STRICT 모드에 영향을 받는 조작 목록 (1)

| 에러 코드 | 처리 내용 | 구체적인 예 | STRICT 모드가 아닌 경우 |
|---|---|---|---|
| ER_WARN_NULL_TO_<br>NOTNULL | LOAD DATA 명령어에서<br>NOT NULL 제약 조건의 컬럼<br>에 NULL을 저장하려 했다. | NOT NULL 제약이 있는<br>컬럼에 대응하는 데이터<br>소스에 \N의 문자 | 데이터 타입의 기본값이<br>저장된다. |
| ER_WARN_TOO_FEW_<br>RECORDS | LOAD DATA 명령어에서 컬<br>럼의 수보다 삽입하는 값의<br>개수가 적다. | 데이터 소스의 값의 수가<br>테이블 컬럼 수보다 적음 | NULL 또는 데이터 타입<br>의 기본값이 저장된다. |
| ER_TOO_LONG_<br>TABLE_COMMENT | 테이블을 설명하는 주석이<br>너무 길다. | 2048문자 이상의 코멘트 | 2048문자로 코멘트가<br>잘린다. |
| ER_TOO_LONG_<br>FIELD_COMMENT | 컬럼을 설명하는 주석이<br>너무 길다. | 1024문자 이상의 코멘트 | 1024문자로 코멘트가<br>잘린다. |
| ER_TOO_LONG_<br>INDEX_COMMENT | 인덱스를 설명하는 주석이<br>너무 길다. | 1024문자 이상의 코멘트 | 1024문자로 코멘트가<br>잘린다. |
| ER_TOO_LONG_<br>TABLE_PARTITION_<br>COMMENT | 파티션을 설명하는 주석이<br>너무 길다. | 1024문자 이상의 코멘트 | 1024문자로 코멘트가<br>잘린다. |
| ER_TOO_LONG_KEY | 인덱스가 너무 길다. | 3072 바이트 이상의<br>인덱스 | 에러 |
| ER_WRONG_<br>ARGUMENTS | SLEEP() 함수의 인수에<br>부정확한 값이 쓰였다. | SLEEP(-1) | SLEEP하지 않고 바로<br>응답한다. |

**표 10.5** STRICT 모드에 영향을 받는 조작 목록 (2)

IGNORE 키워드에 의해 영향을 받는 조작들을 표 10.6에 정리해 놓았다.

STRICT 모드나 IGNORE는 각 조작별로 설정이 제각각인 것이 큰 문제이다. 그 때문에 이와 관련된 버그도 많이 발생하고 있다. 그래서 MySQL 5.7에서는 STRICT 모드와 IGNORE 키워드의 의미를 다시 명확히 하고, 동작의 변경이 들어간 경우에 공통의 코드를 사용하도록 재개발했다. 이후로는 STRICT 모드와 IGNORE 에 관련한 버그가 발생할 가능성이 낮아질 것이다.

여기서 먼저 명확하게 정의된 STRICT 모드와 IGNORE의 의미를 알아보자.

- STRICT 모드에서는 경고가 된 일부 처리가 에러가 되어, 쿼리의 실행이 정지한다.
- IGNORE 키워드는 에러였던 일부 처리가 경고가 되었고, 경고의 요인이 된 처리는 건너뛰고, 쿼리의 실행을 먼저 진행한다.
- IGNORE 키워드는 STRICT 모드의 효과를 부정하고, 경고 상태인 쿼리를 먼저 실행한다.

이전 버전에는 IGNORE에 의해 에러가 회피되었음에도 불구하고 경고가 나오지 않는 처리가 일부 있어서, IGNORE의 작동에 차이가 났다. MySQL 5.7에서는 IGNORE의 영향이 있는 경우 반드시 경고가 나오도록 처리를 통일했다.

| 에러 코드 | 설명 | IGNORE에 의한 동작 |
|---|---|---|
| ER_SUBQUERY_NO_1_ROW | 스칼라 서브쿼리에서 2행 이상의 결과를 반환했다. | 서브쿼리의 결과는 NULL로 치환된다. |
| ER_ROW_IS_REFERENCED_2 | 외부 키의 부모 테이블에서 행을 삭제하거나 변경해서 외부 키 제약 위반이 발생했다. | 해당 행의 삭제 또는 변경은 실행되지 않는다. |
| ER_NO_REFERENCED_ROW_2 | 외부 키의 자식 테이블에 행을 삽입하려 했지만, 부모 테이블에 해당 행이 존재하지 않는다. | 해당 행은 삽입되지 않는다. |
| ER_BAD_NULL_ERROR | NOT NULL 제약의 컬럼에 NULL을 저장하려 했다. | 데이터 타입의 기본값이 저장된다. |
| ER_DUP_ENTRY | 중복 키 에러 | 중복된 행은 삽입되지 않는다. |
| ER_VIEW_CHECK_FAILED | 뷰에 설정된 CHECK OPTION 제약의 위반이 발생했다. | 해당 행은 삽입되지 않는다. |
| ER_NO_PARTITION_FOR_GIVEN_VALUE | RANGE 또는 LIST 파티셔닝에 해당하는 파티션이 없다. | 해당 행은 삽입되지 않는다. |
| ER_ROW_DOES_NOT_MATCH_GIVEN_PARTITION_SET | 조작 대상의 파티션을 명시적으로 지정했지만 해당 행을 찾을 수 없다. | 해당 행은 삽입, 변경, 삭제되지 않는다. |

표 10.6 IGNORE 키워드에 영향을 받는 조작 목록

STRICT 모드와 IGNORE의 동작을 표 10.7에 정리했다. 이것은 전체의 에러나 경고에 해당하는 것이 아니라, 표 10.4~표 10.6에서 언급한 에러에 관한 동작이라는 점에 주의하기 바란다. 또한 IGNORE로 무시할 수 있는 에러의 종류는 MySQL 5.6보다 약간 늘어났다. 특정 상황에서는 이전보다 편리할 것이다.

| 기본(비 STRICT 모드) 동작 | 에러 | 경고 |
|---|---|---|
| STRICT 모드의 동작 | 에러 | 에러 |
| IGNORE (비 STRICT 모드) | 경고 | 경고 |
| IGNORE (STRICT 모드) | 경고 | 경고 |

표 10.7 STRICT 모드와 IGNORE에 의한 에러 레벨의 변경

또한 MySQL 5.6까지 존재했던 `ALTER IGNORE TABLE`이라는 구문은 안전성 때문에 MySQL 5.6 시점에서 폐지가 결정되었고 MySQL 5.7에서는 삭제되었다.

## 10.18 특정 스토리지 엔진에 의한 테이블 작성의 비활성화
▸▸▸ 신기능 168

사용자에게 특정 스토리지 엔진을 쓰지 않게 하는 경우가 적지 않다. 예를 들면 MyISAM의 테이블 작성을 금지할 수 있다면, 데이터 파괴 등의 번거로운 문제가 발생하는 것을 사전에 막을 수 있을 것이다. 그래서 MySQL 5.7에서는 `CREATE TABLE` 실행 시에 특정 스토리지 엔진을 사용하지 못하게 하는 `disabled_storage_engines` 옵션이 추가되었다. 이것은 my.cnf나 명령어 인수만으로 지정 가능한 옵션으로, 기동 후 `SET` 명령어로 변경할 수 없다.

    `disabled_storage_engines` 옵션의 인수는 콤마 구분자로 스토리지 엔진명을 지정한다. 예를 들면 `disabled_storage_engines = myisam, csv, archive`와 같다. 이 옵션으로 지정한 스토리지 엔진은 테이블을 작성할 때 지정할 수 없게 된다. 기존 테이블에 미치는 영향은 없으므로 안심해도 된다.

## 10.19 서버 쪽에서 쿼리 타임아웃 지정 ▸▸▸ 신기능 169

지금까지는 클라이언트 쪽에서는 쿼리의 타임아웃을 지정하는 방법이 있었다. 예를 들면 Connector/J에서는 접속 시에 `enableQueryTimeouts` 옵션을 활성화하고, 애플리케이션 내에서 쿼리 실행 전에 `java.sql.Statement#setQueryTimeout()` 메서드를 사용하여 쿼리의 타임아웃을 지정할 수 있다. 하지만 이 방법은 Connector/J 측에서 시간의 경과를 감지하고 서버로 접근해서 시간이 걸리는 쿼리에 `KILL` 명령어를 실행하는 방식으로, Connector/J 이외에서는 사용할 수 없다.

    드라이버의 보조 없이 훨씬 쉽게 어떤 프로그래밍 언어로도 쿼리의 타임아

웃을 설정하려면 어떻게 하는 것이 좋을까. 그렇게 하기 위해서는 서버 측에서 쿼리의 타임아웃을 지정할 수 있어야 한다. 그래서 MySQL 5.7에는 서버 측에서 쿼리를 타임아웃 시키는 구조가 추가되었다. 타임아웃의 지정은 max_execution_time이라는 시스템 변수로 한다. 마일스톤 릴리스나 릴리스 후보판에는 SELECT 구문에서 직접 타임아웃을 지정할 수 있는 장치가 있었지만, 정식판에서는 그 기능이 삭제되었다.[11] 타임아웃 지정은 max_execution_time 시스템 변수로 한다.

## 10.20 커넥션 ID의 중복 배제 ▸▸▸ 신기능 170

MySQL의 커넥션 ID는 32비트 정수를 사용하고 있으며, 커넥션 ID는 클라이언트가 접속할 때마다 하나씩 증가한다. 그 때문에 42억회 정도($2^{32}$)의 접속이 일어나면 커넥션 ID는 고갈되어 버리지만, MySQL은 단순히 커넥션ID를 0으로 순환하여 예전에 한 번 사용한 ID를 재사용한다. 이것은 접속과 접속 종료를 반복하는 클라이언트가 많다면 문제가 되지 않지만, 예를 들어 레플리케이션 슬레이브처럼 장시간 접속을 유지하는 것이 전제된 클라이언트가 있으면 커넥션 ID의 중복이 발생한다.

커넥션 ID의 중복은 단순히 커넥션을 특정하기 위한 것이므로 개별 클라이언트에 중요한 의미가 없을 뿐더러 쿼리 실행에 지장을 주지는 않지만, KILL의 결과가 부정확해진다든지 정말로 KILL하고 싶은 상대를 KILL할 수 없는 상황에 직면할 수 있다. 양쪽을 KILL해도 좋은 상황이라면 문제는 없겠지만, 마음대로 KILL할 수 없는 상황에서 확실하게 원하는 커넥션을 KILL할 수 있다는 보장이 없다.

그래서 MySQL 5.7에서는 중복된 커넥션 ID를 사용하지 않도록 개선했다. 접속 중의 커넥션에는 ID의 중복이 일어나지 않으므로 안심하고 KILL 명령어를 실행하자.

## 10.21 트랜잭션의 경계 검출 ▸▸▸ 신기능 171

트랜잭션이 실행 중인가에 대한 정보는 로드 밸런서 등을 설치할 때에 필요하다. 왜냐하면 트랜잭션이 실행 중인데 다른 접속으로 전환되어 버리면 그 트랜잭션은 롤백되기 때문이다. 그러므로 그 세션에서 트랜잭션이 어떠한 상태인

---

**11** 그 대신에 옵티마이저 힌트(신기능 36)에는 쿼리의 타임아웃을 지정할 수 있다.

가를 파악하는 것이 중요하다. MySQL 프로토콜의 응답 패킷에 포함되어 있는 server_status(MYSQL.server_status에서 참조 가능)에는 서버의 상태를 나타내는 각종 플래그가 설정된다. 그 가운데 SERVER_STATUS_IN_TRANS 플래그를 보면 트랜잭션이 실행 중인지 판단할 수 있다. server_status 플래그만으로도 로드 밸런서를 설치하는 것은 가능하다. 하지만 한발 앞선 것을 만들기 위해서는 몇 가지 추가 정보가 있는 쪽이 바람직하다.

그래서 MySQL 5.7에서는 다음과 같은 정보를 응답 패킷에 추가할 수 있게 되었다.

- 트랜잭션이 정말로 시작됐는지 여부
- 트랜잭션의 격리 레벨

MySQL에서 트랜잭션을 시작하는 명령어는 BEGIN 또는 START TRANSACTION이지만, 사실 이 시점에는 InnoDB 내부에 아직 트랜잭션이 시작되지 않았다. 이들 명령어는 트랜잭션이 이제부터 개시될 것임을 서버가 파악하게 할 뿐이고 진짜 트랜잭션의 시작은 다음 쿼리가 실행되어 InnoDB로 접근이 발생한 시점이 된다. 왜 BEGIN 단계에서 트랜잭션이 바로 시작하지 않는가 하면 MVCC의 관점에서 트랜잭션의 실행 시간은 짧으면 짧을수록 좋기 때문이다. InnoDB가 트랜잭션을 시작하고 필요한 데이터 구조를 할당하게 하려면 START TRANSACTION WITH CONSISTENT SNAPSHOT을 사용한다.

이것은 뒤집어 생각하면, BEGIN 또는 START TRANSACTION이 실행되어도 InnoDB에 대한 접근이 생기지 않으면 로드 밸런서는 안전하게 다른 서버로 접속처를 바꿀 수 있다는 것이다. 예를 들어 BEGIN을 실행하거나 MyISAM 테이블에 접근한 것뿐이라면 트랜잭션을 중단하게 되지 않기 때문이다. 하지만 server_status의 SERVER_STATUS_IN_TRANS 플래그는 BEGIN을 실행한 단계에서 바로 세팅된다. server_status의 의미는 그다지 틀린 것은 아니다. SQL에서는 트랜잭션은 이미 시작된 것이기 때문이다. 하지만 고성능의 로드 밸런서를 개발한다는 관점에서 생각해보면, 접속처를 대체할 기회가 많은 쪽이 바람직하다. 그 때문에 서버 설치를 고려한 server_status만으로는 감당할 수 없는 정보가 필요하게 되는 것이다.

물론 대체 후의 접속처에서는 로드 밸런서가 이전과 마찬가지로 새로운 트랜잭션을 시작하고, 그 위에서 애플리케이션의 요청을 보낼 필요가 있을 것이다. 그 때문에 클라이언트가 어떻게 트랜잭션을 시작했는가 하는 정보가 필요하다.

그 정보 가운데 한 가지가 바로 격리 레벨이다. 단, 격리 레벨의 값을 가져오는 것은 현재 버그가 있어 잘 작동하지 않는 것 같다.[12]

추가로 트랜잭션 정보를 얻으려면 session_track_transaction_info라는 세션 변수를 세팅할 필요가 있다. 이 변수가 받게 되는 값은 OFF, STATE, CHARACTERISTICS의 세 가지다. STATE는 기본적인 정보로, 트랜잭션이 어떠한 상태였는지, 시작했는지, InnoDB 외의 테이블에 접근했는지 등을 알 수 있다. 격리 레벨까지 알고 싶으면 CHARACTERISTICS가 필요하다.

클라이언트가 그 정보를 활용하려면 C API에 새롭게 추가된 mysql_session_track_get_first()와 mysql_session_track_get_next() 함수를 사용한다(2장의 신기능 4). 클라이언트 측의 사용 방법은 2장을 참조하기 바란다. 단, 정보의 종류는 SESSION_TRACK_GTIDS가 아니라 SESSION_TRACK_TRANSACTION_STATE 또는 SESSION_TRACK_TRANSACTION_CHARACTERISTICS가 된다.

## 10.22 Rapid 플러그인 ▸▸▸ 신기능 172

MySQL 5.7에는 Rapid 플러그인이라는 새로운 플러그인이 추가되었다. 서버 플러그인은 서버와 함께 개발되고, 서버와 함께 배포된다. 이는 조금이라도 빨리 신기능을 플러그인으로 제공하겠다는 요구를 감당하기에 성가신 걸림돌이다. 그래서 등장한 것이 Rapid 플러그인이라는 것이다. Rapid 플러그인은 MySQL 5.7의 최초 정식판이 아닌 MySQL 5.7.12에 들어와서 추가되었다. 6장에서 소개한 X 플러그인(신기능 105)은 Rapid 플러그인으로 개발된 프로그램이다.

## 10.23 MySQL 서버의 리팩터링 ▸▸▸ 신기능 173

대규모의 소프트웨어라면 소스 코드의 리팩터링이 꼭 필요하다. 리팩터링을 수행함으로써 코드를 공유할 수 있고 전체적으로 가독성이 높아진다.[13] MySQL도 예외 없이 우선순위가 높은 것, 또는 변경이 비교적 쉬운 것부터 순서대로 진행하고 있다. MySQL 5.7에서도 많은 수의 리팩터링이 이루어져 미래의 유지 관리나 확장이 쉬워졌다. MySQL 5.7에서 이루어진 리팩터링을 표 10.8에 정리해 두었다. 이들 리팩터링은 SQL의 동작에는 전혀 영향이 없으니 흥미가 없으면 그냥 지나쳐도 상관없다.

---

[12] Bug #81724
[13] 실패하면 나빠질 수도 있다.

| WL# | 내용 |
| --- | --- |
| 4601 | 리눅스에서 사용할 수 있는 MySQL 독자 구조물인 fast mutex라는 구조가 삭제되었다. |
| 6074 | C++STL에서 MySQL 내부의 메모리 allocator(MEM_ROOT)를 사용하기 위한 구조가 추가되었다. |
| 6407 | 메인 서버 스레드와 KILL 스레드의 사이의 경합 상태를 제거하기 위해 코드를 정리했다. |
| 6613 | log.h와 log.cc에 기술되어 있는 에러 로그 관련 코드와 바이너리 로그 관련 코드가 분리되었다. |
| 6707 | 파서가 자연스런 형태로 AST를 생성할 수 있게 교체되었다. |
| 7193 | THD(스레드 구조체)와 st_transactions이 분리되었다. |
| 7914 | 윈도우에서 사용할 수 있는 MySQL의 독자적인 rwlock이 삭제되었다. |

표 10.8 MySQL 5.7에서 일어난 리팩터링

## 10.24 확장성의 향상 ▸▸▸ 신기능 174

성능의 향상, 특히 확장성의 향상은 데이터베이스 서버 사용자의 최대 관심사 중 하나다. 성능 향상도 리팩터링의 일종으로, 명확한 장점이 있으므로 이전에 언급한 신기능 173의 리팩터링과는 구별하여 소개한다. 성능 향상에 흥미가 있다면, 반드시 읽어보기 바란다.

| WL# | 설명 |
| --- | --- |
| 6606 | THD의 초기화와 네트워크의 초기화가 억셉터 스레드에서 워커 스레드로 이동되어 접속 처리량이 향상되었다. |
| 7260 | LOCK_thread_count 뮤텍스의 분할 |
| 7304 | MDL 계열의 쿼리만 MDL 처리를 간소화하고, MDL lock 획득에 걸리는 비용이 낮아졌다. |
| 7305 | Lock free의 해시를 사용하여 MDL의 확장성이 향상되었다. |
| 7306 | MDL lock 획득의 처리가, Lock free에 의해 설치되었다. |
| 7593 | 테이블 정의를 .frm 파일로부터 읽어들이는 사이에 LOCK_open을 보유하지 않게 한다. |
| 8355 | LOCK_grant 뮤텍스의 분할 |
| 8397 | table_open_cache_instances의 기본값 상승(1→16) |

표 10.9 MySQL 5.7에서 이루어진 성능 향상 관련 기능 개선

## 10.25 삭제 또는 폐지 예정인 옵션 ▸▸▸ 신기능 175

마지막으로 MySQL 5.7에서 삭제 또는 폐지 예정인 옵션을 표 10.10에 정리해 두었다. MySQL 5.7 버전에 추가된 옵션은 아주 많지만, 삭제할 옵션은 이 정도다.

| 옵션 | 폐지/삭제 |
|---|---|
| binlog_max_flush_queue_time | 폐지 예정 |
| skip_innodb | 삭제 |
| storage_engine | 삭제 |
| sync_frm | 폐지 예정 |

표 10.10 MySQL 5.7에서 삭제 또는 폐지된 옵션

또한 MySQL 5.7에서는 prefix에 의한 옵션 지정이 폐지되었다. 이것은 옵션의 모호하지 않은 전반 부분만을 사용해서 옵션을 지정할 수 있는 기능이다. MySQL 5.6에서 --datadir 옵션의 예를 보면 --datadir 대신 --data로도 지정할 수 있지만, 전반 부분이 중복된 옵션에서는 모호함이 남아서 폐지되었다. MySQL 5.7에서는 그러한 조작은 할 수 없다. 옵션은 전체를 명확하게 지정해서 기술하자.

## 10.26 MySQL의 진화 궤적과 앞으로의 발전 방향

지금까지 이 책을 통해 MySQL 5.7에 들어와 생긴 신기능들을 망라해서 설명했다. 소개한 신기능을 활용해 애플리케이션의 개발이나 운영에 쓸모있게 써주길 바란다.

왜 MySQL은 이러한 신기능을 탑재한 것일까? 어쩌면 MySQL이 취한 접근방식보다 훨씬 좋은 방식이 있다고 느낀 사람들도 있을 것이다. 자신이라면 이렇게 개발한다든가, 또는 이런 신기능이 더 좋을 텐데, 하는 식으로 말이다. 하지만 MySQL이 이러한 접근을 하는 데에는 이유가 있다. 그것은 기존의 코드를 바탕으로 하고 있기 때문이다. RDBMS같이 거대한 소프트웨어를 완전히 버리고 고쳐서 작성하는 것은 현실적으로 불가능하다. 따라서 기존의 코드를 개선하고, 새로운 기능을 계속해서 붙여나가는 수밖에 없다.

소프트웨어의 개선은 어렵다. 새로운 기능을 추가해도 기존 기능에 해를 입혀서는 안 된다. 할 수 있는 한 지금의 코드와 앞뒤를 맞추면서 개선하려면 코드가 유연하다는 것이 전제되어야 한다. MySQL에 플러그인용 인터페이스가 여러 가지 마련되어 있는 것은 이런 배경 때문이다. 그것이 하나의 버전에 175개의 개선을 추가하는 것이 가능한 이유 중 하나라는 데는 의심의 여지가 없다.

이 책의 앞부분에서 기술한 것처럼, RDBMS에 바라는 요구가 적어지는 일은 없

을 것이다. 접근 수의 증대, 기능 향상 등 사용자의 필요에 의한 것뿐 아니라 하드웨어의 진화가 멈추지 않는 한 RDBMS의 비전은 앞으로도 계속된다. NVDIMM 등 새로운 타입의 스토리지 엔진을 활용하거나 보다 많은 CPU 코어에서 더 효율적으로 병렬 처리를 할 수 있게 하거나 어쩌면 범용 CPU 이외의 칩을 사용하는 등, 보다 빠른 변혁이 폭넓게 요구될지도 모른다.

단, 그러한 변혁이 필요해져도 변하지 않는 것이 있다. 그것은 데이터 모델이나 트랜잭션과 같은 이론으로, 사용자가 정확한 데이터를 필요로 한다는 사실이다. RDBMS, 또는 관계형 모델이 아닌 데이터베이스 소프트웨어는 새로운 하드웨어를 잘 활용하고, 끊임없는 성능의 향상을 목표로 해나갈 것이다. 미래에 어떠한 기능이 RDBMS에 탑재될지 상상해 보는 것도 하나의 흥미거리다. 좋은 개선 아이디어가 있다면, 버그 리포트 등을 통해 알려주기 바란다.

미래로 가는 시대 흐름의 활력을 이 책에서 느낄 수 있었다면 기쁘겠다.

# 부록

# MySQL 5.7 신기능 목록

이 책에서 소개한 MySQL 5.7의 신기능을 목록 형식으로 소개한다. 신기능에 대응하는 WL(MySQL WorkLog)과 MySQL 버그의 번호도 기재한다. WorkLog는 MySQL 개발팀이 사용하고 있는 업무관리 리스트이다. 공개된 내용은 다음 URL에서 참조할 수 있다.

*https://dev/mysql.com/worklog*

| 신기능번호<br>(본문게재) | 설명 | MySQL<br>WorkLog | MySQL<br>Bug | 이 책의<br>페이지 |
|---|---|---|---|---|
| **제2장 레플리케이션** | | | | |
| 1 | 성능 스키마에 의한 정보 수집 | 3656 | | 29 |
| 2 | 온라인 상태에서 GTID 활성화 | 7083 | | 32 |
| 3 | 승격하지 않은 슬레이브에서 GTID 관리 효율화 | 6559 | | 37 |
| 4 | OK 패킷에 GTID | 4797, 6128 | | 39 |
| 5 | WAIT_FOR_EXECUTED_GTID_SET | 7518, 7796 | | 41 |
| 6 | 보다 단순한 재기동 시의 GTID 재계산 방법 | 8318 | | 42 |
| 7 | 무손실 레플리케이션 | 6355 | | 47 |
| 8 | 성능 개선 | 6630 | | 49 |
| 9 | ACK를 반환하는 슬레이브 수의 지정 | | 55429 | 49 |
| 10 | 멀티소스 레플리케이션 | 1697 | | 50 |
| 11 | 그룹 커밋의 제어 | 7742 | | 54 |

# 찾아보기